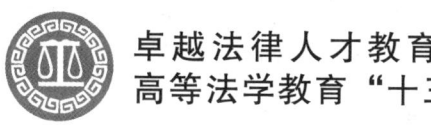

卓越法律人才教育培养系列教材
高等法学教育"十三五"规划教材

LIJIE ZHAI YU
HETONGFA

例解债与合同法

杜麒麟 ◎ 编著

郑州大学出版社
郑州

图书在版编目(CIP)数据

例解债与合同法/杜麒麟编著. —郑州:郑州大学出版社,2020.8

ISBN 978-7-5645-6990-7

Ⅰ.①例… Ⅱ.①杜…… Ⅲ.①刑法-法的理论-中国-高等学校-教材 Ⅳ.①D924.01

中国版本图书馆 CIP 数据核字(2017)第 286836 号

郑州大学出版社出版发行
郑州市大学路 40 号　　　　　　　　邮政编码:450052
出版人:孙保菅　　　　　　　　　　发行部电话:0371-66966070
全国新华书店经销
河南龙华印务有限公司印制
开本:710 mm×1 010 mm　1/16
印张:22.5
字数:468 千字
版次:2020 年 8 月第 1 版　　　　　　印次:2020 年 8 月第 1 次印刷
书号:ISBN 978-7-5645-6990-7　　　　定价:45.00 元
本书如有印装质量问题,由本社负责调换

内容简介

本书以法学本科专业基础课程《民法分论》中"债与合同法"部分的主要知识点为研究对象,以阐释债法与合同法原理为主要目的,大量吸收了我国司法实践中的典型案例和最新经验,借鉴了德国、日本及我国台湾地区民法理论中的有益成分,对于法学本科生训练法律思维、掌握法学原理具有一定的参考、启发及引导作用。本书主要分为债法总论和合同法总论两大部分:在债法总论部分,主要分为债的一般原理、债的履行、债的保全、债的担保、债的移转、债的消灭等六个部分;在合同法总论部分,主要分为合同概述、合同的订立、合同的效力、双务合同履行中的抗辩权、合同的变更和解除、违约责任等六个部分。本书基本覆盖了"马工程重点教材"中"债与合同法"部分的主要知识点,是对该部分知识点的案例阐释。在编写体例上,采取了知识点、适用例举、简要解析的体例,既突出强调对知识点和典型案例本身的关注,也强调对相关知识点所涉及的学术争鸣做出回应,旨在为读者掌握债法与合同法原理及进行法律思维训练提供便捷有效的途径。

作者简介

杜麒麟,男,汉族,1983年2月17日出生,湖北省武汉市人,法学博士,郑州大学法学院硕士生导师。2001—2005年就读于中南财经政法大学法学院,获得法学学士学位。毕业后就读于武汉大学法学院,先后获得法学(民商法)硕士、法学(民商法)博士学位。现在郑州大学法学院任教,从事民商法领域的教学、研究工作,主要为本科生和研究生讲授《民法分论》《民事案例研习》《民法学实务问题研究》等课程。曾在郑州市中级人民法院从事金融、保险、证券、房地产等领域的审判工作,具有较为丰富的法律实践经验,并担任河南省法学会民法学研究会常务理事、河南省法学会商法学研究会理事、河南省法学会农业与农村法治研究会常务理事、郑州市人民检察院公益诉讼专家咨询组成员、郑州大学法学院经济法律研究中心副主任等学术职务。

前言

我国是成文法国家,法条在法学教学及研究诸方面,均具有不可替代的价值。法学本科生进行专业学习时,首先接触到的是大量的法条,通过法条学习法律是大陆法系国家法律专业学生的主要学习方法。但纯粹的法条教学较为枯燥、乏味,难以让本科生形成直观印象,不仅容易陷入"填鸭式"教学的窠臼,还可能导致学生的学习兴趣和热情湮没在浩如烟海的法条之中。

"徒善不足以为政,徒法不足以自行。"法律的生命力在于实施,而法律实施的核心在于法律的适用。在法律的适用中,新问题层出不穷,绝非单纯的法条记忆所能解决。因此,法学教育是思维的训练,而不是单纯的记忆训练。对法学教学而言,需要引导学生思考一些具体问题,使学生形成正确的思维模式和良好的学习习惯。研习判例就是开展法律思维训练的一件利器。从案例引出争议,从争议引出不同理论观点,运用不同理论观点得出不同结论,在此基础上分析各种结论的利弊及合理性。这样不仅有助于学生理解法条背后蕴含的法律原理,更有助于学生发散性思维的培养。

近年来,我国法学专业案例教材建设取得了长足的进步,对法学专业学生的学习也提供了很大帮助,但适应法学专业本科生学习需要的初阶案例教材的建设仍有不足。一方面,已经开发的案例教材主要服务于研究生或实务工作者,过于追求案例的综合性,或对知识点的覆盖不全面,或涉及的知识点过于庞杂艰涩,本科生容易望而生畏;另一方面,部分案例教材列举的案例较为陈旧,对我国司法实践的新发展、新趋势、新观点关注不足,缺乏理论和实务的贯通和融合,对提高法学专业本科生的实践能力帮助有限。

为了更好地培养法学专业本科生的法律思维能力,适应应用型、创新型法治人才的培养需要,我们在"马工程重点教材"理论体系的基础上,吸收了法治实践的最新经验和生动案例,编写了这套法学专业初阶案例教材。本书以法学本科专业基础课程《民法分论》中"债与合同法"部分的主要知识点为阐释对象,其主要特色在于:

1.编排科学。本书吸收最新的合同法研究成果,对合同法相关规则进行编排和阐述,尽可能地体现少而精的风格,说明法理、讲清规则。

2.案例简明。在案例选择上,以指导性案例、公报案例等为主。结合本科教学特点,对案例事实及判决部分进行梳理与简化,力争简明易懂,使裁判结果更清晰、准确地展现,适合本科生使用。

3.理论解析。建立在提炼规则的基础上,对所选案例进行理论解析,以便学生能够快速掌握案例所涉知识点,能够真正做到理论联系实际,把死板的法律变为活的现实。

本书不足之处,祈请读者和专家批评指正。

编者
2020 年 7 月

目 录

第一编 债法总论的例解

第一章 债的一般原理 ………………………………… 3
第一节 债的内容 ……………………………………… 3
第二节 债的发生原因 ………………………………… 15
第三节 债的类型 ……………………………………… 30

第二章 债的履行 ……………………………………… 45
第一节 债的履行原则 ………………………………… 45
第二节 债的履行规则 ………………………………… 63

第三章 债的保全 ……………………………………… 73
第一节 债权人代位权 ………………………………… 73
第二节 债权人撤销权 ………………………………… 84

第四章 债的担保 ……………………………………… 93
第一节 保证 …………………………………………… 93
第二节 定金 …………………………………………… 109

第五章 债的移转 ……………………………………… 117
第一节 债权让与 ……………………………………… 117
第二节 债务承担 ……………………………………… 127
第三节 债的概括承受 ………………………………… 137

第六章 债的消灭 ……………………………………… 140
第一节 清偿 …………………………………………… 140

第二节 抵销 …………………………………… 146
第三节 提存 …………………………………… 149
第四节 免除 …………………………………… 153
第五节 混同 …………………………………… 156

第二编　合同法总论的例解

第七章　合同概述 …………………………………… 161
第一节　合同的内涵 …………………………………… 161
第二节　合同的分类 …………………………………… 163

第八章　合同的订立 …………………………………… 180
第一节　合同的订立与成立 …………………………… 180
第二节　要约 …………………………………………… 183
第三节　承诺 …………………………………………… 202
第四节　合同成立的特殊程式 ………………………… 218
第五节　缔约过失责任 ………………………………… 224

第九章　合同的效力 …………………………………… 231
第一节　合同的生效要件 ……………………………… 231
第二节　无效合同 ……………………………………… 234
第三节　可撤销合同 …………………………………… 244
第四节　效力待定合同 ………………………………… 257

第十章　双务合同履行中的抗辩权 …………………… 260
第一节　同时履行抗辩权 ……………………………… 260
第二节　先履行抗辩权 ………………………………… 262
第三节　不安抗辩权 …………………………………… 264

第十一章　合同的变更和解除 ………………………… 269
第一节　合同的变更 …………………………………… 269
第二节　合同解除 ……………………………………… 272
第三节　解除权的行使与法律效力 …………………… 291

第十二章　违约责任 …………………………………… 304
第一节　违约责任概述 ………………………………… 304
第二节　违约形态 ……………………………………… 310
第三节　强制实际履行责任 …………………………… 321
第四节　损害赔偿责任 ………………………………… 330
第五节　支付违约金责任 ……………………………… 343

债法总论的例解

第一编

第一章

债的一般原理

第一节 债的内容

一、债权

（一）债权的权能

■ 知识点

债权的权能是指债权人依其债权得为的行为。具体来说，就是法律为确保债权目的实现而赋予债权人一定行为的法律效果。债权的权能包括：给付请求权、给付受领权、保护请求权、处分权能。

■ 适用例举

江苏如皋农村商业银行股份有限公司与张某名誉权纠纷案[1]

2009年9月29日，张某与如皋市农村信用合作联社石北信用社(以下简称石北信用社)签订最高额个人担保借款合同一份，借款金额为27万元，张某为借款人，另有3名担保人。借款到期后，张某未能按约履行还款义务，原石北信用社的债权债务概括承受人江苏如皋农村商业银行股份有限公司石北支行(以下简称农商行石北支行)诉至法院，要求张某偿还借款本金27万元及相应的利息，3名担保人承担连带责任保证责任。2011年6月27日，法院做出(2011)皋石民初字第

---

[1] 参见江苏省南通市中级人民法院(2018)苏06民终1457号民事判决书。

0108号民事判决书,判决张某归还农商行石北支行借款本金27万元及相应的利息,3名担保人对张某的债务承担连带责任。判决生效后,农商行石北支行向法院申请强制执行,在执行过程中,农商行石北支行向法院递交结案报告,载明:"申请人江苏如皋农村商业银行股份有限公司石北支行与被执行人张某等借款合同纠纷一案(2012)皋执字第0002号,申请执行标的为借款本金270 000元、利息60 896.41元,并承担诉讼费3 018元、执行费4 910元。执行过程中,被执行人张某给付17万元,诉讼费3 018元、执行费4 910元。经我行向总行请示汇报后,同意本案以被执行人张某给付17万元,承担诉讼费3 018元、执行费4 910元后结清本案借款及利息、诉讼费、执行费结案。本案执行完毕。请贵院按有关规定办理结案手续。"据此,法院于2011年12月26日制作《执结通知书》,告知双方当事人该案已"依法执行完毕"。

2017年3月,张某在中国人民银行征信中心客户端查询其个人信用报告时发现上述27万元贷款仍记载为10万元逾期状态。2017年7月19日,张某诉至法院,要求农商行石北支行消除张某的银行不良信用记录。

法院经审理认为:农商行石北支行同意放弃10万元本金及相关利息是一种债务免除行为,其效力及于如皋农商行。因如皋农商行对放弃债权行为的错误认知,将已放弃的10万元债权登记为逾期,同时未能如实登记案涉贷款向法院起诉、经法院执行终结的情况,直接导致张某的不良信息状态登记错误,且在符合可删除条件后长达一年多的时间里未能及时删除,在一定范围内降低了张某的社会信用评价,侵害了其名誉权,应当给予相应的赔偿。

简要解析

债权包含四项权能:①给付请求权。债权的给付请求力是指债权人有权请求债务人按债的内容为一定给付。债权人实现债权并非基于其直接支配债务人的人身、给付行为以及标的物,而是要通过债务人实现给付的行为方能达到目的。该项权能体现了债权最主要的效力。②给付受领权。债权的给付受领力,又称为债权的给付受领及保有力,是指债权人有权接受债务人的给付,并永久接受给付所享有的利益。给付受领力是债权的重要权能,基于该权能,在债务人做出给付之后,债权人有权接受债务人的给付,且债务人向债权人做出履行后,不能基于不当得利请求债权人返还。③保护请求权。债权的给付保护请求权是指当债务人不履行其债务时,有权请求国家机关给予保护,强制债务人履行债务。例如在债务人不自愿给付的情形下,债权人可以提起请求给付的诉讼。在依给付之诉取得判决之后,债权人可依强制执行方法对债务人采取行动①。④处分权能。债权的处分权能是指债权人有权处分债权。基于处分权能,债权人可以抵销、免除、让与债权等。债权作为权利人的重要的财产性权利,自然应承认其处分权能。

本案中,农商行石北支行诉至法院,要求张某偿还借款本金27万元及相应的利息,3名担保人承担连带责任保证责任的行为,体现了债权的给付请求力。判决生效后,农商行石北支行向法院申请强制执行,体现了债权的保护请求力。农商行石北支行受领张某的给付,体现了债权的给付受领力。农商行石北支行向法院递交结案报告,实际上是放弃10万元本金及相关利息部分的债权,属于债务的部分免除行为,体现了债权的处分权能。债务部分免除后,该部分债务即发生绝对消灭的效力,该部分债权的全部权能、从权利等均归于消灭。

(二)债权的特征

1. 请求权性

■ 知识点

请求权是权利人得请求他人为或者不为一定行为的权利。债权为请求权,物权为支配权,此为债权与物权最本质的区别。请求权性是债权的本质属性,亦是债权的性质。债权的其他特征大多是由债权的请求权性衍生而来。有学者指出,债权之本质的内容,乃有效地受领债务人的给付,债权人得向债务人请求给付②。

■ 适用例举

唐某与徐某房屋买卖合同纠纷案

唐某与徐某签订一份房屋买卖合同,约定唐某将面积为121平方米的某小区16号楼某套房屋出售给徐某,徐某于2014年1月12日支付定金2万元,2014年1月19日前一次性付清;同时约定如有违约,违约方支付的违约金为总房价的20%。合同签订后,唐某多次催促徐某支付房款,徐某仍未支付剩余房款。徐某辩称,合同签订后不久,他去该房屋附近查看时得知唐某与自己订立房屋买卖合同前,唐某已将该房屋出售给陆某,虽然唐某与陆某并未就该房屋办理过户登记,但是该房屋已由陆某实际居住。唐某的行为构成"一房二卖",因此自己才拒绝支付剩余房款。2014年3月中旬,徐某趁陆某返乡探亲之际,撬开房门,强行住进该房屋,并于当日通过银行转账向唐某支付剩余价款并将该事实告知唐某。唐某得知后主张,由于徐某拖欠剩余房款达2个月之久,自己已不愿将该房屋卖与徐某。

---

① [德]迪尔克·罗歇尔德斯:《德国债法总论》(第7版),沈小军,张金海译,北京:中国人民大学出版社,2014年,第16页。

② 王泽鉴:《债法原理》,北京:北京大学出版社,2013年,第59页。

■ 简要解析

债的内容只能通过请求来实现,即债权的实现只能通过权利人请求义务人给付,即需义务人的给付行为而实现。请求权人自己不能直接取得该权利的内容的利益,必须通过他人的特定行为间接取得①。多数学者主张债权与请求权具有同一性,但是本书认为仍然应当强调二者的区别。一方面,请求权除债权请求权外,还包括物权上的请求权、占有保护请求权、人格权上的请求权、亲属法上的请求权等;另一方面,除请求债务人履行债务外,债权还有给付受领权、保护请求权、处分权能等权能。请求权人自己不能直接取得该权利的内容的利益,必须通过他人的特定行为间接取得②。

在本案中,徐某依据房屋买卖合同仅享有请求卖方唐某交付房屋并办理产权过户登记的债权,不得直接支配该房屋。如果陆某并未基于有效的房屋买卖合同实际占有房屋,则徐某可以根据债权的保护请求权请求国家机关给予保护,强制唐某交付房屋并办理产权过户登记。但是在陆某已基于有效的房屋买卖合同实际占有房屋时,陆某的债权地位与徐某是平等的,徐某不得再请求国家机关强制陆某交付房屋,其只能请求唐某承担违约损害赔偿责任。因此,尽管徐某支付该房屋全部价金,其也只得请求唐某履行交付(过户登记)房屋,其直接占有该房屋的行为属于侵权行为。

2. 相对性

■ 知识点

债的相对性,是指债是发生在特定的债权人和债务人之间的权利义务关系,债能够且也只能对债权人和债务人产生拘束力③。《中华人民共和国民法典》(以下简称"《民法典》")第四百六十五条第二款规定了合同的相对性,该款规定:"依法成立的合同,仅对当事人具有法律约束力,但是法律另有规定的除外。"

■ 适用例举

杨某诉圆通速递公司、付某网络购物合同纠纷案④

2013年3月19日,杨某通过网购的形式从付某经营的电子经营部购得价值15 123元的电脑产品,同一天,付某以速递的方式交付圆通速递公司将杨某网购物品速递至收件地址。货物到达后,圆通速递公司速递员给杨某打电话约定在乌拉山镇林海公园南门附近交货,但是等杨某到达约定地点时速递员已不在此地,杨某

---

① 王利明:《债法总则研究》,北京:中国人民大学出版社,2015年,第27—28页。
② 王利明:《债法总则研究》,北京:中国人民大学出版社,2015年,第27—28页。
③ 王利明:《论合同的相对性》,《中国法学》1996年第4期。
④ 参见内蒙古乌拉特前旗人民法院(2013)乌前民初2301号民事判决书。

便打电话询问,速递员告知:货物你已领取。杨某听后感到非常惊讶和气愤,认为收件人还没有到现场,货物却被领取。此后,杨某便多次和付某、圆通速递公司交涉,要求尽快解决,但付某、圆通速递公司以种种理由推诿拒办,导致杨某网购物品至今未收到。为此,杨某多次要求付某交货未果,遂诉至内蒙古自治区乌拉特前旗人民法院,请求判令圆通速递公司、付某赔偿其电脑款15 123元和邮寄费95元。

法院经审理认为,网购卖家的交付义务是按照买卖双方约定将货物送到买家手中,由买家签收。在运输过程中,网购卖家作为托运人委托圆通速递公司将货物送达收货人手中,但圆通速递公司的工作人员在送货时未验证对方身份信息擅自将货物交由他人签收,所以在买卖合同中,网购卖家因尚未完成货物交付义务,构成违约,故对杨某请求付某赔偿已付的电脑款15 123元,并承担邮寄费95元的诉讼请求予以支持。圆通速递公司在履行运输合同过程中擅自将货物交由非收货人签收,未完成合同义务,亦构成违约。根据合同相对性原则,合同中的权利义务只约束订立合同的双方当事人,付某与圆通速递公司之间的运输合同纠纷,付某可另行主张权利。杨某并未与圆通速递公司直接签订书面或口头的运输合同,故法院对杨某请求圆通速递公司赔偿已付的电脑款15 123元,并承担邮寄费95元的请求不予支持。

■简要解析

本案涉及债的相对性。债的相对性内涵十分丰富,广泛体现在合同等各项债的制度中。债的相对性包括债的主体的相对性、债的内容的相对性以及责任的相对性。所谓债的主体的相对性,是指债的关系只能发生在特定的主体之间,只有特定的债权人能够向特定的债务人提出债权请求,债务人原则上也仅对债权人负担给付义务,第三人无权请求债务人履行债务[①]。所谓债的内容的相对性,是指在债的关系中,当事人的权利义务是相对的,一般情形下,一方当事人享有的权利恰是对方当事人所负担的义务。所谓责任的相对性,是指在债务人不履行债务时,只有债权人有权请求债务人承担债务不履行的责任。换句话说,债权人仅能向债务人请求给付,债务人因可归责之事由致债务不履行时,应对债权人承担损害赔偿责任。

在本案中,主要涉及两个合同关系:第一,网购买卖合同,该合同当事人为卖方付某与买方杨某;第二,(快递)货物运输合同,该合同的当事人为卖方付某与圆通速递公司。在买卖合同关系中,买方杨某网购商品,其享有请求卖方交付货物的权利。而卖方未依照买卖合同的约定交付货物,其行为构成违约。根据债的相对性

---

① 亦存在例外情形,例如在产品责任中,生产者可能对未与自己产生合同关系的消费者承担责任。

原理,买方杨某可向卖方付某主张违约责任。在货物运输合同关系中,由于卖方付某作为托运人委托圆通速递公司将货物送达收货人手中,但速递公司的工作人员在送货时未验证对方身份信息,擅自将货物交由他人签收,速递公司的行为构成违约。根据债的相对性原理,付某可以主张速递公司承担违约责任。

3. 平等性

▎知识点

债的平等性,是指数个债权无论其发生先后,均以同等地位并存,且各个债权在效力上不存在排他性和优先性。

▎适用例举

袁某等八人与随州烟草公司、东城建设公司土地转让合同纠纷案[①]

2003年5月20日,湖北省烟草公司随州公司(以下简称"随州烟草公司")与随州市东城城乡建设服务公司(以下简称"东城建设公司")签订《土地转让开发协议书》。2003年5月29日,随州烟草公司工作人员王某与东城建设公司副经理蔡某在上述协议的基础上签订《补充协议》。双方协议的主要内容为:随州烟草公司将原有土地、房屋转让给东城建设公司开发,建成后东城建设公司应向随州烟草公司交付所有底层门面房及第二层70平方米的建筑。2004年6月23日,东城建设公司取得商品房预售许可证。东城建设公司于2004年9月20日与袁某等8人签订购买壹楼门面商品房买卖合同。袁某等8人交纳大部分购房款后,东城建设公司已将房屋交付袁某等8人占有、使用。上述签订的商品房买卖合同已经于2004年11月28日到随州市房产市场管理所办理登记备案手续。后随州烟草公司以东城建设公司未依双方协议交付房屋为由诉至法院,要求东城建设公司履行合同。

随州市中级人民法院认为:袁某等8人虽然已经实际占有本案诉争房屋,但尚未办理房屋产权变更登记,未取得房屋所有权。袁某等8人对商品房买卖合同的备案行为也只能对抗其后的房屋买受人,不能对抗随州烟草公司的在先权利,故应当优先保护随州烟草公司的请求权。对随州烟草公司要求东城建设公司按照双方合同约定的条件交付房屋的诉讼请求,一审法院予以支持。

袁某等8人不服原审判决提出了上诉。湖北省高级人民法院认为:东城建设公司在所建房屋竣工验收后,并未将双方协议约定的房屋交付给随州烟草公司,而是将本案争议的房屋分别出售给袁某等8人,其行为已构成违约。随州烟草公司有权依据合同要求东城建设公司交付合同约定的房屋。虽然袁某等8人于2004年11月28日将双方签订的《商品房买卖合同》在随州市房产市场管理所进行了登记备案,但是,袁某等8人的商品房买卖合同登记备案的行为系行政管理范畴,

---

① 参见最高人民法院(2013)第5号民事裁定书。

并不产生登记请求权的物权效力,不能对抗随州烟草公司先取得的合同权利。袁某等8人并未实际取得本案所涉房屋的所有权,不具有物权对抗效力。随州烟草公司依据先与东城建设公司签订的《土地转让开发协议书》要求东城建设公司交付合同约定的房屋有事实和法律依据,法院予以支持。因此,判决驳回上诉,维持原判。

袁某等8人申请再审。最高人民法院经审查认为,原审判决以随州烟草公司对争议商品房所享有的债权先于袁某等8人对同一标的物的债权成立为由,认定随州烟草公司对商品房的债权优于袁某等8人的债权,属适用法律错误,违反了债权平等性原则;而且,袁某等人对争议商品房的债权已得到实际履行,其具有对抗随州烟草公司对商品房所享有的债权的法律效力。

简要解析

本案涉及债的平等性。除非法律有特别规定,债的平等性适用于债法的各个领域,也普遍适用于债的各种类型。例如,在债务人破产且其财产不足以清偿全部债务时,数个债权人之间应当按照各自债权数额的比例,对债务人所有之财产进行分配[1]。值得注意的是,债权的平等性存在例外,主要包括以下几种情形:①有担保物权的债权优先于无担保的债权。这实际上是基于物权优先于债权的原理而当然得出的结论。②债权人代位权。根据《民法典》第五百三十七条前半段规定:"人民法院认定代位权成立的,由债务人的相对人向债权人履行义务,债权人接受履行后,债权人与债务人、债务人与相对人之间相应的权利义务终止。"根据该规定,债权人行使债权人代位权的,由次债务人直接向债权人履行清偿义务,这实际上赋予了代位权人优先受偿的权利[2]。③抵销权的优先性。我国《企业破产法》第四十条第一句规定:"债权人在破产申请受理前对债务人负有债务的,可以向管理人主张抵销。"依据该规定,对破产企业负有债务的债权人,实际上享有优先受偿的权利,而无须按照其债权在债务人的所有债权中按比例受偿。

---

[1] 王家福:《民法债权》,北京:中国社会科学出版社,2015年,第49页。

[2] 有学者进一步指出,在债权人代位权的场合,虽然债权人事实上具有优先受偿的效果,但法律上并不当然具有优先受偿权。因为代位权行使的效果并非直接地归属于债权人,而是借助于抵销制度间接地归属于债权人。参见韩世远:《合同法总论》(第四版),北京:法律出版社,2018年,第449-452页。还有学者指出,现行立法规定的债权人代位权的法律效果,不会损害债权平等性原则,理由主要是:①代位权必须用诉讼方式行使,主债权人有诉讼成本指出,作为平衡可使其取得一定的优越的权利地位;②债权在理论上是平等的,但是可以通过强制执行程序使主张代位权的债权人在事实上取得优先受偿的权利;③行使代位权的债权人不得取得比债务人的有物权担保的债权人更优越的地位。参见赵廉慧:《债法总论要义》,北京:中国法制出版社,2009年,第208-209页。

在本案中，袁某等人与东城建设公司签订商品房买卖合同后，东城建设公司履行了交付房屋的义务，袁某等人交纳了房款，并已实际入住、使用所买受的房屋，双方之间的债权合同实际上已得到履行，即袁某等人的债权已经实现。虽然，双方未在房产管理部门办理产权登记手续，不能产生登记物权的对抗效力，但是未办理过户登记手续，并未影响到债权的履行效力，已先履行完毕的债权具有对抗未履行债权的效力。随州烟草公司对争议商品房权利的主张，发生在袁某等人对同一标的物的债权履行之后，虽然其债权成立在先，但根据债权平等性原则，其不具有优先于袁某等人对争议商品房的债权效力。袁某等人的债权已得到实际履行，债权的目的得到了实现，法律应充分尊重当事人的意思自治，保护履行完毕债权的稳定性，达到维护市场交易秩序安全的目的。

二、债务

（一）主给付义务与从给付义务

■ 知识点

债务人的义务主要是给付义务。给付义务可被分为主给付义务与从给付义务。主给付义务是指债的关系所固有的、必备的、决定债的类型和性质的基本义务。从给付义务是指不是债务所固有的、必备的义务，其虽不具有独立性，但是可以辅助主给付义务实现债权人交易目的的民事义务。

■ 适用例举

李某与修正药业买卖合同纠纷案[①]

李某从 2010 年 5 月起至 2010 年 12 月止，在万州为修正药业集团营销有限公司（以下简称"修正药业"）推销药品；公某系修正药业设在重庆市万州片区销售药品处的负责人；李某从万州区炫洋医药公司领取、购进修正药业的药品销售后，将药品销售款直接转入修正药业代理人公某账户，公某再将药品销售款转入修正药业账户进行结算。2010 年 10 月底，李某将部分药品销售款转入公某账户后，尚欠修正药业药款 22 879.40 元，2010 年 11 月 4 日，李某给修正药业出具了借据，对此，双方均承认：李某虽出具的是借据，但实际是欠的药款，写成的借据；在此之后至当年 12 月底，李某多次从修正药业购进药物，共欠修正药业药款 32 444.63 元。修正药业遂提起诉讼，要求李某归还药款 32 444.63 元。

一审法院经审理认为，李某为修正药业推销药品，有修正药业提交的相关证据

---

① 参见重庆市第二中级人民法院（2013）渝二中法民终字第 00387 号民事判决书。

及李某的相关陈述证明,双方买卖合同关系成立。在该交易关系中,修正药业负担并已履行的供货义务与李某负担的按时足额支付货款的义务构成各自的主给付义务,符合买卖合同"出卖人转移标的物所有权于买受人,买受人支付价款"的法律特征,应为合法有效的买卖合同。李某为修正药业推销药品后,尚欠修正药业药品销售款32 444.63元不给付,违背诚实信用原则,应当承担相应的民事责任,给付尚欠修正药业药品销售款32 444.63元。

李某不服一审判决,提起上诉。二审法院经审理认为,李某与修正药业形成的是购销关系,一审法院认定为买卖合同关系得当。李某上诉认为与修正药业符合内部劳动关系不属于买卖关系的理由,法院不予采纳。

简要解析

本案涉及合同类型认定的问题,而合同类型又是由当事人所承担的给付义务决定的。给付义务包括主给付义务与从给付义务。其中主给付义务在债的义务体系中处于中心地位,是判断合同类型的关键。在双务合同中,双方当事人的主给付义务应当构成对待给付关系。债务人不履行、不能履行、迟延履行、不完全履行主给付义务的,除非存在免责事由,债务人应当承担违约责任。例如《民法典》第五百九十五条规定,"买卖合同是出卖人转移标的物的所有权于买受人,买受人支付价款的合同"。该条规定的"出卖人转移标的物的所有权"以及"买受人支付价款"的义务即为主给付义务。而从给付义务存在的目的在于使债权人的利益得到最大程度的满足。从给付义务亦属于给付义务,债务人不履行从给付义务的,债权人可以独立诉请债务人履行。理论上一般认为,合同当事人违反主给付义务,可发生合同解除权,相对人可援引同时履行抗辩权和先履行抗辩权以拒绝履行自己的主给付义务;合同当事人违反从给付义务的,一般不发生合同解除权①,相对人也不得援引同时履行抗辩权和先履行抗辩权以拒绝履行自己的主给付义务。

在本案中,李某虽向修正药业出具的是借据,但"实际是欠的药款,写成的借据"。从双方之间的权利义务关系来看,修正药业负有向李某按期供货的义务,而李某负有向修正药业按时足额支付货款的义务。此两项义务分别构成修正药业和李某的主给付义务,符合买卖合同"出卖人转移标的物所有权于买受人,买受人支付价款"的法律特征,因此双方当事人缔结的是合法有效的买卖合同。

(二)附随义务

知识点

附随义务是指基于诚实信用原则,在债的发展过程中所发生的为辅助实现债

---

① 应当说明的是,违反从给付义务并非绝对不能发生合同解除权,在违反从给付义务给债权人导致不能实现合同目的的情形下,可以发生合同解除权。

权人的给付利益或保护当事人人身或财产上利益的义务。

《民法典》第五百零九条第二款规定:"当事人应当遵循诚信原则,根据合同的性质、目的和交易习惯履行通知、协助、保密等义务。"通说认为,该条规定的义务即为附随义务。附随义务可发生于合同成立前、合同生效期间以及合同终止后。

■ 适用例举

陈某与胡某买卖合同纠纷案①

胡某因承建景宁县工商大楼,于2011年5月份起多次向陈某购买水泥、钢筋。2012年9月26日经结算,胡某共计欠陈某货款1 264 417元,胡某前后支付了1 051 417元,尚欠215 000元,口头约定一个月内付清。逾期后,胡某仅支付30 000元,余款185 000元虽经陈某多次催讨,但胡某未履行支付义务。为此,陈某向法院提起诉讼:①请求判令胡某支付陈某货款181 000元;②由胡某承担本案诉讼费。胡某答辩称:在2012年9月26日结算后,于2012年9月28日向陈某支付货款40 000元,于2012年10月11日向陈某支付货款50 000元,一共支付了90 000元,所以尚欠原告货款123 000元,且要求原告提供被告向其购买钢筋、水泥的税票。

一审法院经审理后认为,买受人应当按照约定的数额及时间支付价款。本案胡某因承建景宁县城北工商大楼向原告购买钢筋、水泥,有其署名的结算凭条为据,事实清楚、证据充分,且买卖合同关系不违反法律的强制性规定,应认定合法有效。根据有关证据,可以证明胡某已支付陈某告90 000元,故判决胡某支付给陈某货款125 000元。

一审宣判后,胡某以陈某未提供税票为由提起上诉。二审法院认为,开具发票只是双方买卖合同的附随义务,故胡某以陈某未开具发票为由拒付货款的理由不能成立。胡某如认为陈某未开具发票侵犯其合法权益,可以及时向税务等有关部门反映寻求解决。二审法院判决驳回上诉,维持原判。

■ 简要解析

本案涉及附随义务的认定以及其与给付义务的区分问题。附随义务既不同于主给付义务,亦不同于从给付义务。附随义务与主给付义务的区别为:第一,主给付义务自始确定,并决定债之关系的类型;反之,附随义务随着债之关系的发展、于任何债之关系(尤其是合同)均可发生,不受特定债之关系类型的限制。第二,主给付义务构成双务合同的对待给付,并可发生同时履行抗辩权,反之,附随义务原

---

① 一审判决书:参见景宁畲族自治县人民法院(2012)丽景商初字第309号民事判决书;二审判决书:参见浙江省丽水市中级人民法院(2013)浙丽商终字第91号判决书。

则上非属对待给付,不发生同时履行抗辩权①。附随义务与从给付义务的区别为:从给付义务可以独立诉请履行,附随义务不能独立诉请履行。违反从给付义务的债权人可以请求债务人履行,而违反附随义务的,债权人仅得要求债务人承担损害赔偿责任。依据功能的不同,附随义务可以分为两类:①促进实现主给付义务,使债权人的给付利益获得最大限度满足的附随义务(辅助功能)。例如花瓶的出卖人妥善包装花瓶,使买受人安全携带,该义务属之。②维护对方的人身或财产的利益的附随义务(保护功能)。例如独资企业主应注意其所提供工具的安全性,避免工人受伤害②。

在本案中,争议焦点之一在于出卖人开具发票义务的性质。《民法典》第五百九十九条的规定:"出卖人应当按照约定或者交易习惯向买受人交付提取标的物单证以外的有关单证和资料。"根据我国现有交易习惯,发票应属与买卖合同有关的重要单证,因此卖方应当负有开具发票的法定义务。对于开具发票义务的性质,理论与实践尚有争论。本案二审法院认为,开具发票的义务属于附随义务。这是因为增值税专用发票只是作为纳税人缴纳税款和抵扣税款的凭证,出卖方不开具增值税发票,该行为应当受到税法的调整,而不属于民事案件的审理范围。尽管开具发票义务与货款支付义务并不构成对待给付义务,但是如果陈某未履行发票开具义务导致胡某遭受损失,胡某可以请求陈某承担相应的损害赔偿责任。

(三)不真正义务

知识点

不真正义务,又称间接义务,其特点在于债权人通常不得请求债务人履行,且违反该义务并不发生损害赔偿责任,但是负担该义务者必须遭受权利减损或丧失的利益③。

适用例举

王某诉江苏冠宇机械设备制造有限公司租赁合同纠纷案④

2011年9月9日,王某将位于江苏省仪征市某房屋的1、2层及后院的厨房租赁给江苏冠宇机械设备制造有限公司(以下简称"冠宇公司"),自2011年9月9日起至2013年9月8日止,租金每月1 500元。根据租房合同第二条、第五条的约定,冠宇公司在租住期间应爱护王某的财产,保持墙体、地面、楼梯等处的清洁,不

---

① 王泽鉴:《债法原理》(第一册),北京:中国政法大学出版社,2009年,第83页。
② 王泽鉴:《民法债编总论·基本理论·债之发生》(总第1册),台湾三民书局,1993年,第31页。
③ 王泽鉴:《债法原理》(第一册),北京:中国政法大学出版社,2009年,第88页。
④ 参见江苏省仪征市人民法院(2014)仪新民初字第0424号民事判决书。

得随地吐痰,不得损坏门窗玻璃及附属设施,否则照原样赔偿;冠宇公司租住人员上下楼梯需穿软底拖鞋,避免磨坏楼梯瓷砖。但冠宇公司工作人员未能遵守约定,造成王某房屋墙壁、地面、房门、天花板、吊扇等多处污染,产生了未清理的生活垃圾,房门、楼梯砖、灯具、插座、门玻璃等多处损坏。王某多次要求冠宇公司修理,但冠宇公司至租期结束也未能修理。冠宇公司在租赁期满后未与王某对房屋进行交接。2014年3月12日,王某向法院起诉,要求冠宇公司给付修复费用4281元、赔偿2013年9月9日至2014年1月8日的房租损失6000元、路费600元。

法院经审理认为,依法成立的合同受法律保护,承租人未按照约定的方法或者租赁物的性质使用租赁物,致使租赁物受到损失的,出租人有权要求承租人赔偿损失。本案中,王某与冠宇公司之间的租房合同合法有效,冠宇公司应当赔偿因其违约给王某造成的各项损失。但是对王某主张冠宇公司赔偿因冠宇公司一直不对房屋进行维修并且未向王某交接房屋,导致王某不能及时将该房屋对外出租造成的4个月(2013年9月9日至2014年1月8日)的房租损失6000元。法院认为,承租人因违约造成承租房屋损坏,致使出租人不能及时将房屋对外出租的,承租人应当赔偿出租人相应的租金损失。根据王某的陈述及短信记录,王某于房屋租赁合同到期前就已经知道所出租房屋的损坏情况,冠宇公司工作人员于2013年9月20日答应安排修理,但最终未修理。虽然冠宇公司违约造成王某房屋损坏给王某及时将房屋对外出租造成了影响,但王某未能在冠宇公司不予修理后的合理期限内先行对房屋损坏进行修复,故王某就因其自身原因扩大的租金损失无权要求赔偿。结合本案的实际情况,法院酌情支持王某租金损失3000元。

简要解析

本案涉及租赁合同中的不真正义务。我国《民法典》中有多个条文涉及不真正义务。例如,《民法典》第五百九十一条第一款规定:"当事人一方违约后,对方应当采取适当措施防止损失的扩大;没有采取适当措施致使损失扩大的,不得就扩大的损失请求赔偿。"该条所称"采取适当措施防止损失的扩大"的义务即为不真正义务。再如,《民法典》第六百二十一条第一款规定"当事人约定检验期限的,买受人应当在检验期限内将标的物的数量或者质量不符合约定的情形通知出卖人。买受人怠于通知的,视为标的物的数量或者质量符合约定。"该条款中的检验通知义务亦属于不真正义务。因为买受人不及时检验和通知并不会产生损害赔偿请求权,而仅有可能造成买受人丧失针对标的物瑕疵担保方面的权利。

在本案中,王某将房屋租赁给冠宇公司,双方存在租赁合同关系。根据《民法典》第七百零九条与七百一十一条的相关规定,承租人应当按照约定的方法使用租赁物。承租人未按照约定的方法或者租赁物的性质使用租赁物,致使租赁物受到损耗的,属于违约行为,出租人可以解除合同并要求承租人承担损害赔偿责任。本案承租人冠宇公司的工作人员未能遵守约定,造成王某房屋墙壁、地面、房门、天花板、吊扇等多处污染,产生了未清理的生活垃圾,房门、楼梯砖、灯具、插座、门玻璃等多处损坏,当然应当对出租人王某承担损害赔偿责任。但是,根据民法典第五百九十一条第一款的规定,出租人王某应当在承租人冠宇公司拒绝对租赁物进行修复后的合理期间内及时对租赁物进行修复。如果出租人未在合理期间内及时修复的,无权就因其自身原因导致扩大的租金损失要求承租人赔偿,即出租人的租金损失赔偿范围受到合同法规定的减损规则的限制。出租人的此项减损义务基于法律规定而产生,属于不真正义务。不真正义务并非债务,亦不属于给付①。违反该义务不发生损害赔偿责任,仅使负担此义务者遭受权利减损或丧失的利益。因此,虽然冠宇公司违约造成王某房屋损坏给王某及时将房屋对外出租造成了影响,但王某未能在冠宇公司不予修理后的合理期限内先行对房屋损坏进行修复,故王某就因其自身原因扩大的租金损失3 000元无权要求损害赔偿。

第二节 债的发生原因

一、合同及其他法律行为

■知识点■

债的发生原因可分为两类:一类是基于法律行为而发生之债,称为意定之债;一类是基于法律规定而发生之债,称为法定之债。合同、遗嘱等法律行为均为意定之债的常见发生原因。

■适用例举■

唐某等诉汪乙等遗产纠纷案②

被继承人汪甲生前系新疆生产建设兵团农七师131团中学教师,1998年1月18日病故。汪甲生前无配偶和子女,汪乙是其胞兄,汪丙系汪乙之子。唐某曾经是汪甲的学生,两人情同父子,直至以父子相称。汪甲在新疆工作的20多年里,刘某的父母亲念汪甲孤身一人,给予其多方面的关心与帮助,后来汪甲与刘某母亲结为姐弟,与刘某以甥舅相称。被继承人汪甲病重住院治疗长达近4个月的时间里,刘某、唐某均放下本职工作,专程从外地赶至医院,在汪甲的病床前守护照料,直至

---

① 王洪亮:《债法总论》,北京:北京大学出版社,2016年,第27页。
② 案例来源:北大法宝司法案例数据库,【法宝引证码】CLI.C.22196,最后访问日期:2019年11月22日。

被继承人汪甲病故、火化。汪乙、汪丙在汪甲死亡第五天才从甘肃赶来将汪甲的骨灰带回老家安葬。

被继承人汪甲在病故前三天晚立有口头遗嘱。该遗嘱中说明遗产分配的事情已告诉唐某。此时汪甲已很虚弱，不想多说话，在场人有校长徐某、副校长赵某及其同事胡某、陈某等人，当时唐某未在病房。为落实汪甲关于遗产处理的意见，遂由陈某通知唐某马上来医院。唐某到医院后，在病房外把汪甲向他表达的意思给在场的人做了这样的复述：所有财产扣除自费药品的费用外，共有5万元，其中2万元给刘某，以感谢刘某全家多年来对我的关怀；全部家具及生活用品给侄子汪丙，另再给他1万元现金，并请求单位给予他的户口从甘肃老家迁到131团；如你（指唐某）不出国就把婚结了。对唐某的复述，在场的人均未提出异议，亦未做文字记录。之后，汪乙与唐某根据口头遗嘱签订了一份关于处理汪甲的遗产的"协议书"，并征得刘某同意。约定双方按照协议分配遗产。同月27日，汪丙将汪甲的主要遗产住宅楼一套以51 790元卖给了131团中学校长徐某。徐某扣除15 000元，将36 790元交汪丙。刘某、唐某得知上述情况后，要求汪丙按照"补充协议"中的约定分得遗产，但汪乙认为应按法定继承处理，因此成讼。

奎屯垦区人民法院经审理认为，被继承人汪甲生前留有口头遗嘱，且在其死亡前两天已公之于众，无人提出异议；被继承人汪甲去世后，其后事大都遵照其遗嘱办理，因此应确认其遗嘱合法、有效。刘某、唐某、汪乙就遗产分配问题达成的"补充协议"，不违背被继承人汪甲的口头遗嘱，是各方真实意思的表示，对其效力予以确认。鉴于被继承人的口头遗嘱有效，汪乙主张按法定继承处理遗产，法院不予支持。

一审宣判后，汪乙不服一审判决提起上诉。农七师中级人民法院经审理认为：被继承人汪甲住院治病期间，一直神志清醒，对于后事的处理已向无利害关系的多人表达，其口头遗嘱内容真实，应确认有效。上诉人汪乙与唐某订立的"补充协议"，是双方真实意思的表示，并征得了刘某的认可，应当作为本案当事人对遗产分割的依据，当事人应当按该补充协议的约定分得遗产。

■简要解析

本案涉及遗嘱之债的发生。合同之债是意定之债发生的最常见的原因。除合同之外，单方法律行为亦可发生债的关系。单方法律行为之债是指表意人向相对人做出的为自己设定义务，而使对方取得权利的意思表示而产生的债的关系。如悬赏广告、遗嘱、遗赠等单方法律行为都会引起意定之债的发生[①]。意定之债来源于当事人的约定，是民法尊重当事人意思自治的当然结果。当事人通过合同等法

[①] 王洪亮：《债法总论》，北京：北京大学出版社，2016年，第36页。

律行为得为自己创设权利与义务,属于债产生的积极方式。设立遗嘱的行为属于典型的单方法律行为。只需一方意思表示即可发生效力,并据此发生意定之债的法律关系。在继承纠纷中,遗嘱继承的效力优先于法定继承。

在本案中,被继承人汪甲生前立有口头遗嘱,且该口头遗嘱真实、合法有效,发生债的效力。遗嘱继承优于法定继承,所以应当依照汪甲的遗嘱处理其遗产。在汪甲去世后,口头遗嘱已经生效,但尚未执行。执行该遗嘱还需要对遗产进行分割,而"协议书"就是为了执行口头遗嘱而对遗产分割方式做出的具体约定。该"协议书"是当事人的真实意思表示,合法有效,也发生债的效力。因此,法院对该意定之债的效力予以确认,并据此驳回了汪乙按照法定继承处理遗产的主张。

二、侵权行为

■ 知识点

基于法律规定而发生之债,称为法定之债。法定之债的发生原因包括侵权行为、无因管理、不当得利。侵权行为是指行为人由于过错,或者在法律特别规定的场合不问过错,违反法律规定的义务,以作为或不作为的方式,侵害他人人身权利和财产权利及其利益,依法应当承担损害赔偿等法律后果的行为[1]。

■ 适用例举

汪某诉武汉汉福超市有限公司光谷分公司名誉权纠纷案[2]

2011年10月18日下午,汪某在武汉汉福超市有限公司光谷分公司(以下简称"汉福公司")开办的家乐福光谷店购物,见促销员推荐西麦麦片"买五赠一"活动,遂购20袋,并在促销员协助下,将24袋麦片装入购物袋。结账时,汪某与收银员为没有粘贴赠品标签的4袋麦片是否应付款而发生争执。店内的保安将汪某及选购的物品带至该店风险预防办公室。汪某辩解4袋麦片系赠品,无须付款。保安在店内两名工作人员陈述麦片没有做赠送活动后,对汪某及选购的商品拍照,并要其在一张表格上签名。汪某患有眼疾,并未看清具体内容即签名。此后,促销员将"非卖品"标签贴在4袋麦片上,带汪某结了账。同月19日,汪某与丈夫一起到家乐福光谷店要求查看其签名的表格,看见办公室内《每日抓窃记录》的"窃嫌姓名"一栏有自己的名字,汪某签字及所购物品的照片作为"窃嫌截图"附后。汪某要求道歉,但被店方拒绝。20日上午,汪某在丈夫、长江商报记者的陪同下再次到家乐福光谷店,才得知其于18日在《保安部报告暨收据》上签了名。该表格中将

---

[1] 王利明,杨立新,王轶,程啸:《民法学》(第四版),北京:法律出版社,2014年,第739页。
[2] 参见《最高人民法院公报》2014年第9期(总第215期)。

其选购的全部物品列为"遗失商品",处理流程一栏注明"教育释放"。事发后因调解不成,汪某遂以汉福公司严重侵犯其人格尊严并损害其名誉为由,向湖北省武汉东湖新技术开发区人民法院起诉,请求汉福公司向其书面赔礼道歉并在其营业场所张贴道歉函或在媒体上刊登道歉函,消除影响,恢复名誉;汉福公司赔偿其精神损害抚慰金5 000元。

法院经审理认为,公民的人格尊严受法律保护。汉福公司最终认可4袋麦片为赠品,却在汪某并不知情的情况下,在其签名的表格中认定其为秘密实施的偷窃行为,将其列入"窃嫌姓名"名单,注明"教育释放",并将表格置于进入办公地点任何人可以随手翻看的地方。汉福公司的上述行为侵犯了汪某的人格尊严,客观上造成一定范围内对汪某社会评价的降低,损害了汪某的名誉。对汪某要求汉福公司书面赔礼道歉并在营业场所张贴道歉函的诉讼请求,该院予以支持。该院遂依法判决汉福公司向汪某书面赔礼道歉,在其经营的家乐福光谷店内张贴向汪某的道歉信,并向汪某赔付精神抚慰金5 000元。

简要解析

本案涉及侵权之债的发生原因。侵权行为产生侵权损害赔偿之债。侵权损害赔偿之债,是指行为人造成他人损害,受害人依法有权要求加害人承担损害赔偿责任,因此在加害人和受害人之间产生的债的关系,侵权行为将产生侵权责任,而侵权损害赔偿同时也属于一种债的关系①。《民法典》第一千一百六十五条第一款规定:"行为人因过错侵害他人民事权益造成损害的,应当承担侵权责任。"因此,故意或过失侵害人格权及其利益的侵权行为,构成故意或者过失侵害人格权的侵权行为。侵权行为依据法律规定产生债的关系,加害人应当依据法律的规定承担损害赔偿责任。

在本案中,汪某在武汉汉福公司购买西麦麦片并获得赠品麦片,但汉福公司却在汪某并不知情的情况下,在其签名的表格中认定其为秘密实施的偷窃行为,将其列入"窃嫌姓名"名单,注明"教育释放",并将表格置于进入办公地点任何人可以随手翻看的地方。汉福公司的上述行为虽未造成汪某的经济损失,但是其行为却严重侵犯了汪某的人格尊严,客观上造成汪某的名誉权被侵害。因此汉福公司应当对汪某承担侵权损害赔偿责任。

三、无因管理

无因管理是指无法定或约定的义务,为避免他人遭受损失而管理他人事务。

---

① 王利明:《债法总则》,北京:中国人民大学出版社,2015年,第285页。

无因管理是一种民事法律事实,能够引起债的发生。该种债权债务关系的发生,是基于法律的直接规定。

《民法典》第九百七十九条第一款规定:"管理人没有法定的或者约定的义务,为避免他人利益受损失而管理他人事务的,可以请求受益人偿还因管理事务而支出的必要费用;管理人因管理事务受到损失的,可以请求受益人给予适当补偿。"

(一)无因管理的构成要件

1. 为他人管理事务

■ 知识点

在无因管理中,所称"事务"是指一切能满足人们生活需要,且适于为债务目的的事务。因此,无因管理既包括对他人事务的管理行为,如对他人财物的保存、利用、改良、处分等,也包括对他人提供服务,如对他人提供劳务等。

■ 适用例举

三里屯街道办事处诉何乙无因管理纠纷案[①]

何甲与王某1992年4月登记结婚,1992年10月王某生育何乙。1996年7月二人经调解离婚,双方协议:双方所生之子何乙由何甲负责抚育,王某自1996年7月起每月付抚育费500元至何乙18周岁止。2016年5月,何甲突发中风疾病。因家中无人护送就医,北京市三里屯街道办事处立即联系何乙处置,但何乙不予以理会。后街道办事处迅速将何甲送至医院治疗,并为此垫付医疗费、护理费等4万余元。三里屯街道办事处将何乙诉至法院。何乙辩称,街道办事处的行为系履行社会救助的法定职责,该救助行为的实际受益人是何甲,应由何甲承担责任。

北京市朝阳区人民法院经审理认为,根据离婚时何乙的年龄、离婚调解书以及离婚后何乙与何甲母亲共同生活等事实,可以认定何甲对于何乙尽到了一定抚养义务,故当何甲陷于生活困难时,何乙有赡养义务。三里屯街道办事处在何乙拒绝履行赡养义务情况下,代为承担起相应职责,何乙作为实际受益人,应当承担街道办事处由此支出的必要费用,故判决支持了三里屯街道办事处的诉讼请求。判决后,何乙不服,提起上诉。北京市第三中级人民法院判决驳回上诉,维持原判。

■ 简要解析

本案涉及无因管理的构成要件中"为他人管理事务"的认定。构成无因管理,应当以管理人管理他人事务为构成要件。一般来说,只要是管理人的行为能够避

---

① 一审判决书:参见北京市朝阳区人民法院(2016)京0105民初52907号民事判决书;二审判决书:参见北京市第三中级人民法院(2017)京03民终201号民事判决书。

免他人受有损失,或者是管理人的行为直接给他人带来利益,都属于管理他人事务的行为。无因管理中"他人的事务"最常见的类型是"客观上属于他人的事务",即如果某事务已经被认为属于他人利益范围(客观的他人事务),则可以认为存在为他人管理的意思,管理人认识到该事务为他人的事务,并且为他人的利益而从事管理行为,就可以推定其具有管理他人事务的意思①。例如对他人债务的清偿,为他人修理房屋,等等②。另外,如果将自己的事务误认为他人的事务而进行管理,不能构成无因管理。反之,如果将他人的事务误认为自己的事务而进行管理,学理上称为误信管理或不真正无因管理。我国现行立法对误信管理未作规定,一般认为亦不构成无因管理。

本案的争议焦点是街道办事处将何甲送至医院治疗,并为此垫付医疗费、护理费等费用的行为是否构成无因管理。一方面,在老人何甲存在法定赡养义务人,且未按照社会救助程序办理手续的情况下,街道办事处的紧急救助行为并不是法律意义上的社会救助,因此街道办事处的救助行为并非履行法定职责,而是在管理他人事务;另一方面,街道办事处的救助行为使赡养义务人免受法律上的否定性评价,应认定为为赡养义务人何乙的利益而管理。因此,街道办事处的行为属于为何乙的利益而管理他人事务,符合无因管理的构成要件。

2.没有法定或约定的义务

■ 知识点

没有法定或约定义务是无因管理成立的重要条件。下列两种情形均不能成立无因管理:一是,依约对受益人负有义务则不能成立无因管理。例如依据承揽、委托合同等为受益人管理事务,不成立无因管理;二是,依法对受益人负有义务亦不能成立无因管理。如父母对未成年子女的事务的管理。

■ 适用例举

盛隆公司与刘某无因管理纠纷案③

2014年4月1日,刘某委托滨州市盛隆汽车服务有限公司(以下简称"盛隆公司")对鲁M×××8挂号车进行维修,后双方因维修费事宜发生纠纷,盛隆公司将刘某的涉案车辆留置。2016年4月18日,刘某向法院提起诉讼,要求盛隆公司返还涉案车辆并赔偿停运损失,后法院判决盛隆公司返还刘某涉案车辆,并驳回刘某要求盛隆公司支付停运损失的诉讼请求。该判决生效后,刘某向盛隆公司要求提走涉案车辆,盛隆公司要求刘某支付停车费和管理费50 000元,刘某不予支付,后双

---

① 王利明:《债法总则研究》,北京:中国人民大学出版社,2015年,第534页。
② 郑玉波:《民法债编总论》(修订二版),北京:中国政法大学出版社,2004年,第75页。
③ 参见山东省滨州市中级人民法院(2018)鲁16民终374号民事判决书。

方协商未果。2017年7月5日,盛隆公司以涉案车辆一直停放在第三方停车场,需支付费用为由诉至法院,要求刘某支付盛隆公司自2016年6月15日至2017年5月31日的保管费35 000元。

法院经审理认为,本案争议焦点为盛隆公司管理涉案车辆的行为是否构成无因管理。无因管理之债的产生是基于法律规定,而非当事人的意思。本案中,基于双方当事人达成的修理涉案车辆的合意,刘某将涉案车辆交给盛隆公司修理。后因修理问题产生纠纷,导致双方多次诉讼,其间车辆一直由盛隆公司保管,因此盛隆公司保管车辆的行为不构成无因管理。

■ 简要解析

本案涉及无因管理构成要件中"没有法定或约定的义务"的认定。管理人无法定或约定的义务,是构成无因管理的要件之一。衡量管理人有无法定或约定义务,应当采取客观标准,即如果负有义务而管理人误认为没有义务,不能构成无因管理;如果本无义务,而管理人误认为有义务,构成无因管理。值得注意的是,如果管理人虽然有法定或者约定的义务,但是在履行义务的过程中超出义务范围而管理了他人事务,且不违背诚实信用原则的,可以构成无因管理[1]。

在本案中,盛隆公司管理涉案车辆是基于留置权所产生的保管留置物的法定义务,即盛隆公司在刘某不履行债务时,行使留置权而留置涉案车车辆。在留置期间,盛隆公司负有妥善保管留置财产的义务。因此,盛隆公司保管车辆的行为是基于法定义务,不构成无因管理。

3. 为避免被管理人利益受损失

■ 知识点

为避免被管理人利益受损失,理论上亦称为"为被管理人的利益的意思",简称为管理意思,是构成无因管理的主观要件。

■ 适用例举

智享物业公司与摩拜公司无因管理纠纷案[2]

高碑店村东区小区是开放式小区,小区大门目前正在建设中,大门无人把守,小区门口并未张贴有明显的"禁止共享单车进入"的标识。北京智享人生物业管理有限公司(以下简称"智享物业公司")负责该小区的物业管理。智享物业公司在管理过程中发现小区内共享单车使用量陡然大增,每天上百辆单车不规则地停放,让小区内面目全非。智享物业公司多次向摩拜(北京)信息技术有限公司(以

---

[1] 郑玉波:《民法债编总论》(修订二版),北京:中国政法大学出版社,2004年,第78页。
[2] 参见北京市第一中级人民法院(2018)京01民终1914号民事判决书。

下简称"摩拜公司")反映无果后,对小区内随意停放的共享单车进行了集中清理,并将其统一存放到地下车库,且用锁链固定。摩拜公司发现共享单车无法正常使用后,遂与物业停车管理处的负责人商讨,要求务必当天放车,但物业公司拒不同意摩拜的正当要求,反而要求摩拜公司向物业支付1 000元费用作为放车的条件,理由是当初管理和搬离单车时的费用。后在派出所民警出警介入后,物业公司同意摩拜提走被扣留在其地下停车库的172辆摩拜单车。后智享物业公司诉至法院,请求摩拜公司支付管理费1 000元。

  一审法院认为,本案中,在智享物业公司与摩拜公司之间不存在合同关系的情况下,上述集中和清理行为确有无因的成分,但实难称之为"无因管理"。智享物业公司在将涉案小区内随意停放的共享单车集中清理之后,并未在合理可期待的时间内有效联系单车的所有权人或管理人,而是将集中后的共享单车统一存放到地下车库,且用锁链固定,经摩拜公司管理人员报警之后才将涉案车辆发还,智享物业公司的上述行为明显不当。由于被锁链锁住且被集中存放在地下车库的摩拜单车很难被用车人找到并使用,直接影响了摩拜单车的所有人及管理人通过出租摩拜单车获取相应收益,故智享物业公司在本案的行为不能被认定为系避免了摩拜公司的利益遭受损失或使得摩拜公司因此受益。综合上述分析,智享物业公司的行为不符合无因管理的构成要件。

  一审宣判后,智享物业公司不服一审判决,提起上诉。二审法院经审理认为,"是否为避免他人利益受损失",应综合行为人实施的管理行为的结果、本人可推知的意图以及是否符合法律的强制性规定和公序良俗的要求来综合认定。本案中,智享物业公司对摩拜单车进行的管理,尤其是锁链固定单车的行为,从结果上看,并不符合摩拜单车所有人的利益,反而是限制了摩拜单车的使用,损害了其所有人的利益。由此可见,智享物业公司针对摩拜单车进行的管理行为并未"避免他人利益受损失"。据此,法院认为智享物业公司的管理行为不符合"为避免他人利益受损失"的构成要件,其与摩拜公司之间不构成无因管理的债权债务关系。

■简要解析

  本案涉及无因管理构成要件中的为避免被管理人利益受损失的认定。管理人误认他人事务为自己事务而为管理时,属误信管理,不成立无因管理;管理人认识其所管理的系他人事务,但系出于为自己之利益时,则属不法管理,也不成立无因管理[①]。另外,《民法典》第九百七十九条第二款进一步规定:"管理事务不符合受益人真实意思的,管理人不享有前款规定的权利;但是,受益人的真实意思违反法律或者违背公序良俗的除外。"据此,管理人的管理意思原则上不得违背受益人的

[①] 王泽鉴:《债法原理》(第一册),北京:中国政法大学出版社,2009年,第315页。

管理要求或真实意思。判断管理人是否具备管理意思的标准,应当是受益人对其事务的管理要求、事务管理的社会常识、管理人所具有的管理知识水平三种因素的有机结合体。之所以把受益人的管理要求作为判断标准,是因为受益人对其事务一般有较正确的管理见解或特殊的需要,据此管理事务往往最能满足其需要;之所以将社会常识作为判断标准,是因为受益人未曾表示其管理要求时,就必须按照社会常识来推断受益人的管理要求;之所以要适当考虑管理人的管理知识水平,是因为管理人的管理水平并非总能与社会常识相一致。在管理人尚不具备足够的管理知识时,不将其管理行为视作侵权行为,而是认定为无因管理;而在管理人对某项事务具有高于社会常识的管理水平,他却仍按社会常识进行管理,因而未取得好的效果的情况下,就不能认定为无因管理①。

在本案中,按照社会常识,智享物业公司应当知道共享单车的用途和使用方法,也应当知道将共享单车统一存放于地下车库并用锁链固定是不利于摩拜单车的所有人及管理人获取相应利益的。因此,智享物业公司对摩拜单车的管理并不具备"有为被管理人的利益的意思",相反是损害了其所有人的利益,该公司的行为不构成无因管理。

(二)无因管理的法律效力

■知识点

无因管理的法律效力主要包括两个方面:一、管理人侵权行为的阻却;二、对受益人和管理人产生无因管理之债的权利义务关系。

■适用例举

汇丽涂料诉中远汇丽无因管理纠纷案②

2005 年 12 月,上海汇丽涂料有限公司(以下简称"汇丽涂料")、北京中远汇丽精细化工有限公司(以下简称"中远汇丽")委托上海中冠运输服务有限公司(以下简称"中冠公司")将三批货物自上海浦东国际机场出运至越南胡志明市,其中:中远汇丽出运的二批货物计费重量分别为 2 080 千克、2 534 千克,合计 4 614 千克,运费计人民币 98 878.02 元。2006 年 1 月 12 日,汇丽涂料为从中冠公司拿到核销、退税单据,向中冠公司出具了 1 份承诺书,承诺汇丽涂料、中远汇丽的三批货物的空运费 18 635.34 美元均由汇丽涂料付清。后因汇丽涂料只支付了双方的部分运费,尚有人民币 32 255.65 元未付,中冠公司于同年 12 月 1 日向上海市浦东新区人民法院起诉,要求汇丽涂料支付余下运费人民币 32 255.65 元,经法院判决

---

① 王利明,杨立新,王轶,程啸:《民法学》(第四版),北京:法律出版社,2014 年,第 404-405 页。

② 参见北京市石景山区人民法院(2009)石民初字第 4090 号民事判决书。

后汇丽涂料于 2007 年 3 月 19 日支付了运费人民币 32 255.65 元。现汇丽涂料要求中远汇丽支付其垫付的运费人民币 98 878.02 元。

浙江省绍兴县人民法院经审理认为：中远汇丽应支付给中冠公司运费计人民币 98 878.02 元，由汇丽涂料提交的托单等证据及汇丽涂料、中远汇丽的陈述所证实，事实清楚。汇丽涂料代中远汇丽支付运费后，双方形成了一种债权债务关系。债务应当清偿，故现汇丽涂料要求中远汇丽支付其垫付的运费计人民币 98 878.02 元，理由正当，法院予以支持。

中远汇丽不服一审判决，提起上诉。浙江省绍兴市中级人民法院经审理认为：中远汇丽委托中冠公司运输货物 4 614 千克及应支付运费人民币 98 878.02 元的事实清楚，该运费已由汇丽涂料代为支付给中冠公司。因中远汇丽否认其委托汇丽涂料支付该笔运费，故汇丽涂料无法定或约定义务为中远汇丽代付该笔运费，汇丽涂料代中远汇丽向上海中冠支付运费的行为构成无因管理。因此，汇丽涂料代上诉人支付运费后，有权要求受益的中远汇丽支付该费用。

■ 简要解析

本案是一起典型的无因管理案件，涉及的主要问题为：第一，本案是否构成无因管理；第二，无因管理的法律效果如何。对于是否构成无因管理，需要考察是否符合无因管理的构成要件。构成无因管理的，对受益人和管理人产生无因管理之债的权利义务关系。具体来说，对于管理人来说，管理人之义务表现为：①适当管理义务。无因管理本系无法律上之义务而为他人管理事务，但不管理则已，如欲管理则有适当的管理之义务[①]，这是无因管理之债中管理人的主给付义务。这一义务表现在两个方面：一是，管理人不应违背受益人的管理意思。二是，管理人应依有利于受益人的方法进行管理。②其他义务。这些义务为无因管理之债中的从给付义务，主要包括：一是，通知义务。管理人应及时通知受益人有关管理事务的事实。二是，报告义务。在管理事务终止时，管理人应当及时向受益人报告管理结果。三是，计算义务。管理人应当将因管理事务所取得的物品、前款及孳息等计算并交付给受益人。四是，损害赔偿义务。管理人未尽管理义务，导致受益人受有损害的，管理人应当就其重大过失承担损害赔偿责任。如果管理人仅是具有一般过失的，应当免除或减轻其损害赔偿责任。管理人之权利表现为：①请求偿还管理费用的权利。管理人为管理事务支出的必要费用及其利息，得请求受益人偿还。②请求清偿所负债务的权利。管理人因管理事务而负担的债务，得请求受益人代为清偿。③请求损害赔偿的权利。管理人因管理事务而受损害的，得请求损害赔偿。

---

① 郑玉波：《民法债编总论》（修订二版），北京：中国政法大学出版社，2004 年，第 79 页。

在本案中,汇丽涂料没有法定或约定义务,以为中远汇丽利益的目的代垫了中远汇丽欠付中冠公司的运费,应当构成无因管理。无因管理产生无因管理之债,管理人汇丽涂料享有请求中远汇丽偿还管理费用以及清偿因管理事务支出费用的权利。因此,汇丽涂料可以请求受益人中远汇丽偿还其为管理事务所支出的必要费用和利息,且管理人汇丽涂料因管理事务而负担的债务,得向受益人中远汇丽求偿。因此,汇丽涂料有权请求中远汇丽给付其已支付的运费。

四、不当得利

不当得利,是指没有合法根据取得利益而使他人受损失的事实。其中,取得不当利益的人称为得利人,财产受到损失的人称为受损失的人。由于不当得利没有合法根据,所以因不当得利产生的事实不受法律保护,得利人应当将所受利益返还给受损失的人,由此产生了债权债务关系。

（一）不当得利的构成要件

■ **知识点**

《民法典》第九百八十五条规定:"得利人没有法律根据取得不当利益的,受损失的人可以请求得利人返还取得的利益,但是有下列情形之一的除外:(一)为履行道德义务进行的给付;(二)债务到期之前的清偿;(三)明知无给付义务而进行的债务清偿。"

■ **适用例举**

喻某诉工行宣武支行、工行北京分行不当得利纠纷案[①]

2003年7月30日,喻某因将牡丹交通IC卡丢失及需要审验机动车驾驶证,故到中国工商银行北京市宣武支行(以下简称"工行宣武支行")下属的白纸坊储蓄所办理牡丹交通IC卡补卡手续。该所向喻某出示了中国工商银行北京分行(以下简称"工行北京分行")制作的第3728814号牡丹交通IC卡领(补)卡通知单,此单上注有"本人自愿申领牡丹交通IC卡,并保证遵守牡丹交通IC卡金融服务的各项使用规定"的内容。喻某在此内容下方签字确认,并交纳100元的补卡费,该所为其补办了卡号为0000010270008317429的牡丹交通IC卡一张。后喻某认为,工行宣武支行、工行北京分行在补卡时收费的行为没有合法依据,属不当得利,故提起诉讼。

北京市宣武区(现西城区)人民法院经审理认为:本案中,喻某在牡丹交通IC

---

① 参见《最高人民法院公报》2005年第6期(总第104期)。

卡丢失后，到工行宣武支行下属的储蓄所办理申领补卡手续。储蓄所向其出示的补卡通知单上，载有"本人自愿申领牡丹交通IC卡，并保证遵守牡丹交通IC卡金融服务的各项使用规定"的内容。经喻某签字确认后，储蓄所按照被告工行北京分行的规定，向喻某收取了100元补卡费，为其补办了牡丹交通IC卡。双方当事人的上述行为，构成了在自愿基础上建立的一种服务合同关系。本案双方当事人均为完全民事行为能力人，整个交易过程都是双方真实意思的表示。喻某在补卡通知单上签字后，双方达成了合法有效的合同。后喻某交纳100元及储蓄所为其补卡，是双方对合同的合法履行。该补卡行为未违反法律强制性规定，亦符合社会公序良俗。储蓄所依据双方达成的合法有效合同，向喻某收取100元补卡费，因此该款不是不当得利。

一审宣判后，喻某不服，向北京市第一中级人民法院提起上诉。北京市第一中级人民法院经审理认为：根据《集成电路卡应用和收费管理办法》第十条规定："批准收费的IC卡及按规定不单独收费的IC卡，凡因丢失、损坏等原因要求补发的，均按IC卡工本费收取费用。"根据工行北京分行出示的证据，牡丹交通IC卡的制卡成本为30.80元，而该行规定补卡收费的价格是每张100元。对规定多收的69.20元，工行北京分行不能出示合法依据。依照《民法通则》第九十二条的规定，该69.20元属不当得利，应当由收款人返还给交款人。喻某请求判令工行宣武支行返还100元补卡费及利息，不能全部支持判决：工行宣武支行给喻某返还补卡费69.20元及利息（利息自2003年7月31日起至判决之日止，以69.20元为基数，按中国人民银行同期活期存款利率计算）。

■ 简要解析

本案涉及不当得利的构成要件问题。根据《民法典》第九百八十五条的规定，不当得利的构成要件包括：一、一方获得财产利益。所谓获得财产利益，是指因一定事实使财产总额增加，既包括积极的增加，如取得财产等，亦包括消极增加，如减少支出等。获得财产利益的法律事实，可以是民事法律行为，也可以是事实行为；可以是受益人的行为，也可以是受害人的行为；还可以是第三人的行为，甚至可以是自然事实。二、他方蒙受损失。此处所称损失，既包括既存财产的减少，亦包括应得利益的丧失①。三、获得利益与蒙受损失之间有因果关系。关于因果关系的认定，理论上有直接因果关系说与间接因果关系说之争。直接因果关系是指，只有在获得利益和受有损害是基于同一原因事实时，才可认定因果关系的存在。如果获得利益的原因事实与受损的原因事实不同，即使二者之间存在牵连，亦不成立因果关系。间接因果关系是指，获得利益的原因事实不必与受到损失的原因事实相

---

① 郑玉波：《民法债编总论》（修订二版），北京：中国政法大学出版社，2004年，第93页。

同,只要社会观念认为获得利益和受有损失之间具有牵连关系,就可认定存在因果关系。本书认为在不当得利制度中,应采间接因果关系说,否则将会排除受损害方向间接获利的第三人主张不当得利返还请求权。四、没有合法根据。只有在一方获得利益和他方受有损失不存在法律上或者约定的根据时,才构成不当得利。

  在本案中,喻某在牡丹交通IC卡丢失后,到工行宣武支行下属的储蓄所办理申领补卡手续。储蓄所按照工行北京分行的规定,向喻某收取了100元补卡费,为其补办了牡丹交通IC卡。认定本案是否构成不当得利的关键是工行宣武支行收取该笔100元补卡费是否具有合法依据。一审法院认为,喻某在载有"本人自愿申领牡丹交通IC卡,并保证遵守牡丹交通IC卡金融服务的各项使用规定"内容的补卡通知单上签字确认后,喻某与工行宣武支行就达成了合法有效的合同。这种观点显然值得商榷。第一,按照社会一般观念,补卡通知单并不具有要约的法律性质,喻某在通知单上签字确认不能推定其具有通过承诺使合同成立的意思。第二,牡丹交通IC卡补卡须收取100元补卡费是工行宣武支行单方提供的格式条款,而经营者在经营活动中使用格式条款的,应当以显著方式提请消费者注意有重大利害关系的内容,并按照消费者的要求予以说明。工行宣武支行显然没有尽到必要的提示和说明义务,故喻某与工行宣武支行并没有就补卡收费事宜达成合法有效的合同。尽管双方就补卡收费事宜并未达成合法有效的合同,但这并不意味着工行宣武支行不能收取任何补卡费用。根据《集成电路卡应用和收费管理办法》第十条"批准收费的IC卡及按规定不单独收费的IC卡,凡因丢失、损坏等原因要求补发的,均按IC卡工本费收取费用"的规定,工行宣武支行收取IC卡工本费具有相应的法律依据,该部分收费不构成不当得利。该牡丹交通IC卡的制卡成本为30.80元,故该行收取的100元的补卡金额中,收取了超过制卡成本的69.20元。工行宣武支行多收的69.20元,属于获得的超出制卡成本的财产利益,该利益的获得没有合法根据,且工行宣武支行获得利益的同时导致喻某利益受损,二者之间有因果关系。因此,工行宣武支行超出制卡成本多收取的69.20元构成不当得利。

(二)不当得利的法律效果

> **知识点**

  成立不当得利的,在当事人之间产生法定之债。取得不当利益的一方应当将所获利益返还于受损失一方。对于不当得利之债的返还范围,应视得利人在获利时是否为"善意"而有所区别。

  《民法典》第九百八十六条规定:"得利人不知道且不应当知道取得的利益没有法律根据,取得的利益已经不存在的,不承担返还该利益的义务。"第九百八十七条规定:"得利人知道或者应当知道取得的利益没有法律根据的,受损失的人可以请求得利人返还其取得的利益并依法赔偿损失。"

适用例举

中皖公司与颢宸酒店不当得利纠纷二审民事判决书①

2013年7月30日,内蒙古颢宸酒店有限责任公司(以下简称"颢宸酒店")与内蒙古裕泽建筑装饰工程有限公司(以下简称"裕泽公司")签订《嘉隆曼福特酒店一层至五层装修合同》,约定由裕泽公司对颢宸酒店进行装修。2014年12月3日,颢宸酒店以装修的名义,向和林格尔县农村信用社惠商分行贷款2 000万元,月利率为10.025‰,颢宸酒店借用内蒙古中皖装饰工程有限公司(以下简称"中皖公司")账户接收该贷款中的1 000万,该笔款项已打入中皖公司账户。后中皖公司陆续向颢宸酒店返还840万元,剩余160万未归还。颢宸酒店要求中皖公司返还剩余的160万元贷款,并于2014年12月31日向中皖公司发出了律师函。2014年12月10日,中皖公司与裕泽公司签订《合同权利义务概括转让协议书》,载明:根据《中华人民共和国合同法》及相关法律法规就裕泽公司与颢宸酒店签订的嘉隆曼福特酒店一层、五层装修合同,裕泽公司与金阳光公司签订的嘉隆曼福特酒店三层会所装修合同及嘉隆曼福特酒店三层羊白捞餐饮装修合同,上述三方合同的应收债权及相关权利义务事宜概括转让给中皖公司,具体转让事宜如下:一、裕泽公司对上述三方装修合同项下的工程施工已全部完工,并已交付使用;二、基于上述三方装修合同取得的债权及权益概括转让给中皖公司;三、中皖公司依本协议取得上述权益,独立行使其权益。2015年1月8日中皖公司及裕泽公司向颢宸酒店发出权利义务概括转让通知书。随后,颢宸酒店向一审法院起诉请求:中皖公司向颢宸酒店返还款项160万元,并赔偿利息损失31 010.67元。中皖公司辩称,颢宸酒店因装修工程拖欠了裕泽公司工程款160多万元,且裕泽公司已通过《合同权利义务概括转让协议书》将装修工程的160万元应收债权及相关权利义务事宜概括转让给中皖公司,故中皖公司扣除颢宸酒店160万元工程款的行为具有合法依据,并非不当得利。

一审法院经审理认为,根据现有证据表明,中皖公司占有颢宸酒店160万元贷款的行为没有法律根据,损害了颢宸酒店的合法利益,中皖公司应依法向颢宸酒店返还160万元的不当得利,并以此为本金按照颢宸酒店与和林格尔县农村信用社签订的合同中约定的月利率10.025‰赔偿给颢宸酒店造成的自2014年12月17日起至实际给付之日止的利息损失。

一审宣判后,中皖公司不服一审判决,提起上诉。二审法院经审理认为,因中皖公司暂无根据,取得颢宸酒店160万元,构成不当得利,颢宸酒店有权请求中皖公司返还160万元。依据《最高人民法院关于贯彻执行若干问题的意见(试行)》第一百三十一条的规定,返还的不当利益,应当包括原物和原物所生的孳息。在确

---

① 参见内蒙古自治区呼和浩特市中级人民法院(2018)内01民终220号民事判决书。

定不当得利返还请求权的返还范围时，一方面需要考察受益人获利与受损人受损之间的关系，另一方面还要考察受益人的主观状态，这有利于平衡当事人之间的权益。在受益人是善意的情况下，受益人并不知道其所获利益欠缺法律上的原因，其可能没有消费该物的计划。因此，原则上只应当返还现存利益；而在受益人为恶意的情况下，其应当返还全部利益。中皖公司与裕泽公司签订《合同权利义务概括转让协议书》时，中皖公司并不知道转让对颢宸酒店不发生法律效力，其主观状态是善意的。《中华人民共和国民事诉讼法》第一百四十二条中规定：法庭辩论终结，应当依法做出判决。一审第一次开庭审理日期是 2015 年 10 月 23 日，当日法庭辩论终结，此时中皖公司应当预见其所获利益被请求返还时可能产生的后果。因此，中皖公司除向颢宸酒店返还 160 万元外，还应当返还 160 万元所产生的利息，利息自 2015 年 10 月 23 日起计算。变更一审判决关于利息返还的计算，判决中皖公司返还颢宸酒店有限责任公司 160 万元，并以此为本金，按月利率 10.025‰返还自 2015 年 10 月 23 日起至给付之日止的利息。

简要解析

本案涉及得利人在取得利益时为善意，嗣后为恶意时的不当得利返还义务。构成不当得利的，在当事人之间产生法定之债的效力，受损失的人享有不当得利返还请求权。不当得利返还请求权的标的为得利人取得的不当利益，其范围依其受有利益时是否善意而存在区别。主要应当区分以下几种情形：①得利人善意时的返还义务。对此，《民法典》第九百八十六条规定："得利人不知道且不应当知道取得的利益没有法律根据，取得的利益已经不存在的，不承担返还该利益的义务。"根据该规定，得利人是善意取得不当利益的，即不知自己的取得没有合法根据，其返还利益的范围以现存利益为先。通说认为，所谓现存利益不限于原物的固有形态，如果原物的形态改变，其财产价值仍然存在或者可以代偿的，仍然属于现存利益。②得利人恶意时的返还义务。对此，《民法典》第九百八十七条规定："得利人知道或者应当知道取得的利益没有法律根据的，受损失的人可以请求得利人返还其取得的利益并依法赔偿损失。"根据该规定，得利人是恶意取得不当利益的，即得利人在取得利益时明知自己的取得没有合法根据的，其返还义务的范围应当是得利人取得利益时的数额，即使该利益在返还时已经减少甚至不复存在，亦不能免除其返还义务。③得利人在取得利益时为善意，嗣后为恶意的返还义务。得利人在取得利益时为善意，嗣后为恶意的，学理上称为嗣后恶意。此种情形，《民法典》并未明确规定。一般认为，如果在得利人知道无受领原因前，所获利益就已消失，则受领人不再负担返还义务，但是如果得利人在知道无受领利益之后，该利益仍然持续存在,则得利人应当返还自其知道其获取利益欠缺法律上原因之时起的现存利益①。

在本案中,2013年7月30日,原告颢宸酒店借用被告中皖公司账户接收1 000万元贷款,该笔款项已由林格尔县农村信用社惠商分行打入被告中皖公司账户。后被告中皖公司陆续向原告返还840万元,剩余160万元未归还。《中华人民共和国合同法》第八十八条规定:"当事人一方经对方同意,可以将自己在合同中的权利义务一并转让给第三人。"尽管中皖公司与裕泽公司签订《合同权利义务概括转让协议书》,约定将装修工程取得的债权及权益概括转让给中皖公司,但由于裕泽公司将自己在合同中的权利义务转让给中皖公司时未取得颢宸酒店同意,该《合同权利义务概括转让协议书》对颢宸酒店不发生效力。因此,中皖公司受有该160万元无法律根据,且给原告颢宸酒店造成损失,构成不当得利。构成不当得利的,产生法定之债的效力,中皖公司应当返还其受有利益。由于中皖公司主观上认为基于《合同权利义务概括转让协议书》其有权占有该160万元,并不知道其受有该利益缺乏合法依据,故中皖公司在受有利益时是善意的,其返还的利益原则上仅以现存利益为限。但是自一审庭审辩论终结之日起,中皖公司应当知道其取得利益是没有合法根据的,属于受益时为善意而嗣后为恶意的情形,应当返还的利益范围应以恶意开始时的现存利益范围为准。在本案一审庭审辩论终结当日,中皖公司应当预见其所获利益被请求返还时可能产生的后果。因此,中皖公司除返还160万元外,还应当返还160万元所生的利息,利息自2015年10月23日起计算。

第三节 债的类型

一、简单之债与选择之债

根据债的标的有无选择性,债可分为简单之债和选择之债。

(一)简单之债

知识点

简单之债,又称为不可选择之债,是指债的标的是单一的,当事人只能就该种标的的履行并没有选择余地的债。

---

① 孙森焱:《民法债编总论》(上册),北京:法律出版社,2006年,第157页。

适用例举

帝源公司诉明林公司、竞源公司买卖合同纠纷案[①]

2016年6月起上海竞源环保设备有限公司（以下简称"竞源公司"）与无锡市明林机械有限公司（以下简称"明林公司"）发生业务往来，双方至2016年9月19日共签订6份订货合同，由竞源公司向明林公司购买空气净化器零部件，具体如下：一、日期为2016年7月28日的订货单约定由竞源公司向明林公司购买DY880三风机100套，单价600元；DY870双风机100套，单价470元；DY860单风机100套，单价300元；DY850壁挂式单风机50套，单价330元；该合同总价153 500元。二、日期为2016年8月2日的订货单约定由竞源公司向明林公司购买DY860-2单风机50套，单价300元，合同总价1.5万元。三、日期为2016年9月1日的订货单约定由竞源公司向明林公司购买空气净化器外壳102套，单价680元；LC-001外壳100套，单价160元；该合同总价85 360元。四、日期为2016年9月12日的订货单2份，分别约定由竞源公司向明林公司购买DY870双风机200套，单价420元，总价8.4万元；DY860单风机150套，单价300元，总价4.5万元。五、日期为2016年9月19日的订货单约定由竞源公司向明林公司购买DY880三风机100套，单价570元，并注明系"补6月第一批订单，款已结清"；另购买DY880三风机50套，单价600元；该合同总价8.7万元。前述6份合同总价款额为469 860元，均由竞源公司、明林公司分别在订货单"需方""供方"处加盖合同专用章或公章。

2016年10月17日、10月20日，昆山市帝源环保设备有限公司（以下简称"帝源公司"）与明林公司签订2份空气净化器零部件订货合同，具体如下：一、日期为2016年10月17日的订货单约定由帝源公司向明林公司购买DY860单风机50套，单价300元，总价1.5万元，付款条件为"货到按验收合格数量付款，3个工作日内付合格品全款"。二、日期为2016年10月20日的订货单约定由帝源公司向明林公司购买DY860单风机（艾迪）17套，单价330元；DY870双风机（艾迪）17套，单价500元；DY880三风机（艾迪）17套，单价630元；DY880三风机200套，单价600元；该合同总价144 820元；付款条件为"货到按验收合格数量付款，60个工作日内付合格品全款"。上述2份合同总价款额为159 820元，均由帝源公司、明林公司分别在订货单"需方""供方"处加盖合同专用章。

明林公司为履行前述合同，于2016年7月至11月向竞源公司、帝源公司交付了DY880三风机467套、DY870双风机324套、DY860单风机317套、DY860-2单风机50套、DY850壁挂式风机50套、空气净化器外壳102套、LC-001外壳100套，其中2016年10月4日交付的DY870双风机比合同约定数量多7套。此外，明

[①] 参见江苏省无锡市中级人民法院(2017)苏02民终3938号民事判决书。

林公司自 2016 年 6 月至 11 月还向竟源公司、帝源公司交付了多种风机样机共 45 套。

■ 简要解析

本案涉及简单之债的问题。简单之债是债的常态,简单之债又称为不可选择之债①,债务人应当严格按照债的标的履行债务,债权人亦仅得就此种债的标的请求债务人履行。简单之债与选择之债,主要存在以下区别:一、债的履行标的的数量不同。简单之债的履行标的单一,选择之债的履行标的有多个,而且给付内容各不相同,选择权人可以选择其中一种标的为给付。二、债的履行方式不同。简单之债的给付是单一的,债务人不享有选择权,应当严格依据债的给付内容履行债务。选择之债所预订之数宗给付,必须选定其一以为给付。即数宗给付,系处于被选择之状态,必须由有选择权之人,选定其一,始能给付,否则无法履行②。

在本案中,帝源公司、竟源公司分别与明林公司缔结了多份买卖合同,约定由帝源公司、竟源公司向明林公司购买多种型号的空气净化器零部件和风机。在这些买卖合同中,虽然双方当事人约定了多种类型的标的物,但并不意味着这些买卖合同就是选择之债。理由在于,当事人对标的物的交付并不享有选择权,相反,债务人明林公司应当就约定的多类型的标的物全部交付。因此,案涉买卖合同仍属简单之债。

(二) 选择之债

■ 知识点

选择之债是相对于不可选择之债而言的,是指债的标的为两项以上,当事人可以从中选择其一来履行的债。成立选择之债,应当具备两个要件:一是须在成立之初预定数宗给付;二是须于数宗给付中选定其一为给付。选择之债只有经过选择才能履行,若选择权人不行使选择权,则债无法履行。因此,有选择权的一方应行使选择权。

■ 适用例举

惠某与王某合伙协议纠纷案③

2006 年 4 月 15 日,惠某在泾县工商局登记注册为个体工商户,字号为泾县泾谷酒厂,经营白酒酿造、勾兑、销售。2006 年 11 月,王某与惠某合伙经营泾谷酒

---

① 张广兴:《债法总论》,北京:法律出版社,1997 年,第 129 页。
② 郑玉波:《民法债编总论》(修订二版),北京:中国政法大学出版社,2004 年,第 212 页。
③ 参见安徽省宣城市中级人民法院(2009)宣中民一终字第 624 号民事判决书。

厂。经营过程中，双方经常发生分歧。2008年11月27日，经泾县泾川镇人民调解委员会主持调解，双方协议合伙终止，并约定：一、王某前期投入酒厂基建费、宣传等费用总计300 000元，均由惠某承担。双方同意以惠某生产的白酒折抵。二、王某经营过程中从惠某处提出各类白酒价值总计155 642元整，折抵后余款144 376元，惠某仍以白酒折抵，直到折抵完为止。三、酒厂一部大车由惠某尽快办理过户手续，面包车归王某所有，王某应承担惠某10 000元费用，由惠某从折抵给王某的白酒中扣除。协议签订当日，王某在惠某处提走价值155 624元的白酒（包括泾谷窖酒、礼盒泾谷特曲、迎家福等）。2008年11月至3月，王某在惠某处提走价值总计38 548元的白酒。2009年4月1日，王某向惠某提出要以泾谷窖酒抵债，遭惠某拒绝。惠某认为除泾谷窖酒外，可以以其他白酒抵债。王某诉至法院，请求判令惠某立即交付价值111 748元的泾谷窖酒或立即支付人民币111 748元。

泾县人民法院认为，双方约定对于所欠余款，惠某仍以白酒抵债，但未约定以何种白酒抵债，导致双方对白酒种类的理解产生争议。对此，应按照协议的条文以及诚实信用原则来确定双方的真实意思。协议签订当日，惠某以其所有的白酒，即以泾县泾谷酒厂生产的泾谷窖酒、礼盒泾谷特曲等十余种不同种类的白酒，折抵了欠款155 624元。故对争议白酒的理解，确定为惠某仍可以泾谷酒厂生产的泾谷窖酒、礼盒泾谷特曲等十余种不同种类中的一种或多种白酒抵债。王某、惠某之间债的标的为两项以上，属于选择之债。双方对于选择权的归属未作约定，故选择权在履行期限内应由债务人即惠某享有。协议未约定履行期限，惠某应在王某要求其履行的合理期限内行使选择权，即惠某可以以上述白酒中的一种或者多种抵债。但惠某在合理期限内并未行使选择权，故选择权应转归债权人即王某享有。王某要求只以上述白酒中的泾谷窖酒抵债，符合法律规定，予以支持。

一审宣判后，惠某提起上诉。山西宣城市中级人民法院认为，本案中惠某与王某在协议中明确约定以白酒抵债，并未限定为哪一种白酒，依据常理应解释为包括各种类白酒，双方在实际履行中也是以各种类白酒抵债。王某在2009年4月1日以后单方要求以泾谷窖酒抵债，而不接受其他白酒抵债，违反双方协议约定，应自行承担法律后果。王某起诉要求判令惠某以泾谷窖酒抵债，其诉讼请求不能成立，依法应予驳回。惠某在与王某协议中约定抵债的标的物明确为白酒，惠某无论以哪一种白酒抵债，均符合协议约定，惠某并无对以哪一种白酒抵债必须做出选择的义务。原审认定本案债务为选择之债，且惠某在合理期限内未行使选择权，选择权转归王某享有，明显不当。综上，惠某上诉理由成立，对其上诉请求予以支持。

▍简要解析

本案涉及选择之债中选择权的转化问题。选择之债有广义与狭义之分。广义上的选择之债的范围非常广泛，可以选择给付义务、标的物、履行方式、履行地点等；狭义上的选择之债仅指当事人就不同标的的选择之债。本书所称选择之债采广义说。选择之债必须经过特定才能履行。选择之债的特定方法有如下三种:一、因合意而特定。债的双方当事人基于合意约定从数个给付中选择一个给付作为债的标的,此时给付得因合意而特定。二、因行使选择权而特定。选择权为形成权。选择之债中,享有选择权的人通过行使选择权,从而在数个给付中选定一种给付,此时给付得因选择权的行使而特定。选择的效力,溯及至选择之债成立之日①。对于选择权的归属,《民法典》第五百一十五条规定:"标的有多项而债务人只需履行其中一项的,债务人享有选择权;但是,法律另有规定、当事人另有约定或者另有交易习惯的除外。享有选择权的当事人在约定期限内或者履行期限届满未作选择,经催告后在合理期限内仍未选择的,选择权转移至对方。"三、因给付不能而特定。在选择之债中,如果数个给付中的一个给付不能,选择之债存在于剩余的给付之上;如果剩余给付为一个时,选择之债转化为简单之债;如果数个给付均陷于给付不能,这时选择之债履行不能。另外,选择之债不同于种类之债。对于选择之债而言,在当事人做出选择之前,债的数个标的不同,当事人依据选择权可以在数个不同的给付之间做出选择②。

在本案中,惠某对王某负有偿还 300 000 元之金钱债务,双方同意用惠某所生产白酒折抵,但未约定以惠某生产的哪种白酒抵债,故该债务应属选择之债。该选择之债通过选择权人行使选择权而特定。选择权属于形成权,仅以一方的意思表示即可将选择之债转化为简单之债。根据《民法典》第五百一十五条第一款的规定,除法律另有规定、当事人另有约定或者另有交易习惯外,选择权属于债务人。这主要是因为,债务毕竟是由债务人实际履行,将选择权归属于债务人既有利于保护债务人的利益,也有利于债务的履行③。另外,关于选择权的行使方式,《民法典》第五百一十六条第一款前半段规定:"当事人行使选择权应当及时通知对方,通知到达对方时,标的确定。"根据该规定,选择权的行使以通知的方式为之即可,但必须向债的另一方做出,并自到达该方时发生效力。因此,本案所涉选择之债之选择权应归惠某,惠某行使选择权之后,选择之债即被特定。至于惠某使用何种白酒用以折抵,应具有任意性。本案所涉协议并未约定选择权行使期限或王某也未催告惠某行使选择权,一审法院认定本案选择权已转归王某行使与事实不符,故本书赞同二审法院的观点,认定选择权仍应由惠某行使。

二、特定之债与种类之债

根据债的标的物属性的不同,债可分为特定之债与种类之债。

---

① 郑玉波:《民法债编总论》(修订二版),北京:中国政法大学出版社,2004年,第218页。
② 黄立:《民法债编总论》,北京:中国政法大学出版社,2002年,第360页。
③ 王利明:《债法总则研究》,北京:中国人民大学出版社,2015年,第178—179页。

（一）特定之债

▊知识点

以特定物为标的物的债称为特定之债。特定之债的标的物在债的成立时即已具体确定的特定物。

▊适用例举

胡某诉杨某甲等合同纠纷案①

杨某甲系杨某乙之父，胡某的姐夫。1985年1月1日，胡某举家外出到四川省宣汉县，经与被告杨某甲协商将胡某所有的位于巴中市巴州区寺岭乡安家坝村五组的十间房屋、山林、坟地、责任田地、自留田地等财物交由杨某甲照管，双方由胡某的三姐夫李某执笔书立了《照管房屋、山林、坟地和转包责任田、地等合同》和《移交物资表》，胡某未签字，杨某甲由其子杨某乙代为在合同上签字，周某作为见证人也签了字。合同签订后，胡某一直在宣汉县居住生活。2010年2月，胡某回安家坝村老家，但其房屋已被杨某甲、杨某乙等人全部拆除，胡某无房居住，遂申请建房。在建房过程中，双方发生纠纷。2015年胡某诉至法院，请求杨某乙、杨某甲立即返还（恢复原状或按现状归还）位于巴中市巴州区属于胡某所有的土木结构房屋四间（含猪牛圈各一间）。

法院经审理认为，1985年1月1日，胡某举家外出四川省宣汉县时，与其姐夫即本案杨某甲签订照管房屋、土地、山林等财物的保管合同，胡某虽未在合同上签名，但事后双方已实际履行合同内容，故不影响合同成立的效力。关于胡某请求杨某甲、杨某乙立即返还位于巴州区土木结构房屋的问题。返还原物责任承担的前提是原物存在，若原物已经灭失，返还原物就失去前提条件。权利人可以根据《中华人民共和国物权法》第三十七条之规定，变更其返还原物的诉讼请求。本案中，胡某的房屋已经全部拆除，该标的物已经灭失，其要求杨某甲、杨某乙返还四间不存在的房屋实际已履行不能。庭审后，法院向胡某释明这一情况，但胡某仍然坚持返还原物的诉请。故胡某要求杨某甲、杨某乙承担返还原物责任的诉请，法院不予支持。

▊简要解析

本案涉及特定之债的认定及履行问题。在特定之债中，债务人负有交付特定物的义务，债权人也只能要求债务人交付特定物。特定物可被分为客观特定物和主观特定物。客观特定物是指物本身具有独特的客观特征，不能被其他物所替代的物。主观特定物是指经过当事人意思表示而特定的种类物。特定之债的标的物

---

① 参见四川省巴中市巴州区人民法院(2015)巴州民初字第2122号民事判决书。

灭失时,发生债的履行不能,不管是否可归责于债务人,债务人只负赔偿责任。特定之债一般包括两类:一是特定物自始特定的特定之债,即以特定物为标的物的债,例如房屋买卖合同;二是标的物嗣后特定的特定之债,即在债的关系成立时为种类之债,但在履行前标的物特定的,即转化为特定之债①。

在本案中,胡某与杨某甲签订《照管房屋、山林、坟地和转包责任田、地等合同》,该合同合法有效。胡某将房屋交给杨某甲照管,但杨某甲却将房屋全部拆除,导致胡某无房居住,其行为构成根本违约。胡某有权解除合同并要求债务人杨某甲承担违约责任。《民法典》第五百六十六条第一款规定:"合同解除后,尚未履行的,终止履行;已经履行的,根据履行情况和合同性质,当事人可以请求恢复原状或者采取其他补救措施,并有权请求赔偿损失。"按照上述规定,胡某要求杨某甲返还房屋符合法律规定。但是作为《照管房屋、山林、坟地和转包责任田、地等合同》的标的物的房屋为特定物,特定物具有单独的特征,不能以其他物代替,故杨某甲对胡某所负的房屋返还义务以该特定物的存在为前提。由于涉案房屋已经灭失,杨某甲向胡某返还房屋实际已履行不能,故胡某只能请求杨某甲对因此造成的损失进行损害赔偿。在已向胡某进行释明的情况下,胡某仍然坚持返还房屋的诉请,因此法院据此驳回胡某的诉讼请求并无不当。

(二)种类之债

▌知识点

以种类物为标的物的债称为种类之债。所谓种类,通常是以物的性质等作为分类标准,包括产地、用途、品质等。以前述标准为基础的,形成了民法上的种类物。法律上的种类物是指具有共同特征,可以用品种、规格或者数量等加以度量的物②。

▌适用例举

许某与港宏凯威公司买卖合同纠纷案③

2015年4月19日,许某与港宏凯威行汽车中心签订《四川港宏凯威行汽车销售服务有限公司销售合同》,约定许某向港宏凯威行汽车中心定购XTS豪华型凯迪拉克汽车一辆,车辆价款为360 000元,预计交车时间为2015年4月31日。合同签订当日,许某向港宏凯威公司支付定金10 000元。2015年4月26日,港宏凯威公司为许某定购的凯迪拉克轿车办理保险,保单显示该车车辆型号SG××××A1,发动机号14×××63,车辆识别代码LSG×××××××54,当日许某支付保险费

---

① 王利明:《债法总则研究》,北京:中国人民大学出版社,2015年,第156页。
② 王利明:《债法总则研究》,北京:中国人民大学出版社,2015年,第155页。
③ 参见四川省成都市中级人民法院(2016)川01民终92号民事判决书。

9 804元并支付汽车首付款208 000元。车辆交付前,许某与港宏凯威公司发生纠纷,许某认为其所购车辆曾被出售过,买过保险,在成都市车管所上过临时牌照,且前车主驾驶该车辆行驶过数千公里,甚至出过省,因该车严重质量问题被退回。港宏凯威公司认可该车有过出单记录,但第一次的销售合同已经解除,该车没有实际交付和使用。许某与港宏凯威公司多名工作人员就此多次协商,但未达成一致意见,也未完成车辆交付。2015年5月15日,港宏凯威公司向许某邮寄送达《解除合约通知函》,决定解除双方于2015年4月19日签署的《销售合同》。经查,2014年11月28日,港宏凯威行汽车中心为车主闫某办理汽车保险,保单显示该车为凯迪拉克轿车,车辆型号SG××××A1,发动机号14×××63,车辆识别代码LSG××××××54,该车于2014年12月12日取得辖区内临时号牌,有效期至2014年12月19日。后许某诉至法院,请求判令港宏凯威公司向许某赔偿三倍购车款共计108万元,并退还购车款及税费227 804元。

一审法院认为,港宏凯威公司出售给许某的车辆与出售给闫某的车辆为同一车辆。港宏凯威公司作为涉诉车辆出售方,主张该车并未交付与使用,应当提供证据予以证明,但港宏凯威公司未提交相应证据予以证明。故对许某主张的涉诉车辆曾出售和使用的事实予以确认。许某与其发生纠纷后,港宏凯威公司向许某邮寄送达《解除合约通知函》,表明因自身原因无法交付许某订购的车辆,决定解除双方签署的合同,港宏凯威公司违反合同约定,应对许某承担相应的违约责任。许某主张的退还购车定金及购车款,港宏凯威公司表示无异议,予以确认。关于许某主张的赔偿三倍购车款108万元的诉讼请求,由于许某尚未实际使用涉诉车辆,许某也未提交证据证明其因涉诉车辆受到的损失,故本案不属于上述法条中规定的应当按照消费者的要求增加赔偿其受到的损失金额为消费者购买商品费用三倍的情形,对许某主张的赔偿三倍购车款108万元的诉讼请求不予支持。

许某不服原审判决,提起上诉。二审法院经审理认为:关于港宏凯威公司在违约解除买卖合同的情况下,能否认定该公司向许某提供商品的问题是本案的争议焦点。经营者向消费者提供商品或者服务,既包括提供商品或者服务已经完成的情形,也包括尚在提供商品或者接受服务过程中的情形。仅就提供商品而言,有特定物和不特定物之分,即特定之债和种类之债。港宏凯威公司与许某签订的《销售合同》尚未约定具体的车辆,系以不特定物之给付为标的,属于种类之债。种类物买卖中需要有将商品特定化的环节,本案中,港宏凯威公司为许某代办保险,由于办理保险需要明确车辆的发动机号和车辆识别代码,港宏凯威公司在代购保险时已经将许某所购买的车辆特定化。虽然港宏凯威公司违约解除合同致使涉案车辆未实际交付许某,但许某所购车辆已经特定化,故该院认定港宏凯威公司处在向许某提供商品的过程中。关于许某主张的赔偿金额是否应以其损失为依据的问题,该院认为,许某未提交其存在损失的相关证据,但许某因港宏凯威公司的欺诈行为遭受资金利息、交通费、误工费等损失系客观事实。并且,《消费者权益保护法》第五十五条第一款并未规定以消费者所遭受的损失为赔偿金额的计算依据，而是以消费者购买商品的价款或者接受服务的费用为赔偿金额的计算依据。本案中，《销售合同》约定的商品价款为36万元，许某已经实际支付21.8万元，但许某未支付全部价款系港宏凯威公司违约解除合同所致，应当以合同约定价款36万元的三倍计算赔偿金额。原审判决以许某未提交证据证明因涉诉车辆受到的损失为由，驳回许某赔偿三倍购车款的请求不当，应予纠正。

▍简要解析

本案涉及种类之债的特定及履行问题。种类之债的标的物以物的种类指示，其具有可替代性。不可替代物一般不能成为种类之债的标的物。种类之债中关于种类的指示，至少应足以确定给付物的范围。种类之债以种类物为给付标的物，因此，给付标的物只有在特定后才能履行。种类之债特定的方法主要有二：一、债务人已完成物的交付；二、债权人与债务人可以约定一方或第三方指定种类物中的一部分为给付标的物，通过指定权的行使而使种类之债特定。种类之债的标的物灭失，一般不发生债的履行不能，债务人仍负履行责任，只有在债务人的所有的该种种类物全部灭失时，才发生债的履行不能。种类之债以种类物为给付标的物，给付标的物只有在特定后才能履行。

在本案中，许某以港宏凯威公司存在欺诈为由，请求港宏凯威公司按照汽车销售价格的三倍承担赔偿责任。《消费者权益保护法》第五十五条第一款规定："经营者提供商品或者服务有欺诈行为的，应当按照消费者的要求增加赔偿其受到的损失，增加赔偿的金额为消费者购买商品的价款或者接受服务的费用的三倍；增加赔偿的金额不足五百元的，为五百元。法律另有规定的，依照其规定。"许某的诉讼请求若想得到支持，必须以港宏凯威公司向许某提供商品这一事实的存在为前提。具体到本案，港宏凯威公司已违约解除买卖合同，且涉案汽车并未实际交付，能否认定该公司向许某提供商品成了一个值得探讨的问题。需要注意的是，许某向港宏凯威行汽车中心定购某型号凯迪拉克汽车一辆，在合同成立之时，该合同的标的物为种类物，且尚未特定，因此属种类之债。其后，许某与港宏凯威公司通过协议办理车辆保险，视同行使指定权，将种类物——凯迪拉克某型号汽车特定化。由于该种类之债已经特定化，尽管涉案车辆未实际交付许某，法院仍然认定港宏凯威公司处在向许某提供商品过程中。因此，本案符合《消费者权益保护法》第五十五条第一款的适用条件，港宏凯威公司应按照汽车销售价格的三倍承担赔偿责任。

三、单一之债与多数人之债

根据债的主体数量上的特征，债可以区分为单一之债与多数人之债。

(一) 单一之债

知识点

单一之债,是指债权主体一方和债务主体一方均仅为一人的债。单一之债的法律关系相对比较简单,仅涉及一个债权人与一个债务人之间的债权债务关系。现行立法对债的关系的规定,如无特别说明,均以单一之债为原型。

(二) 多数人之债

知识点

多数人之债,是指债权主体和债务主体至少有一方为二人以上的债。其中,债权人一方为多数的,为多数债权人之债;债务人一方为多数的,为多数债务人之债。

适用例举

原则律所与开源公司、金叶公司诉讼、仲裁、人民调解代理合同纠纷案[①]

2008年7月21日,宜宾开源房地产开发有限责任公司(甲方,以下简称"开源公司")与四川原则律师事务所(乙方,以下简称"原则律所")签订《委托代理协议书》,约定:开源公司因与新锦江公司合资、合作开发房地产纠纷一案,委托原则律所为代理人,代为策划、联系、协调、谈判、诉讼等;原则律所指派罗某律师为开源公司处理涉案诉讼或者非诉讼的代理人;本代理协议实行风险代理方式,即开源公司获得了相应的补偿或赔偿后,原则律所方可收取代理费用,未获得相应补偿或赔偿,原则律所无权请求开源公司支付任何代理费用、工作费用或其他费用。开源公司按实际情况获得补偿或赔偿金额(以实际收到款项金额计算)的10%支付原则律所代理费、工作费用和其他费用;以上补偿、赔偿总额超过5 000万元以上部分,原则律所按超过部分金额的50%的比例获得风险代理费;协议有效期自签订之日起至本案处理完毕止。同日,成都金叶房地产开发有限公司(甲方,以下简称"金叶公司")与原则律所签订《委托代理协议书》,约定:金叶公司因与新锦江公司合资、合作开发房地产纠纷一案,委托原则律所为代理人,代为策划、联系、协调、谈判、诉讼等;乙方指派罗某律师为金叶公司处理涉案诉讼或者非诉讼的代理人;代理收费方式、标准及有效期与上述开源公司与原则律所签订的《委托代理协议书》约定的一致。2014年4月9日,成都市中级人民法院下达《关于(2013)成执字第52号一案分配方案》,确认金叶公司受偿5 785 517.36元,开源公司受偿1 393 361.47元。该分配方案的执行异议之诉一案尚在人民法院审理中。原则律所向成都市金牛区人民法院提出诉讼,请求开源公司、金叶公司共同支付代理费暂

[①] 一审判决书:参见成都市金牛区人民法院(2017)川0106民初2579号民事判决书;二审判决书:参见四川省成都市中级人民法院(2017)川01民终15501号民事判决书。

按 7 178 878.83 元的 10%，计 717 887.88 元。在庭审中，原则律所认可与金叶公司签订《委托代理协议书》后，未为金叶公司提供诉讼代理事务、参与诉讼的事实，但认为尽管代理工作的外在形式是以开源公司名义申请再审，其实质是代理维护开源公司和金叶公司的共同利益。

一审法院认为：原则律所与开源公司、金叶公司签订的两份《委托代理协议书》，系当事人真实意思的表示，且不违反国家法律法规的禁止性规定，应属有效。原则律所主张的开源公司、金叶公司共同支付代理费暂按 7 178 878.83 元的 10% 的诉讼请求，其一，开源公司与金叶公司是各自独立的法人，且相互间并无上下级、总公司与分公司、母公司与子公司的关系。其二，开源公司、金叶公司分别与原则律所签订委托代理合同，建立了两个独立的委托代理合同关系，是合同之债、单一之债，并非按份之债、连带之债。据此，开源公司与金叶公司是原则律所主张共同支付代理费的请求，缺乏事实和法律依据。其三，金叶公司与原则律师建立委托代理关系，是一种双务合同，有先后履行顺序，原则律所未为金叶公司提供法律事务服务，也无权主张金叶公司支付代理费。综上所述，原则律所要求开源公司和金叶公司共同支付律师代理费的诉讼请求，一审法院不予支持。原则律所主张的保留今后如继续执行新锦江公司财产后，仍按原合同约定比例收取代理费的权利的诉讼请求，其实质是合同履行，如合同履行不符合合同的约定，或合同不能履行等情形时，应待实际发生后由权利人另行主张，不是本案审理的范畴，本案不做处理。据此，法院判决驳回原则律所的诉讼请求。

原则律所不服一审判决，提起上诉。二审法院认为，原则律所为开源公司代理案件，双方为此签订了委托代理合同，原则律所也完成了案件的诉讼代理工作，虽然金叶公司享有开源公司名下的土地使用权相关权利，但原则律所以此要求金叶公司与开源公司共同承担合同义务无法律依据。故根据合同的相对性原则，原则律所只能要求开源公司承担合同义务。由于原则律所并未为金叶公司提供法律事务服务，因此对原则律所要求金叶公司承担责任的诉讼请求法院不予支持。

■ 简要解析

本案涉及多数人之债的认定问题。债的主体的多数，使债的结构变得较为复杂，多数人之债必须以同一给付为标的。只有构成多数人之债，才需继续判断该多数人之债中的多数人关系构成按份之债还是连带之债。区分单一之债与多数人之债的意义在于，二者在法律效力上存在较大差异。单一之债仅涉及债权人和债务人之间的外部法律关系，多数人之债不仅涉及债权人和债务人之间的外部法律关系，还涉及多数债权人或多数债务人之间的内部法律关系。

本案的核心问题之一是：开源公司、金叶公司与原则律师事务所之间是否构成多数人之债。在本案中，原则律师事务所分别与开源公司、金叶公司签订的两份《委托代理协议书》应为两个相互独立的合同法律关系，各自具有在本合同关系之内的相对性,不构成多数人之债。因此,原则律所只能依据两份《委托代理协议书》分别向开源公司、金叶公司主张代理费,而不能请求两公司对代理费承担连带责任。开源公司、金叶公司是否应分别向原则律所支付代理费,应结合原则律所为开源公司、金叶公司提供诉讼代理事务、参与诉讼服务的具体情况分别予以确定。由于原则律所并未为金叶公司提供法律事务服务,因此金叶公司亦无须支付代理费。

四、按份之债与连带之债

根据多数人一方各自享有的权利或承担的义务以及相互间的关系,债可分为按份之债和连带之债。

(一)按份之债

■知识点

按份之债是指债的一方主体为多数,各自按照一定的份额享有权利或承担义务的债。债权主体一方为多数人,各债权人按一定份额分享权利的,为按份债权;债务主体一方为多数人,各债务人按一定份额分担义务的,为按份债务。

《民法典》第五百一十七条规定:"债权人为二人以上,标的可分,按照份额各自享有债权的,为按份债权;债务人为二人以上,标的可分,按照份额各自负担债务的,为按份债务。按份债权人或者按份债务人的份额难以确定的,视为份额相同。"

■适用例举

吴某甲、张某甲、吴某乙诉康健旅行社、牛姆林公司侵权责任纠纷案[①]

吴某甲系受害人张某乙之妻,张某甲系张某乙之女,吴某乙系张某乙之母。吴某乙生育二子女。福建省永春牛姆林旅游发展服务有限公司(以下简称"牛姆林公司")开发的牛姆林生态旅游区系国家4A级旅游区。2005年5月5日,吴某甲、张某甲与受害人张某乙等17人,参加了由厦门市康健旅行社有限公司(以下简称"康健旅行社")组织的牛姆林二日自驾游。5月5日13时45分左右,牛姆林公司的导游购买门票后,带领该一行人进入牛姆林风景区。当时天色阴沉,有人提出可能会下雨,建议先就近游玩,次日再进入林区,导游称即使下雨时间也不长,力邀大家进入林区。除两个家庭外,其余人员随导游进入林区。进入迎宾大道后,天色更阴沉,有人再次建议导游不要前行,导游借了雨具建议大家继续往林区走。不久即刮风下大雨,导游称往回走有一茶馆可避雨,大家便折回,距迎宾大道入口约300米处,张某乙被一棵折断的马尾松砸伤倒地。张某乙受伤后,同伴自14时7分44

[①] 参见福建省厦门市思明区人民法院(2005)思民初字第4034号民事判决书。

秒开始拨打110、120急救电话,最后拨出时间为14时55分4秒。一段时间后景区人员抬了一张桌子进来,张某乙被抬到牛姆林广场,又从广场运至停车场。在救护车到来之前,景区人员打电话联络施救,但景区的医生未出现、现场未采取急救措施。救护车约15时接到张某乙,15时30分到达医院,张某乙经抢救无效于当日下午死亡。经法医鉴定,张某乙系生前被树干砸压致严重的颅脑损伤和血气胸而死亡。

据调查,2005年4月10日,永春牛姆林生态旅游区制订了安全应急救援预案,其中"重特大伤亡事件应急处理"规定:因交通、火灾、水灾、经营设施、自然灾害等引发重特大伤亡事件,应急救援领导小组接到报告后,应立即组织医务人员和抢险人员,配备必要的抢险救助设备设施(如担架、药械等)进行现场施救和抬救,同时拨打120救护中心和天湖山医院救护中心派出救护车和救护人员进行抢救。后吴某甲、张某甲、吴某乙诉至法院,请求判令牛姆林公司和康健旅行社连带赔偿,赔偿丧葬费9 510元、被抚养人生活费161 085元、死亡补偿费288 860元。

一审法院经审理认为:导游不顾恶劣天气坚持带游客冒险进入林区的错误行为、牛姆林公司管理不善致使马尾松折断伤人、事件发生后又未尽最大救助努力,这三个因素均是导致被害人张某乙死亡后果发生的原因。其中,导游的错误行为是导致事故发生的次要原因,其原因力酌定为20%;牛姆林公司管理不善致使马尾松折断以及事后救助不力的行为是导致事故发生的主要原因,原因力酌定为80%。根据最高人民法院《关于审理人身损害赔偿案件适用法律若干问题的解释》第三条第二款的规定,二人以上没有共同故意或者共同过失,但其分别实施的数个行为间接结合发生同一损害后果的,应当根据过失大小或者原因力比例各自承担相应的赔偿责任。本案中,导游既代表康健旅行社,又代表牛姆林公司,故基于导游的错误行为而产生的责任应由康健旅行社、牛姆林公司共同承担,各自负担10%。

牛姆林公司不服一审判决,提起上诉。二审法院经审理认为:一审认定导游坚持带游客冒险进入林区的错误行为、牛姆林公司管理不善致使马尾松折断伤人、事件发生后牛姆林公司未尽最大救助努力等三个因素均是导致张某乙死亡后果发生的原因,并无不当。牛姆林公司和康健旅行社的侵权行为间接结合,并直接导致张某乙的死亡,一审判令牛姆林公司和康健旅行社根据各自的过错及原因力比例分别承担相应的民事责任正确。一审判决认定事实清楚,证据确实、充分,判决驳回上诉,维持原判。

▌简要解析

本案涉及按份之债的认定及效力问题。无论是按份之债还是连带之债,都属于多数人之债。由于债的主体(债权人或债务人)人数为多人,使债的结构变得复杂,既要考察债权人和债务人之间的外部关系,也要协调债权人或债务人的内部关系。按份之债的法律效力如下：一、按份之债中各债权人或债务人都是独立的，只就属于自己的债权份额或债务份额享受权利或承担义务；二、按份债权人中部分债权人的债权无效、被撤销或被抛弃，不影响其他债权人的债权；按份债务人中部分债务人履行不能、不履行、履行迟延，对其他债务人不产生影响；三、某一债权人接受债务人的履行超过自己的份额，除可认定为第三人接受履行的外，构成不当得利，其他债权人的债权并不消灭；某一债务人履行义务超过自己的份额的，除可认定为第三人履行外，只能向接受其履行超出部分的债权人请求返还不当得利，其他债务人的债务并不消灭①。

在本案中，康健旅行社与牛姆林公司的行为构成分别侵权行为。所谓分别侵权行为是指数个行为人分别实施侵权行为，既没有共同故意，也没有共同过失，仅因各自行为具有客观上的联系，而导致同一个损害结果发生。《民法典》第一千一百七十二条规定："二人以上分别实施侵权行为造成同一损害，能够确定责任大小的，各自承担相应的责任；难以确定责任大小的，平均承担责任。"根据该规定，对于能够确定责任大小的，分别侵权行为的后果是发生按份责任，即由各行为人对各自的行为后果按照各自的份额承担责任，构成按份之债。该按份之债份额的确定依据是各行为人的行为对损害后果的原因力。因此，法院判决牛姆林公司和康健旅行社根据各自的过错及原因力比例分别承担90%和10%的赔偿责任并无不当。

（二）连带之债

■ 知识点

连带之债是指债的主体一方为多数人，多数人一方当事人之间有连带关系的债。若债权人一方为多数且有连带关系，即为连带债权；若债务人一方为多数且有连带关系，即为连带债务。

《民法典》第五百一十八条规定："债权人为二人以上，部分或者全部债权人均可以请求债务人履行债务的，为连带债权；债务人为二人以上，债权人可以请求部分或者全部债务人履行全部债务的，为连带债务。连带债权或者连带债务，由法律规定或者当事人约定。"

■ 适用例举

汪某诉毛某、胡某等民间借贷纠纷案②

汪某与毛某、胡某系朋友关系，毛某、胡某因从事建筑急需资金周转向汪某借款，汪某于2014年3月22日以银行转账方式出借给毛某、胡某1 000 000元，于2015年2月16日以银行转账方式出借给毛某、胡某600 000元，于2015年7月22

---

① 王利明、杨立新、王轶、程啸：《民法学》，北京：法律出版社，2014年，第407页。
② 参见湖北省武汉市新洲区人民法院（2018）鄂0117民初3284号民事判决书。

日以银行转账方式出借给毛某、胡某600 000元,该三笔借款均转入胡某银行卡账户中,毛某使用了1 300 000元,胡某使用了900 000元。2016年2月27日,汪某与毛某、胡某对债权债务进行结算,毛某、胡某于当日向汪某重新出具借条一张并约定月利率2.1%,逾期月利率2.4%,每三月付息一次。后毛某、胡某以借款本金2 200 000元为基数,按月利率2.1%,向汪某支付利息至2016年11月27日。毛某于2017年7月21日在借条上注明:"钥匙给我,如卖房成功还钱。毛某。"经汪某多次催要,毛某、胡某至今未偿还借款本息。汪某向法院提出诉讼请求:依法判令毛某、胡某立即偿还借款本金2 200 000元及利息,利息按月利率2.1%,自出借之日起计算至付清之日止。

法院经审理认为,本案属民间借贷纠纷。毛某、胡某向汪某借款,有毛某、胡某签名的借条、承诺书及银行流水证实,法院予以认定。毛某、胡某应承担向汪某偿还借款2 200 000元的民事责任。胡某在庭审中辩称,其实际使用借款900 000元,应仅承担偿还借款900 000元及利息的责任,法院认为胡某与毛某之间的债务属内部承担责任的分担,与本案无关且不能对抗善意第三人。因胡某、毛某已支付的利息未超出月利率3%,符合法律规定,法院予以支持;对于未支付的利息不得超过月利率为2%,汪某和被告毛某、胡某约定的借款利率超出了法律规定的标准,原告汪某请求按照月利率2%计息,法院予以支持。

简要解析

本案涉及连带债务的认定及履行问题。连带债务的产生既可以基于合同约定,也可以基于法律的规定。在多数债务人对合同负有可分的给付义务时,如果没有明确约定负担债务的份额,在发生疑义时,应当解释为连带债务。根据《民法典》第五百一十九条至五百二十一条的规定连带之债的法律效力如下:一、连带债务的债权人有权对债务人中的一人或数人或全体,同时或先后请求部分或全部的给付①;二、连带债务人中一人的履行、抵销债务或提存标的物的行为,对其他债务人同样发生效力;三、某一连带债务人履行债务超过其份额时,有权要求其他连带债务人偿付超过的份额。

在本案中,毛某、胡某共同向汪某借款,在借款合同中并未约定份额,应当解释为二人对汪某负担连带债务。尽管胡某辩称其实际使用的款项仅为90万元,但这仅涉及债务的内部分担问题,不具有外部对抗效力。因此,汪某有权对毛某、胡某中的一人或全体,同时或先后请求部分或全部的给付。毛某或胡某任何一人对汪某的清偿行为对其他债务人同样发生效力。

---

① 郑玉波:《民法债编总论》(修订二版),北京:中国政法大学出版社,2004年,第392页。

第二章

债的履行

第一节 债的履行原则

一、适当履行原则

知识点

适当履行原则,又称全面履行原则,是指当事人按照法律规定或合同约定由适当的主体在适当的履行期限、适当的地点,以适当的履行方式,全面履行债务的原则①。《民法典》第五百零九条第一款规定:"当事人应当按照约定全面履行自己的义务。"

适用例举

姜某诉北京大邦物业管理有限公司物业服务合同纠纷案②

姜某系北京市石景山区西现代城小区居民,其所居住的房屋自2007年12月10日至2015年12月9日物业费已由大邦公司收取。2016年1月13日,姜某所在小区业委会向大邦物业公司送达《关于终止物业服务的通知》,载明:经临时业主大会投票,全体业主共同决定不再接受大邦物业公司提供的事实服务,授权业委

---

① 《民法学》编写组:《民法学》,北京:高等教育出版社,2019年,第263页。
② 一审判决书:参见北京市石景山区人民法院(2016)京0107民初14389号民事判决书;二审判决书:参见北京市第一中级人民法院(2017)京01民终1028号民事判决书。

会启动选聘新的物业服务企业,请大邦公司按《北京市物业项目交接管理办法》与业委会进行物业项目的交接。大邦公司接到通知后,下午5时将保安等所有物业服务人员撤离小区,未考虑撤离后小区业主居民的安全和后期服务问题。姜某于2016年1月14日报警称,1月13日晚至14日凌晨家中发生入室盗窃。当日,北京市公安局石景山分局八角派出所向姜某出具《受案回执》,载明:姜某:你(单位)于2016年1月14日报称的被入室盗窃一案我单位已受理。现此案公安机关尚在侦查中。2016年1月21日,和泓物业公司进驻涉案小区,并提供物业服务。姜某遂诉至法院,以大邦物业公司、和泓物业公司处于交接、对抗状态,使犯罪分子有机可乘,导致家中被盗为由,请求两物业公司赔偿其被入室盗窃的经济损失。

北京市石景山区人民法院经审理认为,《中华人民共和国合同法》第六十条规定:"当事人应当按照约定全面履行自己的义务。当事人应当遵循诚实信用原则,根据合同的性质、目的和交易习惯履行通知、协助、保密等义务。"本案中,大邦物业公司在收到业委会通知后,应当依据诚实信用原则和适当履行原则与业委会进行工作交接,但大邦物业公司未履行上述义务,属于违约行为,导致2016年1月13日晚至14日凌晨期间,无保安人员对小区进行管理,对业主和居民构成了违约,此系姜某家中被盗的间接因素,对此大邦物业公司应当承担一定的赔偿责任。另一方面,姜某与大邦物业公司之间系物业服务合同关系,而非保管合同关系,大邦物业公司作为管理服务者,其义务是维护小区的公共管理秩序、保障公共财产的安全并对显而易见的安全问题进行防范和制止。因此姜某家中被盗的直接原因系实施盗窃者的违法行为,不能就此认定大邦物业公司的行为与姜某家中被盗存在直接因果关系。姜某可待公安机关侦破案件后,向实际侵权人另行主张。和泓物业公司自2016年1月21日才进驻小区,与姜某家中失窃无关,无须承担法律责任。综上所述,判决北京大邦物业管理有限公司于判决生效后7日内赔偿姜某手表被盗损失七千元;驳回姜某的其他诉讼请求。

一审宣判后,大邦物业公司不服一审判决提起上诉。北京市第一中级人民法院经审理认为:大邦物业公司在撤场前疏于小区安全管理,未尽物业管理职责,其应对自身不当违约行为给业主造成的后果承担适当法律责任,判决驳回上诉,维持原判。

■ 简要解析

本案涉及适当履行原则的理解与适用问题。适当履行原则全面指导和约束债务人履行债务,一方面要求依据债务的内容实际履行,另一方面还要求债务人履行债务符合法律的规定或者合同的约定或本旨。适当履行原则包括如下方面:一、履行主体适当。履行主体适当,是指履行债务的主体以及接受履行的主体均应当符合法律规定或当事人的约定。一般来说,除非当事人另有约定或者法律另有规定,债的履行主体是债务人,接受债务履行的主体是债权人。二、履行标的适当。履行标的适当,是指债务人应当依照内容完成给付,如依照合同的约定或者法律的规定交付标的物等。三、履行期限适当。履行期限适当,是指债务人应当依照合同约定或法律规定的履行期限履行债务。在当事人约定或法律明确规定债的履行期限时,债务人提前履行的,一般情形下债权人有权拒绝;债务人逾期履行的,构成履行迟延。四、履行方式适当。债的履行方式适当,是指债务人在履行债务时,应当在履行方法确定方面,考虑法律规定、合同约定以及债的目的等因素。债务人对于履行方式有多种选择的,应当选择对债权人最为有利的方式。此外,在债的履行过程中,债的当事人应当尽到适当的注意、保护义务等[1]。

在本案中,姜某系与大邦物业公司缔结《物业服务合同》,双方均应遵循适当履行原则,全面、适当地履行合同义务。大邦物业公司在收到业委会《关于终止物业服务的通知》后,应当配合业委会进行物业项目的交接。但是其在接到业委会相应通知之后,在接任的物业公司尚未进驻小区的前提下,"下午5时将保安等人员撤离小区",说明其未考虑撤离后小区业主居民的安全和后期服务问题,在业务交接完毕之前疏于小区安全管理,未尽物业管理职责,属于未适当履行合同义务的行为,构成违约。因此,大邦物业公司其应对自身的违约行为给业主造成的后果承担适当法律责任。

二、协作履行原则

■知识点

协作履行原则,是指当事人不仅应当全面、适当地履行自己的债务,还应当依据诚实信用原则的要求,协助对方当事人履行债务的原则。《民法典》第五百零九条第二款规定:"当事人应当遵循诚信原则,根据合同的性质、目的和交易习惯履行通知、协助、保密等义务。"

■适用例举

南京佳客至科技实业有限公司与江苏溧水民丰村镇银行有限责任公司房屋租赁合同纠纷案[2]

2014年3月20日,江苏溧水民丰村镇银行有限责任公司(以下简称"民丰银行")与南京佳客至科技实业有限公司(以下简称"佳客至公司")签订房屋租赁合同,约定佳客至公司将其某处房屋租赁给民丰银行使用,租赁期限自2014年4月

---

[1] 王利明:《债法总则研究》,北京:中国人民大学出版社,2015年,第658页。
[2] 一审判决书:参见江苏省南京市溧水区人民法院(2015)苏0117民初第967号民事判决书;二审判决书:参见南京市中级人民法院(2016)苏01民终8733号民事判决书。

1日至2024年4月1日,前3年每年租金26万元,后7年租金以26万元为基数,每年递增5%,合同生效后7日内交付房屋。合同签订后,民丰银行于2014年4月2日支付了第一年租金26万元,但一直未使用租赁房屋。佳客至公司于2015年7月1日发函给民丰银行解除房屋租赁合同。在民丰银行、佳客至公司签订房屋租赁合同之前,佳客至公司将涉案房屋租赁给民丰银行场地面积以外的部分租赁给华联食品店使用。由于民丰银行一直未使用租赁房屋,华联食品店占有和使用佳客至公司租赁的部分场地至今。后民丰银行诉至法院,请求判令解除房屋租赁合同,佳客至公司退还民丰银行房屋租赁费26万元,赔偿民丰银行损失40 155.56元并向民丰银行支付违约金13万元。

法院经审理认为,关于解除民丰银行、佳客至公司签订的房屋租赁合同,双方均无异议,法院予以照准。本案争议焦点为:租赁房屋是否已经交付?出租人是否存在违约行为、承租人是否具有过错?一、关于佳客至公司是否完成房屋交付的问题。本案房屋系租赁物,交付的意义在于满足承租人的使用和收益目的,不涉及所有权的转移。关于房屋的具体交付方式,民丰银行和佳客至公司合同中没有明确约定。根据证人金某陈述,因华联食品店在先租赁并占有佳客至公司租赁给民丰银行场地以外的其他房屋,华联食品店和民丰银行租赁的房屋为一个整体尚未分割,民丰银行、佳客至公司、华联食品店经营者金某三方口头约定,民丰银行进场装修前7至10天通知金某,金某将进出租赁场地大门的钥匙交付民丰银行并将放置在民丰银行租赁场地的货物搬走,金某配合、协助民丰银行分割房屋。此后,因民丰银行一直未进场装修,金某也就没有交付房屋钥匙并将货物移走。从占有角度讲,案涉房屋及其钥匙均在案外人金某的掌握中;从使用角度讲,民丰银行根本没有使用到案涉房屋。因此案涉房屋没有实际交付。既然佳客至公司没有实际交付租赁房屋,那么民丰银行即不负有受领租赁物的义务,故不构成受领延迟。二、出租人的违约行为和承租人的过错。本案中,关于交付时间,民丰银行、佳客至公司约定本合同生效后7日内交付房屋;关于交付方式,双方合同中没有明确约定,根据证人金某陈述,佳客至公司、民丰银行与金某三方口头约定民丰银行进场装修前7至10天通知自己交付钥匙并配合对房屋进行分割。但该约定仅为口头约定,三方事后也未就交付事宜再行磋商,亦未进一步明确交付时间和交付方式。佳客至公司作为出租人,收取了民丰银行给付的租金,在三方仅仅达成口头约定后,就不再过问交付事宜,放任租赁物被他人持续占有,明显违反了按时交付租赁物的合同义务。另外,只有出租人的交付,没有承租人的受领,合同目的难以实现。具体到本案中,佳客至公司本应依约及时交付租赁物,民丰银行也应当善意地积极接收租赁物,双方应相互配合,促使合同目的尽快实现。然而,在佳客至公司、民丰银行、金某三方口头约定形成初步意见后,民丰银行一直未进场装修。三人的口头约定虽不能视为佳客至公司已完成交付义务,但实际上赋予了民丰银行在佳客至公司实施交付行为前履行提前告知进场的协助义务。民丰银行的此协助义务并不是双方订立房屋租赁合同时就已经明确的义务,而是在合同履行过程中所产生的义务,应属合同的附随义务。民丰银行违反该附随义务,亦会对合同履行造成不利后果。故民丰银行存在一定的过错。

综上,江苏省南京市溧水区人民法院判决:一、解除民丰银行与佳客至公司签订的房屋租赁合同。二、佳客至公司限于该判决生效后10日内退还民丰银行租金人民币13万元。三、驳回民丰银行的其他诉讼请求。佳客至公司不服一审判决,向南京市中级人民法院提起上诉。南京市中级人民法院经审理认为:佳客至公司放任租赁物持续被案外人占有使用,违背了诚实信用的原则,考虑到民丰银行亦有相应过错,原审认定双方租赁合同解除,且佳客至公司退还已收租金的一半并无不当,判决驳回上诉,维持原判。

■ 简要解析

本案涉及协作履行原则的理解和适用问题。协作履行原则是诚实信用原则在债法中的履行环节中的具体体现。协作履行原则,具体表现为债务人履行债务时,债权人依照诚实信用原则负有协作债务人履行的义务,该义务一般包括:一、债务人为履行债务而为给付,债权人应受领给付。二、债务人履行债务,债权人应积极配合,提供方便。因债权人未积极配合或及时受领而造成债务人履行债务的费用增加的,债务人有权请求债权人予以赔偿。三、债务人因故不能履行或不能完全履行时,债权人应积极采取措施,避免或减少损失,否则还要就扩大的损失自负其责①。

在本案中,佳客至公司未履行完毕交付租赁物的义务,违反合同主给付义务。承租人民丰银行付完租金后,未因房屋被他人占有使用等情形明确表明拒绝接受租赁物,在三方口头就交付形成初步意见后,怠于行使权利,放任租赁物未交付状态一直持续,违反了协作履行原则;其放任自己的租赁场地被他人占有使用,放任自己损失日益扩大,应根据减损规则对自己损失承担相应的责任。另外,尽管民丰银行违反了协作履行义务,但该协作义务是有限度的,并不因此降低对佳客至公司依约全面履行合同主给付义务的要求。佳客至公司以民丰银行未履行提前告知的协作义务为借口逃避自己交付房屋义务的行为,与协作履行原则相悖。佳客至公司存在违约,民丰银行亦有过错,由此产生的损失,应当由双方共同承担②。

---

① 崔建远:《合同法》,北京:法律出版社,2015年,第96页。
② 何洋,钱晓芳:《协作履行原则的适用》,《人民司法(案例)》2018年第5期。

三、情事变更原则

(一)情事变更原则的适用条件

知识点

情事变更原则亦称情势变更原则,是指合同依法成立后,因不可归责于双方当事人的原因发生情事变更,致使合同的基础丧失或动摇,若继续维持合同原有效力显示公平,因此允许当事人变更或解除合同。

《民法典》第五百三十三条规定:"合同成立后,合同的基础条件发生了当事人在订立合同时无法预见的、不属于商业风险的重大变化,继续履行合同对于当事人一方明显不公平的,受不利影响的当事人可以与对方重新协商;在合理期限内协商不成的,当事人可以请求人民法院或者仲裁机构变更或者解除合同。人民法院或者仲裁机构应当结合案件的实际情况,根据公平原则变更或者解除合同。"

适用例举一

邓某诉孔某房屋买卖合同纠纷案[①]

2010年4月6日,邓某、孔某与中介方宁波诚发房地产信息有限公司(以下简称"诚发公司")签订存量房屋买卖中介合同一份,合同约定:孔某将其所有的位于宁波市中河街道金地国际公馆6号1幢3单元1902室房屋转让给邓某;价款为人民币185万元,签约日付定金10万元,2010年5月15日付50万元并过户,余款125万元办理按揭贷款,于银行正式放贷和孔某交房后当天支付给孔某;如因银行放贷政策或邓某个人资信,影响按揭额度或不能批下,不足部分或全额按揭款由邓某在接到丙方通知、法定放贷时间三日内现金补足;除孔某、诚发公司原因外,邓某违约不能履行合同的,承担以下违约责任:一、邓某不得退回已支付的定金;二、邓某延期付款10天内,需支付孔某每天500元,超过10天以上则按第一条做违约处理,并另外支付孔某违约金10万元。双方签订合同后,邓某向孔某支付了10万元定金。2010年4月下旬,邓某通知孔某因房贷新政限制无法履行合同,要求解除双方合同,退回已付定金。后邓某起诉请求法院判令解除双方房屋转让协议,由孔某返还邓某购房定金10万元。孔某反诉请求法院判令驳回邓某退还定金的本诉请求,判令邓某支付孔某违约金10万元。

宁波市鄞州区人民法院经审理认为:邓某和孔某订立的房屋买卖合同有效,双方均须按约履行。双方合同虽约定部分价款由邓某申请银行按揭贷款支付,但亦

[①] 一审判决书:参见浙江省宁波市鄞州区人民法院(2010)甬鄞民初字第987号民事判决书;二审判决书:参见浙江省宁波市中级人民法院(2010)浙甬民二终字第514号民事判决书。

明确约定因银行放贷政策或邓某个人资信,无法申请按揭贷款时,邓某应以现金支付。故房产新政对邓某是否造成申请按揭贷款的限制,不成为邓某拒绝履行合同的合理理由。邓某请求解除合同,现因孔某亦同意解除合同,原审法院准许双方解除合同。邓某在双方约定的期限未按约支付价款,逾宽限期仍未履行付款义务,构成根本违约。据此,该院判决:一、解除邓某与孔某于2010年4月6日签订的存量房屋买卖中介合同;二、邓某支付孔某违约金10万元,限在本判决生效后10日内付清;三、驳回邓某的其他诉讼请求。

邓某不服一审判决,上诉称:本案应适用情事变更原则,本案系由于《国务院关于坚决遏制部分城市房价过快上涨的通知》(以下简称"新国十条")的出台导致银行按揭不能办理,所以邓某未支付第二期房款的行为也不构成违约,更不构成根本性违约。

宁波市中级人民法院经审理认为:邓某与孔某之间签订的房屋买卖合同,系双方真实意思表示,又不违反法律、行政法规的强制性规定,依法确认有效,双方均应按约履行。该合同第三条第四项约定,如银行房贷政策或乙方(邓某)个人资信,影响按揭额度或不能批下的,不足部分或全额按揭款由乙方在接到丙方(房产中介公司)通知、法定放贷时间3日内现金补足。故根据双方合同约定,国家政策的改变,导致银行房贷政策的变化,并非邓某贷款不成拒绝履行合同的法定事由。邓某未按约履行付款义务,应承担违约责任。

■简要解析

本案涉及情事变更原则的司法认定问题。情事变更原则的制度价值在于,当发生影响当事人权利义务关系的重大情事时,以司法权力强行介入双方当事人所达成的协议条款,调整双方当事人的权利义务关系,实现当事人利益的平衡。情事变更原则的适用要件包括:一、须有情事变更的事实。所谓"情事",是指作为合同成立基础或环境的客观情况,一般认为,情事泛指作为法律行为成立基础或环境的一切客观事实①,包括政治、经济、外交、法律或商业等方面的客观情况,例如国家政策、外交政策、行政措施、现行立法、国内外市场运行的一般情况等。所谓"变更",是指上述客观情况发生了重大的、异常的变动。需要注意的是,仅是合同基础与当事人设想的不一致,并不足以构成情事变更,要构成情事变更,必须是交易基础发生重大的变化,以至于要求当事人一方遵守合同是不可期待的②。有学者认为,客观情况的非异常变动不构成情事变更。如果客观情况虽然发生了变化,但

---

① 王利明:《情事变更制度若干问题探讨——兼评〈民法典合同编(草案)(二审稿)〉》,《法商研究》2019年第3期。

② 王洪亮:《债法总论》,北京:北京大学出版社,2016年,第339页。

该变化是渐进的、缓慢的,不得适用情事变更原则①,本书赞同此种观点。二、须发生在合同成立之后履行完毕之前。情事变更的事实必须发生在合同成立之后,这是因为在合同成立之前,如果发生情事的变化,当事人完全可以根据意思自治决定是否订立合同并及时调整合同条款;情事变更的事实必须发生在合同履行完毕之前,这是因为合同因履行完毕而消灭,其后发生的重大情事变化并不会使双方当事人的权利义务关系失衡。三、须情事变更的发生不可归责于双方当事人。所谓"不可归责于双方当事人",是指情事的变更不能被当事人人为控制。如果情事的变更可由合同当事人人为控制,那么当事人应当控制此种情事并避免其发生,否则可认为该情事的发生可归责于当事人,应当由该方当事人负担相应风险或承担相应的违约责任。四、须情事变更是当事人订立合同时所不可预见的。不可预见性是适用情事变更原则的主观要件。一般认为,情事变更是否具有不可预见性,应当根据该情事发生时的客观实际情况、交易习惯等综合判断。该判断应当侧重于事件的客观性,集中于该变化应具有一般社会受众无法预测或特定合同当事人依其专业技能所不能预料之特性,而不是以当事人的主观状态为标准②。五、须情事变更致使原合同履行显失公平或不能实现合同目的。在情事变更的事件发生之后,如果继续按照原合同履行,可能造成显失公平的状态,或者合同目的不能实现。此处的"显失公平"应采客观标准,包括债务人履行困难和债权人受领不足及其履行对债权人无利益等。此处的"不能实现合同目的",是指当事人一方期待的给付因情况变化而变得毫无价值。

在本案中,争议焦点之一是房地产调控的新政策出台,是否属于情事变更?本书认为,房地产调控政策并非"从天而降",本案买卖合同于2010年4月6日签订,在此之前国务院已经出台了《国务院办公厅关于促进房地产市场平稳健康发展的通知》(国办发〔2010〕4号),已充分展现出国家对房地产市场调控的信号。甚至双方还在合同中约定:"如因银行放贷政策或乙方个人资信,影响按揭额度或不能批下,不足部分或全额按揭款由乙方在接到丙方通知、法定放贷时间3日内现金补足。"这说明当事人已经预见到或者应当预见到国家实行房地产调控新政的可能,因此这种情形不属于情事变更,双方当事人不得以情事变更为由解除房屋买卖合同。

■ 适用例举二

武汉绕城公路建设指挥部与中铁十八局集团第二工程有限公司建设工程施工

---

① 崔建远:《合同法》,北京:法律出版社,2013年,第11页。
② 江必新,何东宁,谢勇,刘登辉:《最高人民法院指导性案例裁判规则理解与使用·合同卷一》,北京:中国法制出版社,2012年,第263页。

合同纠纷案①

2002年11月25日,武汉绕城公路建设指挥部(以下简称"指挥部")对武汉绕城公路东北段一期工程的15、16合同段进行公开招标。招标文件第2篇投标须知资料表和修改表中载明,"本合同在施工工期内不进行价格调整,投标人在报价时应将此因素考虑在内","对于其他需要投标人自己购买的材料,所发生的一切费用均应包括在投标人的报价之中","投标人应考虑自备电源,以便急用。此项费用应已包括在投标人的投标报价之中,业主将不另行支付"。2003年1月13日,指挥部发出中标通知书,通知中铁十八局集团第二工程有限公司(以下简称"工程公司")中标承建第15施工标段。2003年4月4日,指挥部(发包人)与工程公司(承包人)签订《国道主干线武汉绕城公路东北段项目一期工程合同(土建第十五合同段)》。在《合同专用条款及数据表》的《合同专用条款》第70.1款中约定:"本合同在施工期间不进行价格调整。承包人应在投标时考虑这一因素。"在《合同专用条款及数据表》第60.15款中约定支付期限为"监理工程师签发中期支付证书后28天内"或"监理工程师签发最后支付证书后42天内"。自工程公司2003年1月23日进场施工至2003年10月31日市电送至工地期间,由于无电源提供,工程公司全部采用自行发电以供工程所需。2004年6月8日,指挥部决定对工程公司自发电补偿6 571 003元。在工程施工期间,湖北省建设厅于2004年2月25日下发鄂建文[2004]23号《关于钢材、水泥结算价格调整的指导性意见》。该意见载明:"去年七月份以来,我省钢材、水泥价格持续大幅度上涨",并对钢材和水泥的价格调整提出指导意见:"合同明确不能调整钢材、水泥价格的,其价差不予计算。"2004年7月15日,湖北省交通厅下发了鄂交基[2004]314号《关于对在建高速公路项目主要材料涨价实施价格补贴的意见》,该意见针对2002年末以来全国建材价格持续大幅度上涨的情况,要求各有关单位根据风险共担、合理补偿的原则,对2002年10月至2003年12月在建的高速公路土建主体工程的水泥、钢筋、钢绞线等主要材料涨价幅度大于5%的实施补贴,由建设单位和施工单位(供应商)根据项目实际情况,确定各自分担比例适当补贴。

2005年3月24日,审计署驻武汉特派员办事处(以下简称"武汉特派办")决定对京珠、沪蓉武汉绕城公路东北段进行就地审计。此后,指挥部委托湖北永和工程造价咨询有限公司(以下简称"永和公司")对第十五合同段结算进行审核。2005年12月10日,武汉特派办做出2005年第16号《审计报告》。该报告载明:第十五合同段的审定金额为101 048 652.65元,指挥部实际支付104 061 474元,超付金额3 012 821.35元。武汉特派办据此于2006年3月8日要求指挥部追回超付的工程款。此后,工程公司与指挥部为工程价款产生争议。2006年6月30

---

① 一审判决书:参见湖北省高级人民法院(2006)鄂民二初字第15号民事判决书;二审判决书:参见最高人民法院(2007)民一终字第81号民事判决书。

日,工程公司以特快专递向指挥部发出《关于申请决算的函》,要求指挥部就工程结算金额和材料差价办理最后决算。之后双方仍未达成一致意见,故而成诉。

湖北省高级人民法院一审认为:《合同专用条款》第70.1条约定:"本合同在施工期间不进行价格调整。承包人应在投标时考虑这一因素。"合同中不调价的约定是建立在双方协议时的合同基础之上,以能够实现双方当事人的合同目的为前提,建材价格在一定幅度内的合理的波动为正常的交易风险。但在合同履行过程中,建材大幅度涨价,对此事实,双方当事人均认可,其涨价幅度按照鄂交基〔2004〕314号文的表述为:"超过了施工单位的承受能力。"这说明在合同履行期间,作为合同基础环境因素的建材价格因素发生了根本性的变化,而这种变化超出了合同当事人所能预测的范围,按原合同履行将对工程公司产生显失公平的后果,导致工程公司的合同目的无法实现。这一情形符合最高人民法院《全国经济审判工作座谈会纪要》中关于按情事变更的原则变更或解除合同的适用条件,故应根据情事变更的原则,依工程公司的材料差价补偿请求,由指挥部给予适当补偿。

指挥部不服一审判决,提起上诉。最高人民法院经审理认为:根据作为当事人《施工承包合同》组成部分的《合同通用条款》第70.1条约定,"除非合同专用条款另有规定,凡是合同预期工期在24个月以上者,在合同执行期间,由于……材料的价格涨落因素应对合同价格进行调整……"而在案涉工程武汉绕城公路东北段施工(15、16合同段)《招标文件项目专用本》"投标须知修改表"第11.6条约定,本合同在施工工期内不进行价格调整,投标人在报价时应将此因素考虑在内。从以上条款内容可以得出以下结论:公路建设工程工期在24个月以上的,由于材料价格涨落因素应对合同价格进行调整,但合同专用条款另有规定的除外。据此应当认定,本案当事人在合同中已经明确排除了因材料上涨而进行合同价款调整的可能。此外,情事变更原则的功能主要是为了消除由于订立合同时的基础情事发生重大变更所导致的当事人权利义务的显失平衡。而从本案案情看,经一审法院委托鉴定,工程公司因材料价格上涨导致的差价损失幅度尚难达到情事变更原则所要消除的当事人之间权利义务显失平衡的严重程度。因此,一审法院适用情事变更原则判决指挥部补偿工程公司材料差价损失,依据不充分。指挥部要求驳回工程公司有关补偿其材料差价损失的诉讼请求的上诉主张和理由成立,应予支持。

■ 简要解析

本案涉及情事变更原则的司法适用问题。适用情事变更原则应当慎重,严格考察是否具备情事变更原则的适用条件。情事变更原则的适用前提之一,是情事变更后继续维持原合同效力将导致显失公平的结果,这是实践中适用情事变更原则的关键和难点。具体来说,此处的显失公平应当是合同当事人之间的权利义务显著不平等。我国现行立法和司法实践并未明确给出显失公平的标准或参考值,可以认为我国对于显失公平的认定采取的是弹性标准①。一般认为,这主要涉及的是价值问题,应当根据个案所有情况,权衡双方当事人的利益。对此,约定的或法定的"风险分配"具有特别意义。例如,如果发生权利义务变化的原因属于遭受不利的一方的风险领域,很可能否定情事变更原则的适用②。再如,仅仅因为价格的超常涨落,使一方当事人履行合同即遭受"经济废墟"或"生存毁灭"(德国判例创造的概念)的结果,而另一方当事人由此而获取巨额利益,显然不公平,也有悖诚实信用③。

在建设工程施工合同纠纷中,施工方经常以施工期间建材价格大幅上涨为由,主张建设方进行材料价差补偿,其依据是合同履行期间的客观情事发生重大变化导致当事人权利义务显失平衡。在本案中,当事人在合同中约定了固定价格,在合同成立之后,履行完毕之前因材料价格上涨导致了一方当事人的差价损失。一般认为,如果当事人约定了固定价格,实际上是当事人默示地承担了交易基础欠缺或丧失的风险,即使成本显著上涨也不能适用情事变更原则④,或者可以认为成本上升所导致的双方权利义务失衡的幅度尚未达到情事变更原则所要达到的当事人之间权利义务显著失衡的程度。因此,本案不能适用情事变更原则。这也意味着,在司法实践中应当注意区分情事变更原则与正常的商业风险。

(二)情事变更原则的效力

知识点

《民法典》第五百三十三条第一款后半段以及第二款规定:"受不利影响的当事人可以与对方重新协商;在合理期限内协商不成的,当事人可以请求人民法院或者仲裁机构变更或者解除合同。人民法院或者仲裁机构应当结合案件的实际情况,根据公平原则变更或者解除合同。"

适用例举

郧县金砂实业有限公司、东风汽车工业投资有限公司热电厂合同纠纷二审民事判决书⑤

2004年3月26日,东风汽车工业投资有限公司热电厂(以下简称"东汽热电

---

① 李永军:《合同法》(第三版),北京:法律出版社,2010年,第314页。
② [德]迪尔克·罗歇尔德斯:《德国债法总论》(第7版),沈小军、张金海译,北京:中国人民大学出版社,2014年,第281页。
③ 韩世远:《合同法总论》(第四版),北京:法律出版社,2018年,第507页。
④ 同②。
⑤ 一审判决书:参见湖北省十堰市张湾区人民法院(2017)鄂0303民初1397号民事判决书;二审判决书:参见湖北省十堰市中级人民法院(2018)鄂03民终680号民事判决书。

厂")与郧县金砂实业有限公司(以下简称"金砂公司")签订《利用粉煤灰生产建筑墙体合作合同》,合同约定:东汽热电厂因发电每年产生近30万吨粉煤灰污染环境,有意进行变害为利处理,金砂公司有意投资利用粉煤灰加工新型建筑墙体以化害为利。根据国家鼓励污染企业对污染源进行综合利用的有关政策,双方就利用粉煤灰生产墙体一事,签订合同。金砂公司于2007年6月12日投资成立了金砂墙材公司。2008年12月26日,金砂公司与东汽热电厂签订《补充协议》,合同约定:因东汽热电厂给金砂公司提供的非建设用地转换为建设用地过程中使金砂公司的建设工期推迟3年,因此,原合同合作期限更改为15年(2008年1月1日起至2022年12月31日止)。双方在补充协议中对2008年、2009年、2010年的粉煤灰价格进行了调整。2013年3月5日,东汽热电厂的主管单位东风汽车公司与十堰市张湾区人民政府签订《关于东风汽车公司热电厂方山存灰场的移交协议》,东风汽车公司将东汽热电厂的湿灰存灰场灰坝土地移交给十堰市张湾区人民政府。自2014年起双方就粉煤灰的供应问题发生争议数次协商未果。2015年3月18日,金砂墙材公司发布《停工通知》,通知其职工自2015年3月20日停产。金砂公司要求东风热电厂继续履行合同无果,引起诉讼。金砂公司提起诉讼,请求法院判令:一、东汽热电厂承担导致金砂公司停产的违约责任,并赔偿金砂公司损失;二、东汽热电厂继续履行供应金砂公司生产原料粉煤灰的合同义务。

湖北省十堰市张湾区人民法院经审理认为:金砂公司与东汽热电厂签订的《利用粉煤灰生产建筑墙体合作合同》及《补充协议》合法有效。依据《中华人民共和国合同法》第六十四条的规定,当事人约定由债务人向第三人履行债务的,债务人未向第三人履行债务或者履行债务不符合约定,应当向债权人承担违约责任,故金砂公司有权提起诉讼,要求东汽热电厂履行合同义务,承担违约责任。虽然2013年3月5日东汽热电厂湿灰库移交给政府,但湿灰库被征收不影响其履行供应干粉煤灰的义务,故东汽热电厂无正当理由停止向金砂墙材公司供应粉煤灰违反了双方合同的约定。根据双方合同中违约责任的约定,东汽热电厂无正当理由中断原材料供应造成金砂墙材公司停工损失的,东汽热电厂应赔偿停工损失和设备损失。

一审宣判后,金砂公司不服一审判决,提起上诉。湖北省十堰市中级人民法院经审理认为:依法成立的合同,受法律保护,当事人应当自觉履行合同义务。金砂公司与东汽热电厂签订的三份合同均合法有效,双方均应按照合同约定履行自己的义务。双方在履行《利用粉煤灰生产建筑墙体合作合同》《利用粉煤灰生产建筑墙体合作合同补充协议》过程中,因湿灰库移交,金砂墙材公司无湿灰可用,虽然东汽热电厂每天仍在生产产生干粉煤灰,但面对金砂墙材公司和招标引进的另两家公司致供应干粉煤灰紧张成客观事实,故湿灰库被征收是影响东汽热电厂和金砂墙材公司合同履行的主要原因,该原因属情事变更。情事变更后,对双方当事人会产生"再交涉的义务",由双方当事人依据诚实信用原则进行再交涉,双方协商变更部分合同就能实现合同目的。东汽热电厂在双方未对合同进行变更达成一致意见,且未请求人民法院变更或者解除合同的情况下,停止向金砂墙材公司供应粉煤灰违反了双方合同的约定,应当承担相应的违约责任。因本案情事变更事件出现后,东汽热电厂有组织相关部门与金砂公司协商解决问题的过程,双方均应本着诚实信用原则协商解决,但最终没有达成一致意见,故就本案客观事实,应适当减轻东汽热电厂的违约责任。双方合同履行期间,东汽热电厂与金砂墙材公司于2013年1月31日签订《关于与金砂墙材公司相关问题的补充协议》对干灰供应的价格作了相应的调整,该行为应视为对原合同部分内容的变更,在其后的2015年,东汽热电厂在向金砂墙材公司供应部分粉煤灰的情况下,金砂墙材公司没有支付相关的费用,亦存在违约行为。基于前述事实,法院酌定金砂墙材公司的损失由东汽热电厂承担70%,金砂公司自担30%。

■ 简要解析

本案涉及情事变更原则的法律效力问题。适用情事变更原则,发生如下法律效力:一、重新协商。重新协商,也被称为"再交涉义务",是指当事人可以请求对方就合同的条款重新协商,在协商一致的基础上重新确定合同权利义务关系,以达到权利义务大致平衡状态。在当事人诉请法院变更或者解除合同之外,当事人之间是否应当先就合同内容的调整进行"再交涉"呢?对此,《民法典》第五百三十三条第一款中段规定:"受不利影响的当事人可以与对方重新协商",该条款实质上在情事变更原则中规定了再交涉制度。肯定当事人之间具有重新协商的义务,可以避免司法权力介入合同关系。对于重新协商是否为人民法院适用情事变更原则解除合同的前置性程序,学者多持肯定态度。除此之外,我国司法实践中,部分法院也将双方再交涉作为法官变更或者解除合同的强制性前置程序①。二、诉请人民法院变更、解除合同。《民法典》第五百三十三条第一款后段以及第二款规定:"在合理期限内协商不成的,当事人可以请求人民法院或者仲裁机构变更或者解除合同。人民法院或者仲裁机构应当结合案件的实际情况,根据公平原则变更或者解除合同。由此可见,情事变更原则的法律效果是变更或解除合同。"一般认为,变更合同和解除合同的效力层次不同,法院在适用情事变更原则时,应当优先考虑维持合同效力和原有的合同关系。因此,如果可以通过变更合同达到消除显失公平的目的,原则上不得解除合同。但是变更合同并非解除合同的前置程序,如果双方当事人均坚持解除合同,而且该合同确已达到情事变更原则的适用条件的,人民法院应当认定直接解除合同。

在本案中,由于征收原因,东汽热电厂的主管单位东风汽车公司与十堰市张湾

---

① 张素华,宁园:《论情势变更原则中的再交涉权利》,《清华法学》2019年第3期。

区人民政府签订《关于东风汽车公司热电厂方山存灰场的移交协议》,东风汽车公司将东汽热电厂的湿灰存灰场灰坝土地移交给十堰市张湾区人民政府。这是影响东汽热电厂和金砂墙材公司合同履行的主要原因,法院将其认定为情事变更。二审法院进一步认为,"情事变更后,对双方当事人会产生再交涉的义务"。依据诚实信用原则的基本要求,遵循节约成本、鼓励交易的基本思路,本书赞同二审法院的看法,在情事变更原则的适用中,应当肯定当事人的"再交涉义务",充分贯彻自愿原则。

(三)情事变更原则与不可抗力

■知识点

《民法典》第一百八十条第二款规定:"不可抗力是不能预见、不能避免且不能克服的客观情况。"

■适用例举

中机通用进出口公司诉天津港第二港埠有限公司港口作业合同纠纷案[①]

中机通用进出口公司(以下简称"中机公司")为了出口三聚磷钠和乙炔黑,与案外人新星公司签订货运代理合同,约定委托新星公司以新星公司的名义向被告天津港务局第二港埠有限公司(以下简称"港埠公司")申报集港计划,办理货物交接,支付港杂费,等等。新星公司向港埠公司申报货物集港计划后,港埠公司通知新星公司于1997年8月18日集港。当日,新星公司通知中机公司将三聚磷钠2 498吨集港,次日上午又将三聚磷钠94吨、乙炔黑150吨集港。8月20日15:54时,受9711号风暴的影响,有1 074吨三聚磷钠和43.3吨乙炔黑被海水浸泡受损。关于9711号风暴,国家海洋局预报中心于1997年8月19日8时、16时、8月20日8时发出3次预报。港埠公司于1997年8月19日上午10点左右收到关于9711号风暴的警报后,对库存的货物采取了如下措施:装火车疏运1 500余吨,搬倒1 200余吨,货物的种类是机械设备、卷铁、大麦、鱼粉等。海潮来临前,港埠公司没有对中机公司所属的货物采取措施。除中机公司的货物受损外,存放于港埠公司库场内的他人货物也有被海水不同程度浸泡的现象。后中机公司诉至法院,请求港埠公司对中机公司的货损承担赔偿责任。

天津海事法院经审理认为:中机公司所属的货物在交由港埠公司掌管期间,因9711号风暴的侵袭遭受损失,事实俱在,双方当事人对此无疑义。通常情况下,港埠公司对运抵该公司货场准备装船的货物,负有妥善保管的责任,这是港口经营人的一项法定义务。此次9711号风暴来临前,国家海洋局预报中心发出了预报,而

[①] 参见《最高人民法院公报》2000年第5期(总第67期)。

且预报的前两次潮位都比实际潮位高。如果情况一直如此发展,则"此次风暴潮是不能预见的"理由就不能成立。问题在于,9711号风暴到达天津塘沽新港时,正值该港的天文大潮期。正是由于风暴潮、天文大潮和海浪三种自然力量的结合,使潮灾加重,海水涌上了码头,以致中机公司的货物被浸湿。这种灾情,连专业的国家海洋局预报中心都没有预见,港埠公司更无法预见。在9711号风暴即将来临的情况下,港埠公司对其货场内堆存的所有货物采取了适当的保护措施。港埠公司根据中机公司的货物存放场地相对其他货物的存放场地标高较高,预报的较高潮位尚未到来等情况,没有对中机公司的货物采取防潮措施,以致后来在发生预见不到的高潮位时,中机公司的货物被海水浸泡,这是不能避免的自然灾害。作为港埠公司货场内整体货物其中之一的中机公司货物受损,不能说港埠公司对货物的安全弃之不顾。港埠公司已经对由其保管货物的安全尽到努力,中机公司的货损确实发生在港埠公司无法抗拒的情况下,港埠公司对此货损没有主观过错。综上,天津海事法院判决驳回中机公司的诉讼请求。

中机公司不服一审判决,向天津市高级人民法院提起上诉。天津市高级人民法院审理后认为:法律上所称的"不可抗力",是指不能预见、不能避免并不能克服的客观情况。9711号风暴来临后,虽然国家海洋局预报中心发出预报,但在目前的科学技术条件下,从发出预报至中机公司的货物受损时,港埠公司已经无能力保障应当由自己保管的全部货物的安全。因此中机公司的货损,仍然属于不能避免的不可抗力造成。一审判决认定事实清楚,适用法律正确,应予维持。

简要解析

本案涉及情事变更原则与不可抗力的关系问题。情事变更原则与不可抗力的区分,是司法实践中的难点。一般认为,不可抗力事件具有偶然性和不可预见性。在我国司法实践中,不可抗力事件主要包括自然灾害、社会异常事件(如战争、暴动等)、政府行为(如强制征收)等。不可抗力是我国法律规定的违约责任的免责条款,根据《民法典》第五百九十条的规定:"当事人一方因不可抗力不能履行合同的,根据不可抗力的影响,部分或者全部免除责任,但是法律另有规定的除外。因不可抗力不能履行合同的,应当及时通知对方,以减轻可能给对方造成的损失,并应当在合理期限内提供证明。当事人迟延履行后发生不可抗力的,不免除其违约责任。"《合同法解释二》第二十六条明确将不可抗力排除在情事变更的原因之外,即如果是不可抗力导致继续履行合同对一方当事人显失公平,不得适用情事变更。这主要是因为,情事变更与不可抗力都属于合同履行过程中发生的客观意外事件。二者存在共性:第一,二者均发生在合同成立之后,履行完毕之前;第二,二者均是当事人不可预见的客观事件;第三,当事人均不能避免、不能控制。然而,在我国现行法律体系下,应严格区分情事变更与不可抗力。一般认为,二者的主要区别在于对合同履行影响的程度不同。不可抗力作为违约的免责事由,必须达到致使债务人完全的、永久的履行不能的程度;情事变更原则中情事的变化仅须达到使合同权利义务关系严重失衡即可,债务人仍可依据原合同约定履行债务,只是继续原合同的履行将显失公平或不能实现合同目的。然而,《民法典》第五百三十三条改变了这种立场,因不可抗力导致继续履行合同对于一方当事人显失公平的也可适用情事变更原则。这主要是因为不可抗力为"因",而情势变更制度、法定解除制度、违约责任制度、风险负担规则、诉讼时效中止制度等皆可为"果"。"因"与"果"的比较,当然无法进行;而"果"与"果"的比较,也自然得不出排除不可抗力为情势变更制度之因的结论。因此,就不可抗力规则的适用而言,不可抗力事项的发生,致使继续履行合同对于一方当事人明显不公平的,得适用情事变更原则;不可抗力事项的发生,致使合同目的不能实现的,得适用法定解除制度;不可抗力事项的发生,致使当事人一方违约的,得适用违约责任中的法定免责事由制度;不可抗力事项作为法定免责事由发挥作用,致使无人承担责任,因而无法借助违约责任制度分配损失的,得发生风险负担规则的适用;不可抗力事项的发生,致使当事人无法及时行使请求权的,得发生诉讼时效中止制度的适用①。

在本案中,虽然国家海洋预报台发出风暴预报,但是"由于风暴潮、天文大潮和海浪三种自然力量的结合,使潮灾加重,海水涌上了码头,以至中机公司的货物被浸湿"。此种灾情的严重程度,国家海洋局预报中心并未预见,港埠公司更无法预见。另外,港埠公司依据预报的较高潮位尚未到来等情况,没有对存放场地标高较高的中机公司的货物采取防潮措施,以致后来在发生预见不到的高潮位时,中机公司的货物被海水浸泡,这是不能避免的自然灾害。综上,中机公司的货物毁损灭失,港埠公司无法履行合同,该情形构成不可抗力。本案中,港埠公司未基于不可抗力而主张情事变更原则的适用,而是主张将不可抗力作为违约责任的法定免责事由。因此,港埠公司已经对由其保管货物的安全尽到了努力,中机公司的货损系由于不可抗力,港埠公司对此货损没有主观过错,港埠公司无须对中机公司的货损承担赔偿责任。

(四)情事变更原则与商业风险

■知识点

商业风险,是指在商业活动中,由于各种不确定因素引起的,给商业主体带来获利或损失的机会或可能性的一种客观经济现象②。

---

① 参见王轶:《新冠肺炎疫情、不可抗力与情势变更》,《法学》2020年第3期。
② 沈德咏:《最高人民法院关于合同法司法解释(二)理解与适用》,北京:人民法院出版社,2009年,第199页。

适用例举

南通市国石商品混凝土有限公司与南通光华建筑工程有限公司买卖合同纠纷案[①]

2016年8月9日,光华公司(需方)与国石公司(供方)签订《商品混凝土购销合同》,约定:供应的砼强度等级为C30泵,单价按当月南通工程造价信息指导价(含税价)下浮28%,合同方量为25 000,并注明砼单价以C30为基准,每向下一个标号(C25、C20、C15、C10)单价递减10元等内容,交货时间以供需双方协商送货时间为准。合同签订后至2017年5月4日,国石公司向光华公司累计发货10 800.5单位混凝土。2017年5月,光华公司向国石公司发出供应混凝土的计划要求。国石公司提出将价格上调至指导价下浮19%结算,其后提出将价格上调至当月指导价下浮20%再加10元泵送费。光华公司要求国石公司按照案涉合同约定的价格进行供货。双方协商未果,国石公司停止供货。其后,光华公司诉讼至一审法院,要求判令国石公司继续履行合同。因案涉合同约定的混凝土性质不宜强制履行,经法院释明,光华公司变更诉请,要求国石公司承担拒绝供货的违约责任,即赔偿光华公司在2017年5月至9月在外采购的合同差价91 101.45元,并保留向国石公司继续追偿2017年9月30日之后的差价损失的权利。

江苏省海门市人民法院经审理认为:自2017年5月4日至今,国石公司以自己的行为表明不履行继续供货的合同义务。国石公司单方调价后,未能与光华公司协商一致,其拒绝继续供货的行为属于违反合同义务的违约行为。国石公司关于原材料价格暴涨符合情事变更情形的抗辩不能成立。据此判决:一、国石公司于判决生效之日起十日内赔偿光华公司损失88 319.35元;二、驳回光华公司的其他诉讼请求等。

一审宣判后,国石公司不服一审判决提起上诉。江苏省南通市中级人民法院经审理认为:本案不存在情事变更情形。就本案而言,双方在合同中约定C30泵单价为"按当月南通工程造价信息指导价(含税价)下浮28%",该价格系浮动价格而非固定价格,表明双方在订立合同时对原材料价格可能会存在市场波动已有所预见。而从28号通知的内容来看,2017年6月以后的南通工程造价信息指导价已经考虑了原材料价格波动的市场因素。国石公司作为专门从事混凝土交易的市场主体,对此应当存在一定的预见和判断,并承担相应的商业风险。且案涉合同对履行过程中原材料价格上涨如何进行调价并无明确约定,为维护交易安全,法院认定因政策性调价而导致的风险属于正常的商业风险,本案不适用情事变更原则,国石公司不能因此免除违约责任。因此判决驳回上诉,维持原判。

[①] 一审判决书:参见江苏省海门市人民法院(2017)苏0684民初5387号民事判决书;二审判决书:参见江苏省南通市中级人民法院(2018)苏06民终1331号民事判决书。

■ 简要解析

本案涉及情事变更原则与商业风险的区分问题。划分情事变更与商业风险的界限，其实就是在划分合同拘束力的界限。具体到合同而言，要注意区分合同的法律风险和商业风险。合同的法律风险是指合同存在的法律方面的风险，如合同订立过程中存在欺诈、胁迫等情形导致影响合同效力发生瑕疵的风险；合同的商业风险是指依法有效成立的合同在履行过程中可能遭遇的能否顺利履行、能否盈利等商业风险。一般说来，合同法可以规范合同订立过程中的法律风险，但却无法规制合同履行过程的商业风险[①]。

情事变更与商业风险，作为一组概念并列出现，潜台词是说商业风险要由当事人承担（遵守合同的拘束力），情事变更则是谋求风险或者负担的合理分担（突破合同的拘束力）[②]。一般认为，情事变更与商业风险存在以下区别：一、性质不同。情事变更是指合同成立的基础环境发生异常变动，而商业风险是当事人从事商业活动固有的风险。二、能否预见不同。情事变更必须是订立合同时不能预见的，而商业风险通常是可以预见的。三、获益标准不同。通常来说，在商业活动中，商业风险和收益是成正比的，即收益越大风险越大。如果某项交易属于高风险、高收益的范围，则出现从事该交易可预见的某种风险通常不能被认为是情事变更，而应当属于商业风险[③]。四、后果不同。构成情事变更的，当事人可以请求人民法院变更或解除合同，而对于商业风险，原则上当事人应当承担该风险。

在本案中，国石公司与光华公司在合同中约定"供应的砼强度等级为C30泵，单价按当月南通工程造价信息指导价（含税价）下浮28%"，这表明国石公司在订立合同时对原材料价格可能会存在市场波动已有所预见。另外，国石公司作为专门从事混凝土交易的市场主体，对因政策调整而导致的原材料上涨应当存在一定的预见和判断。因此，原材料上涨的情形应当属于当事人从事商业活动所固有的商业风险，其完全可以预见，国石公司应当承担相应的商业风险，不能因此免除其违约责任。

[①] 参见中华人民共和国最高人民法院(2015)民三终字第8号民事判决书。
[②] 韩世远：《合同法总论》（第四版），北京：法律出版社，2018年，第501页。
[③] 王利明：《情事变更制度若干问题探讨——兼评〈民法典合同编（草案）（二审稿）〉》，《法商研究》2019年第3期。

第二节 债的履行规则

一、履行主体

知识点

债的履行主体,是指履行债务和接受履行的人。由于债的相对性,债的履行主体是债的关系中的债权人和债务人。

适用例举

张某与浙江中元建设股份有限公司合同纠纷案①

嘉兴市金穗花园52幢及60~67幢工程系由中元公司承包建造并由何某承包施工。其间,何某向张某租用钢管、扣件,因何某未付清租金,张某向海盐县人民法院提起诉讼,要求中元公司向张某支付租金。该案审理中,何某和中元公司同意由中元公司直接将款项从他承包的工程款中扣除,直接支付给张某(特别说明:若何某承包队的工程款余额不足以支付其欠张某的租赁款时,则不足部分应由张某向何某本人追偿)。2007年2月15日,中元公司向张某支付了100 000元。2008年3月,张某向海盐县人民法院提起诉讼,要求判令何某支付其钢管、扣件租金194 655.52元。经审理,海盐县人民法院做出盐民二初字第469号民事判决,判令何某支付张某租金194 655.52元并承担案件诉讼费用。但该案因何某长期下落不明,也没有可执行财产终结执行。后张某诉至法院,请求中元公司赔偿其租赁费损失。

嘉兴市南湖区人民法院经审理认为:本案张某与何某间存在钢管、扣件租赁合同民事法律关系,海盐县人民法院(2008)盐民二初字第469号民事判决对该租赁合同民事法律关系确认为合法有效。现张某认为中元公司未按协议书及何某"说明"中约定的履行扣款及向张某付款的义务,已构成严重违约,要求判令中元公司承担违约责任。基于张某的诉讼请求,对中元公司在当事人合同关系中的法律地位应予确定。租赁合同已经生效法律文书确认为张某与何某间建立,张某与中元公司订立的协议书约定"金穗花园何某承包部分工程审计结束后,业主付款时在原本应由何某承包队所得工程款中直接支付张某租赁款",该约定经债务人何某

---

① 一审判决书:参见嘉兴市南湖区人民法院(2009)嘉南商初字第1745号民事判决书;二审判决书:参见浙江省嘉兴市南湖区人民法院(2009)嘉南商终字550号民事判决书。

同意,故中元公司"直接向张某支付租赁款"属第三人履行。依据《中华人民共和国合同法》第六十五条的规定,"当事人约定由第三人向债权人履行债务的,第三人不履行债务或者履行债务不符合约定,债务人应当向债权人承担违约责任"。该条款规定了在第三人清偿情形下,第三人并非合同债务人,其与合同债权人间不发生法律关系。如第三人不履行债务或履行债务不符合约定的,债权人只能请求债务人承担违约责任。结合本案的事实,中元公司作为第三人已经部分履行了债务,而且张某和中元公司间的协议书仅约定中元公司应在工程审计结束后在何某工程队应该所得的款项内代为履行,而不存在张某所主张的不论工程是否审计,中元公司有"扣款"的义务。综上,中元公司系张某与何某租赁合同中代为履行债务的第三人,张某和中元公司间不存在权利、义务关系,张某要求中元公司承担合同违约责任无法律依据。且张某如认为中元公司作为第三人履行债务的行为不符合张某和中元公司约定的,该违约责任也应当由债务人承担。据此,判决如下:驳回张某的诉讼请求。

一审宣判后,张某不服一审判决,提出上诉。嘉兴市中级人民法院审理后认为:根据2006年4月13日协议书的规定,中元公司向张某支付的租赁费是中元公司应该支付给何某的款项,三方这样的付款安排,是建立在张某要求、何某同意和中元公司愿意的基础之上的,协议书中载明"若何某承包队的工程款余额不足以支付其欠张某的租赁款时,则不足部分应由张某向何某本人追偿"。可见,张某无法通过协议书安排的方式获得租赁费的清偿,应由张某向何某主张,张某于协议签订后也是向何某提起诉讼。因此,从协议书的约定来看,中元公司系履行何某所欠张某租赁费的第三人,根据合同法的规定,即便中元公司的履行行为不符合协议书规定,也应由何某向张某承担责任,张某无权直接要求中元公司向其履行义务。况且,张某于本案提出的诉讼请求是要求中元公司赔偿其经济损失,而张某所主张的经济损失系何某未履行生效判决书规定的给付义务所致,这一后果显然不可归责于中元公司。因此张某起诉要求中元公司赔偿其租赁费损失,没有法律依据,不予支持。据此,判决如下:驳回上诉,维持原判。

■简要解析

本案涉及第三人代为履行的问题。第三人代为履行,是指第三人以自己的名义而有意识地清偿他人的债务(值得注意的是,第三人代为履行与履行辅助人所为履行不同,履行辅助人所为履行是以债务人的名义进行的)。基于债的相对性原理,债务仅应由债务人向债权人为履行。然而对于债权人来说,无论何人为清偿行为,只要清偿的结果使债权得到满足均可。因此在特定情形下,也可由第三人向债权人履行债务,或由第三人代替债权人接受履行,此即第三人代为履行。第三人代为履行应当具备如下要件:一、依债的性质,可以由第三人代为履行;二、债权人与债务人之间没有不得由第三人代为履行的约定,即使有约定,也必须在代为履行前做出,否则无效;三、债权人没有拒绝代为履行的特别理由,债务人也无提出异议的正当理由;四、代为履行的第三人必须有为债务人履行的意思。当事人亦可明确约定由第三人代为履行债务。对此,《民法典》第五百二十三条规定:"当事人约定由第三人向债权人履行债务,第三人不履行债务或者履行债务不符合约定的,债务人应当向债权人承担违约责任。"第三人代为履行的法律效力如下:一方面,在债权人与债务人之间发生清偿效力。代为履行系因第三人以为债务人的意思而为履行,所以在债权人与债务人之间,债之关系在代为履行的范围内归于消灭,债务人免除相应义务。但是在第三人给付有瑕疵时,不发生相应的清偿效果,债权人有权请求债务人为给付或请求债务人承担违约责任。另外,如果债务人违反了保护义务(与给付无关的附随义务),则债权人可以依据缔约上过失规范请求第三人损害赔偿[1]。另一方面,第三人与债务人之间发生求偿效力。如果第三人与债务人之间存在合同关系,则根据相应的合同规则处理。例如第三人与债务人之间存在委托合同的,则适用委托合同的相关规则,第三人享有求偿权。如果第三人以赠予的意思为履行,不发生求偿权。另外,如果第三人与债务人之间既无委托合同又无其他履行上的利害关系时,第三人可依无因管理或不当得利的规定求偿。

在本案中,2006年4月13日协议书载明"若何某承包队的工程款余额不足以支付其所欠张某的租赁款时,则不足部分应由张某向何某本人追偿"。这证明中元公司向张某支付的租赁费是基于代何某清偿债务的意思,而不是基于加入债的关系的意思。而且,张某在(2008)盐民二初字第469号案件中诉请何某支付剩余租金的行为,证明张某也承认租赁合同的当事人是何某,而不是中元公司。因此,本案应按照第三人代为履行的规则处理。依据债的相对性原理以及《民法典》第五百二十三条的规定,即使租赁合同的第三人中元公司不履行债务或履行债务不符合约定的,债权人亦只能请求债务人何某承担违约责任。综上,张某起诉要求中元公司赔偿其租赁费损失没有法律依据。

二、履行标的

> **知识点**
>
> 履行标的,是指债务人应当给付的内容。债的履行标的包括交付财物、移转权利、提供劳务、完成工作等。债的履行标的应当根据当事人的约定或者法律的规定而确定。

---

[1] 王洪亮:《债法总论》,北京:法律出版社,2016年,第104页。

适用例举

周某等诉刘某房屋买卖合同纠纷案①

2017年3月28日,周某(买受方)与刘某(出卖方)、恒融公司(居间方)签订《房地产买卖居间合同》一份。合同的第一条约定了涉案房产的基本情况,约定房屋建筑面积约113.69平方米;附属地下室面积约11.37平方米,价款为"赠送"。房屋总价标明为人民币1 150 000元,同时标明房屋总价包括上述附属建筑物、设施和装修附着物(见附件清单)、车库等(若有)。同时,当事人在合同中还约定,在合同签订当日,周某应支付定金50 000元,该定金由刘某直接收取。此房有贷款,刘某承诺过户前向银行申请预约还款手续,并办妥银行还贷及抵押注销手续;现房屋证件不齐全,本合同签订后,在开发商通知办理产权证并通知领取土地分割证后20日之内,刘某必须办妥产权证及土地证。领证后30日内,双方共同至市产权处办理过户手续。刘某应在产权过户完毕后30天内迁出原有户籍。双方无争议的,当日共同至产权处办理资金解冻和房证领取手续、交付钥匙等相关证簿。至此,交易顺利完结。2017年5月15日,刘某办理了涉案房屋的不动产权利证书。恒融公司随即告知了周某该情况,并通知双方共同至产权处办理相关手续。周某、刘某认可恒融公司通知双方于2017年6月10日共同至产权处办理相关手续。其间,双方产生争议,未于该日共同至产权处办理相关手续。周某主张刘某不能同时办理房屋和地下室的产权过户手续,属违约行为,遂向法院提出诉讼请求:判令刘某双倍返还定金。庭审中另查明,涉案地下室于2010年9月办理了房屋所有权初始登记,2011年3月办理了国有土地使用权分割证,该地下室于上述权属证书办理完成后具备办证条件,但暂时登记在开发商名下。

江苏省徐州市泉山区人民法院经审理认为:本案的争议焦点为,刘某是否必须同时取得房屋及地下室的产权证,方能要求周某按照合同约定共同至产权处办理相关手续。对此,法院认为:首先,根据合同约定,在刘某办理好产权证后,双方至产权处办理的实质是房屋买卖的交易备案手续及资金监管手续,之后周某尚需要办理相关银行贷款手续,因此,双方办理的并不是涉案合同中所涉不动产产权的交付及转移。而根据双方合同的约定,地下室是房屋的附属建筑物,因此,在刘某已取得房屋产权证的情况下,周某应当配合刘某办理相关的交易登记及资金监管手续。其次,案涉房屋与合同中约定的地下室均是有独立产权的,因此,房屋和地下室可以作为两个独立的不动产进行产权转移,且独立转移不会损害到周某的利益。同时,根据《中华人民共和国合同法》第七十二条第二款的规定,如刘某部分履行债务给周某增加费用的,周某可以要求刘某负担,但其不应当因此而拒绝履行合同义务。因此,周某因刘某提出不能办理地下室过户而拒绝根据合同约定至产权处

---

① 参见江苏省徐州市泉山区人民法院(2017)苏0311民初5129号民事判决书。

办理相关登记备案、资金监管手续,于法无据,刘某不因此而存在违约行为,相反,周某拒绝办理相关登记备案、资金监管手续的行为系违约行为。

简要解析

本案涉及债的部分履行的问题。何为"部分履行"?司法实践中较难判断。理论上一般认为既然部分履行是对履行的整体性要求的违背,那么从逻辑上来说,判断某一履行是否构成部分履行,最主要的是要判断该履行所涉及的对象是否具有整体性[1]。部分履行最常见的是合同价款的分期支付。通说认为,部分履行是对适当履行原则的违反,原则上部分履行应当被禁止,但是为了平衡债权人与债务人的利益,司法实践中在继续坚持债权人有权拒绝债务人的部分履行的同时,对债权人的拒绝权进行必要的限制。因此《民法典》第五百三十一条规定:"债权人可以拒绝债务人部分履行债务,但是部分履行不损害债权人利益的除外。债务人部分履行债务给债权人增加的费用,由债务人负担。"由此可知,如果债务本身不可分,或部分履行会损害债权人利益的,债权人享有拒绝权。与此相反,如果债务本身是可分的,部分履行又不会损害债权人利益的,债权人的拒绝权受到限制,债权人无权拒绝债务人的部分履行,否则如果债权人拒绝受领债务人的部分履行,可能构成债权人迟延。

在本案中,案涉房屋与合同中约定的地下室均有独立产权。因此,案涉房屋和地下室产权转移也是独立的,刘某主张先移转房屋的产权,应当属于部分履行。问题在于部分履行是否损害了周某的利益呢?法院认为二者产权的独立转移不会损害到周某的利益。本书认为此种判断有些片面。对于部分履行是否损害债权人的利益问题,应当由债务人负担举证责任,即债务人选择了这样的履行方式,并且被推定将从这样的履行方式的安排中获益,以此来证明部分履行不损害债权人的利益[2],否则应当认定部分履行损害了债权人的利益。本案中《房地产买卖居间合同》一方面约定地下室价款为赠送,另一方面又约定房屋总价款包括附属建筑物的价格。这意味着1 150 000元房屋总价款既包括房屋的价款,也包括地下室的价款,而且两者是一个无法分割的整体。如果允许刘某先转移房屋的产权,按照合同约定周某也需要一次性支付完1 150 000元的房款,届时周某将丧失对地下室产权转移的先履行抗辩权。因此,本案的部分履行实质上损害了周某的利益。

---

[1] 薛军:《部分履行的法律问题研究——〈合同法〉第72条的法解释论》,《中国法学》2007年第2期。

[2] 同[1]。

三、履行地点

知识点

履行地点,是指债务人应当为履行行为的地点。原则上,履行地点应当依照当事人的约定或法律的规定而确定。

适用例举

广东星艺装饰集团南京有限公司溧水分公司诉厦门安居网网络科技有限公司服务合同纠纷案[①]

广东星艺装饰集团南京有限公司溧水分公司(以下简称"星艺公司")诉称,星艺公司系位于南京市溧水区的一家装饰装潢公司,厦门安居网网络科技有限公司(以下简称"安居网")系一家网络服务公司。双方于2017年签订了服务合同,约定在服务期内由安居网南京站的网络栏目和装修业务提供网上品牌展示,同时向星艺公司提供相应服务促成第三方客户与星艺公司签订装修合同。合同签订后,安居网未能在合同期内履行其相应的义务。安居网实际上对其承诺的服务并无履行能力,同时也给星艺公司造成了损失。星艺公司向安居网主张要求退还已支付的费用,但安居网一直借故拖延未予退还。星艺公司为维护合法权益,诉至法院,请求判决:一、解除星艺公司、安居网之间的服务合同;二、安居网返还星艺公司已支付的合同价款15 000元;三、安居网承担星艺公司损失15 000元。

安居网在提交答辩状期间,对管辖权提出异议认为:一、星艺公司、安居网之间无管辖约定;二、本案依法应由厦门市思明区人民法院管辖。

江苏省南京市溧水区人民法院经审理认为:因合同纠纷提起的诉讼。合同约定履行地点的,以约定的履行地点为合同履行地。合同对履行地点没有约定或者约定不明确,争议标的为给付货币的,接收货币一方所在地为合同履行地;交付不动产的,不动产所在地为合同履行地;其他标的,履行义务一方所在地为合同履行地。本案双方当事人未约定合同履行地点,而星艺公司的诉讼请求为解除合同并要求安居网返还价款及赔偿损失,安居网为履行义务的一方,合同履行地为安居网所在地;安居网所在地为厦门市思明区,故安居网对管辖权提出的异议成立,本案应由厦门市思明区人民法院管辖。综上,依照《中华人民共和国民事诉讼法》第二十三条、第一百二十七条第一款、《最高人民法院关于适用〈中华人民共和国民事诉讼法〉的解释》第十八条的规定,裁定如下:厦门安居网网络科技有限公司对管辖权提出的异议成立,本案移送厦门市思明区人民法院处理。

[①] 参见江苏省南京市溧水区人民法院(2018)苏0117民初584号民事裁定书。

简要解析

本案涉及债的履行地点问题。履行地点对债的履行的意义在于,债务人应当在确定的履行地点履行债务,债权人也应在确定的履行地点受领履行。在其他地点履行债务的,不发生债的消灭的效力。在合同中,合同的履行地点的法律意义主要体现在:一方面,履行地点是违约的判断标准之一,债务人如在一个错误的地点提交履行,通常构成违约[①];另一方面,合同的履行地点是确定诉讼管辖的重要依据。合同的履行地点通常由当事人约定,但是如果当事人未约定合同履行地点的,或者约定不明确的,可以由当事人协议补充。当事人不能就履行地点达成补充协议的,首先应当依照合同相关条款或者交易习惯加以确定。如果仍无法确定的,根据《民法典》第五百一十一条第三项的规定:"履行地点不明确,给付货币的,在接受货币一方所在地履行;交付不动产的,在不动产所在地履行;其他标的,在履行义务一方所在地履行。"

在本案中,尽管当事人签订的服务合同约定由安居网南京站提供相应网络服务,但这并不意味着合同履行地点就在南京。因为安居网是通过网络服务器为星艺公司提供服务,而安居网的网络服务器所在地并不一定就在南京。因此,应当理解为双方当事人未约定合同履行地点,且未达成补充协议,也没有确定履行地点的交易习惯。根据《民法典》第五百一十一条第三项的规定,本案争议标的属于该条中的"其他标的",应该以履行义务一方所在地为合同履行地。本案中安居网为履行义务的一方,因此合同履行地为安居网所在地厦门市思明区。

四、履行期限

知识点

履行期限,是指债务人应履行债务和债权人应受领履行的时间。履行期限既可以表现为一段期间,亦可以表现为一个具体的时间点。

适用例举

马某某与普天房地产开发有限公司商品房预约合同纠纷案[②]

2015年9月9日,出售方甘肃普天房地产开发有限公司(以下简称"普天公司"、甲方)与认购方马某某(乙方)签订《认购书》一份,双方约定:一、马某某自愿认购"格兰绿都"某号房屋,该房屋的建筑面积为141.45平方米,房屋总价款为1 113 810元;

---

① 韩世远:《合同法总论》(第四版),北京:法律出版社,2018年,第351页。
② 一审判决书:参见兰州市七里河区人民法院(2018)甘0103民初395号民事判决书;二审判决书:参见甘肃省兰州市中级人民法院(2018)甘01民终2947号民事判决书。

首付款343 810元。二、马某某在签订本认购书的同时向普天公司缴纳20 000元定金。三、马某某自签订认购书次日起七日内即2015年9月16日前必须按约定支付购房款或首付款(含认购定金贰万元),同时携带此认购书和缴款凭证与普天公司签订《商品房买卖合同》。双方签订《认购书》后,2015年9月9日、2015年9月21日,马某某向普天公司分两次共交纳房屋认购定金20 000元。2015年10月16日,又向普天公司交纳购房首付款100 000元。后因马某某再未向普天公司交纳首付款及剩余房款,2016年4月至2017年12月,普天公司多次向马某某致函,限期交纳剩余购房款并签订商品房买卖合同,逾期则按照《认购书》的约定行使合同解除权。2017年8月、10月期间,普天公司的房屋销售人员通过短信或微信的方式告知马某某:马某某购买的涉案房屋已产生违约金,且因房地产政策调控,兰州以外户口需缴纳3年以上含3年的养老保险证明或连续不间断申报1年以上含1年的个人所得税证明。经普天公司多次催告,马某某仍未交纳剩余房款,双方亦未按《认购书》约定签订商品房买卖合同。普天公司向一审法院起诉请求:一、判令解除普天公司与马某某签订的《认购书》;二、本案诉讼费由马某某承担。

兰州市七里河区人民法院经审理认为:依法成立的合同,对当事人具有法律约束力。本案中,争议双方于2015年9月9日签订《认购书》直至诉争发生,马某某完全怠于履行合同义务,经普天公司多次催告亦不予履行,马某某以其行为表明不履行合同主要义务,故应依法承担相应的法律后果。由此,普天公司诉请于法有据,法院予以支持。综上,判决解除《认购书》;普天公司于判决生效之日起十日内退还被告马某房款120 000元。

一审宣判后,马某某不服一审判决,提起上诉。兰州市中级人民法院经审理认为:涉案房屋《认购书》系预约合同,双方签订《认购书》的目的是订立本约合同,因马某某迟延履行债务的违约行为而造成本约合同无法签订,故《认购书》的合同目的实际已不能实现。《中华人民共和国合同法》第九十四条第三项规定,当事人一方迟延履行主要债务,经催告后在合理期限内仍未履行的,对方当事人可以解除合同。该条第四项规定,当事人一方迟延履行债务或者有其他违约行为致使不能实现合同目的的,对方当事人可以解除合同。据此,根据本案查明事实及相关法律规定,一审判决解除涉案房屋《认购书》并由普天公司退还马某某已付购房款120 000元,有事实及法律依据,二审予以维持。

简要解析

本案涉及债的履行期限问题。在合同中,合同的履行期限具有重要的法律意义,原则上应当由当事人在合同中约定。如果双方当事人在合同中明确约定了履行期限,那么债务人未在履行期限履行或者债权人未在履行期限受领履行,将构成履行迟延。如果双方当事人未在合同中约定履行期限或者约定不明确的,应当由当事人达成补充协议,如果无法达成补充协议的,应当按照合同有关条款或者交易习惯确定。如果参照以上方法仍然无法确定合同的履行期限的,根据《民法典》第五百一十一条第(四)项的规定,债务人可以随时履行,债权人也可以随时要求债务人履行,但是应当给对方必要的准备时间。另外,对于一些特定类型的合同,《民法典》合同编"第二分编典型合同"部分存在一些关于履行期限的具体规定。如针对借款合同,《民法典》第六百七十四条规定:"借款人应当按照约定的期限支付利息。对支付利息的期限没有约定或者约定不明确,依据本法第五百一十条的规定仍不能确定,借款期间不满一年的,应当在返还借款时一并支付;借款期间一年以上的,应当在每届满一年时支付,剩余期间不满一年的,应当在返还借款时一并支付。"

在本案中,双方当事人签订《认购书》,基于该《认购书》的约定,马某某负有给付剩余购房款并签订商品房买卖合同的义务,但是《认购书》未约定该义务的履行期限,双方当事人亦未对履行期限达成补充协议。根据《民法典》第五百一十一条第(四)项的规定,合同的履行期限无法确定的,债权人普天公司可以随时要求债务人履行,但是应当给马某某必要的准备时间。自2016年4月至兰州市政府发布商品房限购政策之前,普天公司多次催告马某某履行其义务,该期限足以保证马某某履行义务所需的准备时间,但马某某在该必要的准备时间内并未缴清双方约定的购房首付款并与普天公司签订涉案房屋买卖合同,已构成迟延履行,并由此导致其在兰州市政府发布商品房限购政策之后,实际已不能与普天公司签订房屋买卖合同。因此可以认为马某某的迟延履行行为,致使《订购书》不能实现其合同目的,普天公司有权解除合同。

五、履行费用

■知识点

履行费用,是指履行债务的必要费用。通常情况下,履行费用包括运输费、包装费、登记费、通知费等。如履行费用的负担不明,双方当事人可以协议补充;不能达成补充协议的,按照有关条款或者交易习惯确定;仍不能确定的,由履行义务一方负担;因债权人原因增加的履行费用,由债权人负担。

■适用例举

山东德泰塑业有限公司与刘某承揽合同纠纷案[①]

2010年7月28日,山东德泰塑业有限公司(以下简称"德泰公司")与刘某签订了潍坊德泰塑业有限公司办公楼石材买卖安装合同,约定合同标的额为

[①] 一审判决书:参见山东省潍坊市奎文区人民法院(2013)奎民一初字第415号民事判决书;二审判决书:参见山东省潍坊市中级人民法院(2013)潍民一终字第292号民事判决书。

70 910元。合同中约定货款结算方式为：货物送达指定地点并经相关方验收合格，付本次金额50%；安装完付至90%；全部工程竣工验收合格、交付使用后2月内付清全款。另约定了违约责任：德泰公司逾期付款的，应按货款总额每日千分之三计算，向刘某支付逾期付款的违约金。2010年9月28日，双方签订了潍坊德泰塑业有限公司大门石材买卖安装合同，合同标的额为7 660元。货款结算方式、违约责任与第一份合同均相同。经德泰公司委托，山东鲁中工程造价咨询有限公司对涉案办公楼石材安装工程进行了审计，确定工程开工日期为2010年7月，竣工日期为2010年11月，审定金额为70 866.99元。双方均在工程造价咨询核定表中签字、盖章。德泰公司分4次向刘某共给付工程价款60 000元。后刘某诉至法院，请求德泰公司支付工程尾款10 866.99元及审计费1 000元。德泰公司认可该审计费支出，但认为审计是基于双方确认工程价款的需要而进行，主张由双方共同承担。

　　山东省潍坊市奎文区人民法院经审理认为：本案工程的定案值已经在合同中确定，审计费系确认工程款的必要支出，由于德泰公司延迟交付工程款，因此审计费1 000元应由德泰公司承担。

　　一审宣判后，德泰公司不服，提起上诉称，审计评估是确认工程价款的需要，不应由德泰公司承担审计费用。山东省潍坊市中级人民法院经审理认为：本案中的审计费可视作为确定德泰公司所应支付工程款数额而增加的履行费用，在双方当事人没有约定该履行费用应如何负担的情况下，应由负有履行义务的德泰公司负担；且本案中刘某申报的金额与审计部门审定的金额基本一致，并未不合理增加上诉人的审计费支出。综上，原审判决并无不当，应予维持。

■简要解析

　　本案涉及债的履行费用问题。在合同中，应当由当事人约定履行费用的负担。如果当事人未约定或约定不明确的，应当允许当事人协议补充。如果当事人未能就履行费用的负担达成补充协议的，按照合同的有关条款或者交易习惯确定。依据上述方法仍无法确定的，依据《民法典》第五百一十一条第（六）项的规定，由履行义务一方负担履行费用。另外，因债权人的原因导致履行费用增加的，应当由债权人负担增加的费用。

　　在本案中，德泰公司与刘某签订石材买卖安装合同，德泰公司委托山东鲁中工程造价咨询有限公司对涉案办公楼石材安装工程进行了审计，该审计费用系确认工程款的必要支出，其属于履行费用，但是双方当事人未明确约定该履行费用的负担，且双方当事人无法达成补充协议，也无法依据合同条款和交易习惯加以确定。另外，本案中债权人刘某申报的金额与审计部门审定的金额基本一致，并未不合理增加上诉人的审计费支出，因此，该笔审计费用应当由履行义务的德泰公司负担。

第三章

债的保全

第一节 债权人代位权

一、债权人代位权的内涵及构成要件

知识点

债权人代位权,是指当债务人怠于行使其对第三人享有的权利而害及债权人的债权时,债权人为保全其债权,可以自己的名义代位行使债务人对第三人之权利的权利。

《民法典》第五百三十五条第一款规定:"因债务人怠于行使其债权或者与该债权有关的从权利,影响债权人的到期债权实现的,债权人可以向人民法院请求以自己的名义代位行使债务人对相对人的权利,但是该权利专属于债务人自身的除外。"

适用例举

盐阜公司与陈某甲债权人代位权纠纷案[①]

2011年至2012年,江苏省盐阜有限公司(以下简称"盐阜公司")总承包新沂市粮食现代物流中心建设工程期间,陈某乙从盐阜公司分包该工程一期1号、3号

---

① 一审判决书:参见江苏省新沂市人民法院(2016)苏0381民初8007号民事判决书;二审判决书:参见江苏省高级人民法院(2017)苏03民终4542号民事判决书。

仓的建设工程。在工程施工过程中,陈某乙因资金周转需要向陈某甲借款合计1 020 000元。陈某甲提起诉讼后,一审法院于2012年3月26日做出(2012)新民初第0562号民事判决,判令陈某乙应偿还陈某甲借款1 020 000元,并负担案件受理费及保全费合计11 990元。上述案件在审理过程中,一审法院依据陈某甲的申请,做出(2012)新民初字第0562、0563号民事裁定,于2012年3月22日保全了陈某乙在盐阜公司的工程款1 800 000元。陈某甲申请保全工程款后,陈某乙退出该工程1号仓、3号仓的施工。2012年6月20日,盐阜公司项目部出具了结算清单,内容为:"因新沂市粮食物流中心一期1号仓、3号仓工程款2 600 000元,已经新沂市人民法院裁定被陈某甲保全,我项目部以陈某乙施工的1号仓、3号仓初步结算每栋仓1 300 000元,已付陈某乙1 170 000元,每栋仓扣除约400 000元,共计约余总款600 000元,扣除加固费用每仓173 000元,实际余款每仓127 000元。"对此,陈某乙在该清单上进行了签名确认。上述民间借贷案件进入执行程序后,法院做出(2013)新执字第1077-1号执行裁定,裁定划拨盐阜公司账户存款254 000元。盐阜公司不服提起执行异议,法院做出(2015)新执异字第00132号执行裁定,撤销了(2013)新执字第1077-1号执行裁定。陈某甲不服,向法院申请复议,后主动撤回复议申请,向法院提起债权人代位权诉讼。

江苏省新沂市人民法院经审理认为:代位权是指因债务人怠于行使其到期债权,对债权人造成损害的,债权人可以向人民法院请求以自己的名义代位行使债务人的债权。代位权的成立与否应从四个方面审查,即债权人对债务人的债权是否合法、债务人是否怠于行使其到期债权并对债权人造成损害、债务人的债权是否到期、债务人的债权是否专属于其自身。本案中,各方当事人对陈某乙承包盐阜公司的部分工程无异议,但就盐阜公司是否尚欠陈某乙工程款存在异议。从当事人所举的证据来看,一审法院于2012年3月22日保全了陈某乙在盐阜公司的工程款后,陈某乙退出工程施工,盐阜公司与陈某乙于2012年6月20日进行了结算,陈某乙剩余工程款合计为254 000元。法院对该工程款进行保全后,盐阜公司不应当再向陈某乙支付工程款,故盐阜公司、陈某乙主张工程款已经付清,缺乏事实依据,不予采信。综上所述,陈某乙对盐阜公司享有到期债权254 000元,且陈某乙怠于实现该债权已损害债权人(即陈某甲)的利益,且该债权非专属于陈某乙自身。因此,陈某甲的主张符合代位权诉讼的法定要件,其主张确认陈某乙在盐阜公司享有到期债权254 000元应予支持。

盐阜公司因不服一审判决提起上诉。江苏省高级人民法院经审理认为:在一审法院对该工程款进行保全后,盐阜公司不应当再向陈某乙支付任何工程款项,相较2012年6月20日结算清单及盐阜公司所主张的最终结算清单,涉案1号仓、3号仓工程造价审计的增加并不减少陈某乙应得工程款的数额。一审法院依据2012年6月20日盐阜公司与陈某乙确定的结算清单认定陈某乙对盐阜公司享有到期债权254 000元,具有事实依据。因陈某乙怠于实现该债权已损害债权人(即陈某甲)的利益,且该债权非专属于陈某乙自身,故陈某甲的主张符合代位权诉讼的法定要件,其主张确认陈某乙在盐阜公司享有到期债权 254 000 元应予支持。综上,盐阜公司的上诉请求不能成立,应予驳回。

■ 简要解析

本案涉及债权人代位权成立的司法认定问题。债权人行使债权人代位权,必须严格符合债权人代位权的构成要件。一般认为,构成债权人代位权,须具备以下要件:一、债权人对债务人的债权合法且已到期。所谓"债权人对债务人的债权合法",是指债权人的债权属于合法的债权。不合法的债权,不可能产生债权人代位权。例如,赌债作为不合法之债,其债权人不能享有债权人代位权。无效合同之债亦然。然而,可撤销的合同在被撤销之前,债权人的债权依然属于合法债权,可以行使债权人代位权。值得注意的是,债权合法是否要求债权不得超过诉讼时效?本书认为,已过诉讼时效的债权,其权能必然贬损,如果允许已过诉讼时效的债权人行使债权人代位权,必将损害债务人的利益。所谓"债权人对债务人的债权到期",是指债权履行期限已经届满,债务人尚未履行债务,已陷入履行迟延。这是因为如果债务人尚未陷入履行迟延,即使债务人暂无清偿债权的能力,但是在债权到期之前仍然有可能重获履行能力,因此不能称为"对债权人造成损害"。应当说明的是,《民法典》并未要求债权人行使债权人代位权时,其债权必须到期。《民法典》第五百三十六条更是明确规定:"债权人的债权到期前,债务人的债权或者与该债权有关的从权利存在诉讼时效期间即将届满或者未及时申报破产债权等情形,影响债权人的债权实现的,债权人可以代位向债务人的相对人请求其向债务人履行、向破产管理人申报或者做出其他必要的行为。"此类行为在理论上被称为保存行为。在保存行为的场合下,应当例外地允许未到期的债权人行使债权人代位权。保存行为是指防止债务人财产减少的行为。例如在债务人权利将满时效时实行中断时效的行为,或在次债务人破产时申报债权的行为,等等[①]。在法律上之所以允许债权人实施保存行为,主要是因为如果债权人必须等到履行期届满以后才能主张代位权,则会使债权人的权利可能丧失,而一旦出现这种情况,等履行期届满后再行使代位权已经没有任何意义了[②]。二、债务人怠于行使其权利。所谓"怠于行使其权利",指的是应行使、能行使而不行使其权利的行为。根据《合同法解释一》第十三条的规定,债务人不履行其对债权人的到期债务,又不以诉讼或仲裁方式向其债务人主张其享有的具有金钱给付内容的到期债权,即构成"怠于行使到期权利"。对于为何要将怠于行使权利的方式限于"不以诉讼或仲裁方式向债

[①] 韩世远:《合同法总论》(第四版),北京:法律出版社,2018 年,第 441 页。
[②] 王利明:《论代位权的行使要件》,《法学论坛》2001 年第 1 期。

务人主张",原因在于:此种方式具有一种客观且明确的标准,能够用来判断是否构成怠于行使。具体来说,一方面,债务人是否通过诉讼或仲裁以外的方式向其债务人主张了权利,债权人对此很难举证。即使债权人能够举证,债务人也可以随便举出一个事例说明其曾经向其债务人主张过权利,就可否定债权人关于其怠于行使债权的指责。例如,债务人提出其曾经向次债务人打过讨债的电话,或者派人前往次债务人处讨过债。另一方面,由于在债权人行使代位权的情况下,对次债务人并无有利,所以次债务人也可能会编造各种情况说明债务人曾经向其主张过权利。因此,如果将怠于行使权利的情况扩大到债务人能够通过诉讼或仲裁以外的方式向次债务人主张权利,但一直未向其主张权利,则很难判断债务人构成怠于行使,债权人所享有的代位权将会落空①。三、有保全债权的必要。有保全债权的必要,是指如果不行使债权人代位权,债权人的债权恐不能实现。通常认为,在保全金钱债权的场合,以债务人无资力为要件;而在保全特定债权的场合,则不以债务人无资力为要件②。另外,由于债权人代位权之行使,旨在维持各债权人之共同担保,故该债权人之债权纵另有质权、抵押权等特别担保,仍不妨成立代位权③。四、债务人的债权不是专属于债务人自身的债权。根据《合同法解释一》第十二条的规定,专属于债务人自身的债权,是指基于扶养关系、抚养关系、赡养关系、继承关系产生的给付请求权和劳动报酬、退休金、养老金、抚恤金、安置费、人寿保险、人身伤害赔偿请求权等权利。

本案中,陈某甲原本是通过申请强制执行陈某乙对盐阜公司的债权来寻求救济,此时陈某甲行使的是一种诉讼法上的权利。当盐阜公司提出执行异议时,由于执行程序中仅对争议权利作形式审查,故法院撤销了原执行裁定书。其后,陈某甲通过诉讼行使的代位权则是实体法上的权利,法院需要结合代位权的构成要件进行实质审查。本案中的结算清单能够证明陈某乙对盐阜公司的债权合法且已届清偿期,且该清单所涉及的工程款债权不是专属于债务人自身的债权,陈某乙怠于行使债权的行为已损害陈某甲的债权,因此本案符合债权人代位权的构成要件。

二、债权人代位权的行使

知识点

债权人代位权必须由债权人以自己的名义通过诉讼方式行使,代位权的行使范围以债权人的债权为限。

---

① 王利明:《论代位权的行使要件》,《法学论坛》2001年第1期。
② 史尚宽:《债法总论》,北京:中国政法大学出版社,2000年,第446页。
③ 郑玉波:《民法债编总论》(修订二版),北京:中国政法大学出版社,2004年,第293页。

适用例举

汇金农行诉长丝厂代位权纠纷案①

1997年7月,哈尔滨工艺品进出口公司(以下简称"工艺公司")因代理江苏省张家港市涤纶长丝厂(以下简称"长丝厂")进口日本产帝人牌聚酯FDY卷绕装置及配套设备,向中国农业银行哈尔滨市分行国际业务部申请开立信用证,中国农业银行哈尔滨市汇金支行(以下简称"汇金农行")就开具的两份信用证垫款2 386 611.55元,长丝厂通过工艺公司共计汇付两份信用证下保证金998万元给汇金农行,长丝厂以所购设备为抵押物向工艺公司担保。1999年2月6日,长丝厂向工艺公司出具分期付款资金安排计划函一份,承诺其对银行垫付的资金分期付款安排为:1999年4月到12月逐月还款合计880万元,2000年1月30日前付清垫付信用证余款。对此,工艺公司未表示异议。1999年6月21日,长丝厂与工艺公司就抵押设备签订《关于抵押合同变更协议》,该协议除对抵押设备进行变更外,对于主债权双方明确"原主债权为2 380万元左右……目前尚欠1 400万元左右……"2000年2月16日,工艺公司致函长丝厂,要求其在2000年2月20日前全部归还欠款。2000年2月18日,长丝厂复函请求允许2000年3月起每月支付10万元,在能力范围内更多地安排归还资金。工艺公司予以确认。长丝厂自1999年2月6日出具还款承诺后,至2000年10月26日前,共计支付给工艺公司100万元,后于一审诉讼期间(2001年5月30日)向工艺公司还款10万元。2001年11月2日,汇金农行以代位权纠纷诉至苏州市中级人民法院,请求判令长丝厂代偿工艺公司欠款1 300万元,并依法通知长丝厂停止给付工艺公司欠款。长丝厂辩称,其与工艺公司于2000年2月18日就双方债权债务达成的协议是双方真实意思表示,该协议应当认定有效,本案所涉债权债务未到期,汇金农行无权行使代位权。而且,《合同法》及司法解释关于"债权人对债务人的债务合法"规定中的所谓合法,应包括债权债务必须确定等方面,而长丝厂与工艺公司的债权债务并不确定,故请求驳回汇金农行的诉讼请求。

江苏省苏州市中级人民法院经审理认为:工艺公司没有根据长丝厂1999年2月6日的还款承诺通过诉讼或仲裁的方式向长丝厂主张到期债权,相反对长丝厂2000年2月18日出具的每月还款10万元的承诺予以认可,属怠于行使到期债权,且对汇金农行的债权造成损害,故汇金农行有权提起代位权诉讼。根据长丝厂1999年2月6日出具的还款承诺,长丝厂对工艺公司明确的债务为880万元,扣除此后长丝厂汇付工艺公司的110万元,剩余770万元长丝厂应当代为清偿,汇金农行与工艺公司以及工艺公司与长丝厂之间就该770万元相应的债权债务关系即予消灭。该院于2001年7月30日做出判决:长丝厂对工艺公司结欠汇金农行的信

---

① 参见《最高人民法院公报》2004年第4期(总第90期)。

用证垫付款770万元履行清偿义务;驳回汇金农行的其他诉讼请求。

汇金农行和长丝厂均不服一审判决,向江苏省高级人民法院提起上诉。江苏省高级人民法院审理查明:一审判决之后,长丝厂与工艺公司于2001年8月25日达成以资产抵债协议,确认在考虑工艺公司违约因素后长丝厂对工艺公司欠款950万元,长丝厂将价值22 441 200元的IW1/2W-20型14位聚酯FDY卷绕装置抵给工艺公司,工艺公司同意接受抵押物,以此抵清所欠950万元欠款。长丝厂同时提交了其与工艺公司签订的交接清单,以证明协议已经履行。江苏省高级人民法院认为:一、汇金农行可以行使代位权。①工艺公司既未积极向其债权人汇金农行履行到期债务,又未通过必要的方式主张其对次债务人长丝厂的到期债权;且与长丝厂达成的第二份还款协议中,将还款时间延长8年之久,导致其对汇金农行的债务不能及时清偿,其行为构成怠于行使到期债权,并对汇金农行造成损害。②第二份还款计划明显损害债权人利益而应当认定无效,双方的债权债务已经到期。③在代位权诉讼中,长丝厂作为第三人有权就其在与工艺公司的债权债务关系应享有的权利向代位权人行使抗辩,工艺公司与长丝厂之间债权债务是否处于确定状态并不影响代位权的行使,也不损害长丝厂的利益。二、汇金农行代位行使工艺公司对长丝厂的债权的具体数额应为12 766 811.55元。一审法院以1999年2月6日协议认定代位权数额为770万元不当。因为1999年2月6日协议并非对工艺公司的全部债权数额的最终确认,该协议还约定了余款。汇金农行按原合同约定对外付款,不是工艺公司的过错,而是由于长丝厂未能及时提供推迟付款、修改信用证的相关资料,工艺公司在协议履行过程中不构成违约。三、进入代位权诉讼后,债务人因怠于行使到期债权而丧失了主动结清债权债务的权利;次债务人如果履行义务,只能向代位权人履行,不能向债务人履行;长丝厂与工艺公司在一审判决后达成以资产抵债协议无效,不能产生导致本案终结的法律后果。

■简要解析

本案涉及债权人代位权的行使问题。一方面,代位权必须由债权人以自己的名义通过诉讼方式行使。代位权之所以必须以诉讼方式行使,是为了防止债权人滥用代位权而损害债务人的利益,因此通过法院裁判的方式对债权人代位权的行使加以限制。另一方面,债权人代位权的行使范围既要受到债权人对债务人的债权额的限制,还要受到债务人对次债务人的债权额的限制。债权人代位权的行使范围以债权人的债权为限。债权人代位权应当以保全债权为目的,而债权的实现需要以债务人的一般财产为担保,如果一般财产不足以清偿所有债权人的债权,由于债权具有平等性,任何一个债权人的债权均有难以实现之虞。因此,有学者认为债权人代位权的行使范围应当以全体债权人的债权为限①。然而，由于债权人代位权行使的法律效果，是使次债务人直接向债权人履行清偿义务。因此本书认为，《民法典》第五百三十五条第二款所称"代位权的行使范围以债权人的债权为限"，原则上应当指以行使代位权的债权人的金钱债权额为限。

在本案中，汇金农行是以诉讼方式行使代位权，并通过法院对工艺公司与长丝厂之间的债权数额进行确认，符合法律的规定。如果汇金农行不是以诉讼方式向长丝厂行使代位权，各方势必会对工艺公司与长丝厂之间还款协议的效力、资产抵债协议的效力、代位权行使条件成就与否等诸多问题产生巨大争议，无法实现迅速解决纠纷、定纷止争的目的。从这个意义上来讲，本案系从另一个侧面阐释了通过诉讼方式行使代位权的必要性。此外，汇金农行代位权的行使范围要受到工艺公司对长丝厂的债权额的限制，但这并不意味着工艺公司对长丝厂的债权数额必须在代位权行使前确定。因为，长丝厂有权就其在与工艺公司的债权债务关系中应享有的权利向汇金农行行使抗辩，汇金农行在次债务数额确定前起诉并不会影响长丝厂的利益。但是，一旦汇金农行提起代位权诉讼，长丝厂就不能再向工艺公司履行债务，而只能向汇金农行履行债务，因此长丝厂与工艺公司在一审判决后达成以资产抵债协议无法导致本案终结的法律后果。事实上，本案还涉及另一个重要的知识点：债务人"怠于行使到期权利"的认定。工艺公司在债权到期后，未通过诉讼或仲裁方式主张对长丝厂的债权，而是与长丝厂协商将还款时间延长8年之久，这显然会对汇金农行的债权造成损害，因此汇金农行的债权人代位权成立。

三、债权人代位权的客体

■ 知识点

我国债权人代位权的客体是"具有金钱给付内容的到期债权"。

《民法典》第五百三十五条第二款规定："代位权的行使范围以债权人的债权为限。债权人行使代位权的必要费用，由债务人负担。"

■ 适用例举

华夏银行诉沪湘公司、余某、经贸公司代位权案②

2000年3月10日，华夏银行苏州支行(以下简称"华夏银行")与江苏省供销

---

① 庞景玉，何志：《最高人民法院合同法司法解释精释精解》，北京：中国法制出版社，2016年，第282页。

② 一审判决书：参见上海市静安区人民法院(2002)静民二(商)初字第35号民事判决书；二审判决书：参见上海市第二中级人民法院(2002)沪二中民三(商)终字第430号民事判决书。

社(集团)苏州经贸有限公司(以下简称"经贸公司")订立《出口打包贷款合同》,约定:经贸公司向华夏银行申请出口信用证打包贷款,借款金额为130万元。华夏银行按约发放贷款后,经贸公司仅归还借款本金10万元,尚欠借款本金120万元及相应的利息。2001年9月12日,经贸公司函告华夏银行称,经贸公司拖欠华夏银行借款120多万元,现无力偿还,只有上海沪湘工贸有限公司(以下简称"沪湘公司")拖欠经贸公司的货款1 250 000元(含利息),经贸公司现无力催讨。沪湘公司与经贸公司之间系出口代理关系,由沪湘公司委托经贸公司代理出口有关产品。自1999年4月23日起至2002年2月29日止,沪湘公司共欠经贸公司贷款1 298 355元。2000年2月29日,沪湘公司与经贸公司签订《抵押协议》,约定:抵押人为沪湘公司,抵押财产为本市余姚路569号803室房屋。该房产未办理抵押登记。2000年4月26日,经贸公司和余某签订《抵押协议》,约定:为保证2000年2月29日还款协议的履行,余某以本市余姚路585号603室作为抵押财产,担保的债权范围为:主债权698 355元、利息(按银行同期贷款利率计算)。双方遂办理了抵押登记。其后,沪湘公司陆续归还了193 000元。2000年7月28日,经贸公司占有余某的宝马汽车。后余某告知经贸公司,同意以上述抵押汽车做变现处理,用以归还经贸公司的银行借款。

华夏银行遂诉至法院,请求代位行使经贸公司对沪湘公司的债权,并代位行使经贸公司的担保物权。余某辩称,系争余姚路585号603室是余某的家庭共有财产,余某未经其妻、子同意,擅自将该房产设定抵押,违背了抵押物必须是抵押人"所有"的要求,抵押行为应属无效。系争余姚路569号803室是余某的财产,沪湘公司未经余某同意擅自与经贸公司签订《抵押协议》,最终也未办理抵押登记,故沪湘公司的抵押行为无效。系争的宝马汽车系抵押担保,现经贸公司占有该车是因为该车被经贸公司强行扣留,而非质押。根据我国合同法规定,华夏银行只能代位行使债权,而不能代位行使物权,华夏银行要求对余某代位行使担保物权没有法律依据。

上海市静安区人民法院经审理后认为:一、华夏银行能够代位行使担保物权。法律赋予债权人代位权,目的是防止债务人采用消极行为减少债务人的责任财产,保障债权人的债权。华夏银行有权代位行使经贸公司的担保物权。二、关于本市余姚路585号603室房产上设立的抵押担保的效力。余某以其自有房产对沪湘公司应返还的欠款及损失的赔偿订立的《抵押协议》,并办理了抵押物登记手续。余某未举证证明在华夏银行提起代位权诉讼前,其妻、子对抵押行为提出异议。该抵押担保合法有效。三、关于本市余姚路569号803室房产上设立的抵押担保的效力。该房产的《抵押协议》的缔约双方为经贸公司与沪湘公司,抵押人为沪湘公司,而该房产产权人为余某,故沪湘公司无权将该房产设定抵押;现无证据证明余某明确表示同意或予以追认,故余某不应作为担保人承担赔偿责任。四、关于对宝马汽车设定担保的问题。抵押与质押的区别在于权利人是否占有标的物。应认定余某系主动交付该车由经贸公司占有,符合质押担保的法律特征。综上,华夏银行及经贸公司的债权均已到期,由于经贸公司未通过诉讼或仲裁的方式主张其对沪湘公司的债权,致使华夏银行的债权未能实现,已对华夏银行造成了损害,华夏银行有权行使代位权。华夏银行代位行使的债权范围应以经贸公司对沪湘公司的债权为限,同时华夏银行有权代位行使经贸公司的担保物权。华夏银行有权在其债权范围内优先受偿。

一审宣判后,余某不服提起上诉。上海市第二中级人民法院经审理认为:担保物权能否成为代位权行使的客体,我国《合同法》及其司法解释均未作禁止性规定。在本案中,担保物权作为债权的附属权利,可以成为代位权的客体。判决驳回上诉,维持原判。

简要解析

本案涉及债权人代位权的客体范围问题。《合同法解释一》第十三条规定:"合同法第七十三条规定的'债务人怠于行使其到期债权,对债权人造成损害的',是指债务人不履行其对债权人的到期债务,又不以诉讼方式或者仲裁方式向其债务人主张其享有的具有金钱给付内容的到期债权,致使债权人的到期债权未能实现。次债务人不认为债务人有怠于行使其到期债权情况的,应当承担举证责任。"由此可见,《合同法解释一》将债权人代位权的客体界定为"具有金钱给付内容的到期债权"。结合《合同法解释一》第十一条的规定,我国的债权人代位权的法定客体应为不专属于债务人自身的、具有金钱给付内容的到期债权。《民法典》并未改变这一立场对此,可做如下解释:一、代位权的客体只能是金钱债权,物权、物上请求权等均不得作为代位权的客体。二、专属于债务人自身的权利亦不得作为代位权的客体。专属于债务人自身的权利主要有以下四类:①身份上的权利,如监护权、离婚请求权等。②主要为保护权利人无形利益的财产权,如承认继承的权利,因生命、健康、名誉、自由等受到侵害而产生的损害赔偿请求权等。③不得让与的权利。主要指基于个人信任关系而发生的债权或者以特定身份关系为基础的债权等。④不得扣押的权利,如劳动报酬、养老金、退休金、抚恤金等[①]。

在本案中,华夏银行对经贸公司享有合法债权,经贸公司应归还华夏银行贷款本金120万元并应偿付利息;经贸公司对被告沪湘公司享有合法到期债权,经贸公司怠于行使其债权,对华夏银行造成损害,故华夏银行可对沪湘公司的该笔债权行使代位权自不待言。然而被告余某分别以其所有两套房产和一部汽车为沪湘公司的借款提供了担保,因此华夏银行可代位行使第三人经贸公司的担保物权。对于

[①] 庞景玉,何志:《最高人民法院合同法司法解释精释精解》,北京:中国法制出版社,2016年,第266-267页。

担保物权能否作为债权人代位权的客体,我国现行立法未明确规定。《日本民法典》规定,除专属于债务人本身的权利外,凡是"构成债务人共同担保的一般财产权,并不问其种类,只要能够达到债权人代位权目的都可以成为代位权的客体"。我国亦有不少学者认为现有法律体系中代位权的客体范围太过于狭窄,不符合代位权制度的立法目的,使该制度难以发挥应有的效能,应予目的性扩张,使代位权的客体包括债权、物权及物上请求权、以财产利益为目的的形成权等①。上述立法和理论所体现的精神值得赞同,这意味着代位权的客体可以是债权、物权等除专属于债务人自身的各类权利。综上,本书赞同二审法院的观点:"担保物权能否成为代位权行使的客体,我国现行立法均未作禁止性规定。"担保物权人对担保物权的实现方式主要是担保物价值的优先受偿,担保物权的本质在于保障债权的实现,其作为债权的从权利,可以作为代位权的客体。尽管抵押权可以成为代位权的客体,代位权的行使仍应以抵押权合法设立为前提。本案中余姚路569号803室房产未办理抵押登记,抵押权并未设立,故法院没有支持华夏银行代位行使该房产抵押权的诉求。

四、债权人代位权的法律效力

■知识点

《民法典》第五百三十七条规定:"人民法院认定代位权成立的,由债务人的相对人向债权人履行义务,债权人接受履行后,债权人与债务人、债务人与相对人之间相应的权利义务终止。债务人对相对人的债权或者与该债权有关的从权利被采取保全、执行措施,或者债务人破产的,依照相关法律的规定处理。"

■适用例举

韦某等诉中铁物资柳州物流公司债权人代位求偿权纠纷案②

经生效民事判决确定,防城港仁聚源商贸有限公司(以下简称"仁聚源公司")对中铁物资柳州物流公司负有债务合计 2 989 773.96 元(含诉讼费用),周某以及防城港市丰山金贸易有限公司(以下简称"丰山金公司")对上述债务承担连带清偿责任。该判决生效后,经柳州市柳南区人民法院对仁聚源公司、周某丰山金公司的上述债务强制执行,取得执行回款 184 029.10 元。因各被执行人均暂无可执行财产,柳南区人民法院于 2016 年 3 月 17 日终结该次执行程序,仁聚源公司、周某、丰山金公司尚有 2 805 744.86 元债务未履行。

---

① 崔建远:《合同法总论》(中卷),北京:中国人民大学出版社,2012 年,第 245 页。
② 参见广西壮族自治区柳州市中级人民法院(2017)桂 02 民终 3243 号民事判决书。

2014年7月9日,周某与韦某签订一份《转让协议》,该协议载明:周某因资金周转困难,同意将龙村采石场转让给韦某,转让价为3 000 000元,但未约定转让价款的给付方式以及时间。协议签订后,双方到工商管理部门进行了个人独资企业的变更登记,将龙村采石场登记在韦某名下。韦某向周某支付采石场的转让款2 753 120元,剩余转让款未支付。后中铁物资柳州物流公司向法院提起代位权诉讼,请求判令韦某代周某向其履行2 805 744.86元及利息的债务清偿责任。在该案审理过程中,柳南区法院对仁聚源公司、丰山金公司及周某所欠中铁物资柳州物流公司的债务执行回款50 000元。

柳州市中级人民法院经审理认为:首先,周某与韦某于2014年7月9日签订的《转让协议》系其二人真实意思表示,双方上述转让内容未违反法律、法规的强制性规定,亦无导致无效的其他情形,该协议合法有效。上述协议签订后周某依约向韦某履行了转让义务,且已办理完毕龙村采石场的工商变更登记,韦某理应及时向周某支付转让对价。其次,债权人中铁物资柳州物流公司向对债务人周某享有的剩余债权以及债务人周某对次债务人韦某享有的剩余债权均已到期,在债务人周某对韦某享有的债权到期后,其并未履行债权人中铁物资柳州物流公司的到期债务,又不以诉讼方式向其主张权利,致使债权人中铁物资柳州物流公司的到期债权未能实现,参照《合同法解释一》第十三条的规定,本案的情形符合《中华人民共和国合同法》第七十三条"债务人怠于行使到期债权,对债权人造成损害的"情形。最后,参照《合同法解释一》第二十条的规定,"债权人向次债务人提起的代位权诉讼经人民法院审理后认定代位权成立的,由次债务人向债权人履行清偿义务,债权人、债务人与次债务人之间相应的债权债务关系即予消灭"。本案中,截至本案开庭时,债权人中铁物资柳州物流公司向债务人周某享有的剩余债权为1 623 440元,而债务人周某对次债务人韦某享有的剩余债权为623 440元,根据《中华人民共和国合同法》第七十三条的规定,债权人中铁物资柳州物流公司有权在周某对次债务人韦某享有的剩余债权623 440元范围内,要求韦某直接履行清偿义务,对超过该部分的主张,法院不予支持,并且,在已清偿的范围内,债务人周某与韦某之间的相对应数额的债权债务关系即予以消灭。

简要解析

本案涉及债权人代位权的行使效力问题。理论上一般认为,对于债权人代位权行使的效力应该区分三个方面:一、对债务人的效力。①代位权行使的直接效果应当归属于债务人。债权人代债务人之位行使代位权所获得的一切利益,在债务人所欠债务清偿完毕之后,均应归属于债务人。②债权人行使代位权后,在代位权请求的范围内,债务人对次债务人的债权的处分权能受到限制。因为如果对债务人的处分权能不加以限制,将导致债权人行使代位权的目的落空,债权得不到保障。因此,债权人行使代位权后,债务人不得就其对次债务人的债权为处分行为,如抛弃、免除、让与、延长履行期限等。二、对次债务人的效力。债权人一旦行使代位权,将发生债权人和次债务人之间的代位诉讼关系。债务人针对债权人债权的抗辩,次债务人得对债权人行使。三、对债权人的效力。①债权人提起代位权诉讼的,对债权人的债权和债务人的债权均发生诉讼时效中断的效力。②债权人代位权成立后,由次债务人直接向债权人履行清偿义务。从各国立法情况来看,关于债权人代位权行使对债权人的效力,主要有两种立法例:入库主义与优先受偿主义。入库主义是指债权人行使代位权的效果直接归于债务人,因此次债务人应当向债务人清偿债务,而不能由债权人直接受领。优先受偿主义是指债权人行使代位权的,次债务人直接向债权人履行清偿义务,债权人与债务人、债务人与次债务人之间相应的债权债务关系即予解除。根据《民法典》第五百三十七条以及《合同法解释一》第二十条的规定,我国理论与司法实践显然采取的是优先受偿主义。值得说明的是,债权的平等性是债权的重要特征,优先受偿主义是否违背了债权的平等性呢?实际上,采取优先受偿主义是为了解决我国司法实践中的"三角债"难题。如果采取入库原则,由次债务人向债务人清偿,债权人就很难达到行使代位权的直接目的,势必立即再提起要求债务人清偿债务之诉,徒增纠纷。

在本案中,债权人中铁物资柳州物流公司对债务人周某享有的1 623 440元债权经法院强制执行而无法履行,而债务人周某又怠于行使对次债务人韦某的到期债权623 440元,符合债权人代位权的构成要件。如果采取"入库主义"的立法模式,在中铁物资柳州物流公司行使代位权后,应由韦某向周某履行到期债权623 440元,再由柳南区人民法院对周某进行强制执行。但是,我国立法采取的优先受偿主义的立法模式,即韦某直接向中铁物资柳州物流公司清偿623 440元,在已清偿的范围内,周某与韦某之间的相对应数额的债权债务关系即予以消灭。比较两种立法模式,优先受偿主义更有利于"三角债"的迅速清偿,入库主义更有利于债务人债务的平等清偿。

第二节 债权人撤销权

一、债权人撤销权的内涵及构成要件

知识点

债权人撤销权,是指债权人为保全其债权,在债务人与第三人实施不当减少财产的行为而危及债权人的债权实现时,可以请求法院撤销债务人的行为的权利。

《民法典》第五百三十八条规定:"债务人以放弃其债权、放弃债权担保、无偿转让财产等方式无偿处分财产权益,或者恶意延长其到期债权的履行期限,影响债权人的债权实现的,债权人可以请求人民法院撤销债务人的行为。"第五百三十九条规定:"债务人以明显不合理的低价转让财产、以明显不合理的高价受让他人财产或者为他人的债务提供担保,影响债权人的债权实现,债务人的相对人知道或者应当知道该情形的,债权人可以请求人民法院撤销债务人的行为。"

适用例举

林某与池某债权人撤销权纠纷案①

池某与赵某系夫妻关系,陈某系池某、赵某的外甥女。2015年9月15日,江西省抚州市临川区人民法院做出(2015)临民初字第1330号民事判决,判决池某在判决生效后3日内归还林某借款本金100万元及逾期利息。

2013年5月28日,赵某、池某与广瑞集团股份有限公司签订浙江省商品房买卖合同,购买该公司开发的绿城玉园第10幢1单元1501号房屋,夫妻共交纳购房款3 278 126元,并办理了合同备案和预告登记。2015年6月1日,陈某支付该公司50万元,双方签订商品房及车位预订协议,由陈某以相同的单价购买原本由池某、赵某夫妻共同购买的绿城玉园第10幢1单元1501号房。2015年6月2日,赵某、池某与该公司签订商品房买卖合同解除协议书,该公司同日将购房款3 278 126元退还给赵某,赵某收款后即全额转存于池某父亲的银行卡。之后,池某父亲将3 278 126元转账给陈某,陈某通过池某父亲银行卡收取赵某款项后再次支付2 778 126元给该公司。后林某诉至法院,请求撤销池某、赵某与广瑞集团股份有限公司签订的商品房买卖合同解除协议书及陈某与广瑞集团股份有限公司签订的商品房及车位预订协议。

浙江省瑞安市人民法院经审理认为,行使债权人撤销权需符合以下条件:①债权人地位的确认;②债务人无偿转让财产;③债务人的行为对债权人造成了损害;④受让人知道该情形。本案中,池某、赵某与广瑞集团股份有限公司签订的商品房买卖合同解除协议书及陈某与广瑞集团股份有限公司签订的商品房及车位预订协议系各方当事人真实意思表示,未违背法律及相关行政法规的规定,依法有效。该公司已将购房款退还给池某、赵某,已履行了商品房买卖合同解除协议书的约定内容,其行为并未损害林某的债权,后与陈某签订商品房及车位预订协议亦是正常商业行为,林某亦无证据证实该公司知晓其债权,故上述两份协议与林某是否存在无偿转让财产的行为缺乏关联性,林某诉称要求撤销上述协议于法无据,不予支持。

宣判后,林某不服一审判决,提起上诉。温州市中级人民法院经审理认为:债务人无偿转让财产导致自身财产减损,无力清偿债务的,债权人依法有权行使撤销

---

① 一审判决书:参见浙江省瑞安市人民法院(2016)浙0381民初4708号民事判决书;二审判决书:参见浙江省温州市人民法院(2017)浙03民终1048号民事判决书。

权从而撤销债务人无偿转让财产的行为。池某、赵某在收到起诉书副本之后转让涉案房产,不仅主观上存在无偿转让财产的故意,且转让行为侵害到债权人的债权保护,符合债权人行使撤销权的法定条件。虽然林某主张撤销的是商品房买卖合同解除协议书及商品房及车位预订协议,但其目的在于保护自身债权,上述两份协议与池某、赵某的无偿转让财产行为密切相关,原判以协议系当事人的真实意思表示为由未予支持,属于适用法律错误,应予以纠正。

■简要解析

本案涉及债权人撤销权的构成要件问题。一般认为,债权人撤销权的成立要件可分为客观要件和主观要件,且依据债务人所为行为是否有偿而不同。债权人撤销权的客观要件包括:一、债权人对债务人享有合法有效的债权。所谓"合法的有效的债权",应当做如下理解:①债权人的债权已过诉讼时效期间的,不能行使撤销权;②非法债权的债权人不能行使撤销权,如赌债等;③可撤销的合同在被撤销前,属于有效的合同,债权人可以为保全合同债权行使撤销权。对于债权人行使撤销权之债权是否必须已届清偿期,立法例尚不统一。我国《民法典》并未要求可行使撤销权的债权已届清偿期。这主要是因为债权人撤销权针对的是债务人积极损害债权的行为,具有相当的紧迫性。若要求债权人的债权已届清偿期才得行使债权人撤销权,恐不能发挥债权人撤销权之保全作用。二、债务人实施了处分财产的行为。一般认为,债权人撤销权的对象是债务人实施的以财产为标的的法律行为,实践中最常见的是债务人所为的债权行为。对于债务人的物权行为能否成为债权人撤销权的标的,学界尚有争论。史尚宽先生认为,无论是合同或单独行为,处分行为或负担行为,债权行为或无权行为抑或准物权行为,给付行为或非给付行为,均可成为撤销权的对象。[①] 另外,我国《合同法》将可以撤销的债务人的行为限定为两类:债务人放弃债权行为以及债务人无偿或以明显不合理的低价转让财产的行为。但是上述范围显然过于狭窄,在实践中常见的其他应当可以撤销的债务人的行为还包括放弃未到期债权、债务人以明显不合理的高价收购他人财产、放弃债权担保、恶意延长到期债权的履行期等。《民法典》回应了理论与实践中的意见,于第五百三十八条与第五百三十九条将债权人撤销权可得撤销的债务人的财产行为分为以下两类:①债务人的无偿行为。包括放弃其债权、放弃债权担保、无偿转让财产等方式无偿处分财产权益,或者恶意延长其到期债权的履行期限等。②债务人的有偿行为。包括债务人以明显不合理的低价转让财产、以明显不合理的高价受让他人财产或者为他人的债务提供担保等。③债务人处分财产的行为有害于债权。"有害于债权"是指债务人之行为,足以减少其一般财产,削弱共同担

---

① 史尚宽:《债法总论》,北京:中国政法大学出版社,2000年,第481—489页。

保,使债权不能受完全之清偿①。对于"有害于债权"的认定存在不同立法例。德国、奥地利采"支付不能说",是指因债务人的行为导致债务人已不能实际清偿债权人的债权。而瑞士则采"债务超过说",是指因债务人的行为导致债务人一般财产不当减少,已不具有足够资产清偿对债权人的债务。本书认为,为了便于举证,我国司法实践对"有害于债权"的认定宜采"支付不能说"。对此,《民法典》第五百三十八条以及五百三十九条使用"影响债权人的债权实现的"之字眼,亦可理解为采"支付不能说"。

在债务人的行为系有偿行为时,债权人撤销权的成立还需具备主观要件:一、债务人主观具有恶意。对于债务人恶意的认定,司法实践中采"恶意推定"规则,即债务人明知其财产不足以清偿全部债务,而仍处分财产或权利的,即可推定其具有损害债权的恶意。由债务人负恶意不存在的举证责任。二、债务人与第三人进行有偿转让行为时,第三人主观具有恶意。在债务人与第三人进行无偿行为时,只要损害到债权人的债权,不需要求第三人主观具有恶意,即得由债权人行使债权人撤销权。然而,在债务人与第三人进行有偿转让行为时,只有在第三人明知该无偿行为损害债权人的债权时,才得撤销。本书认为,为维护交易安全,对第三人恶意的证明,应当由债权人负举证责任。

在本案中,债权人林某主张行使债权人撤销权,撤销池某、赵某与广瑞集团股份有限公司签订的商品房买卖合同解除协议书及陈某与广瑞集团股份有限公司签订的商品房及车位预订协议。对于该案债权人撤销权是否成立的问题,本案一、二审判决存在冲突。冲突的根源在于两级法院对池某、赵某的行为是有偿行为还是无偿行为存在的不同认识和理解。一审法院认为,池某、赵某与广瑞集团股份有限公司签订的商品房买卖合同解除协议书的行为和陈某与广瑞集团股份有限公司签订的商品房及车位预订协议是两个独立的民事法律行为,而且两个民事法律行为都是有偿的。在债务人的行为系有偿行为时,债权人撤销权的成立要求第三人广瑞集团股份有限公司主观上有恶意。因此,一审法院以无证据证实广瑞集团股份有限公司的主观恶意为由驳回了林某的诉讼请求。二审法院则认为,池某、赵某与广瑞集团股份有限公司签订的商品房买卖合同解除协议书的行为和陈某与广瑞集团股份有限公司签订的商品房及车位预订协议是一个整体,两份合同共同构成了一个无偿行为。在债务人的行为系无偿行为时,本案只要符合债权人撤销权的,林某即可行使债权人撤销权。本书认为,二审法院的观点更符合债权人撤销权的立法宗旨。

---

① 郑玉波:《民法债编总论》(修订二版),北京:中国政法大学出版社,2004年,第300页。

二、债权人撤销权的行使

知识点

债权人行使撤销权必须由债权人以自己的名义通过诉讼方式行使。当债务人的行为为单方行为时,应以债务人为被告;债务人的行为为双方行为时,应以债务人和相对人为被告。如果提起撤销权诉讼时只以债务人为被告,未将受益人或者受让人列为第三人的,人民法院可以追加该受益人或者受让人为第三人。

《民法典》第五百四十一条规定:"撤销权自债权人知道或者应当知道撤销事由之日起一年内行使。自债务人的行为发生之日起五年内没有行使撤销权的,该撤销权消灭。"

适用例举

信达公司与长江公司撤销权纠纷案[①]

1992 年 12 月 28 日,长江公司(原海南长江旅业有限公司)与原海口市建行签订一份《借款合同》,约定长江公司向原海口建行贷款 1 000 万元。贷款到期后,长江公司除归还本金 200 万元及部分利息外,剩下本金 800 万元及相关利息一直未还。1996 年 10 月 28 日,原海口建行撤销,上述债权由原海南建行海甸支行承接。1999 年 11 月 29 日,此笔债权根据国务院有关规定由中国信达资产管理公司海口办事处(以下简称"信达公司")承接。信达公司接受债权后,向长江公司提起诉讼,案经两审,法院判决长江公司还贷款本金 800 万及相应的利息、罚息。随后,信达公司向海南省高级人民法院申请执行。2000 年 10 月 10 日,信达公司向海南省高级人民法院提交《关于执行海南长江旅业公司所持有海南凯立中部开发建设股份有限公司股份清偿债务的申请》,认为长江公司拖欠巨额债务,却无偿转让其投资并持有的海南凯立中部开发建设股份有限公司(以下简称"凯立公司")全部股份给景红公司,致使其所拖欠的债务无财产可供清偿,其行为损害了信达公司的权益,请求人民法院依法查封并执行景江公司所持有凯立公司的股份,用以清偿信达公司的借款本金及利息。2001 年 6 月 25 日,海南省高级人民法院以被执行人长江公司属恶意转移财产、逃避债务的行为为由,查封了景江公司名下的 16 300 万股凯立公司法人股权。长江公司不服该裁定,向最高人民法院提出申诉。2003 年 11 月 4 日,最高人民法院给海南省高级人民法院的(2001)执监字第 268-1 号 2 督办意见函认为,不宜以被执行人在执行开始前转移财产逃避债务为由,在执行程序

[①] 一审判决书:参见海口市中级人民法院(2004)海中法民二重字第 6 号民事判决书;二审判决书:参见海南省高级人民法院(2005)琼民二终字第 10 号民事判决书。

中直接裁定对其所有的财产强制执行。但由于该案进入执行程序时，《中华人民共和国合同法》已经生效，请告知申请执行人向人民法院提起撤销权之诉。同年12月5日，信达公司向法院提起撤销权之诉，引起讼争。

海口市中级人民法院经审理认为：行使撤销权的前提条件，是债务人转让财产的行为损害了债权人的利益，且该损害债权人利益的行为发生在债权人的债权成立之后。而本案长江公司与景江公司之间《股权转让协议书》的签订发生在信达公司取得其对长江公司的债权之前。信达公司行使撤销权的范围应以其对长江公司的债权为限。但信达公司在本案诉讼中，并未提供证据证明其请求撤销长江公司与景江公司转让的股权的价值与其对长江公司的债权相当。《中华人民共和国合同法》第七十五条对行使撤销权的期间做了明确的规定：即撤销权从债权人知道或应当知道撤销权事由之日起一年内行使。信达公司在明知长江公司无偿转让股票的行为后并未在一年的期间内提起撤销权之诉，而是请求海南省高级人民法院直接查封并执行该股票以清偿债务。因此，信达公司直至2003年12月才向法院提起撤销权之诉，已超过法律规定的一年的期间。依照《中华人民共和国合同法》第七十四条、第七十五条之规定，判决如下：驳回原告信达公司的诉讼请求，案件受理费45 755元，财产保全费41 010元，由原告信达公司负担。

信达公司不服上述判决，提起上诉。二审法院经审理认为，《合同法》第七十五条规定的"一年"是诉讼时效。信达公司在诉讼时效因法律诉讼和法律执行两次法定中断后，其于2003年12月份向法院提起撤销权诉讼时并未超过诉讼时效。关于《合同法》第七十四条规定的债权人利益是否受到损害的问题。所谓对债权人造成损害是指债务人处分财产的行为已经或者将要对债权人的债权造成严重损害，也就是说债务人处分财产的行为有可能致使债权人的债权难以实现或者完全不能实现，即如果债务人在实施处分财产的行为后，已没有或不具有足够的财产来清偿债权人的债务，就构成了对债权人的损害。长江公司在1999年三四月间处分财产(无偿转让股权)的行为，当时没有对信达公司造成损害。信达公司在历经债权胜诉权诉讼，债权执行两次较长的时间即4年8个月之久以后，以长江公司现有的资产不能够或不足以清偿其债权，已对信达公司造成损害从而行使撤销权没有法律依据。《合同法》第七十四条规定的是债务人放弃到期债权或者无偿转让财产行为时，已对债权人造成损害的，债权人可以请求法院撤销债务人的行为。从有关证据来看，长江公司当时处分财产时，还有资产来清偿信达公司的债务，不存在没有资产或资产不够以清偿债务的情形，没有对信达公司的债权造成损害，信达公司提起撤销权诉讼，不符合《合同法》第七十四条关于行使撤销权的实质要件。综上所述，信达公司对长江公司的撤销权诉讼，虽然形式上没有超过诉讼时效，但因其不具备"债务人处分财产对债权人造成损害"这一实质条件，从而不符合《合同法》第七十四条的规定。原审法院只是局限于《合同法》第七十五条"一年"的规定是除斥期间，还是诉讼时效的审理，没有深入理解《合同法》第七十四条规定的行使撤销权的实质要件,但处理结果是正确的。根据《中华人民共和国合同法》第七十四条、第七十五条,《最高人民法院关于适用〈合同法〉若干问题的解释》第八条的规定,以及《中华人民共和国民事诉讼法》第一百五十三条第一款第一项的规定,判决如下:驳回上诉,维持原判。

■简要解析

本案涉及债权人撤销权的成立与行使问题。债权人撤销权由债权人以自己的名义通过诉讼方式行使。理论上一般认为,立法之所以要求债权人撤销权必须以诉讼的方式行使,是因为债权人撤销权突破了债的相对性,对第三人产生重大影响,因此应当由人民法院审查撤销权的成立要件、行使主体等,以避免债权人滥用债权人撤销权。另外,根据《民法典》第五百四十条的规定,债权人撤销权的行使范围应当以债权人的债权为限。如果超过债权人债权的数额,其超过部分不能列入撤销权的行使范围。亦有学者认为,关于债权人撤销权行使范围的规定,在诈害行为的标的物为一套房屋等不可分物、债权人的债权数额仅为该房屋价值一部分的场合,仅限于债权额主张撤销并要求返还,显然不当。在此情形下,应当认为债权人有权就该套房屋的诈害行为行使撤销权①。

在本案中,长江公司无偿转让其所持有的股票,显然会使其一般财产不当减少,且该行为发生于债权成立之后。长江公司无偿转让股权时,其一般财产虽有所减少,但是并未危及信达公司的债权,因此信达公司主张撤销权,不能获得支持。另外,对于债权人撤销权的行使期间,《合同法》与《民法典》均规定债权人自知道或应当知道撤销事由一年内行使撤销权。对于该期间的性质,现行立法并未明确界定,对于本案二审法院认为其性质为诉讼时效且该期间可中止、中断、延长的观点,本书不甚赞同。根据《合同法解释一》第八条的规定,该期间为不变期间,不适用诉讼时效中止、中断或者延长的规定。该期间并非诉讼时效,不得中止、中断和延长。本书认为,债权人撤销权兼具实体权利与程序权利双重性质,《民法典》规定的一年、五年期间在性质上更类似于除斥期间,债权人未在该期间内行使债权人撤销权,债权人撤销权消灭。

三、债权人撤销权的法律效力

■知识点

《民法典》第五百四十二条规定:"债务人影响债权人的债权实现的行为被撤销的,自始没有法律约束力。"

---

① 崔建远:《合同法》,北京:法律出版社,2015 年,第 142 页。

■适用例举

庞某诉张某债权人撤销权纠纷案①

2015年10月15日,张某向庞某借款34 000元。庞某于2018年7月16日提起诉讼,法院于2018年7月27日做出(2018)浙1023民初4418号判决,判令张某归还庞某借款本金34 000元。2017年2月10日,张某将其共有的位于天台县的房地产[证号:天集用(2001)0089217号]份额无偿转移登记给齐某等4人。庞某诉张某民间借贷纠纷案件判决生效后,庞某已申请强制执行。法院于2019年2月22日以张某名下有位于平桥镇西安村房地产(天台集用1994第31984号、面积20.18平方米)系被执行人名下唯一住房且为集体土地,涉及法律、政策限制,暂无法处理,未发现被执行人张某目前有可供执行财产为由,终结该次执行程序。后庞某以张某为被告,以齐某等四人为第三人提起债权人撤销权之诉,请求判令撤销张某将"天集用(2001)0089217号"房屋转让给第三人的行为,并判令张某与第三人办理上述房屋的产权变更登记手续,将上述房屋返还给庞某。

一审法院认为,张某在对庞某负有合法债务未清偿的情况下,无偿将其共有的房地产份额转移登记给第三人齐某等四人所有。张某无偿转让财产的行为已给庞某造成了损害,庞某作为债权人可以请求法院撤销张某无偿转让财产的行为。至于本案庞某代理费负担问题,根据最高人民法院《关于适用〈中华人民共和国合同法〉若干问题的解释(一)》第二十六条规定,债权人行使撤销权所支付的律师代理费、差旅费等必要费用,由债务人负担。庞某因本案支付了代理费2 000元,现庞某要求该代理费由张某承担,符合法律规定,予以支持。综上,依照《中华人民共和国合同法》第七十四条,《最高人民法院关于适用〈中华人民共和国担合同法〉若干问题的解释(一)》第二十六条之规定,判决如下:一、撤销被告张某将位于天台县房地产[证号:天集用(2001)0089217号]相应份额转让给第三人齐某等4人的行为;二、被告张某应于该判决生效之日起10日内支付原告庞某支出的代理费2 000元;三、驳回原告庞某的其他诉讼请求。齐某等4人不服一审判决,提起上诉。二审法院经审理对一审法院所阐述的理由予以认可,判决如下:驳回上诉,维持原判。

■简要解析

本案涉及债权人撤销权行使的法律效果。根据《民法典》的规定,理论上一般认为债权人行使债权人撤销权的,对债务人、第三人以及债权人产生不同的法律效力:一、对债务人的效力。债权人行使撤销权的,债务人的诈害行为自始无效,债务

---

① 一审判决书:参见浙江省天台县人民法院(2019)浙1023民初1779号民事判决书;二审判决书:参见浙江省台州市中级人民法院(2019)浙10民终1901号民事判决书。

人享有对第三人的财产返还请求权。二、对第三人的效力。债权人行使撤销权的，债务人与第三人之间相应的法律行为被撤销，第三人因该法律行为取得的财产，应返还债务人。三、对债权人的效力。因债权人撤销权的行使，债务人所实施的诈害行为无效，第三人应当向债务人返还自债务人处受领的财产。该返还的财产作为债务人一般财产的组成部分，行使债权人撤销权的债权人并不享有优先受偿权。债权人行使债权人撤销权后，债务人怠于行使其对第三人的财产返还请求权的，债权人可以另行主张债权人代位权。综上，债务人的行为一旦被撤销，自始失去法律约束力。已经依该行为给付的，在债务人与第三人之间产生互相返还的效果。尚未依该行为给付的，当然恢复原状。因而，我国债权人撤销权行使的法律效果原则上适用"入库规则"，第三人不得直接将受领的财产返还给债权人，而应返还给债务人，债权人再通过执行程序使其债权受偿。

在本案中，张某在对庞某负有合法债务未清偿的情况下，无偿将房地产份额转移登记给齐某等四人所有，对庞某的债权造成了损害，符合债权人撤销权的成立要件。因此，在张某的无偿转让行为被法院撤销后，该行为自始无效，齐某等4人应将位于天台县房地产[证号：天集用(2001)0089217号]相应份额转移登记给张某。

第四章

债的担保

第一节 保证

一、保证的内涵

知识点

保证,是指债务人以外的第三人与债权人约定,当债务人不履行到期债务或者发生当事人约定的情形时,该第三人按照约定履行债务或者承担责任的一种担保。提供担保的第三人称为保证人。保证依保证合同设立。

适用例举

光大银行诉东鹤公司、陈某保证合同纠纷案[①]

2007年8月29日,中国光大银行股份有限公司上海青浦支行(简称"光大银行")与陈某、上海东鹤房地产有限公司(简称"东鹤公司")签订《个人贷款合同(抵押、保证)》1份,约定陈某向光大银行借款37万元,用于购房。陈某以坐落于上海市青浦区鹤如路185弄20号102房屋作为抵押物提供担保。东鹤公司作为保证人在合同上盖章。合同签订后,光大银行和陈某于2007年9月12日办理抵押物登记手续,光大银行于同日发放贷款。因东鹤公司、陈某之间的房屋买卖行为已被法院生效判决确认无效,故光大银行请求判令陈某偿付自2011年3月20日

---

① 参见《最高人民法院公报》2014年第9期(总第215期)。

起至 2011 年 6 月 20 日的利息 7 843.86 元以及自 2011 年 6 月 21 日起至实际清偿之日止的利息（利率按合同约定计算）；东鹤公司连带清偿借款本金 354 852.26 元，偿付合同期内利息和逾期利息 7 843.86 元（暂计至 2011 年 6 月 20 日）及自 2011 年 6 月 21 日起至实际清偿之日止的利息（利率按合同约定计算）；光大银行在抵押物处分时享有优先受偿权，不足部分由东鹤公司、陈某连带清偿。东鹤公司辩称，法院生效判决已经明确其与陈某签订的《商品房预售合同》无效，故系争《个人贷款合同（抵押、保证）》也无效，东鹤公司不应承担保证责任。

上海市青浦区人民法院经审理认为：光大银行与东鹤公司、陈某签订的《个人贷款合同（抵押、保证）》是当事人在平等、自愿的基础上缔结的，是其真实意思表示，合法有效。由于贷款合同被判令解除后，陈某未履行生效判决规定的还款义务，根据合同约定，光大银行有权行使抵押权。东鹤公司作为保证人也应承担相应的保证责任。

光大银行、东鹤公司均不服一审判决，向上海市第二中级人民法院提起上诉。上海市第二中级人民法院经审理认为：根据最高人民法院《关于适用〈中华人民共和国担保法〉若干问题的解释》第十条的规定，东鹤公司提供阶段性连带责任保证的主合同为系争贷款合同，现主合同虽被解除，在东鹤公司与光大银行未在保证合同中另有约定的情况下，保证人东鹤公司仍应对债务人的相关民事责任承担连带清偿的保证责任。而所谓阶段性连带责任保证，其本意就是让房产开发商为借款人在该阶段内（贷款合同签署之日起至抵押有效设定，相关权利证明文件交付银行执管之日止）向银行履行还款义务提供保证，亦为银行获得安全的房屋抵押担保的等待过程提供保证。一旦房屋抵押设定成功，该阶段性保证的任务完成，即阶段性保证期限届满之时即是银行获得借款人的房屋抵押担保之时。本案抵押预告登记在未变更为抵押权设立登记之前，根据物权法定原则，光大银行就抵押房屋处分并优先受偿的权利在行使要件上有所欠缺，即东鹤公司提供的阶段性连带责任保证的期限届满条件未成就。且该期限届满条件的未成就并非光大银行造成，而是东鹤公司与陈某恶意串通，以商品房买卖为名，行东鹤公司融资之实，损害了光大银行的利益，危及银行贷款安全，陈某与东鹤公司具有明显过错。因此，东鹤公司应对陈某因贷款合同所产生的所有债务承担连带清偿责任。

▎简要解析

本案涉及保证内涵的问题。《民法典》第六百八十一条规定："保证合同是为保障债权的实现，保证人和债权人约定，当债务人不履行到期债务或者发生当事人约定的情形时，保证人履行债务或者承担责任的合同。"由此可知，保证具有以下内涵：一、保证是保证人与债权人之间的合同。尽管保证的发生常与主债务人有关，但保证仅为保证人与债权人之间的合同。保证人为主债务提供担保的动机，保证人与主债务人之间的关系，与保证的成立和生效无关。二、保证是对他人债务的履行所作的担保。保证以他人债务的履行为担保对象,不同于主债务人自身财产的一般担保。保证人一定是除债权人和主债务人以外的第三人。三、保证责任既表现为代为履行债务,也表现为承担责任。"代为履行债务"是指保证人在主债务人不履行债务时代为履行,主要适用于主债务为非专属性债务的情形。"承担责任"是指保证人在债务人不履行债务时代为承担赔偿责任,主债务是否为专属债务在所不问。

  本案中,东鹤公司作为保证人、光大银行作为债权人在《个人贷款合同(抵押、保证)》上盖章,保证合同合法有效。当陈某未履行还款义务时,东鹤公司作为保证人应承担相应的保证责任。本案中值得注意的问题有三个:一、《商品房预售合同》和《个人贷款合同(抵押、保证)》是否存在主从合同关系?尽管陈某是因其与东鹤公司签订《商品房预售合同》而向光大银行借款,但《个人贷款合同(抵押、保证)》与《商品房预售合同》之间并非主从合同关系。《商品房预售合同》无效,并不会导致《个人贷款合同(抵押、保证)》无效。本案中存在主从关系的是光大银行和陈某之间的贷款合同和东鹤公司和光大银行的保证合同,只有当光大银行和陈某之间的贷款合同无效时,才会导致保证合同无效。二、《个人贷款合同(抵押、保证)》被解除是否影响东鹤公司保证责任的承担?根据《民法典》第六百九十一条的规定,除当事人另有约定的,保证的范围包括主债权及其利息、违约金、损害赔偿金和实现债权的费用。因此,主债的合同被解除的,保证人仍需对债务人因合同解除而应当承担的责任承担保证责任。《最高人民法院关于适用〈中华人民共和国担保法〉若干问题的解释》第十条更是明确规定:"主合同解除后,担保人对债务人应当承担的民事责任仍应承担担保责任。但是,担保合同另有约定的除外。"东鹤公司与光大银行并未在保证合同中做出特别约定,故保证人东鹤公司仍应对债务人陈某的民事责任承担连带清偿责任。三、本案中东鹤公司承担保证责任的期限是否届满?东鹤公司在本案中承担的保证责任属于阶段性连带责任保证。阶段性连带责任保证是让房产开发商为借款人在该阶段内(贷款合同签署之日起至抵押有效设定,相关权利证明文件交付银行执管之日止)向银行履行还款义务提供保证,亦为银行获得安全的房屋抵押担保的等待过程提供保证。一旦房屋抵押设定成功,该阶段性保证的任务完成,东鹤公司提供的阶段性连带责任保证的期限届满条件未成就,故东鹤公司应对陈某因贷款合同所产生的所有债务承担连带清偿责任。

二、保证合同

知识点

  保证合同是指保证人与债权人订立的在主债务人不履行其债务时,由保证人承担保证债务的协议。在保证合同中,保证人并非主合同的债务人,而是第三人。

适用例举

汇成担保公司与佳特公司保证合同纠纷案①

2014年,武汉佳特轿车零部件有限公司(以下简称"佳特公司")欲向交通银行江汉支行申请贷款,经该行介绍,与湖北汇成投资担保集团有限公司(以下简称"汇成担保公司")建立了业务联系。双方约定由汇成担保公司对佳特公司向银行的借款提供担保。2014年5月16日,佳特公司向汇成担保公司的银行账户转账300 000元,资金明目记载为"担保费"。随后,交通银行江汉支行告知佳特公司,汇成担保公司的担保资格审核未通过。佳特公司多次要求汇成担保公司返还担保费未果,佳特公司遂向武汉市江岸区人民法院起诉:请求汇成担保公司一次性偿还押金30万元及占用孳息(自2014年12月15日起至全部还清之日止,按年息9%计算)。

武汉市江岸区人民法院经审理认为:佳特公司与汇成担保公司约定,由汇成担保公司为其向银行的借款提供担保,并为此支付了担保费300 000元。而汇成担保公司实际上未能为佳特公司的借款提供担保,其继续占用担保费已无事实和法律依据,汇成担保公司应向佳特公司返还300 000元担保费。关于利息,汇成担保公司因担保资格问题未能为佳特公司的借款提供担保,此后汇成担保公司仍继续占用担保费,造成了佳特公司的利息损失,佳特公司有权要求赔偿。佳特公司要求自2014年12月15日起至全部还清之日止,按年息9%计算资金占用费的诉讼请求,缺乏合同及事实依据,应自起诉之日即2017年3月14日起至担保费返还之日止,按中国人民银行同期贷款利率支付资金占用期间的利息,较为妥当。

汇成担保公司不服一审判决,提起上诉。武汉市中级人民法院经审理认为:汇成担保公司收取佳特公司担保费300 000元,但无证据证明为佳特公司提供了担保服务,应向佳特公司返还该款并承担自佳特公司起诉之日起的资金占用损失。判决驳回上诉,维持原判。

简要解析

本案涉及保证合同的成立问题。保证依保证合同设立。保证合同具有如下特征:一、保证合同是要式合同。《民法典》第六百八十五条规定:"保证合同可以是单独订立的书面合同,也可以是主债权债务合同中的保证条款。第三人单方以书面形式向债权人做出保证,债权人接收且未提出异议的,保证合同成立。"根据该规定可知,除保证人与债权人签订书面保证合同之外,下列情形一般亦可认定书面保证合同成立:保证人在主债务合同中以保证人的身份签章,保证人单独出具保证

---

① 一审判决书:参见湖北省武汉市江岸区人民法院(2017)鄂0102民初2777号民事判决书;二审判决书:参见湖北省武汉市中级人民法院(2018)鄂01民终47号民事判决书。

书、债权人接受且未提出异议的,等等。二、保证合同是单务合同。在保证合同中,只有保证人承担保证责任,也即向债权人履行义务,债权人对保证人不负对待给付义务。三、保证合同是无偿合同。在保证合同中,保证人对债权人承担保证债务,债权人无须偿付代价。至于保证人能否从债务人处取得报酬与保证的无偿性无关,判断保证是否有偿应当以保证人是否从债权人处收取报酬(或对价)而定①。四、保证合同是诺成合同。保证合同的成立须债权人与保证人就保证产生合意,并符合法律行为成立的其他一般要件,无须交付标的物。五、保证合同为附从性合同。保证合同是主债务合同的从合同,具有附从性或从属性,应以主债务合同的有效存在为前提,随着主债权的移转而移转,主债务合同无效的,除法律另有规定或者当事人另有约定,保证合同亦随之无效。有学者指出,法律技术上的简化技巧,基于法律所规定的从属性原则,当事人仅需规范其基础关系即主债务关系,其规范自动对于保证合同关系发生效力②。亦有学者认为,保证合同所担保债务的有效存在,并不要求该债务应发生效力,因而附条件或附期限的债务在未生效前亦可设立保证。随着最高额保证的承认,将来发生的债务也可设立保证,只要在保证责任发生时保证合同所担保的债务有效存在即可③。

在本案中,佳特公司欲向交通银行江汉支行申请贷款,与汇成担保公司建立了业务联系,双方约定由汇成担保公司对佳特公司向银行的借款提供担保。尽管佳特公司与汇成担保公司已就担保事宜形成合意,但这并不意味着汇成担保公司为佳特公司提供了担保服务。保证合同需要由保证人与债权人以书面形式订立,只有当汇成担保公司与交通银行江汉支行订立书面保证合同时,本案所涉保证才合法设立。汇成担保公司无法为佳特公司提供担保服务,而收取佳特公司担保费30万元,因此汇成担保公司应向佳特公司返还该款并承担资金占用损失。

三、保证人的范围

知识点

《民法典》第六百八十五条规定:"保证合同可以是单独订立的书面合同,也可以是主债权债务合同中的保证条款。第三人单方以书面形式向债权人做出保证,债权人接收且未提出异议的,保证合同成立。"

---

① 邱聪智:《新订债法各论》(下),北京:中国人民大学出版社,2004年,第379页。
② 陈自强:《无因债权契约论》,北京:中国政法大学出版社,2002年,第44页。
③ 马俊驹,余延满:《民法原论》,北京:法律出版社,2010年,第551页。

适用例举

自来水公司与工行五四支行借款担保纠纷案①

2003年8月29日,和顺(中国)实业集团有限公司(以下简称"和顺公司")向中国工商银行福州市五四支行(以下简称"工行五四支行")借款,双方签订2003(五四)工银(短)总字第13号《流动资金借款合同》,金额为人民币2 800万元整,贷款到期日为2004年8月20日。同日,长乐自来水公司(以下简称"自来水公司")与工行五四支行签订一份2003(五四)工银(短)总字第13号保001分号《最高额保证合同》,约定自来水公司为和顺公司本案2 800万元贷款提供连带责任保证担保。2003年9月5日,工行五四支行向和顺公司发放2 800万元贷款。和顺公司自2003年9月20日起就开始欠息。2004年7月28日,工行五四支行提起诉讼,请求依法判令:一、和顺公司一次性归还该行2003(五四)工银(短)总字第13号合同项下贷款本金人民币2 800万元及利息、罚息,利息、罚息按合同约定及中国人民银行有关规定计算;二、自来水公司对和顺公司的上述欠款承担连带还款责任。

福建省高级人民法院经审理认为:工行五四支行与和顺公司签订的借款合同以及工行五四支行与自来水公司签订的担保合同是各方当事人真实意思表示,内容没有违反法律规定,应认定为有效合同。自来水公司辩称其是公益性质的国有单位,不具备保证人的资格,担保系受政府强迫所为,担保无效,其承担保证责任的理由不能成立。首先,本案保证合同从1997年就开始一直延续至今,自来水公司作为企业,享有经营自主的权利,完全有能力拒绝担保,但其对政府的所谓"强令"至本案诉讼前从未提出过任何异议,而是一而再地为和顺公司持续借款提供了担保,放弃了《担保法》第十一条所赋予的"银行等金融机构或者企业对强令其为他人提供保证的行为,有权拒绝"的权利,所提交的证据亦不足以认定其是受胁迫而提供担保。其次,自来水公司是地方国有企业,其资产用于为他人借款提供担保时,通过市政府、有关上级部门领导批准或是有关部门和领导协调指示并不违反有关法律规定,该担保行为既不违背其真实意思表示,也不属于《担保法》规定的无效情形。最高人民法院法(1998)85号《关于正确确认企业借款合同纠纷案件中有关保证合同效力问题的通知》,亦认为保证合同除确因违反担保法及有关司法解释的规定等应当依法确认为无效的情况外,不应仅以保证人的保证因地方政府指令而违背了保证人的意志,而确认保证合同无效,并以此免除保证责任。再次,自来水公司领取的是企业法人营业执照,属于以营利为目的的企业法人,而非《担保法解释》第三条规定意义上的"以公益为目的的事业单位",其担保行为不应受该

---

① 一审判决书:参见福建省高级人民法院(2004)闽民初字第47号民事判决书;二审判决书:参见最高人民法院(2004)民二终字第262号民事判决书。

法条调整。虽然自来水公司的经营活动存在公益成分,根据《担保法解释》第十六条"从事经营活动的事业单位、社会团体为保证人的,如无其他导致保证合同无效的情况,其所签订的保证合同应当认定为有效"规定的精神,自来水公司签订的保证合同并无其他导致合同无效的情形,其所签订的担保合同也应当认定为有效。综上,本案保证合同是双方当事人的真实意思表示,且不违反有关法律规定,应当确认为有效合同,自来水公司应当按照合同的约定,承担本案保证责任。自来水公司认为本案保证合同违反法律规定应为无效的理由不能成立,应当予以驳回,判决自来水公司对和顺公司债务本息承担连带清偿责任。

自来水公司不服一审判决,向最高人民法院提起上诉。最高人民法院经审理认为:自来水公司关于其在地方政府的行政指令下所作担保,应免除其向工行五四支行承担保证责任的上诉理由不能成立。因为,本案保证合同系自来水公司与工行五四支行之间签订,自来水公司没有证据证明工行五四支行在与之签订保证合同时采取了欺诈、胁迫等手段。自来水公司是否受合同以外第三人影响的问题并不涉及合同当事人之间的权利义务关系。保证合同不应仅因保证人的保证系因地方政府指令而确认无效。自来水公司领取的是企业法人执照,属于以营利为目的的企业法人,其经营活动虽具有一定的公共服务性质,但不属于以公益为目的的事业单位。综上,判决驳回上诉,维持原判。

简要解析

本案主要涉及两个问题。一、保证人是否具有保证能力的认定。根据《民法典》第六百八十三条的相关规定,不得作为保证人的范围如下:①机关法人,但经国务院批准为使用外国政府或国际经济组织贷款进行转贷的除外;这主要是因为国家机关的经费来源于各级财政拨款,只能将经费应用于其从事相应管理活动的法定职能。如果允许国家机关提供保证,可能导致经费被用于承担保证责任,必将影响国家机关履行其法定职能。但为使用外国政府或国际经济组织贷款进行转贷款时,由于转贷款资金主要用于公益性的基础项目,且需要政府信用的支持,因此应当允许国家机关担当保证人。②以公益为目的的非营利法人、非法人组织;这是因为如果允许以公益为目的的非营利法人与非法人组织担当保证人,那么其可能承担保证责任,从而影响其公益目的的实现。本案保证人自来水公司领取企业法人执照,属于以营利为目的的企业法人,即使其经营活动具有一定的公共服务性质,亦不属于以公益为目的的事业单位,因此应当认定自来水公司是适格的保证人。二、保证合同效力的认定。保证合同是否有效,应当考察合同是否符合有效要件。尽管自来水公司是在地方政府的行政指令下提供担保,但这种行政指令与民法上的欺诈、胁迫存在本质的区别,并非保证合同可撤销的法定事由。因此,案涉保证合同不会仅因自来水公司的保证是地方政府指令而无效。

四、保证的方式

■知识点

保证的方式,是指保证人承担保证责任的方式。《民法典》规定了一般保证和连带责任保证两种保证方式。

《民法典》第六百八十六条规定:"保证的方式包括一般保证和连带责任保证。当事人在保证合同中对保证方式没有约定或者约定不明确的,按照一般保证承担保证责任。"

《担保法》第十九条规定:"当事人对保证方式没有约定或者约定不明确的,按照连带责任保证承担保证责任。"

■适用例举

中信银行诉京工公司保证合同纠纷案[①]

1994年11月10日,中信实业银行(以下简称"中信银行")与北京金辉灯饰工程有限公司(以下简称"金辉公司")、北京市京工房地产开发总公司(以下简称"京工公司")签订〔94〕银贷字第305号贷款协议(以下简称"305协议"),约定:中信银行向金辉公司提供贷款50万美元,用于购买原材料;京工公司作为担保方,同意当金辉公司违约时,在接到中信银行书面索偿通知15天内,代金辉公司用现金或现汇偿还全部应付款项。"305协议"签订后,中信银行按约履行了放贷义务。1995年11月10日借款期限届满,金辉公司未按期偿还借款本金及利息,京工公司亦未履行保证义务。后中信银行诉至法院,主张金辉公司已被吊销企业法人营业执照,其资产、人员均不知去向,京工公司应依法承担保证责任。故请求判令京工公司偿还借款50万美元及利息、罚息,并负担本案的诉讼费用。

北京市第二中级人民法院经审理后认为:中信银行与金辉公司、京工公司签订的"305协议",不违反国家法律、法规的规定,是当事人的真实意思表示,应当认定有效。最高人民法院在《关于适用〈中华人民共和国担保法〉若干问题的解释》(以下简称"《担保法解释》")第一百三十三条第一款规定:"担保法施行以前发生的担保行为,适用担保行为发生时的法律、法规和有关司法解释。"第三款规定:"担保法施行以后因担保行为发生的纠纷案件,在本解释公布施行后尚在一审或二审阶段的,适用担保法和本解释。"《中华人民共和国担保法》自1995年10月1日起施行,京工公司的担保行为发生在"担保法"施行前,应当适用当时有效的、最高人民法院发布的《关于审理经济合同纠纷案件有关保证的若干问题的规定》(以下简

---

① 参见《最高人民法院公报》2002年第6期(总第80期)。

称"《有关保证的规定》")。《有关保证的规定》第七条规定:"保证合同没有约定保证人承担何种保证责任,或者约定不明确的,视为保证人承担赔偿责任。当被保证人不履行合同时,债权人应当首先请求被保证人清偿债务。强制执行被保证人的财产仍不足以清偿其债务的,由保证人承担赔偿责任。"《担保法》第十七条第一款也规定:"当事人在保证合同中约定,债务人不能履行债务时,由保证人承担保证责任的,为一般保证。""305协议"中没有约定保证责任,因此京工公司应当承担一般保证责任。综上所述,北京市第二中级人民法院判决京工公司偿还中信银行借款本金50万美元及利息。

一审宣判后,京工公司不服,提出上诉。北京市高级人民法院审理后认为:"305协议"合法有效。被上诉人中信银行已经依约发放贷款,金辉公司应到期偿还贷款,京工公司应按照约定承担保证责任。"305协议"于1994年11月10日签订,根据协议实施的借款和担保行为发生在《担保法》施行前,应适用担保行为发生时的法律、法规和司法解释,一审适用《有关保证的规定》处理本案纠纷,是正确的。京工公司在本案中承担的是一般保证责任,依法享有先诉抗辩权。只要主合同纠纷未经审判或仲裁,并就债务人财产依法强制执行仍不能履行债务前,一般保证的保证人都可以对债权人拒绝承担保证责任。但是,先诉抗辩权在遇到法律规定的情形时,不得行使。本案中,被保证人金辉公司的住所不明、营业执照被吊销,其中方投资者的营业执照也被注销,外方投资者的情况不明。这种情况使中信银行向金辉公司请求清偿债务发生很大困难,符合《担保法》第十七条第三款第一项规定的情形。因此,京工公司的先诉抗辩权不得行使。综上,北京市高级人民法院判决:驳回上诉,维持原判。

简要解析

本案涉及实践中保证方式的认定及先诉抗辩权的行使问题。《民法典》规定了一般保证和连带责任保证两种保证方式。一般保证,是指当事人在保证合同中约定,债务人不能履行债务时,由保证人承担保证责任。一般保证人享有先诉抗辩权。《民法典》第六百八十七条第一款规定:"当事人在保证合同中约定,债务人不能履行债务时,由保证人承担保证责任的,为一般保证。"连带责任保证,是指当事人在保证合同中约定保证人与债务人对债务承担连带责任的,连带责任保证人不享有先诉抗辩权。《民法典》第六百八十八条规定:"当事人在保证合同中约定保证人和债务人对债务承担连带责任的,为连带责任保证。连带责任保证的债务人不履行到期债务或者发生当事人约定的情形时,债权人可以请求债务人履行债务,也可以请求保证人在其保证范围内承担保证责任。"另外,根据《民法典》第六百八十六条第二款的规定,当事人对保证方式没有约定或者约定不明的,按照一般保证承担保证责任。一般保证和连带责任保证的根本区别在于保证人是否享有先诉抗辩权。先诉抗辩权是指一般保证的保证人在主合同纠纷未经审判或者仲裁,并就债人财产依法强制执行仍不能履行债务前,对债权人可以拒绝承担保证责任的权利。先诉抗辩权是民事抗辩权的一种,旨在给予多数人之债中特殊地位的债务人"顺序履行利益",保障多个债务人间的利益平衡,实现公平正义①。先诉抗辩权能够保护保证人,享有先诉抗辩权的保证人对主债务人仅需承担补充责任。与连带责任保证相比,一般保证的保证人由于享有先诉抗辩权,在保证关系中所处的地位较为优越,往往可以免于承担保证责任。因此,确定保证方式对于保证人和债权人极为重要。先诉抗辩权属于一时性抗辩权,一旦债权人就主债权提起诉讼或申请仲裁并执行完毕,该项抗辩权即告消灭。《民法典》第六百八十七条第二款的规定:"一般保证的保证人在主合同纠纷未经审判或者仲裁,并就债务人财产依法强制执行仍不能履行债务前,有权拒绝向债权人承担保证责任,但是有下列情形之一的除外:(一)债务人下落不明,且无财产可供执行;(二)人民法院已经受理债务人破产案件;(三)债权人有证据证明债务人的财产不足以履行全部债务或者丧失履行债务能力;(四)保证人书面表示放弃本款规定的权利。"

在本案中,中信银行与金辉公司、京工公司签订"305协议",约定:中信银行向金辉公司提供贷款50万美元,京工公司作为担保方,同意当金辉公司违约时,在接到中信银行书面索偿通知15天内,代金辉公司用现金或现汇偿还全部应付款项。然而"305协议"中没有约定保证责任的种类。虽然《担保法》第十九条的规定,当事人对保证方式没有约定或者约定不明的,按照连带责任保证承担保证责任,但是《担保法》自1995年10月1日起施行,京工公司的担保行为发生在《担保法》施行前,应当适用当时有效的、最高人民法院发布的《关于审理经济合同纠纷案件有关保证的若干问题的规定》(以下简称《有关保证的规定》)。《有关保证的规定》第七条规定:"保证合同没有约定保证人承担何种保证责任,或者约定不明确的,视为保证人承担赔偿责任。当被保证人不履行合同时,债权人应当首先请求被保证人清偿债务。强制执行被保证人的财产仍不足以清偿其债务的,由保证人承担赔偿责任。"因此,被告京工公司应当承担一般保证责任。一般保证的保证人享有先诉抗辩权,但是先诉抗辩权在特定的情形时,不得行使。本案中,被保证人金辉公司的住所不明、营业执照被吊销,其中方投资者的营业执照也被注销,外方投资者的情况不明。这种情况导致中信银行在客观上无法向金辉公司请求清偿债务,如果仍然允许京工公司行使先诉抗辩权对中信银行显然不公平,故京工公司不得行使先诉抗辩权。

---

① 宋春龙:《诉讼法视角下的先诉抗辩权研究——兼评民法典各分编草案中的先诉抗辩权》,《政治与法律》2019年第3期。

五、保证期间

■知识点

保证期间,是指保证人承担保证责任的存续期间,保证人仅在保证期间内承担保证责任。

《民法典》第六百九十二条规定:"保证期间是确定保证人承担保证责任的期间,不发生中止、中断和延长。债权人与保证人可以约定保证期间,但是约定的保证期间早于主债务履行期限或者与主债务履行期限同时届满的,视为没有约定;没有约定或者约定不明确的,保证期间为主债务履行期限届满之日起6个月。债权人与债务人对主债务履行期限没有约定或者约定不明确的,保证期间自债权人请求债务人履行债务的宽限期届满之日起计算。"

■适用例举

常某与张某等民间借贷纠纷案[①]

2011年8月31日,张某、朱某向常某出具借条一份,载明:"借到常某人民币6万元,期限90天,月利率24%,担保期间为借款之日起4年。"陆某在该借条连带责任担保人处签名担保。后张某仅给付部分利息,借款本金及其余利息未付。常某起诉至法院,请求判令张某、朱某立即归还借款6万元,并支付利息;陆某对上述债务承担连带清偿责任。陆某辩称:"虽然书面约定我的担保期限为4年,但当时口头约定我的担保期间仅为3个月。现该保证期间已过,我的保证责任已经免除,请求驳回常某对我的诉讼请求。"

江苏省靖江市人民法院经审理认为:根据双方当事人提供的证据,可以确认原告和被告间存在借贷担保法律关系。常某要求张某、朱某归还借款的诉讼请求成立,依法予以支持。本案的利息应按同期银行贷款利率的4倍标准计算。至于陆某的保证责任,双方约定保证期间为借款之日起4年,该约定规避了诉讼时效的规定,超出诉讼时效部分为无效约定,故陆某的保证期间应为借款之日起2年。常某起诉时已超过该保证期间,陆某的保证责任已免除,不应承担连带清偿责任。

宣判后,常某不服一审判决,提起上诉。江苏省泰州市中级人民法院经审理认为:本案涉讼借条载明"担保期间为借款之日起4年",陆某在该借条连带责任担保人处签名担保,一方面,该约定内容具体明确,并不会产生令人误解的歧义;另一方面,该约定虽然超出了主债务的诉讼时效,但系各方当事人的真实意思表示,且

[①] 一审判决书:参见江苏省靖江市人民法院(2014)泰靖生民初字第0611号民事判决书;二审判决书:参见江苏省泰州市中级人民法院(2014)泰中民二终字第00783号民事判决书。

并未违反法律、行政法规的规定，故应当认定该约定有效。主债务的诉讼时效发生中断或者连续中断的，连带责任保证人应当在保证合同约定的保证期间内承担担保责任。本案中，因债权人常某主张自己连续向主债务人张某、朱某主张利息，且张某、朱某亦陈述自己偿还了部分利息，虽双方对利息偿还截止的时间不一致，但据此应当认定主债务的诉讼时效产生中断，常某起诉时借款合同在诉讼时效期间内，故陆某应当在保证合同约定的保证期间内承担保证责任。原审判决认定保证期间4年超过了诉讼时效，超出诉讼时效部分为无效约定，适用法律错误，据此所作判决应予纠正。泰州市中级人民法院遂改判陆某对张某、朱某的债务承担连带责任，其在承担连带责任后有权向张某、朱某行使追偿权。

简要解析

本案涉及保证期间与诉讼时效的关系问题。在保证期间内，如果债权人不向保证人主张保证债权，则保证人于保证期间届满时免除保证责任。保证期间不得中止、中断和延长。根据《民法典》第六百九十二条的规定，保证期间可以由当事人在保证合同中明确约定。如果当事人约定的保证期间早于主债务期限或者与主债务期限同时届满的，视为没有约定。若当事人未约定保证期间或约定不明确，适用关于法定保证期间的规定。法定保证期间为主债务履行期届满之日起6个月。在一般保证中为债权人对主债务人起诉或者申请仲裁的期间，在连带责任保证中为债权人直接要求保证人承担保证责任的期间。

关于保证期间与诉讼时效的关系，一直是司法实践中的难点。对此，《民法典》第六百九十四条规定："一般保证的债权人在保证期间届满前对债务人提起诉讼或者申请仲裁的，从保证人拒绝承担保证责任的权利消灭之日起，开始计算保证债务的诉讼时效。连带责任保证的债权人在保证期间届满前请求保证人承担保证责任的，从债权人请求保证人承担保证责任之日起，开始计算保证债务的诉讼时效。"根据该规定，根据该规定，对于一般保证而言，如果在保证期间内债权人未对债务人提起诉讼或者申请仲裁的，保证期间的作用终结，从判决或者仲裁裁决生效之日起，开始计算保证债务的诉讼时效；对于连带责任保证而言，如果在保证期间内债权人要求保证人承担保证责任，保证期间的作用终结，从债权人要求保证人承担保证责任之日起，开始计算保证债务的诉讼时效。保证期间最后的截止时间，实践中有三种可能情形：第一种情形，在主债务的诉讼时效之内；第二种情形，与主债务诉讼时效同时届满；第三种情形，在普通诉讼时效届满之后的一段时间。对于第一种和第二种情形，司法实践并无争议，一般认为只要债权人在保证期间内依法主张权利，保证人应当承担保证责任，实务中并无争论。但是，对于第三种情形，理论与司法实践存在争议。有观点认为，约定的保证期间可以长于法定担保期间6个月,但是不能长于主债务诉讼时效,超出部分应当认定无效,没有超出的仍然认定有效①。对此,本书认为,从现有法律规定来看,并未明确保证期间不得长于诉讼时效期间,从尊重当事人的意思自治和实现保证目的的角度出发,无须做出此等限制。《民法典》第七百零一条的规定:"保证人可以主张债务人对债权人的抗辩。债务人放弃抗辩的,保证人仍有权向债权人主张抗辩。"因此,在诉讼时效期间届满之后,保证人可以主张诉讼时效经过的抗辩。

在本案中,张某、朱某向常某借款人民币6万元,陆某在该借条连带责任担保人处签名担保。常某起诉至法院,请求判令张某、朱某立即归还借款6万元,并支付利息。由此可知,由于债权人常某同时起诉主债务人和保证人,因此主债务诉讼时效中断。对于陆某的保证责任,双方约定保证期间为借款之日起4年。一审法院认定"该约定规避了诉讼时效的规定,超出诉讼时效部分为无效约定"。实际上,当事人约定的保证期间超过诉讼时效期间的,应当认定为有效,但是债权人在诉讼时效经过之后才主张保证债务的,保证人可以主张诉讼时效经过的抗辩。另外,虽然本案当事人约定的保证期间超过了法定诉讼时效期间,但是由于债权人常某起诉时借款合同在诉讼时效期内,故陆某应当承担保证责任。

六、保证的法律效力

知识点

保证在保证人和债权人之间发生如下效力:一方面,债权人享有请求保证人履行保证债务的权利。在一般保证中,当债权人的债权就债务人的财产强制执行未获清偿时,债权人可以请求保证人承担保证责任。在连带责任保证中,当债权人的债权在债务人履行期限届满时未获清偿时,债权人可以直接请求保证人承担保证责任。另一方面,保证人享有债务人对债权人的各项抗辩权。债务人抛弃抗辩权的,对保证人不生效力。一般保证人享有先诉抗辩权,连带责任保证人不享有先诉抗辩权。

保证在保证人和主债务人之间发生如下效力:《民法典》第七百条规定:"保证人承担保证责任后,除当事人另有约定外,有权在其承担保证责任的范围内向债务人追偿,享有债权人对债务人的权利,但是不得损害债权人的利益。"因此,保证人承担保证责任之后,取得对债务人的追偿权与代位权。

---

① 丁万志:《超过主债务诉讼时效的约定保证期间合法有效》,《人民司法》2015年第24期。

适用例举

英贸公司诉天元公司保证合同追偿权纠纷案①

1996年9月13日,云南京正农业综合开发有限公司(以下简称"京正公司")通过签订借款合同,向中国建设银行云南省分行昆明市环城西路支行(以下简称"环西建行")借款1 000万元,借期一年。云南英贸集团股份有限公司(以下简称"英贸公司")和台湾珑艺实业有限公司(以下简称"珑艺公司")、云南省烟草公司(以下简称"烟草公司")、云南天元国际商务集团股份有限公司(以下简称"天元公司")共同为该笔借款提供连带责任保证。借款到期后,京正公司仅支付了至1998年3月21日止的利息。环西建行起诉,要求京正公司偿还尚欠的借款本金和1998年3月22日以后至还清之日止的利息,以及环西建行为实现债权而产生的费用;并要求英贸公司、烟草公司履行连带保证责任。法院经审理,确认环西建行已在京正公司破产程序中以债权人身份受偿61.8万元,判决英贸公司、烟草公司清偿环西建行未受偿部分的借款本金938.2万元和相应的利息,以及环西建行为实现债权产生的费用。英贸公司已按判决承担了保证责任,共支付借款本息和其他费用计5 912 286元。英贸公司遂诉至法院,以珑艺公司下落不明,现有的三个连带责任保证人应当各承担三分之一的保证责任为由,请求判令天元公司支付英贸公司代为偿还的借款本息、实现债权的律师费和诉讼费1 970 762元。

昆明市中级人民法院经审理认为:本案中,一直到天元公司的保证期间届满,债权人环西建行均未要求天元公司承担保证责任,因此天元公司的保证责任已依法免除。本案的争议焦点是:在连带责任保证中,当一些保证人的保证责任依法免除后,承担了连带责任的保证人能否向其行使追偿权?在债务履行期间届满而债务人没有履行债务的情况下,债权人有权选择连带责任保证中的任何一个保证人承担全部保证责任,而被选择的任何一个保证人都有承担全部保证责任的义务。这就意味着债权人可以放弃要求一部分保证人承担保证责任,即免除这部分保证人的保证责任。在连带责任保证中,连带责任保证人之间因追偿而产生的法律关系,固然与债权人和保证人之间的保证合同法律关系分属于两个不同的法律关系,但是因追偿而产生的法律关系,必须建立在保证合同法律关系有效的基础上。当保证人的保证责任已免除,保证合同法律关系失效时,追偿和被追偿的法律关系就失去了存在的基础。天元公司的保证责任已依法免除,其对债权人已不承担保证责任,因此也就不应当被追偿,英贸公司不应再向天元公司主张行使追偿权。本案双方当事人均分别为债务人京正公司提供了连带责任保证责任。连带责任保证责任是保证人自愿对债务人的全部债务进行担保。当债务人不按期履行债务时,保证人应当对全部债务承担清偿责任。英贸公司现已承担的保证责任,并未超出其

---

① 参见《最高人民法院公报》2002年第6期(总第80期)。

设定保证时自愿担保的范围,故不存在不公平之说。综上所述,判决驳回原告英贸公司的诉讼请求。

一审宣判后,英贸公司不服,向云南省高级人民法院提出上诉。云南省高级人民法院经审理认为:一、关于保证追偿权是否成立的问题。连带责任保证的保证人,虽然在以这种方式设定保证时就知道,如果债务人不按期履行债务,自己有可能对全部债务承担清偿责任。但是他更知道,一般情况下,自己是与其他保证人共同对债权人承担着保证责任。虽然形式上可能先由自己清偿全部债务,但他可以通过追偿将他代付的其他保证人的份额弥补回来。只有在其他保证人都无法承担保证责任的情况下,他才可能有清偿全部债务的风险。因此,一审法院认为上诉人英贸公司现已承担的保证责任,并未超出其自愿担保的范围,故不存在不公平之说,是认识错误。在连带责任保证中,由于保证人是作为一个整体共同对债权人承担保证责任,所以债权人向共同保证人中的任何一人主张权利,都是债权人要求保证人承担保证责任的行为,其效力自然及于所有的保证人。对那些未被选择承担责任的共同保证人来说,债权人向保证人中任何一人主张权利的行为,应当视为债权人已向其主张了权利。在环西建行诉京正公司、烟草公司和英贸公司的借款合同纠纷案中,债权人环西建行虽然起诉的是烟草公司和英贸公司,但其起诉的效力自然及于天元公司。不能因环西建行未起诉天元公司,就认为天元公司的保证责任得以免除。英贸公司在承担了保证责任后,有权要求作为连带责任保证人的天元公司清偿其应当承担的份额。二、关于追偿份额如何确定的问题。《最高人民法院关于适用〈中华人民共和国担保法〉若干问题的解释》第二十条规定,连带责任保证的保证人按其内部约定的比例分担保证责任。没有约定的,平均分担。本案涉及的连带责任保证人,有烟草公司、珑艺公司和上诉人英贸公司以及被上诉人天元公司四家。这四家连带责任保证人之间,对保证份额没有约定,应当平均分担。鉴于作为本案共同保证人之一的珑艺公司,目前虽无证据证明其下落不明,但其到案承担保证责任确实存在着实际困难。作为连带责任保证人,将珑艺公司寻找到案,令其承担保证责任,是所有保证人的共同义务。如果珑艺公司不能到案承担保证责任,其应当承担的保证份额就成为全体保证人共同的风险,此风险不能由英贸公司一家承担。因此在珑艺公司不能到案承担保证责任的情况下,珑艺公司应当承担的保证责任份额,应由现有的三家保证人分担。所以,英贸公司有权向天元公司追偿三分之一的保证责任份额。综上所述,改判天元公司向英贸公司清偿其应承担的保证份额计 1 970 762 元。

简要解析

本案涉及保证人承担保证责任之后的追偿权问题。保证人的追偿权,是指保证人承担保证责任后,可以向债务人请求偿还的权利。保证人之所以享有追偿权,是因为保证人清偿的债务,实质上是债务人的债务。保证人追偿权的成立要件为:

保证人已经承担保证责任①,即保证人已经实际履行了原属于债务人的债务。一方面,保证人承担保证责任而使债务人的债务消灭。如果保证人虽承担了保证责任,但是债务人的债务并未因此而消灭,则不发生债务人的追偿权;且保证人履行债务必须限于自己有所给付,否则即使因其行为使得主债务人免责,仍不发生追偿权②。另一方面,保证人承担保证责任须无过失。例如,如果保证人履行保证责任之后,未及时通知债务人,主债务人善意地再为清偿时,保证人丧失对于主债务人的追偿权③。

在本案中,京正公司通过签订借款合同,向环西建行借款1 000万元,借期一年。英贸公司和珑艺公司、烟草公司、天元公司共同为该笔借款提供连带责任保证。后京正公司未能按期偿还债务并宣告破产,珑艺公司下落不明。环西建行就提起诉讼,要求英贸公司和烟草公司承担连带保证责任。英贸公司为此支付了借款本息、实现债权的律师费和诉讼费等共计5 912 286元。根据《担保法》第二十六条第二款的规定,在合同约定的保证期间和前款规定的保证期间内,债权人未要求保证人承担保证责任的,保证人免除保证责任。在连带责任保证中,由于保证人是作为一个整体共同对债权人承担保证责任,所以债权人向共同保证人中的任何一人主张权利,都是债权人要求保证人承担保证责任的行为,其效力及于所有的保证人,未被选择承担责任的其他保证人因此而免除保证责任。因此,承担了连带保证责任的保证人可以对那些未被选择承担责任的连带责任保证人行使追偿权。对此,《民法典》第五百一十九条规定:"连带债务人之间的份额难以确定的,视为份额相同。实际承担债务超过自己份额的连带债务人,有权就超出部分在其他连带债务人未履行的份额范围内向其追偿,并相应地享有债权人的权利,但是不得损害债权人的利益。其他连带债务人对债权人的抗辩,可以向该债务人主张。被追偿的连带债务人不能履行其应分担份额的,其他连带债务人应当在相应范围内按比例分担。"综上所述,英贸公司对天元公司的追偿权依法成立。

---

① 刘保玉,吕文江:《债权担保制度研究》,北京:中国民主法制出版社,2000年,第167页。
② 史尚宽:《债法各论》,北京:中国政法大学出版社,2000年,第920页。
③ 马俊驹,余延满:《民法原论》,北京:法律出版社,2010年,第559页。

第二节 定金

一、定金的内涵

知识点

定金,是指为了确保合同的履行,依照当事人的约定,由一方当事人在合同履行之前,按照合同标的额的一定比例,预先给付对方当事人的金钱。给付定金方不履行债务的,定金丧失;接受定金方不履行债务的,应双倍返还定金。

《民法典》第五百八十六条规定:"当事人可以约定一方向对方给付定金作为债权的担保。定金合同自实际交付定金时成立。定金的数额由当事人约定;但是,不得超过主合同标的额的百分之二十,超过部分不产生定金的效力。实际交付的定金数额多于或者少于约定数额的,视为变更约定的定金数额。"

适用例举

凡某与榆阳区农行、开源拍卖公司拍卖纠纷案[①]

2006年6月13日,陕西开源拍卖有限公司(以下简称"开源拍卖公司")接受中国农业银行榆林市榆阳区支行(以下简称"榆阳区农行")的委托,对位于榆阳区镇川镇南大街18号的榆阳区供销社镇川贸易中心(以下简称"镇川贸易中心")部分土地使用权及建筑物进行拍卖。该处房地产是榆林市中级人民法院2004年执行被执行人镇川贸易中心时,该贸易中心抵债给榆阳区农行的,房地产的土地使用权和房屋所有权登记在镇川贸易中心名下。2006年6月28日,凡某向开源拍卖公司交纳了20万元保证金进行竞买。开源拍卖公司的《特别规定》明确记载了拍卖房地产的权利证书,并载明:"本次拍卖标的物以权属现状、建筑现状拍卖,拍卖标的物有关情况是以委托方提供的有关资料中摘录,仅供参考,本公司对此不再加以解释和说明,也不承担任何瑕疵担保责任。"6月29日在拍卖会上,凡某以124万元竞买成交,并当场与开源拍卖公司签署了拍卖成交确认书。同日,凡某与榆阳区农行签订了拍卖成交合同书,约定:成交价为124万元;凡某应在签订合同之日起10日内向榆阳区农行交纳总成交价的70%价款(包括已交纳定金),剩余部分在后10日内一次性交清,均由开源拍卖公司收取,如不按时向榆阳区农行交付成交价款,保证金不予退还,每逾期一日应承担违约金额5%的违约金;榆阳区农行

---

① 参见榆林市中级人民法院(2006)榆中法民三初字第032号民事判决书。

在凡某交清全部成交价款后15日内向凡某交清房产，每逾期一日应承担成交价款5%的违约金。2006年7月19日，凡某以开源拍卖公司经理崔某的名义在榆阳区农行镇川分理处存入现金110.2万元，办理了5张加有密码的存折并一直保管。由于榆阳区农行与镇川贸易中心对房地产分割划界存在争议，致榆阳区农行不能按约定向凡某交付拍卖标的物。同年8月14日，凡某与崔某一起将存在崔某名下的110.2万元存款全部取出退还凡某。之后凡某提起诉讼，请求确认拍卖合同有效，予以解除；由榆阳区农行与开源拍卖公司双倍赔偿20万元定金，并承担违约金37.2万元。

榆林市中级人民法院经审理认为：凡某与榆阳区农行签订的拍卖成交合同书为有效合同。榆阳区农行未能按约定交付拍卖标的物，致拍卖合同的目的无法实现，凡某请求解除拍卖合同理由成立，予以支持。关于凡某交纳的20万元参拍保证金在成交后是否转为定金以及能否适用定金罚责的问题，由于在违约责任条款中并未约定20万元保证金适用定金罚责双倍返还的内容，根据《最高人民法院关于适用〈中华人民共和国担保法〉若干问题的解释》第一百一十八条的规定："当事人交付留置金、担保金、保证金、订约金、押金，或者订金等，但没有约定定金性质的，当事人主张定金权利的，人民法院不予支持。"20万元保证金不应认定为定金，故凡某要求双倍返还20万元定金的请求依法不予支持。对于凡某请求由榆阳区农行和开源拍卖公司承担违约金37.2万元的诉讼请求，根据《合同法》第一百一十三条的规定，酌情赔偿18.6万元。

简要解析

本案涉及定金的认定问题。定金具有如下特征：一、定金为金钱担保。定金只能以金钱充之，而不能为人的一般信用，也不应是金钱以外的物。二、定金为依照双方约定由一方交付的金钱。在主债权债务合同订立之时或之后，双方当事人应当就交付定金达成明确的、特别的合意。如无关于定金的明确的、特别的合意，当事人约定一方向另一方支付的一笔金钱，不得认定为定金，不发生定金的效力。《最高人民法院关于适用〈中华人民共和国担保法〉若干问题的解释》第一百一十八条规定："当事人交付留置金、担保金、保证金、订约金、押金或者订金等，但没有约定定金性质的，当事人主张定金权利的，人民法院不予支持。"三、定金担保的是合同双方当事人的债权。定金由合同一方当事人实际给付另一方当事人，交付方不履行债务的，丧失定金，接受定金方不履行债务的，双倍返还定金。因此，定金担保的是双方当事人的债权。四、定金以交付为成立要件。定金合同是实践性合同，定金虽是由当事人在定金合同中约定，但非实际交付，定金不成立。另外，定金须于合同履行前交付。五、定金具有从属性。定金以主债的有效存在或将来存在为前提,随主债的存在而存在,随主债的消灭而消灭①。定金的从属性主要体现在违约定金中,成约定金作为主合同成立或者生效之要件,其存在并不具备依附于主合同的从属性。从属性的表述同样很难适用于立约定金的场合,因为立约定金存在的依据正是担保主合同的最终订立。交付定金时主合同尚未成立,恰恰是认定立约定金的重要前提②。

在本案中,如何识别定金是争议焦点之一。2006年6月28日,凡某向开源拍卖公司交纳了20万元保证金参加竞买,于6月29日在拍卖会上以124万元竞买成交,并当场与开源拍卖公司签署了拍卖成交确认书。保证金在合同法律关系中,经常作为一种担保方式出现。根据《最高人民法院关于适用〈中华人民共和国担保法〉若干问题的解释》第一百一十八条的规定,除非当事人将其约定为具有定金性质的,保证金不具有定金的效力,不得类推适用于《合同法》及相关司法解释中关于定金的法律规定。但是,如果合同约定中没有出现"定金"字样,然而合同内容约定有符合定金特性的定金罚则的,则应当按照定金来认定。因为依照最高人民法院关于"合同名称与内容不符应当按照合同内容确定合同性质"的司法解释,在认定定金时,不应以名称为唯一标准,应当允许没有冠以"定金"名称的定金合同存在,在"名与实"的问题上要"名实"并举,识别定金的关键在于当事人订立的合同内容中是否有对符合定金特性的定金罚则的约定③。对此,《民法典》虽未明确规定,但是从第五百八十七条的规定来看,亦应做相同解释本案凡某交付的20万元保证金既未冠以"定金"之名,又未对该保证金约定符合定金特性的定金罚则,因此不应认定为定金,凡某要求双倍返还20万元定金的请求法院不予支持。

二、定金的数额

知识点

《民法典》第五百八十六条第二款规定:"定金的数额由当事人约定;但是,不得超过主合同标的额的百分之二十,超过部分不产生定金的效力。实际交付的定金数额多于或者少于约定数额的,视为变更约定的定金数额。"

---

① 崔建远:《担保辨——基于担保泛化弊端严重的思考》,《政治与法律》2015年第12期。
② 李贝:《定金功能多样性与定金制度的立法选择》,《法商研究》2019年第4期。
③ 曹士兵:《中国担保制度与担保方法》(第四版),北京:中国法制出版社,2017年,第410页。

适用例举

胡某诉沂兴公司房屋买卖合同纠纷案①

胡某与临沂沂兴房地产开发有限公司(以下简称"沂兴公司")于2010年8月9日达成了购房意向:胡某购买沂兴公司位于费城镇中山路南端明珠花苑9号楼101号楼房一套,并于当天交给沂兴公司定金50 000元,当时沂兴公司的经办人承诺半个月后交齐购房款即给钥匙并给办理房权证。2013年8月23日,胡某(买受人)与沂兴公司(出卖人)签订了购房合同,约定合同总价款为187 944元,出卖人沂兴公司应于2010年8月30日前依照国家和地方人民政府的有关规定将验收合格的商品房交付给买受人胡某,胡某又支付给沂兴公司购房款130 000元。后沂兴公司作为出卖人未按合同约定将楼房交付胡某。沂兴公司出卖给胡某的楼房,沂兴公司已于2006年10月17日卖给了杨某,杨某在费县房管局通过产权登记取得了涉案楼房的所有权证。2008年9月8日,杨某又将涉案楼房卖给了李某,并到费县房管局办理了产权转移登记。后费县公安局经侦大队因沂兴公司法定代表人刘某涉嫌刑事犯罪将其刑事拘留。刘某之妻与胡某约定:自愿筹集现金180 000元替沂兴公司归还胡某购房款,后费县公安局经侦大队将180 000元购房款转交给了胡某。因损失赔偿事宜,胡某诉至法院,请求依法判令解除胡某和沂兴公司签订的购房合同,双倍返还胡某所交购房定金50 000元,承担赔偿责任180 000元,并由沂兴公司负担诉讼费用。

山东省费县人民法院认为,胡某与沂兴公司于2013年8月23日签订的购房合同内容不违反有关法律规定,为有效合同。沂兴公司本应按照《中华人民共和国合同法》第六十条的规定,履行其交付房产的义务。但因合同约定的标的物,已被他人以合法的方式取得所有权,胡某与沂兴公司签订的购房合同已不能履行,胡某请求解除该合同符合有关法律规定,法院予以支持。《最高人民法院关于审理商品房买卖合同纠纷案件适用法律若干问题的解释》第九条规定,故意隐瞒所售房屋已经出卖给第三人的事实,导致合同无效或者被撤销、解除的,买受人可以请求返还已付购房款及利息、赔偿损失,并可以请求出卖人承担不超过已付购房款一倍的赔偿责任。沂兴公司故意隐瞒所售房屋已经出卖给第三人的事实,又与胡某签订商品房买卖合同显系不诚信行为,故胡某请求沂兴公司承担赔偿责任,并返还定金理由正当,符合相关法律规定,法院予以支持。但根据《中华人民共和国担保法》第九十一条关于"定金不得超过主合同标的额的百分之二十"的规定及《最高人民法院关于适用〈中华人民共和国担保法〉若干问题的解释》第一百二十一条关于"当事人约定的定金数额超过主合同标的额百分之二十的,超过的部分,人民法

---

① 参见2015年最高人民法院发布19起合同纠纷典型案例之七:胡某诉临沂沂兴房地产开发有限公司房屋买卖合同纠纷案。

院不予支持"的规定,胡某、沂兴公司约定的定金数额 50 000 元过高,调整为 37 589 元(187 944×20%)为宜,其余 12 411 元应视为购房款,故胡某实际支付的购房款应为 142 411 元(130 000 元+12 411 元)。综上所述,判决沂兴公司赔偿胡某损失 142 411 元,返还胡某定金 37 589 元,驳回胡某的其他诉讼请求。

简要解析

本案涉及定金数额的司法调整问题。《民法典》第五百八十六条第二款将定金的数额限制为合同主标的额的百分之二十。对此限制是否合理,理论上有一定争论。有学者认为,由于定金以现实授受为其生效要件,所以事后不得以定金过高为理由,声请法院酌减[1]。但是多数学者认为应当对定金数额进行限制。首先,定金作为一种担保方式,其存在的意义在于通过一定数额金钱的预先给付,给双方施加尽力履行合同的压力和动力。其次,过高的定金数额不仅容易造成资金闲置,而且可能影响双方的履约能力。最后,如果预设的定金数额与实际损失数额差距过高,则签订定金条款的双方都有负担过分惩罚的风险,最具参考意义的应是违约行为将给对方造成损失的较低赔偿数额的预定,这种预定不是以补偿违约最低损失为出发点,而是使双方都不认为承担过度的违约风险[2]。《民法典》第五百八十六条第二款显然采纳了后一种观点。

在本案中,胡某因与沂兴公司订立房屋买卖合同,交给沂兴公司定金 50 000 元,当时沂兴公司的经办人承诺半个月后交齐购房款即给钥匙并给办理房权证。但因该房屋已被他人以合法的方式取得所有权,胡某与沂兴公司签订的购房合同已不能履行,符合合同解除的法定条件。对于双方约定并实际交付的 50 000 元定金的数额,已经超过了合同标的额的百分之二十。根据《民法典》第五百八十六条第二款的规定,定金数额不得超过主合同标的额百分之二十,超过的部分,不发生定金的效力。因此,胡某、沂兴公司约定的定金数额为 50 000 元过高,法院将其调整为合同标的额的百分之二十,即 37 589 元,其余 12 411 元应视为购房款,胡某实际支付的购房款应为 142 411 元。另外,本案还涉及《最高人民法院关于审理商品房买卖合同纠纷案件适用法律若干问题的解释》第九条规定的"商品房买卖合同中因出卖方故意隐瞒所售房屋已经出卖给第三人的事实,导致合同无效或者被撤销、解除"的惩罚性赔偿条款适用,以及对商品房买卖中惩罚性赔偿原则与定金罚则并存时应如何适用的问题。对此,在商品房买卖合同中,惩罚性赔偿原则并非以"双倍返还"为限,双方当事人愿意在合同中加入惩罚性赔偿的内容,并不违背法

---

[1] 黄茂荣:《债法通则之三——债之保全、移转及消灭》,厦门:厦门大学出版社,2014 年,第 41 页。

[2] 张忠野:《论私法自治下定金罚则的有限适用》,《政治与法律》2012 年第 9 期。

律法规的强制性规定,那么该条款可以视为双方给自己可能造成的损害,而采取的额外保护措施,法院对此应予支持。《最高人民法院关于审理商品房买卖合同纠纷案件适用法律若干问题的解释》第九条规定的惩罚性赔偿可以与定金罚则并用。由于沂兴公司法定代表人刘某之妻已在刑事案件中向胡某返还购房款180 000万元,故在本案中不宜重复返还。正是基于此,法院判决沂兴公司赔偿胡某损失142 411元,返还胡某定金37 589元。

三、定金的法律效力

知识点

《民法典》第五百八十七条规定:"债务人履行债务的,定金应当抵作价款或者收回。给付定金的一方不履行债务或者履行债务不符合约定,致使不能实现合同目的的,无权请求返还定金;收受定金的一方不履行债务或者履行债务不符合约定,致使不能实现合同目的的,应当双倍返还定金。"

适用例举

戴某诉华新公司商品房订购协议定金纠纷案①

2004年4月18日,戴某以戴某及其丈夫丘某的名义作为乙方,与作为甲方的江苏省苏州工业园区华新国际城市发展有限公司(以下简称"华新公司")签订《订购协议》一份,约定:乙方向甲方交付定金5万元,订购甲方的苏州工业园区星汉街189号都市花园·天域2幢203室住宅一套;乙方若在甲方通知的签约日前选择放弃已取得的物业购买权,或者到期不签约,5万元定金不退还;甲方若在签约日前将该房屋转售他人,应当向乙方双倍返还定金。当日华新公司开具收据,言明收到戴某、丘某定金5万元,并通知戴某于4月25日至华新公司处签订正式商品房预售合同。5月7日,戴某向华新公司提交一份书面意见,内容是:"本人于2004年5月7日与华新公司签约时,要求所购房屋的装修标准与样板房一致,删除合同附件二中'样板房仅供参考,华新公司保留最终解释权'字样,华新公司不能给予明确答复,需另择日签约。"华新公司销售部副经理廖庆在该书面意见上注明:"该客户意见已收到。"5月9日,华新公司通知戴某,因其未按约于4月25日到华新公司签订商品房预售合同,已违反订购协议之约定,特将原协议项下的定金没收。双方为此发生纠纷后协商未果,戴某提起诉讼,请求判令华新公司双倍返还定金。

苏州工业园区人民法院经审理认为:订购协议是双方当事人的真实意思表示,合法有效,对双方当事人产生拘束力。按照订购协议约定,双方当事人承诺在将来

---

① 参见《最高人民法院公报》2006年第8期(总第118期)。

签订商品房预售合同,5万元定金是履行这一承诺的担保。根据订购协议的约定,戴某既然在4月25日未能与华新公司协商订约,应当承担违约的民事责任,即无权要求返还其交付的定金,当然更不得要求双倍返还定金。综上,判决驳回戴某的诉讼请求。

一审宣判后,戴某不服,向江苏省苏州市中级人民法院提出上诉。苏州市中级人民法院经审理认为:相对商品房预售合同来说,订购协议是本约订立之前先行订立的预约合同。订立预约合同的目的,是在本约订立前先行约明部分条款,将双方一致的意思表示以合同条款的形式固定下来,并约定后续谈判其他条款,直至本约订立。预约合同的意义,是为在公平、诚信原则下继续进行磋商,最终订立正式的、条款完备的本约创造条件。因此在继续进行的磋商中,如果一方违背公平、诚信原则,或者否认预约合同中的已决条款,或者提出令对方无法接受的不合理条件,或者拒绝继续进行磋商以订立本约,都构成对预约合同的违约,应当承担预约合同中约定的违约责任。反之,如果双方在公平、诚信原则下继续进行了磋商,只是基于各自利益考虑,无法就其他条款达成一致的意思表示,致使本约不能订立,则属于不可归责于双方的原因,不在预约合同所指的违约情形内。这种情况下,预约合同应当解除,已付定金应当返还。应当认定4月25日未能订立商品房预售合同的原因是双方当事人磋商不成,并非哪一方当事人对订购协议无故反悔。综上,由于磋商未成是导致双方当事人未能在4月25日订立商品房预售合同的真正原因,戴某按订购协议交付给华新公司的5万元定金,依法应当由华新公司返还,故对戴某关于华新公司返还5万元定金的请求予以支持,但对华新公司恶意违约应当双倍返还定金的请求不予支持。综上,改判华新公司给戴某返还定金5万元。

简要解析

定金属于广义上的担保,定金能够担保合同双方当事人的履行。定金既发生预先给付的法律效力,又发生定金罚则的法律效力。一、预先给付效力。定金之债为担保主债务履行的从债,故在主债务履行后,定金的担保功能丧失,定金从债消灭。此时,定金仅具有预先给付的效力,给付定金的一方可以请求接受定金的一方返还定金,或者以定金冲抵价金。二、定金罚则效力。给付定金方不履行债务的,定金丧失;接受定金方违反约定的,应双倍返还定金。一般认为,定金罚则仅适用于当事人违约致使合同目的不能实现的情形。当事人轻微违约,未致使合同目的不能实现的,不得适用定金罚则。对此,《民法典》虽未针对不可抗力与意外事件致使主合同不能履行的情形下,明确排除定金罚则的适用。但是《民法典》第五百九十条前半段明确规定:"当事人一方因不可抗力不能履行合同的,根据不可抗力的影响,部分或者全部免除责任,但是法律另有规定的除外。"该规定中,所谓"不可抗力",一般限于自然灾害、战争、社会动乱、政府定位等。根据该规定,因不可抗力不能履行合同的,可部分或全部免除违约责任。违约定金的罚则亦属于因违约产生的责任,因此根据该条,可以得出不可抗力致使合同不能履行将免除部分或全部定金处罚的结论。

在本案中,戴某作为乙方,与作为甲方的被告华新公司签订《订购协议》并向其交付了定金,约定双方于某日订立商品房预售合同。该《订购协议》的性质为预约合同。之后,由于开发商提供的商品房预售格式合同中有"样板房仅供参考"等不利于购房者的条款,购房者戴某对该格式条款提出异议,要求其删除,开发商不能立即给予答复,以至商品房预售合同没有在订购协议约定的日期订立。根据最高人民法院《关于审理商品房买卖合同纠纷案件适用法律若干问题的解释》第四条的规定:"出卖人通过认购、订购、预订等方式向买受人收受定金作为订立商品房买卖合同担保的,如果因当事人一方原因未能订立商品房买卖合同,应当按照法律关于定金的规定处理;因不可归责于当事人双方的事由,导致商品房买卖合同未能订立的,出卖人应当将定金返还买受人。"戴某没有履行《订购协议》约定的于约定时间签订《商品房预售合同》的义务,属于不可归责于当事人双方的事由,不构成违约。因此作为预约合同的《订购协议》应当解除。预约合同解除后,不发生定金罚则的法律效果,开发商应当将收取的定金返还给购房者。

第五章

债的移转

第一节 债权让与

一、债权让与的内涵

■ 知识点

债权让与即债权的转让,是指在不改变债的内容的前提下,债权人通过与第三人的协议将其债权转让给第三人。债权人与第三人订立的关于转让债权的协议称为债权让与合同。让与债权的一方当事人称为让与人,受让债权的一方当事人为受让人。

■ 适用例举

创泽公司诉旭洋公司借款合同纠纷案①

2013年3月8日,河南宏光奥林匹克置业有限公司(以下简称"宏光奥林公司")向三亚旭洋实业发展有限公司(以下简称"旭洋公司")出借2 100万元;2013年5月14日,宏光奥林公司向旭洋公司出借1亿元。2013年8月7日,宏光奥林公司向旭洋公司出借425万元。宏光奥林公司共向旭洋公司出借12 525万元。2013年5月15日旭洋公司向宏光奥林公司分两次还款1亿元。2014年4月11日,旭洋公司出具承诺书确认其仍欠宏光奥林公司2 525万元未偿还,并承诺于

---

① 参见河南省郑州市中级人民法院(2017)豫01民初5629号民事判决书。

2014年6月后予以清偿。2017年7月4日,郑州创泽贸易有限公司(以下简称"创泽公司")与宏光奥林公司签订债权转让协议,约定宏光奥林公司自愿将对旭洋公司的债权本金和利息转让给创泽公司,冲抵对创泽公司负有的债务本金。2017年7月5日,旭洋公司收到债权转让通知,该公司法定代表人张凯签字确认。后创泽公司对该两笔债权与旭洋公司协商、催款无果,遂向法院起诉,请求旭洋公司偿还借款本息。

郑州市中级人民法院经审理认为:宏光奥林公司和旭洋公司作为民商事主体,进行借款往来,旭洋公司出具承诺书确认相互之间的债权债务,系当事人的真实意思表示,并不违反我国现行法律法规的禁止性规定,依法成立并生效,法院予以确认。我国《合同法》规定债权人可以将合同的权利全部或者部分转让与第三人,债权人转让合同权利的,应当通知债务人,本案中创泽公司从宏光奥林公司受让债权并通知了债务人旭洋公司,符合我国法律规定,亦是当事人的真实意思表示,法院同样予以确认。旭洋公司接到债权转让通知后,应当依照承诺书积极向债权受让人创泽公司履行还款义务;其在接收到创泽公司催收通知之后,没有还本付息,违反了双方间的约定,应当承担违约责任。因此创泽公司要求旭洋公司偿还借款2 525万元和相应利息的请求,符合法律规定,有事实依据,法院予以支持。

■ 简要解析

本案涉及债权让与的成立问题。根据所让与的债权的量的不同,债权让与有全部让与和部分让与之分。前者是指债权人将其债权全部转让给第三人,转让之后,原债权人退出债权的关系,受让人成为债权人;后者是指债权人将债权的一部分转让给第三人,转让之后,原债权人并不退出债的关系,而是与受让人共同成为债权人。债权部分让与的,如果让与人与受让人在转让协议中约定了转让的债权份额的,那么让与人与受让人之间成立按份债权;如果让与人与受让人未在转让协议中约定转让的债权份额的,那么让与人与受让人之间成立连带债权。

在本案中,创泽公司与宏光奥林公司签订债权转让协议,约定宏光奥林公司自愿将对旭洋公司的全部债权本金和利息转让给创泽公司。宏光奥林公司将债权让与通知了旭洋公司,该公司法定代表人张凯签字确认。本案所涉债权让与符合法律规定,合法有效。债权全部让与生效的,宏光奥林公司退出债的关系,创泽公司成为债权人。旭洋公司接到债权转让通知后,应当积极向债权受让人创泽公司履行还款义务。旭洋公司在接收到创泽公司催收通知,没有还本付息,构成违约,应当承担违约责任。

二、债权让与的限制

知识点

《民法典》第五百四十五条规定："债权人可以将债权的全部或者部分转让给第三人,但是有下列情形之一的除外:(一)根据债权性质不得转让;(二)按照当事人约定不得转让;(三)依照法律规定不得转让。当事人约定非金钱债权不得转让的,不得对抗善意第三人。当事人约定金钱债权不得转让的,不得对抗第三人。"

适用例举

西岳山庄与建发公司、三公司建设工程施工合同纠纷案①

陕西西岳山庄有限公司(甲方,以下简称"西岳山庄")就其所属的华山假日酒店工程,于2001年11月30日与中建三局第三建设工程有限责任公司(乙方,以下简称"三公司")签订《建设工程施工合同》(以下简称《施工合同》),约定工程开、竣工日期为2001年12月26日至2002年10月31日。合同价款:以最终结算价为准;工程为包工包料。2002年4月23日,西岳山庄将其与陕西林华工程监理公司(以下简称"林华监理公司")签订的《建设工程委托监理合同》送交三公司,并要求其接受监督和管理。2002年7月30日,一、二区基础分部工程验收合格。2003年3月11日三区基础分部工程验收合格。2003年4月11日,主体分部工程验收合格。2004年4月14日,三公司向西岳山庄发出债权转移通知书称,"贵方与我公司于2001年签订了《建设工程施工合同》,现在我公司因改制重组的需要,欲将我公司对贵方所享有的上述债权转让给武汉中建三局建发实业发展公司(以下简称"建发公司")。西岳山庄予以签收。其后,由于建发公司认为西岳山庄违反合同约定,拖欠工程款并造成窝工损失,遂向一审法院提起诉讼,请求判令西岳山庄依约支付拖欠建发公司工程款及窝工损失共计23 213 450元。

陕西省高级人民法院经审理认为:西岳山庄与三公司所签订的《施工合同》,系双方的真实意思表示,且不违反法律、行政法规强制性规定,应为有效合同。三公司将合同债权转让给建发公司,并向西岳山庄送达了债权转让通知书,符合相关法律规定。该转让行为系转让人与受让人真实意思表示,并不损害债务人的利益,依法认定有效。建发公司因此取得三公司应享有的合同债权。综上,西岳山庄应支付工程款24 992 875.13元,扣除西岳山庄已付工程款、材料款、代付水电费15 273 309.40元,判决西岳山庄支付建发公司工程款9 719 565.73元。

---

① 一审判决书:参见陕西省高级人民法院(2005)陕民一初字第10号民事判决书;二审判决书:参见最高人民法院(2007)民一终字第10号民事判决书。

一审宣判后，西岳山庄不服一审判决，向最高人民法院提起上诉。针对合同债权让与，西岳山庄认为原审判决关于三公司将其涉案合同债权转让给建发公司有效的判令存在错误。原因是依据合同性质，涉案合同债权依法不得转让，转让时涉案工程项目根本不具备结算条件，三公司与西岳山庄之间的债权债务关系无法确定，西岳山庄仅在回执上注明收到该通知，但是并未同意其转让行为。

最高人民法院经审理认为：本案中，三公司履行了部分合同义务，取得了向西岳山庄请求支付相应工程款的权利。转让行为发生时，三公司的此项债权已经形成，债权数额后被本案鉴定结论所确认。西岳山庄接到三公司的《债权转移通知书》后，并未对此提出异议，法律、法规亦不禁止建设工程施工合同项下的债权转让，债权转让无须征得债务人同意。根据《合同法》第八十条、八十一条的规定，法院确认涉案债权转让合法有效，建发公司因此受让三公司对西岳山庄的债权及从权利。西岳山庄虽然主张涉案债权依法不得转让，但并未提供相关法律依据，故对西岳山庄关于三公司转让债权的行为无效的主张，法院不予支持。综上，判决驳回上诉，维持原判。

■ 简要解析

本案涉及债权让与的成立要件问题。债权让与，应当兼顾对债务人的利益的保护，即债权的自由让与应当在不损害债务人现存利益的前提下进行。债权让与所涉债权必须是有效的债权。对有效的债权应当从宽解释，所谓"有效债权"，应当是指在债权让与时该债权确实存在，但是该债权将来能否确定实现在所不问。理论上一般认为，以下特殊情形的债权也应属于有效债权：一、罹于诉讼时效的债权。此类债权虽然不受法律强制力的保护，但是如果债务人仍然履行债务，债权人依然能够受领给付并保有受领效果。因此，该类债权具有财产价值，具有可让与性。二、可撤销的民事法律行为产生的债权。在撤销权人行使撤销权之前，可撤销的民事法律行为自始有效，基于该民事法律行为产生的债权亦自始有效。此类债权具有现实的财产价值，具有可让与性。三、将来的债权。只要债权在将来的发生属于可确定，则此种债权具有财产价值，具有可转让性[①]。债权让与合同一经成立并生效，在让与人和受让人之间立即发生债权让与的效果。债权让与必须通知债务人，否则不对债务人发生效力。

《民法典》第五百四十五条规定了三种不得转让的债权：一、根据债权性质不得转让的债权；二、当事人约定不得转让的债权；三、法律规定不得转让的债权。所谓"根据债权性质不得转让的债权"，主要是指下列情形：①以特定身份为基础的债权。例如，亲属间的扶养请求权，抚恤金请求权，受遗赠人的给付遗赠请求权，等

---

① 韩世远：《合同法总论》（第四版），北京：法律出版社，2018年，第606页。

等。②以特定债权人为基础的债权。债权人的变更可能导致债的内容的变更,如为特定对象提供劳务的债权,不得转让。③基于当事人间特别信任关系的债权,原则上不得让与。例如,雇佣、委托、借用、租赁关系中的债权,原则上不得让与。④从债权原则上不得脱离主债权而单独转让。⑤不作为债权,原则上不得转让。如请求竞业禁止的债权。所谓"当事人约定不得转让的债权",是指当事人可以约定禁止向任何人转让债权,也可以约定禁止向特定人或特定范围的人转让债权,以避免债务人随时面临更换债权人的危险。该约定可以采取口头方式,也可以采取书面方式①。如果债权人与债务人在合同中特别约定债权不得转让的,违反此约定,转让在当事人之间无效。至于该债权让与是否对受让人无效,理论上存在不同观点。多数学者认为在受让人善意的场合中,为保护善意受让人的合理信赖,债权让与合同应为有效②。即债权人和债务人之间关于禁止债权让与的约定,不得对抗善意受让人,待债务履行期届至时,受让人有权请求债务人清偿③。所谓"法律规定不得转让的债权",是指法律明文禁止转让的债权不得成为转让的标的。

  在本案中,西岳山庄与三公司于2001年签订了《建设工程施工合同》,后三公司因改制重组的需要,将该建设工程施工合同项下的债权转让给建发公司。根据《中华人民共和国合同法》第七十九条的规定,债权人可以将合同的权利全部或者部分转让给第三人,但根据合同性质不得转让的、按照当事人约定不得转让的和依照法律规定不得转让的除外。对于本案所涉的建设工程施工合同项下的债权是否能够转让,现行立法并未明确禁止,当事人亦未在合同中明确约定该债权不得转让。从该债权的性质而言,其并非基于当事人的特定身份或特别信任关系而存在的债权,对该债权进行转让也并不会违背合同的目的,因此,应当认为该债权并非属于"根据合同性质不得转让的"债权。综上,由于法律、法规并不禁止建设工程施工合同项下的债权让与,且建设工程施工合同的当事人没有约定合同项下的债权不得让与,因此该债权可以让与。本案债权人三公司向第三人建发公司转让债权,并以《债权转移通知书》的形式通知了债务人西岳山庄,债权人无须就债权让与事项征得债务人同意,因此案涉债权让与合法有效。

---

① 王洪亮:《债法总论》,北京:法律出版社,2016年,第453页。
② 孙森焱:《民法债编总论》,北京:法律出版社,2006年,第704页。
③ 崔建远:《合同法学》,北京:法律出版社,2015年,第184页。

三、债权让与的通知

知识点

债权让与对原债权债务合同的债务人有一定影响,从维护债务人利益的角度出发,债权让与必须通知债务人才能发生效力。

《民法典》第五百四十六条规定:"债权人转让债权,未通知债务人的,该转让对债务人不发生效力。债权转让的通知不得撤销,但是经受让人同意的除外。"

适用例举

何某诉海科公司等清偿债务纠纷案[①]

2000年3月10日,中国农业银行山东省分行与中国长城资产管理公司济南办事处(以下简称"长城资产公司")签订《剥离收购不良资产协议书》,约定:将债务人东营水泥制品厂(以下简称"水泥制品厂")、担保人东营市黄河口建材开发总公司(以下简称"建材公司")所欠中国农业银行下述本息2 398 520元,债务人水泥制品厂、担保人东营市海科化学工业有限责任公司(以下简称"海科公司")所欠中国农业银行下述本息12 270 874.12元的债权于2000年3月25日起转移给长城资产管理公司,并分别以(济)中长资债字(2000)第050300002号和(济)中长资债字(2000)第050200027号债权转移确认通知书,通知了债务人和担保人。水泥制品厂和建材公司在(济)中长资债字(2000)第050300002号债权转移确认通知书回执及水泥制品厂、海科公司在(济)中长资债字(2000)第050200027号债权转移确认通知书回执均明确表示,对债权转移事项不持任何异议,借款人和担保人保证继续履行借款合同、担保合同或协议约定的各项义务。2002年3月12日,《山东法制报》第14版刊登债权催收公告,要求水泥制品厂、建材公司、海科公司履行清偿义务。2002年9月30日,长城资产公司与何某签订(2002)中长资济债转字第003号债权转让协议约定,将水泥制品厂所拖欠的5笔贷款债权(及其附属权利)转让给何某并附债权转让清单。2003年1月21日,长城资产公司及何某在《山东法制报》第2版刊登债权转移通知,通知水泥制品厂及担保人建材公司、海科公司,其依法享有水泥制品厂债权本金1 260万元及相应利息及其项下附属权利均已依法转移给何某,由其行使债权人的一切权利。在接到本通知书后主动向何某履行还款义务。

2003年2月13日,何某向一审法院提起诉讼,请求判令水泥制品厂清偿债务本息,海科公司、建材公司承担连带清偿责任。海科公司答辩称:水泥制品厂和海

[①] 参见《最高人民法院公报》2004年第4期(总第90期)。

科公司至今未得到长城资产公司将债权转让给何某的任何通知,债权转移是无效的,且海科公司承担保证责任的期间已过,应驳回何某对海科公司的诉讼请求。

山东省高级人民法院经审理认为:对于债权转让通知的方式,目前国家法律没有强制性规定必须用什么方式通知。登报通知是一种合法的方式,更具有时间性、公开性和广泛性,与单个书面通知具有同等作用和效力。债权转让不同于债务转让,对于债务转让我国法律有明确的规定,即债务人转移债务,必须书面通知债权人及保证人,并征得债权人和保证人的同意,否则转让无效。而债权转让只需通知债务人及保证人即可,无须经债务人及保证人同意。本案债权转让通知是原债权人中国长城资产管理公司济南办事处于2003年1月21日在《山东法制报》上用登报通知方式通知债务人及担保人,其内容和形式均符合《合同法》第八十条之规定,亦不违反《合同法》第七十九条的规定。所以,海科公司对此主张理由不成立。综上,判决水泥制品厂偿还何某借款本金及利息,海科公司、建材公司承担连带清偿责任。

海科公司不服一审判决,提起上诉。最高人民法院经审理认为:《合同法》第八十条第一款规定,债权人转让权利的,应当通知债务人。未经通知,该转让对债务人不发生法律效力。但法律法规对通知的具体方式没有规定。本案的实际情况是,长城资产公司将其债权转让何某后,双方共同就债权转让的事实在《山东法制报》上登报通知债务人及担保人。《山东法制报》是在山东省内公开广泛发行的报纸,一审法院认为债权人在该报纸上登报通知债务人及担保人债权转让的事实,不违反法律法规的强制性规定,应认定债权人已将债权转让的事实告知债务人及担保人,并无不妥。且本案中债权转让人、债权受让人、债务人及担保人均未对债权转让的事实及效力提出异议,债务人及担保人只是对债务款项利息的数额有异议,一审法院已作审查处理。海科公司在上诉请求中,没有涉及债权转让内容及效力问题的异议,即海科公司对双方债权债务存在的事实是认可的。海科公司通过参加本案的诉讼活动,已明知债权转让的事实,且知道履行债务的对象。本案中的债权转让并没有致使债务人错误履行债务、双重履行债务或加重债务人履行债务的负担,也没有损害海科公司的利益。双方债权债务关系明确,债务人及担保人应承担相应的法律责任。海科公司仅以债权人在报纸上登载债权转让通知不当为由,否认债权转让对其发生法律效力,理由不充分,法院不予支持。

简要解析

本案涉及债权让与的通知问题。《民法典》第五百四十六条规定:"债权人转让债权,未通知债务人的,该转让对债务人不发生效力。债权转让的通知不得撤销,但是经受让人同意的除外。"本条规范意旨主要在于,以让与通知作为债权让与对债务人生效的要件,从保护债务人利益的角度,实现对债权人、受让人与债务人三方利益的平衡,兼顾债权让与之安全与效率。债权让与虽不必经债务人同意,但在债权让与后,债务人毕竟要面临向何人为给付并主张相关抗辩的问题。如果债务人对债权让与事实无从知晓,则可能发生错误给付,于债务人不利。因此,在比较法上,各国通常以让与通知作为对债务人的生效要件或对抗要件。《民法典》第五百四十六条未对债权让与通知的方式予以确认。一般认为,该条的立法目的是避免债务人重复履行、错误履行债务或加重履行债务的负担。让与通知性质上既为观念通知,准用民法上关于法律行为的规定,则自应适用《民法典》第一百三十五条规定,可采用书面形式、口头形式或其他形式①。

在本案中,长城资产管理公司将水泥制品厂所拖欠的5笔贷款债权转让给何某。2003年1月21日,中国长城资产管理公司济南办事处及何某在《山东法制报》第2版刊登债权转移通知,通知水泥制品厂及担保人建材公司、海科公司,其依法享有水泥制品厂债权本金1 260万元及相应利息及其项下附属权利均已依法转移给何某。此种就债权让与登报通知债务人与担保人的做法并未违反《民法典》的相关规定,应当认定债权人已就债权让与的事实有效通知了债务人,债权转让就应对债务人发生法律效力。

四、债权让与的效力

■ 知识点

《民法典》第五百四十七条规定:"债权人转让债权的,受让人取得与债权有关的从权利,但是该从权利专属于债权人自身的除外。受让人取得从权利不因该从权利未办理转移登记手续或者未转移占有而受到影响。"第五百四十八条规定:"债务人接到债权转让通知后,债务人对让与人的抗辩,可以向受让人主张。"第五百四十九条规定:"有下列情形之一的,债务人可以向受让人主张抵销:(一)债务人接到债权转让通知时,债务人对让与人享有债权,且债务人的债权先于转让的债权到期或者同时到期;(二)债务人的债权与转让的债权是基于同一合同产生。"

■ 适用例举

新韩银行诉宝罗公司债权转让合同纠纷案②

2009年12月3日,宝罗电子(天津)有限公司(以下简称"宝罗公司")与Optics公司发生一笔国际货物买卖,宝罗公司向Optics公司购买了价值73 882.24美元的器材,Optics公司当日开具等额商业发票,宝罗公司确认相关货物已经妥

---

① 徐涤宇:《〈合同法〉第八十条(债权让与通知)评注》,《法学家》2019年第1期。
② 一审判决书:参见天津市第一中级人民法院(2013)一中民五初字第37号民事判决书;二审判决书:参见天津市高级人民法院(2013)津高民四终字第59号民事判决书。

收。Optics 公司于 2010 年 3 月 18 日、3 月 29 日将包括本案在内的、与宝罗公司发生的 34 笔应收账款共计 2 550 458.15 美元,债权全部转让给新韩银行株式会社(以下简称"新韩银行")。同年 5 月 7 日,Optics 公司向宝罗公司发出应收账款转让通知书。宝罗公司承认已经收到该通知,但未向新韩银行支付货款亦未做出回复。宝罗公司于 2009 年 12 月 18 日、2010 年 3 月 2 日向 Optics 公司支付了 2 797 540.63 美元,其中涉及宝罗公司与 Optics 公司之间 12 笔交易的货款,包含在新韩银行向天津市一中院提起的诉讼的 34 宗案件中(包括本案在内),共计 12 宗案件。由于宝罗公司迄今未向新韩银行清偿欠款,新韩银行请求法院依法判令宝罗公司清偿 73 882.24 美元的欠款及承担本案全部诉讼费用。

天津市第一中级人民法院经审理认为:本案为债权转让合同纠纷,新韩银行受让债权的有效存在,是债权转让合同成立的基本前提,宝罗公司作为本案债权转让合同的债务人,当债权的受让人新韩银行向其主张权利时,法律赋予其有权依据对债权让与人 Optics 公司享有的抗辩权向债权受让人新韩银行提出抗辩。本案中,宝罗公司在诉讼过程中提交的相关证据显示,关于宝罗公司与 Optics 公司之间发生的包括涉案买卖合同交易在内的相关债权债务事宜,Optics 公司与 Power Logics 公司之间曾经进行过协商,并初步达成了解决的方案。宝罗公司据此主张,其已将自身对 Optics 公司的全部债务转移给了 Power Logics 公司,并得到了 Optics 公司的认可,同时 Power Logics 公司及其关联公司对 Optics 公司的全部债务已经偿还完毕。宝罗公司的该抗辩理由具备基本的证据形式。新韩银行虽然认为宝罗公司的观点不能成立,但其不能提供确实有效的证据以对抗被告宝罗公司的抗辩主张,且明确表示目前没有追加 Optics 公司作为本案第三人参加诉讼的可能和必要。因此,新韩银行应当承担举证不能的后果,判决驳回新韩银行的诉讼请求。

新韩银行不服一审判决,提起上诉。天津市高级人民法院除认定一审判决查明的事实外,另查明:2009 年 12 月 17 日,Optics 公司与 Power Logics 公司签订《协议书》,双方约定 Power Logics 公司(包括其关联公司在内)须在 2009 年 12 月 17 日向 Optics 公司和(或)相关的第三方债权人一次性支付约 25.5 亿韩元的债权/债务差额。

天津市高级人民法院经审理认为:新韩银行依据其与 Optics 公司签订的《债权转让合同书》,要求宝罗公司偿还《债权转让合同书》项下的涉案款项。宝罗公司对新韩银行与 Optics 公司之间的债权转让行为及《债权转让合同书》项下的交易款项不持异议,但抗辩认为包括涉案款项在内的债务已经转移且已清偿完毕。根据《中华人民共和国合同法》第八十二条"债务人接到债权转让通知后,债务人对让与人的抗辩,可以向受让人主张"之规定,宝罗公司有权向新韩银行行使上述抗辩权。但 Optics 公司与 Power Logics 公司在对宝罗公司的债务数额进行确认的同时,并未就免除宝罗公司的付款义务做出明确的意思表示,而且在双方随后签订的《协议书》中明确约定,Power Logics 公司(包括其关联公司在内)须在 2009 年 12

月17日向Optics公司和(或)相关的第三方债权人一次性支付约25.5亿韩元的债权/债务差额。据此应认定,Power Logics公司与Optics公司之间就债务承担问题做出的上述约定,其所产生的法律后果为Power Logics公司与宝罗公司共同承担涉案债务,而非宝罗公司所负债务转移给Power Logics公司。宝罗公司对Optics公司所负债务并未转移,其仍负有清偿义务。宝罗公司于2009年12月18日、2010年3月2日向Optics公司付款共计2 797 540.63美元。虽然宝罗公司未按《协议书》约定的时间履行付款义务,但其确已足额支付协议项下的款项,而且,新韩银行受让Optics公司的债权时,Optics公司在上述《协议书》项下所享有的债权已受清偿,因此宝罗公司对新韩银行所主张的涉案债权不再负有偿还义务。一审法院对新韩银行提出的宝罗公司承担涉案款项偿还义务之主张未予支持,并无不当。判决驳回上诉,维持原判。

■ 简要解析

本案涉及债权让与的效力问题。债权让与是与发生债权移转的契约。债权作为一种财产,因让与而被处分,故有学者将债权让与称为准物权契约[①]。根据《合同典》的规定,理论上一般认为,债权让与发生如下效力:一、债权让与的内部效力。①债权由让与人移转给受让人。债权让与如果是全部让与,则受让人取代让与人作为新的债权人,原债权人退出债权债务关系;如果是部分让与,则受让人参与到债的关系当中,成为共同债务人。②从权利移转。让与人向受让人移转债权的,除专属于债权人自身的,依附于主债权的从权利一并移转。③让与人的交付及告知义务。债权人应当将有关债权的一切必要情况如履行方式、履行地点、有无担保等告知受让人,有关证明文件也应当交付给受让人。④让与人对让与的债权负瑕疵担保责任。债权让与人应当保证其所转让的权利有效存在且不存在权利瑕疵。如果因为转让的债权存在瑕疵给受让人造成损害的,债权让与人应当向受让人承担损害赔偿责任。二、债权让与的外部效力。①债权让与对债务人的效力。首先,债务人向受让人履行义务。全部让与债权的,让与人将债权全部让与时已脱离原债,让与人不得再向债务人请求给付,债务人亦无须向债权人履行债务;部分让与债权的,让与人与受让人约定按份享有债权的,他们只能依其份额要求债务人给付,债务人也只能依其份额履行债务。构成连带债权时,应按连带之债处理。其次,债务人得对让与人主张的抗辩,可对受让人主张。债权让与的,债务人得对让与人主张的抗辩,可对受让人主张,但法律另有规定的除外。债务人的抗辩一般包括诉讼时效届满的抗辩、债权未发生的抗辩、债权无效或被撤销的抗辩、同时履行抗辩、不安

[①] 我妻荣:《我妻荣民法讲义Ⅳ:新订债权各论》,王燚译,北京:中国法制出版社,2008年,第459-460页。

抗辩等。最后,根据《民法典》第五百四十九条的规定,有下列情形之一的,债务人可以向受让人主张抵销:(一)债务人接到债权转让通知时,债务人对让与人享有债权,且债务人的债权先于转让的债权到期或者同时到期;(二)债务人的债权与转让的债权是基于同一合同产生。②债权让与对第三人的效力。在债权多重让与的场合下,债权让与对第三人效力的认定就显得格外重要。由于债权让与缺少公示,因此实践中较常出现让与人多重让与债权的情形。《民法典》并未规定债权的多重让与,一般认为,应当采取依让与时间的先后顺序来决定债权的归属。

在本案中,Optics公司将包括本案在内的、与宝罗公司发生的34笔应收账款共计2 550 458.15美元债权全部转让给新韩银行,并向宝罗公司发出应收账款转让通知书,此债权让与符合法律规定,合法有效。一审法院认为,宝罗公司已将自身对Optics公司的全部债务转移给了Power Logics公司,并得到了Optics公司的认可,且Power Logics公司及其关联公司对Optics公司的全部债务已经偿还完毕,故判决驳回了新韩银行的诉讼请求。二审法院对案件事实的认定与一审法院存在一定差异,其并不认为宝罗公司所负债务转移给Power Logics公司。二审法院认为,Optics公司与Power Logics公司在对宝罗公司的债务数额进行确认的同时,并未就免除宝罗公司的付款义务做出明确的意思表示,故仍负有清偿义务。但是,宝罗公司于2009年12月18日、2010年3月2日向Optics公司的付款已足额清偿了《协议书》项下的债务,故宝罗公司有权向新韩公司做出债权已消灭的抗辩。因此,虽然两级法院判决理由不同,但均认为宝罗公司无须承担涉案款项偿还义务。本案既涉及债权让与,又涉及债务承担。对于债权让与,应为全部让与,Optics公司退出债的关系,新韩银行成为债权人,宝罗公司有权向新韩银行行使对让与人的抗辩权。对于债务承担,应当认定为并存的债务承担,Power Logics公司与宝罗公司共同承担涉案债务。

第二节 债务承担

一、债务承担的内涵

知识点

债务承担,是指在不改变债的内容和客体的情况下,债务人将其债务移转给第三人的法律制度。根据所承担债务的量的不同,债务承担有全部承担和部分承担之分。前者又称免责的债务承担,即原债务人完全脱离债的关系;后者又称并存的债务承担,即原债务人继续存在,但又增加了新的债务人。

适用例举

恒盛炜达公司与沪港公司建设工程施工合同纠纷案[①]

江苏沪港装饰有限公司(以下简称"沪港公司")与上海地通建设(集团)有限公司(以下简称"地通公司")就南通恒盛尚海湾部分铝合金门窗工程、钢结构雨棚工程、钢结构玻璃顶工程签订了多份采购、安装施工合同,由沪港公司承包上述工程。上述工程已经竣工验收和工程结算,工程价款共 10 662 579 元。地通公司已支付工程款 4 468 702 元。案涉工程所在的恒盛尚海湾工程发包单位为恒盛炜达(南通)房地产开发有限公司(以下简称"恒盛炜达公司"),总承包单位为地通公司。案涉工程为恒盛尚海湾工程的分包工程,分包工程施工单位为沪港公司。恒盛炜达公司和恒盛地产公司同属于恒盛集团下属子公司。

2015 年 2 月 13 日,恒盛炜达公司作为建设单位,恒盛地产公司作为担保单位,向沪港公司出具一份承诺书,载明:恒盛地产公司为我下属公司,恒盛宝丰(南通)置业发展有限公司、富达房地产开发(南通)有限公司、恒盛炜达公司担保对江苏沪港装饰有限公司如下承包工程做以下承诺:一、沪港公司承建的恒盛宝丰(南通)置业发展有限公司部分门窗工程、富达房地产开发(南通)有限公司的恒盛庄园一期部分门窗工程及恒盛炜达公司累计已审批未支付的工程款 351 万元,在 2015 年 2 月 8 日支付给沪港公司。若不能支付则自 2015 年 2 月 8 日起按该款项月息 1.5%(即年利率 18%)计息。二、沪港公司承建富达房地产开发(南通)有限公司上述恒盛庄园一期部分门窗工程及恒盛炜达公司的上述尚海湾部分门窗工程初审未审批工程款 223 万元,在 2015 年 3 月 30 日完成并向沪港公司出具复审审计报告,初审未审批工程款最终金额以结算复审审计报告数据为计算依据,出具复审结算审计报告后若不能支付该相应款项的,则自 2015 年 6 月 30 日起按该相应款项月息 1.5%(即年利率 18%)计息。三、恒盛地产公司对上述一、二条项下的工程款支付义务承担连带责任保证。其后,由于地通公司与恒盛炜达公司未支付工程款,沪港公司向一审法院提出诉讼请求:一、地通公司向沪港公司支付工程款 3 643 877 元;二、恒盛炜达公司向沪港公司支付工程款 3 643 877 元及逾期利息(按年利率 18%,自 2015 年 6 月 30 日计算至判决确定的给付之日);三、恒盛地产公司对恒盛炜达公司的给付义务承担连带责任。

诉讼中,恒盛炜达公司、地通公司向沪港公司发出通知,提出恒盛炜达公司对于沪港公司的 8 笔借款本息 2 817 573 元(其中借款本金 255 万元、利息 267 573 元),该债权转让给地通公司。同时,地通公司提出对于上述受让的债权用于抵销案涉欠付沪港公司的合同款。沪港公司对于 255 万元的抵销予以认可,对于利息

[①] 一审判决书:参见江苏省南通市崇川区人民法院(2016)苏 0602 民初 3514 号民事判决书;二审判决书:参见江苏省南通市中级人民法院(2017)苏 06 民终 1251 号民事判决书。

部分不予认可。地通公司提出保修期内的维修损失75 746元,沪港公司认可其中的11 056元,沪港公司确认从结算价款中扣除。

江苏省南通市崇川区人民法院经审理认为:案涉工程的结算价10 662 579元,扣除已付款及抵扣款等,未付工程款为10 662 579元-4 468 702元(已付款项)-2 550 000(抵销款项)-11 056元(可抵扣的维修费用)=3 632 821元。根据承诺书的约定,恒盛炜达公司对地通公司尚未支付的工程款3 632 821元应承担给付责任。因恒盛炜达公司承诺支付的工程款本金与地通公司的未付工程款本金系同一笔债务,恒盛炜达公司与地通公司就该部分应承担连带给付义务。对于利息部分,恒盛炜达公司区分已审批未支付的工程款、初审未审批的工程款分别承诺了计息的起算时间,其中最迟的计息起算时间为2015年6月30日,因此对沪港公司向恒盛炜达公司主张自2015年6月30日起按约定的年率18%计算未付工程款利息的诉讼请求,予以支持。恒盛地产公司对恒盛炜达公司的上述工程款及利息的支付承担连带责任保证。

一审判决后,恒盛炜达公司不服,向江苏省南通市中级人民法院提起上诉,认为其承诺函并没有取得债务人地通公司的同意,不生效力。江苏省南通市中级人民法院经审理认为:恒盛炜达公司作为案涉工程的建设单位,于2015年2月13日向沪港公司出具承诺书,明确其对于沪港公司所承建工程已审批未支付工程款负有相应的还款义务,并约定按照年利率18%的标准计算逾期利息。恒盛炜达公司在承诺书上加盖公章的行为成立并存的债务承担,地通公司与恒盛炜达公司就案涉3 632 821元应承担连带还款责任。恒盛炜达公司承诺按18%的年利率承担逾期利息,该18%的逾期利息与债务的利息约定无关,合法有效。但是,由于376 303.75元质保金的付款期限为2016年1月28日,156 825.20元质保金的付款期限为2016年11月1日,一审法院对于质保金逾期利息的起算时间认定有误,依法予以纠正。

■简要解析

本案涉及债务承担成立的问题。债务承担可以分为免责的债务承担和并存的债务承担。在并存的债务承担中,由于第三人加入债的关系,与原债务人一同承担债务,因此需要分析债权人与债务人之间的关系以及各个债务人之间的关系。司法实践中,并存的债务承担需要与连带责任保证严格区分。一般认为,连带责任保证属于保证的一种类型,因此连带责任保证从属于主债,只有在主债的债务人到期不履行债务后,才可由债权人请求连带责任保证人承担保证责任。亦有学者认为,连带责任保证人对他人债务承担的责任是附随性的,而并存的债务承担中,加入债的关系中的新债务人的义务是独立的①,并存的债务承担的本质是第三人加入原债权债务关系,该债权债务关系的内容保持同一性,无所谓主从之分。另外,连带责任保证还受到保证期间的限制,如果债权人在保证期间内未主张保证人承担保证责任的,保证责任消灭。

在本案中,存在两个争议焦点:第一,恒盛炜达公司的承诺属于连带责任保证还是并存的债务承担。第二,恒盛炜达公司承诺按18%的年利率承担逾期付款利息是否有效。对于第一个争议焦点,尽管恒盛炜达在承诺书中有"担保对江苏沪港装饰有限公司如下承包工程做以下承诺"的表述,但沪港公司和恒盛炜达公司均确认恒盛炜达公司并非连带责任保证人,且恒盛炜达公司对于该债务具有直接利益关系,恒盛炜达公司的债务承担实际上出于自身利益的考量。同时,恒盛炜达公司在二审中明确,如其需要承担还款责任,则其为债务加入。由于恒盛炜达公司出具的承诺书中承担债务的意思表示明确具体,其应当与原债务人地通公司承担共同还款义务。基于沪港公司与恒盛炜达公司在承诺书中签字时的内心真意,应认定恒盛炜达公司的承诺属于并存的债务承担。该债务承担合同有利于债务人,无须取得其同意即可成立生效。对于第二个争议焦点,由于恒盛炜达公司在出具承诺书并作为并存的债务承担人加入原债权债务关系时,明知原债务人地通公司并不负有年利率18%的逾期利息,其自愿做出有关逾期利息的约定,该约定并未违背与本债务的内容同一性②。但是,该利息承担所针对的是到期工程款,而质保金在2015年6月30日并未到期,故二审法院依法予以纠正。

二、债务承担的成立要件

■知识点

《民法典》第五百五十一条规定:"债务人将债务的全部或者部分转移给第三人的,应当经债权人同意。债务人或者第三人可以催告债权人在合理期限内予以同意,债权人未作表示的,视为不同意。"

■适用例举

霆顺精和公司与泰科立公司债务承担合同纠纷案③

2011年8月6日,北京中建建筑科学研究院有限公司(以下简称"中建公司")

---

① 王洪亮:《债法总论》,北京:法律出版社,2016年,第465页。
② 谷昔伟、陈燮峰:《并存债务承担的责任范围》,《人民司法》2018年第5期。
③ 一审判决书:参见北京市房山区人民法院(2012)房民初字第257号民事判决书;二审判决书:参见北京市第一中级人民法院(2012)一中民终字第7415号民事判决书。

与北京泰科立高新技术有限公司（以下简称"泰科立公司"）签订了《预制疏散平台板承包合同》，中建公司的委托代理人为北京霆顺精和装饰有限公司（以下简称"霆顺精和公司"）的法定代表人丁某。双方开始履行合同至2011年9月27日。2011年9月28日，霆顺精和公司给泰科立公司出具金额为陆万叁仟壹佰贰拾元的银行转账支票一张，用于偿还中建公司欠泰科立公司的货款，后因该支票密码错误未能承兑。泰科立公司多次找霆顺精和公司索要货款，霆顺精和公司以各种借口拒绝支付，故诉至法院，请求判令霆顺精和公司支付泰科立公司货款及利息。霆顺精和公司辩称：霆顺精和公司和泰科立公司不存在债权债务关系。中建公司未将债务转移给霆顺精和公司。合法的债务转移需要债务人有债务转移的意思表示，其次债权人同意，最后受让人同意。本案中，中建公司并未有将债务转移给霆顺精和公司的意思表示，仅仅因为受让人与债权人同意，显然不能合法转移中建公司的债务。

北京市房山区人民法院经审理认为：债务应当偿还。霆顺精和公司给泰科立公司出具金额为陆万叁仟壹佰贰拾元的转账支票用以偿还中建公司欠泰科立公司的货款，泰科立公司也拿该支票到银行进行了转账，说明泰科立公司同意中建公司将债务转移给了霆顺精和公司，霆顺精和公司亦认可债务转移的事实，其应对转账支票所载明的款项具有给付义务。现泰科立公司向霆顺精和公司索要该支票所载明的货款数额及利息，具有事实基础，理由正当，应予以支持。综上，判决霆顺精和公司给付泰科立公司欠款63 120元并支付利息。

霆顺精和公司不服一审判决，提出上诉。二审法院经审理认为：依据《合同法》第八十四条的规定，债务人将合同的义务全部或者部分转移给第三人的，应当经债权人同意。债务转移可以通过债权人与第三人之间达成协议的方式来实现。债务人的意思表示，不影响该协议的效力。本案中，泰科立公司同意债务转移给霆顺精和公司，霆顺精和公司亦明确确认可债务转移的事实，并且给泰科立公司出具了金额为陆万叁仟壹佰贰拾元的转账支票用以偿还中建公司欠泰科立公司的货款，故债务转移成立，霆顺精和公司应依约履行还款义务。综上，判决驳回上诉，维持原判。

简要解析

本案涉及债务承担的成立问题。一般认为，成立债务承担应当具备以下要件：一、须存在有效的债务。债务承担所移转的应是有效债务，若债务并不存在、无效或已消灭，则债务承担在当事人之间不能发生相应的法律效力。二、须所移转的债务具有可移转性。不具有可移转性的债务主要包括以下几种：①性质上不可移转。此种债务通常与债务人的专业知识、技能等密切相关，债务移转将有害债权的实现，因此通常不得移转。另外，不作为债务一般也不得成为债务承担的标的。②当事人约定不可移转。在当事人通过约定禁止债务承担的情形下，自不得进行债务承担,这是诚实信用原则和合同自由原则的当然之义。③法律规定不得移转。虽然我国现行法律没有禁止债务承担的直接规定,但是有些法律规定可以间接地解释出禁止债务承担的精神。例如《民法典》第八百九十四条规定:"保管人不得将保管物转交第三人保管,但当事人另有约定的除外"。三、须就债务承担达成协议,即签订债务承担合同。债务承担的成立,需要债务人与第三人就债务承担达成合意,缔结债务承担合同。债务承担合同为不要式合同,书面形式与口头形式均可。四、须经过债权人的同意。从《民法典》第五百五十一条的规定来看,无论是免责的债务承担还是并存的债务承担,都应取得债权人的同意。理论上一般认为,在免责的债务承担中,必须具备债权人同意之要件,这是因为债务承担不得使债权担保力减弱①。债务人以自己的一般财产为债权人的债权提供担保,不同债务人的履约能力各不相同。如果债务人将债务移转给履约能力差或无法履约的第三人,势必危害债权的实现。但是,在并存的债务承担中,由于新加入的债务人与原债务人一起向债权人负担债务,原则上不会危害债权的实现,因此无须具备债权人同意之要件。另外,如果新债务人与债权人之间订立债务承担协议,无须经过债务人的同意,即使债务人对债务承担合同不同意,也不影响债务承担合同的成立及效力②。

在本案中,争议焦点之一在于债务承担是否成立。中建公司与泰科立公司因《预制疏散平台板承包合同》存在金钱之债,霍顺精和公司为第三人。霍顺精和公司给泰科立公司出具金额为陆万叁仟壹佰贰拾元的银行转账支票一张,用于偿还中建公司欠泰科立公司的货款,且泰科立公司已向银行要求承兑,但因该支票密码错误未能承兑。由此可知,第三人霍顺精和公司与债权人泰科立公司存在债务承担的合意,因此霍顺精和公司才向泰科立公司出具金额为陆万叁仟壹佰贰拾元的银行转账支票。而泰科立公司向银行要求承兑该支票的行为进一步表明泰科立公司同意债务转移给霍顺精和公司,霍顺精和公司亦明确认可债务转移的事实,故债务承担成立。本书认为,在债权人与第三人(债务承担人)签订债务承担合同的场合,债务承担合同应当自债权人与债务承担人达成合意时成立,至于债务人中建公司是否必须有移转债务的意思表示,多数学者认为应当对此持否定态度③。因为在一般情况下,债务承担人代债务人履行债务,对债务人并无不利,债务人一般不会反对。即使债务人反对,而承担人自愿代其履行,债权人又愿意接受承担人的履

---

① 我妻荣:《我妻荣民法讲义Ⅳ:新订债权各论》,王燚译,北京:中国法制出版社,2008年,第499页。
② 张广兴:《债法总论》,北京:法律出版社,1997年,第244页。
③ 迪特尔·梅迪库斯:《德国债法总论》,杜景林,卢谌译,北京:法律出版社,2009年,第566页。

行,自无使债务承担合同归于无效的必要①。因此,本案所涉债务承担协议成立且生效。

三、债务承担的法律效果

■ 知识点

《民法典》第五百五十三条规定:"债务人转移债务的,新债务人可以主张原债务人对债权人的抗辩;原债务人对债权人享有债权的,新债务人不得向债权人主张抵销。"第五百五十四条规定:"债务人转移债务的,新债务人应当承担与主债务有关的从债务,但是该从债务专属于原债务人自身的除外。"

■ 适用例举

中实公司、欣融公司与隆瑞公司、京华都公司、嘉成公司股权转让纠纷案②

北京京华都房地产开发有限公司(以下简称"京华都公司")的股东为北京隆瑞投资发展有限公司(以下简称"隆瑞公司",持股40%)、北京市华都建筑总公司第一建筑公司(以下简称"华都一建",持股60%)。2003年4月25日,华都一建、隆瑞公司与中实投资有限责任公司(以下简称"中实公司")、杭州欣融金属材料有限公司(以下简称"欣融公司")共同签订《转让合同书》,约定:一、京华都公司的全部股权转让价格为1 000万元,由中实公司受让华都一建所持的全部股权,转让价格为600万元;中实公司受让隆瑞公司持有的京华都公司10%股权,转让价格为100万元;欣融公司受让隆瑞公司持有的京华都公司另外的30%股权,转让价格为300万元。协议签订后3日内,上述款项应支付完毕。二、中实公司、欣融公司同意就该项目向华都一建和隆瑞公司做出补偿,项目补偿款为2 120万元。中实公司与欣融公司在支付全部股权转让款的同时,将项目补偿款1 000万元支付给华都一建和隆瑞公司。项目补偿款尾款1 120万元,中实公司、欣融公司应在京华都公司所属的亮甲店拆迁项目后5个工作日内,一次性支付给华都一建和隆瑞公司。若到期未能支付或未能足额支付股权转让款和项目补偿款,视为违约,须按万分之五的比例支付罚金。同日,华都一建通知中实公司、欣融公司将应支付自己的股权转让款及项目补偿款支付给隆瑞公司。2003年5月至6月,中实公司、欣融公司及京华都公司先后支付隆瑞公司股权转让款和项目补偿款共计2 000万元,股权变更登记也于同期完成。2003年12月,京华都公司与隆瑞公司签订《合

---

① 崔建远:《合同法学》,北京:法律出版社,2015年,第194页。
② 二审判决书:参见北京市高级人民法院(2009)高民终字第1585号民事判决书;再审裁定书:参见最高人民法院(2009)民申字第1038号民事裁定书。

作意向书》,约定:①中实公司、欣融公司应支付的剩余项目补偿款为1 120万元,京华都公司和隆瑞公司均同意由京华都公司代替中实公司和欣融公司向隆瑞公司清偿该款项。②京华都公司在拆迁项目工作完成5个工作日内应支付该款项,如果在该拆迁工作完成前,京华都公司就取得了该项目《建筑施工许可证》,则京华都公司应当在《建筑施工许可证》取得后的5个工作日内支付上述款项。③如果京华都公司未按约定及时足额支付1 120万元,隆瑞公司有权取得并拥有《转让合同书》所述的该项目部分土地使用权、开发权等全部权益。2008年4月,京华都公司取得项目建筑工程施工许可证。2004年4月,中实公司将其持有的70%京华都公司股权全部转让给嘉成企业发展有限公司(以下简称"嘉成公司")。2007年6月,嘉成公司将持有的京华都公司70%股权转让予北京世纪正源房地产开发有限公司(以下简称"世纪正源公司")。2008年3月3日,嘉成公司与隆瑞公司签订《协议书》,约定:一、隆瑞公司承认,经由2003年12月其与京华都公司之间签订的《合作意向书》,前述项目补偿款的支付义务已经转由京华都公司承担。因此,当《合作意向书》所确定的付款条件已经具备时,隆瑞公司应当首先向京华都公司进行追索。二、嘉成公司应当积极协调京华都公司及其新股东世纪正源公司在该协议签订之日起90日内向隆瑞公司书面重新确认前述欠款1 120万元的事实。如果京华都公司及世纪正源公司未按前述规定的时间做出书面的债权确认文件,则在《合作意向书》所确定的付款条件已成就后,隆瑞公司有权并应以京华都公司为被告向法院提起诉讼,请求法院判决京华都公司履行支付义务。后隆瑞公司虽向中实公司与欣融公司发出催款函,但京华都公司、中实公司、欣融公司一直未支付前述1 120万元的款项,隆瑞公司起诉要求该三公司及嘉成公司支付该款项。

北京市高级人民法院审理认为:华都一建、隆瑞公司与中实公司、欣融公司签订的《转让合同书》,隆瑞公司与京华都公司签订的《合作意向书》均是各方的真实意思表示,不违反法律法规的强制性规定,应属有效。京华都公司在《合作意向书》中同意代替中实公司、欣融公司支付项目补偿款尾款1 120万元的意思表示,构成对中实公司、欣融公司同隆瑞公司间债务关系的加入,京华都公司承担义务的范围应以承诺代替支付的1 120万元项目补偿款尾款为限。隆瑞公司要求京华都公司承担逾期罚金的主张超出了《合作意向书》约定的内容,故该院不予支持。京华都公司做出的代替中实公司、欣融公司支付项目补偿款尾款承诺,不发生免除中实公司、欣融公司继续履行支付项目补偿款尾款义务的效果,故中实公司、欣融公司主张应由京华都公司承担项目补偿款1 120万元,中实公司和欣融公司不应负担任何义务的抗辩不能成立,该院不予支持。根据《转让合同书》和《合作意向书》的约定,中实公司和欣融公司应于2003年7月31日支付项目补偿款,其拖欠至今,构成违约,故应当按转让合同的约定承担违约责任。隆瑞公司要求中实公司、欣融公司支付项目补偿款尾款并按合同约定支付自2003年7月至2008年7月16日期间的罚金(即违约金)的请求成立,该院予以支持。由于京华都公司负有支付

1 120万元项目补偿款尾款的义务,则根据《协议书》的约定,嘉成公司无须承担项目补偿款尾款的支付义务。北京市高级人民法院判决:一、中实公司、欣融公司和京华都公司于判决生效后10日内共同向隆瑞公司支付项目补偿款人民币1 120万元;二、中实公司和欣融公司于判决生效后10日内共同向隆瑞公司支付违约金人民币1 013.60万元;三、驳回隆瑞公司的其他诉讼请求。

一审宣判后,中实公司、欣融公司不服,提起上诉。最高人民法院经审理认为:本案所涉的《合作意向书》中并没有债权人隆瑞公司明确地免除原债务人中实公司与欣融公司责任的表述,隆瑞公司其后向中实公司与欣融公司发出催款函的行为也表明隆瑞公司并未放弃对中实公司与欣融公司的债权。故最高人民法院驳回了中实公司、欣融公司和京华都公司的上诉,维持原判。

中实公司、欣融公司不服二审判决,向最高人民法院申请再审。最高人民法院经再审审理认为:《合作意向书》虽约定京华都公司代替中实公司、欣融公司向隆瑞公司清偿1 120万元的债务,但"代替"一词不能说明中实公司、欣融公司将该1 120万元的债务转移给了京华都公司。债务转移需要债权人同意,但经债权人同意的债务履行的变化并不一定就是债务转移。尤其是在该意向书签订后,隆瑞公司在2005年6月28日、2007年6月20日先后两次向中实公司、欣融公司送达催款函,要求中实公司、欣融公司支付尚欠的1 120万元款项,更进一步说明隆瑞公司并不认可该1 120万元的债务已经转移给京华都公司。故原审判决认定京华都公司对清偿该1 120万元款项构成债的加入,中实公司、欣融公司应与京华都公司共同向隆瑞公司偿还该1 120万元,并无不当。综上,裁定驳回中实公司、欣融公司的再审申请。

简要解析

本案涉及并存的债务承担的认定及效力问题。《民法典》对债务承担法律效力的规定较为概括,理论上认为应当区分免责的债务承担与并存的债务承担,分别讨论债务承担的效力。免责的债务承担发生如下效力:一、承担人取代原债务人成为合同债务人。原合同债务人脱离原债权债务关系,由承担人直接向债权人履行合同义务。承担人违反合同约定不履行义务或履行义务不符合约定的,债权人只能向承担人而不能向原债务人请求履行或要求承担违约责任。二、承担人可以主张原债务人对债权人的抗辩。根据《民法典》第五百五十三条的规定,新债务人可以主张原债务人对债权人的抗辩。承担人得主张的抗辩主要包括债务不存在的抗辩、合同无效或被撤销的抗辩、债务已过诉讼时效的抗辩等。理论上一般认为承担人可援用的抗辩,仅以原债的关系为限,而且不得以属于债务人的债权为抵销[1]。

---

[1] 崔建远:《合同法学》,北京:法律出版社,2015年,第195页。

三、从债务移转。根据《民法典》第五百五十四条的规定,债务人转移义务的,新债务人应当承担与主债务有关的从债务,但该从债务专属于原债务人自身的除外。并存的债务承担发生如下效力:一、承担人与原债务人共同承担债务。在并存的债务承担中,承担人与债务人共同承担债务。对于承担人与债务人的内部关系是连带责任还是按份责任,我国《民法典》并未明确规定。一般认为,在并存的债务承担中,如果没有法律的特别规定或者当事人的特别约定,原则上承担人与原债务人应向债权人承担连带债务。二、承担人可以主张原债务人对债权人的抗辩。与免责的债务承担相同,新债务人可以主张原债务人对债权人的抗辩,主要包括债务不存在的抗辩、合同无效或被撤销的抗辩、债务已过诉讼时效的抗辩等。三、从债务移转。与免责的债务承担相同,新债务人应当承担与主债务有关的从债务,但该从债务专属于原债务人自身的除外。

在实践中,债务承担与第三人代为履行较易发生混淆。《民法典》第五百二十三条规定了第三人代为履行:"当事人约定由第三人向债权人履行债务,第三人不履行或者履行债务不符合约定的,债务人应当向债权人承担违约责任。"所谓第三人代为履行,是指由债之关系以外的第三人代替债务人履行或代替债权人受领履行的情形①。一般认为,债务承担与第三人代为履行存在如下区别:一、第三人做出的代偿承诺是否与债权人成立合同关系。如果第三人与债权人之间就承担债务做出合同约定,则应当认定为债务承担;否则,应当认定为第三人代为履行。二、第三人所处的法律地位不同。在债务承担中,由于第三人是合同的当事人,其对债权人负有履行债务的义务,也享有债务人对债权人基于原合同而享有的抗辩权。在第三人代为履行中,第三人并非合同当事人。三、第三人所负的法律责任不同。在债务承担中,债权人可以直接要求其履行合同义务或承担违约责任。在第三人代为履行中,对第三人不适当的履行行为,债权人也只能向债务人请求承担责任②。

在本案中,涉及两个争议问题:第一,并存的债务承担与第三人代为履行的区分;第二,并存的债务承担的法律效果。对于第一个问题,第三人京华都公司与债权人隆瑞公司签订《合作意向书》,约定由京华都公司代替中实公司、欣融公司向隆瑞公司清偿其所欠的1 120万元款项。对于此约定的性质,应当认定为并存的债务承担,理由如下:一方面,《合作意向书》所使用的"代替"一词并不足以表明京华都公司加入债务关系承担了全部债务,且中实公司、欣融公司已经退出了债的关系。相应地,从保护债权人隆瑞公司利益的角度出发,应当认定京华都公司作为并存的债务人加入债权债务关系。另一方面,《合作意向书》签订后,隆瑞公司在2005年6月28日、2007年6月20日先后两次向中实公司、欣融公司送达催款函,

---

① 关于第三人代为履行,参见本书第三章第二节。
② 宋建立:《第三人代为履行与债务承担的甄别》,《人民司法》2010年第14期。

要求中实公司、欣融公司支付尚欠的 1 120 万元款项,表明隆瑞公司签订《合作意向书》的意图并非是希望与京华都公司缔结免责的债务承担协议。综上,京华都公司承诺代替中实公司、欣融公司清偿 1 120 万元的款项构成并存的债务承担,而非第三人代为履行。对于第二个问题,既然构成并存的债务承担,因此中实公司、欣融公司与京华都公司作为共同债务人向债权人隆瑞公司承担债务,中实公司与欣融公司仍应当按照《转让合同书》的约定承担责任。对于京华都公司应当承担的债务的范围,应当根据《合作意向书》的内容确定。由于《合作意向书》中仅约定京华都公司对隆瑞公司承担 1 120 万元的债务,因此,中实公司、欣融公司不履行该债务产生的违约责任不应由京华都公司承担。

第三节 债的概括承受

知识点

债的概括承受,简称债的承受,是指原债的当事人一方将其债权债务一并移转给第三人,由第三人概括地继受这些债权债务。如果是债权债务全部由出让人移转至承受人,称为债的全部承受;如果是部分债权债务由出让人转移至承受人,称为债的部分承受。

《民法典》第五百五十五条规定:"当事人一方经对方同意,可以将自己在合同中的权利和义务一并转让给第三人。"第五百五十六条规定:"合同的权利和义务一并转让的,适用债权转让、债务转移的有关规定。"

适用例举

金盾公司上海分公司与某计算机科技公司承揽合同纠纷案[①]

2008 年 11 月 13 日,上海金硅科技发展有限公司(以下简称"金硅公司",甲方)与上海某计算机科技开发有限公司(以下简称"某计算机科技公司",乙方)签订《上海市旅馆业信息系统前台承揽合同》。约定甲方向乙方(独家)转让在浦东、普陀区域内维护甲方销售产品"金硅旅馆业治安管理信息系统"(以下简称"旅馆业治安信息系统")的业务。乙方受甲方委托收取的新增旅馆所有费用,收取后立即支付给甲方。委托期限自 2009 年 1 月 1 日起,至 2009 年 12 月 31 日止。2009 年 12 月 31 日合同到期后,某计算机科技公司继续对上海市浦东新区区域内的旅馆业治安管理信息系统进行运营维护至今。2009 年 3 月 23 日,金硅公司与航天

---

① 一审判决书:参见上海市徐汇区人民法院(2011)徐民二(商)初字第 1215 号民事判决书;二审判决书:参见上海市第一中级人民法院(2012)沪一中民四(商)终字第 256 号民事判决书。

信息股份公司合资组建北京航天金盾科技有限公司（以下简称"金盾公司"），并注销了金硅公司。金硅公司将上海市旅馆业治安管理信息系统的项目建设和维护的相关权利转让给了金盾公司及其上海分公司。后金盾公司上海分公司向上海市徐汇区人民法院起诉，请求判令《上海市旅馆业信息系统前台承揽合同》及相关协议于2011年3月31日终止，并向金盾公司上海分公司支付欠缴的代理费。

上海市徐汇区人民法院审理后认为：债权人转让权利的，应当通知债务人，未经通知，该转让对债务人不发生效力。债权让与应由债权人通知债务人，但也可允许受让人作为让与通知的主体。为保护债务人履行安全，在受让人通知的场合，单纯的口头形式尚不为足，受让人必须提出取得债权的书面证据，如债权转让协议、让与公证书等，否则债务人可以拒绝履行。《上海市旅馆业信息系统前台承揽合同》系金硅公司与某计算机科技公司订立，合同的相对方为金硅公司与某计算机科技公司。根据本案查明的事实，金硅公司将旅馆业治安管理信息系统项目转让给金盾公司及其上海分公司时，金硅公司没有履行通知义务。故即使金硅公司与金盾公司上海分公司之间存在有效的债权转让，该转让目前对某计算机科技公司也未发生效力。综上，判决驳回金盾公司上海分公司的诉讼请求。

金盾公司上海分公司不服原审判决，提起上诉。上海市第一中级人民法院审理后认为：讼争的《上海市旅馆业信息系统前台承揽合同》当事人系金硅公司和某计算机科技公司，合同约定双方均存在各自相应的权利义务。按照法律规定，金硅公司经依法注销后，其对外民事权利义务包括本案合同中的权利义务应由申请金硅公司注销的清算责任主体予以承接。现金盾公司上海分公司认为其承接了原金硅公司在系争合同中的权利义务，显然是基于一定的受让关系。但是在本案中，金盾公司上海分公司并未举证证实其对于上述合同权利义务一并受让的事实，亦未举证证实某计算机科技公司已然得到上述转让事宜的通知并且予以同意，故金盾公司上海分公司尚未承接涉案合同的权利义务而正式成为合同的一方当事人。原审法院认为金盾公司上海分公司应当履行债权转让之通知义务，显然属于适用法律不当，法院予以纠正。综上，对于金盾公司上海分公司的上诉请求，法院不予支持。原审判决认定事实清楚，处理结果亦属正确，故法院予以维持。判决驳回上诉，维持原判。

■ 简要解析

本案涉及债的法定承受的认定及效力问题。根据债的概括承受的发生原因的不同，债的概括承受可分为债的约定承受与债的法定承受。债的约定承受是指债的一方当事人经他方当事人同意，通过与第三人订立合同，将债的当事人地位移转给第三人。债的法定承受，是基于法律规定，因某一法定事实的出现，原债当事人一方的权利义务概括地移转于第三人。根据我国相关法律的规定，债的法定承受主要包括以下几种情形：一、企业的合并与分立。《民法典》第六十七条规定："法人合并的,其权利和义务由合并后的法人享有和承担。法人分立的,其权利和义务由分立后的法人享有连带债权,承担连带债务,但是债权人和债务人另有约定的除外。"二、继承。如果被继承人在缔结合同后死亡,继承人依照《民法典》的相关规定承受被继承人在该合同中的权利和义务。三、其他法律规定的概括承受。《民法典》第七百二十五条规定:"租赁物在承租人按照租赁合同占有期限内发生所有权变动的,不影响租赁合同的效力。"根据这一规定,买受人取得标的物的所有权的,如果该标的物上还附有租赁之债权,买受人须得承受原租赁合同中出租人的权利义务,属于法律规定的债的概括承受。

在本案中,讼争的《上海市旅馆业信息系统前台承揽合同》当事人系金硅公司和某计算机科技公司,合同约定双方均存在各自相应的权利义务。如果金盾公司是由金硅公司与航天信息股份公司合并形成的,那么金盾公司将依据《民法典》第六十七条的规定概括承受《上海市旅馆业信息系统前台承揽合同》的权利义务。本案中,金盾公司是由金硅公司与航天信息股份公司共同出资组建,尽管金硅公司已经注销,但航天信息股份公司的主体资格仍然存续。故金盾公司并非金硅公司与航天信息股份公司合并形成的法人,金硅公司在《上海市旅馆业信息系统前台承揽合同》无法通过债的法定承受移转于金盾公司。对于公司注销后,原股东能否以自己的身份主张原属于公司的债权的问题,现行《公司法》《企业破产法》及相关司法解释均未明文规定。但是,一些地方的高级人民法院对此类问题存在指导性意见。例如,上海市高级人民法院《关于公司被依法注销后其享有的财产权益应如何处理的若干问题的解答》[沪高法民二(2006)6号]曾明确答道:"股东在公司注销后,发现公司对外尚有债权或其他财产权益的,可以自己的名义依法提起诉讼,主张权利。"因此,金硅公司经依法注销后,本案合同中的权利义务应由申请金硅公司注销的清算责任主体,即金硅公司的原股东予以承接。金盾公司及其上海分公司如果要行使本案的合同权利,首先应由金硅公司的原股东将该合同权利义务概括转让给金盾公司,而该合同权利义务的概括转让需要取得某计算机科技公司的同意。因此,本案中债的概括承受并未实现,金盾公司上海分公司并未成为《上海市旅馆业信息系统前台承揽合同》的当事人,无权主张相关合同权利。

第六章

债的消灭

第一节 清偿

一、代物清偿

知识点

代物清偿,是指清偿受领人受领他种给付以代原定给付而使债的关系消灭的制度。代物清偿不同于债的更改。虽然代物清偿是清偿人与清偿受领人达成以他种给付代替原定给付的合意,但是此种代替的目的,并非在于消灭旧的债务而成立新的债。代物清偿为要物行为,客观上需要清偿人提出现实的他种给付,由清偿受领人现实受领。

适用例举

帕特龙公司与周某等第三人代物清偿合同纠纷案[1]

2009年期间,重庆帕特龙智通电子科技有限公司(以下简称"帕特龙公司")向江苏省无锡市振环电动车有限公司(以下简称"振环公司")供应防盗器、控制器、报警器等产品,但振环公司未及时支付货款。2010年2月4日,振环公司与帕特龙公司达成协议,约定:"一、振环公司共计欠帕特龙公司货款176 000元,因年

---

[1] 一审判决书:参见江苏省无锡市锡山区人民法院(2010)锡法商初字第781号民事判决书;二审判决书:参见江苏省无锡市中级人民法院(2012)锡商终字第0391号民事判决书。

底无法偿还帕特龙公司货款,现暂扣江淮越野车行驶证、车钥匙,车牌号苏 BQM×××;二、2010 年 3 月底车贷款还清后,振环公司跟帕特龙公司办理车辆过户手续;三、振环公司在处理好公司经济纠纷后,由帕特龙公司到停车场凭行驶证、车钥匙提车,时间约在 2 月底;四、双方同意签字盖章有效(因车主姓名为周某,所以一起与帕特龙公司签字生效)。"双方在协议上盖章,周某在协议上签字。签订协议后,周某向帕特龙公司交付了车辆钥匙。2010 年 8 月,周某又将上述车辆以 6 万元的价格转让过户给案外人张某。帕特龙公司诉请判令振环公司支付货款 17.6 万元及逾期利息,周某承担连带责任。

江苏省无锡市锡山区人民法院经审理认为,振环公司结欠帕特龙公司货款 17.6 万元的事实,已由送货单及协议明确,法院予以确认。但周某在协议上的签字行为并不导致加入涉诉债务的后果。第一,综观协议内容是帕特龙公司与振环公司协商 17.6 万元货款偿还事宜,对案涉车辆的处理约定仅是对欠付货款付款方式的一种约定。第二,帕特龙公司与周某皆认可案涉车辆价值仅为 10 万元,而协议对超过 10 万元部分的货款并未涉及,这与帕特龙公司主张周某构成债务加入承担 17.6 万元货款的全部还款责任显然有悖。第三,周某已举证明其涉及重大债务,急于转让车辆,协议亦明确周某签字的原因仅仅"因车主姓名是周某",周某并无代替振环公司清偿货款的意思表示。综上,依据合同法第一百零九条,判决如下:一、振环公司于判决生效之日起 3 日内支付帕特龙公司货款 17.6 万元及逾期付款利息(自 2010 年 9 月 15 日起至判决应付之日止,按同期中国人民银行贷款利率计算);二、驳回帕特龙公司对周某的诉讼请求。

帕特龙公司不服一审判决,提起上诉。江苏省无锡市中级人民法院经审理认为:协议是三方真实意思表示,不违反法律禁止性规定,依法具有效力。协议明确约定了对周某所有的车辆进行扣押、提车、过户等事宜,周某作为完全行为能力人和车辆所有权人在协议上签字,即表明其同意以自己的车辆为振环公司抵偿债务,协议内容对其产生法律约束力,其应当承担违反协议的法律后果,即在车辆价值范围内就振环公司债务承担清偿责任。周某辩称协议真实意思是将案涉车辆转让给振环公司,然后由振环公司用以抵债,但未提供相关证据证明车辆转让给振环公司的事实,且振环公司购买车辆抵债,其中并无优惠,却手续烦琐,不符合常理,故该辩解意见不应采信。由于签订协议时各方未约定车辆价值,案件审理中也无法通过评估确定,周某一审陈述其将车辆以 10 万元转让给振环公司,但该陈述未被法院采信,故应以周某另行转让车辆的实际交易价格即 6 万元确定车辆价值。据此,依照合同法第八条、第一百零七条、第一百一十三条第一款,改判周某对振环公司所欠帕特龙公司货款 17.6 万元及逾期付款利息在 6 万元范围内承担清偿责任。

简要解析

本案涉及代物清偿的成立及法律效力问题。代物清偿的法律效力主要体现在两个方面:一方面,代物清偿生效之后,债的关系归于消灭,债权的从权利也随之消灭;另一方面,在原债务为有偿合同时,发生瑕疵担保责任。也即是说,代物清偿生效之后,如替代给付具有权利上或物之品质上的瑕疵,应当适用瑕疵担保责任的规定①。欲发生代物清偿的法律效果,须具备以下要件:一、须有原债务的存在。至于原债的标的如何,在所不问。合同之债可代物清偿,无因管理、不当得利及侵权行为产生的债的关系,亦可成立代物清偿。二、须以他种给付代替原定给付。所谓"他种给付",既可与原定给付种类不同,如以劳务给付代替金钱给付,也可与原定给付种类相同,如以支票给付代替现金给付。在代物清偿中,即使原定给付与他种给付的价值不同,但只要成立代物清偿,债的关系即告消灭。当然,应当允许当事人对于原定给付与替代给付的价值差额的处理进行约定。三、须有代物清偿的合意。代物清偿系以他种给付代替原定给付,因此必须经清偿人与清偿受领人就代物清偿达成合意。清偿人原则上是债务人,但是如果存在第三人代为清偿,清偿人也可以是债务人以外的第三人。清偿受领人原则上是债权人,但也可以是债权人以外的第三人。四、须债权人现实受领给付。代物清偿合同属要物合同②,因此只有在清偿人现实提出替代给付并经清偿受领人现实受领,才发生代物清偿的法律效力。

在本案中,三方当事人在协议中约定将车辆暂扣、提车、过户,用以抵偿振环公司和帕特龙公司之间的货款,实质是以他种给付(车辆所有权转移)代替原定的金钱给付(货款支付)。周某并非债务人,其在协议上签字的行为,实质上是对车辆处分和代物清偿的认可,依法成立第三人代物清偿合同。签订协议后,周某交付车辆钥匙的行为,应认定为代物清偿中物的交付,进而使协议产生效力。周某在第三人代物清偿合同生效后,违反约定将车辆另行转让,使代物清偿合同目的落空,依法构成违约。依据合同法第一百零七条的规定,周某应当对案涉债务承担清偿责任,而不能以不是债务人作为抗辩理由,只是其承担责任的范围应以代偿物即车辆的价值为限。

二、清偿的抵充

知识点

清偿的抵充,也称履行的抵充,是指债务人对同一债权人负担数宗同种类债务,而债务人的履行不足以清偿全部债务时,决定该履行抵充某宗或某几宗债务的

---

① 王家福:《民法债权》,北京:中国社会科学出版社,2015年,第184页。
② 王家福,梁慧星:《中国民法学·民法债权》,北京:法律出版社,1991年,第198页;张民安:《债法总论》,广州:中山大学出版社,2005年,第228页。

现象。

《民法典》第五百六十条规定:"债务人对同一债权人负担的数项债务种类相同,债务人的给付不足以清偿全部债务的,除当事人另有约定外,由债务人在清偿时指定其履行的债务。债务人未做指定的,应当优先履行已经到期的债务;数项债务均到期的,优先履行对债权人缺乏担保或者担保最少的债务;均无担保或者担保相等的,优先履行债务人负担较重的债务;负担相同的,按照债务到期的先后顺序履行;到期时间相同的,按照债务比例履行。"

适用例举

李某诉华派公司民间借贷纠纷案[①]

李某与江苏华派新材料科技有限公司(以下简称"华派公司")、沈某、江苏银豪房地产开发有限公司(以下简称"银豪公司")民间借贷纠纷一案,盐城中院于2014年11月18日判决华派公司于该判决生效之日起十日内向李某支付借款本金2 764 872.86元及逾期利息,沈某、银豪公司承担连带清偿责任。2014年12月31日,盐城中院对该案予以立案执行。2015年3月20日至2015年5月22日,银豪公司通过银行转账的方式共计向李某还款95万元。2015年6月12日,李某、沈某、银豪公司三方签订了执行和解协议,该和解协议内容为:一、沈某、银豪公司承诺于2015年7月5日之前还本金68万元,剩余本金668 630元和全部利息及由沈某、银豪公司承担的案件受理费于2015年7月20日之前结清。二、执行费30 338元,由沈某、银豪公司承担。三、如沈某、银豪公司未能按期还款,则承担中国人民银行同期同类贷款基准利率的4倍的违约金。四、沈某、银豪公司承诺,如超过上述约定还款期限一个月未能还款,则李某可申请执行人民法院对沈某、银豪公司名下或开发的房地产进行拍卖以偿还债务,等等。上述和解协议签订后,2015年9月19日、2016年3月14日,银豪公司向李某转账合计350万元。盐城中院另查明:银豪公司、沈某向李某出具借条两张,其中一张载明:"今借到李某人民币贰佰贰拾贰万柒仟元整。此据!借款人:沈某,2014.7.18。"上述借条中加盖银豪公司印章。另一张载明:"今借到李某人民币壹佰零陆万整。此据!借款人:沈某,2015.3.15。"李某主张和解协议签订后,银豪公司、沈某所汇的350万元应当先用于偿还上述两笔借款。银豪公司、沈某对盐城中院不予将其从失信被执行人名单中删除不服,向盐城中院提出书面异议。

盐城市中级人民法院经审理认为:本案的争议焦点为,和解协议签订后,银豪公司向李某账户所汇款项应当优先偿还案外借款还是案内借款。本案中,李某与

[①] 一审裁定书:参见江苏省盐城市中级人民法院(2016)苏09执异53号执行裁定书;二审裁定书:参见江苏省高级人民法院(2017)苏执复24号执行裁定书。

银豪公司、沈某签订的和解协议中约定银豪公司、沈某应向李某偿还的款项为本金1 348 630元及利息、违约金。此外,银豪公司、沈某出具给李某的两张借条合计借款为本金3 287 000元及利息。银豪公司、沈某于和解协议签订后汇给李某的350万元不足以偿还案内借款及两张借条载明的案外借款。在此情形下,该还款应当优先抵充已到期的债务。案内借款已到期,案外借款虽未约定具体的还款期限,但李某可随时主张银豪公司、沈某在合理期限内返还。在此情形下,该还款应当优先抵充对债权人缺乏担保的债务,案内借款李某除向银豪公司、沈某主张外,亦可向华派公司主张,该借款应视为有担保之债。案外借款则为缺乏担保之债,且李某与银豪公司、沈某并未约定该350万元的还款用途,李某主张该350万元是偿还案外借款的请求应予支持。该笔350万元抵充案外借款后已不足以偿还本案中的债务,故银豪公司、沈某在尚未将本案的全部债务履行完毕的情形下,请求将其从失信被执行人名单中予以删除,没有事实依据,该院不予支持。

复议申请人银豪公司、沈某不服上述裁定,向江苏省高级人民法院申请复议。江苏省高级人民法院审理后认为:由于银豪公司、沈某归还的350万元,不足以支付所欠李某的全部债务,双方当事人没有证据证明双方约定了归还的顺序,银豪公司、沈某亦不能提供证据证明其作为债务人在归还上述欠款时指定归还了其中某一笔。根据债的清偿抵充顺序的基本原则,债务人对于同一债权人负担数项同一种类债务,如果债务人的给付不足以清偿其全额债务的,确定债务的清偿抵充顺序的基本原则是:约定优先,债务人指定次之,最后是法定抵充顺序。本案中,如何确定复议申请人归还的350万元是否包含了执行和解协议中的1 348 630元,应依法定程序确定。根据《最高人民法院关于适用〈中华人民共和国合同法〉若干问题的解释(二)》第二十条的规定,本案中复议申请人共欠李某三笔债务。其中第一笔:执行和解协议约定了2015年7月5日之前还本金68万元,剩余668 630元和全部利息及由银豪公司、沈某承担的案件受理费于2015年7月20日之前结清。此笔债务应当视为到期债务。第二笔、第三笔债务的借条分别签订于2014年7月18日、2015年3月15日,均没有约定还款日期。根据《中华人民共和国合同法》第二百零六条"借款人应当按照约定的期限返还借款。对借款期限没有约定或者约定不明确,依照本法第六十一条的规定仍不能确定的,借款人可以随时返还;贷款人可以催告借款人在合理期限内返还"的规定,李某没有证据证明自己催告过银豪公司、沈某在合理期限内返还上述第二、第三笔债务,因此,不应当将第二、第三笔债务当视为到期债务。银豪公司、沈某偿还的350万元款项中,根据上述法律和司法解释的规定应当确认首先用于归还已到期的执行和解协议书中确定的1 348 630元及利息。复议申请人银豪公司、沈某已履行了执行和解协议书所确定的金钱给付义务,剩余款项可视为复议申请人对本案所涉两借条未到期债务的主动履行。综上,裁定撤销原执行裁定,并发回一审法院重新审查。

简要解析

本案涉及实践中清偿抵充的适用问题。根据清偿抵充的方法的不同,可将清偿抵充分为意定抵充与法定抵充。意定抵充,即根据当事人的意思决定的抵充。法定抵充,是指当事人未约定、清偿人不为指定或未为指定时,由法律确定清偿抵充的顺序。意定抵充又可进一步分为约定抵充与指定抵充。约定抵充是指当事人就债务人的给付系抵充何宗债务有约定时,从其约定。各国现行立法一般均未规定约定抵充,但是根据契约自由原则,当事人当然可以通过合意确定所要抵充的债务①。指定抵充是指如果当事人之间没有约定,则清偿人有权单方面指定其给付系清偿何宗债务。这种指定的实质为形成权的行使②。对于债的清偿抵充的适用,即如果既有约定抵充,又有指定抵充与法定抵充的,应当如何适用。一般认为约定抵充优先,指定抵充次之,法定抵充再次③。《民法典》第五百六十条的规定亦体现了此种立场。具体而言,首先,如果当事人约定了抵充的顺序,应当依照该约定;其次,如果当事人没有约定,原则上应当由债务人行使抵充指定权指定抵充顺序;最后,在双方未达成约定抵充,又未为指定抵充时,应当适用法定抵充。

对于法定抵充,一般认为其适用需要符合以下三个要件:一、必须是债务人对同一债权人负担数宗债务。此处所谓数宗债务,究竟是自始发生在债权人与债务人之间还是嗣后由他人之处承担而来,均不重要。另外,此数宗债务是否均已届清偿期亦无关紧要④。二、数宗债务的种类相同。如果该数宗债务的种类不同,可以依据债务人履行的情况和给付的种类确定其清偿的是何笔债务,无须适用法定抵充。三、必须是债务人的给付不足以清偿全部债务,否则自无法定抵充的适用余地。

在本案中,银豪公司与沈某共欠李某三笔债务。其中第一笔:执行和解协议约定了2015年7月5日之前还本金68万元,剩余668 630元和全部利息及由被申请人执行人承担的案件受理费于2015年7月20日之前结清。此笔债务应当视为到期债务。第二笔、第三笔债务的借条分别签订于2014年7月18日,2015年3月15日,均没有约定还款日期。银豪公司与沈某共偿还李某350万元,但当事人之间并没有形成抵充的合意,亦无指定抵充,应当适用法定抵充。依据《民法典》第五百六十条的规定,债务人应当优先履行已经到期的债务。本案的难点在于没有约定还款日期的两笔债务是否已届履行期。一审法院认为,由于李某可随时主张银豪公司、沈某在合理期限内返还,故这两笔债务已经到期。按照《民法典》第六

---

① 孙森焱:《民法债编总论》(下册),北京:法律出版社,2006年,第869页。
② 崔建远:《合同法学》,北京:法律出版社,2015年,第226页。
③ 黄文煌:《清偿抵充探微》,《中外法学》2015年第4期。
④ 魏振瀛:《民法》(第七版),北京:高等教育出版社、北京大学出版社,2017年,第426页。

百七十五条的立法精神,即使李某已经主张银豪公司、沈某在合理期限内返还,只有当该合理期限届满后才能视为债务已到期。在李某没有证据证明自己催告过银豪公司、沈某的情况下,一审法院直接认定两笔未约定还款期限的债务已经到期显然与《民法典》第六百七十五条的立法精神相悖。因此,二审法院认为不应当将第二、第三笔债务视为到期债务,银豪公司、沈某所偿还的350万元应当确认首先用于归还执行和解协议书中的欠款本息。

第二节 抵销

知识点

抵销,是指两人互负债务,且给付种类相同,并均届清偿期时,双方均可使其债务与对方债务在对等数额内同归于消灭。主张抵销的债权,称为主动债权。被抵销的债权,称为被动债权或受动债权。

《民法典》第五百六十八条规定:"当事人互负债务,该债务的标的物种类、品质相同的,任何一方可以将自己的债务与对方的到期债务抵销;但是,根据债务性质、按照当事人约定或者依照法律规定不得抵销的除外。当事人主张抵销的,应当通知对方。通知自到达对方时生效。抵销不得附条件或者附期限。"第五百六十九条规定:"当事人互负债务,标的物种类、品质不相同的,经协商一致,也可以抵销。"

适用例举

胡某诉方某、蔡某、宋某民间借贷纠纷案[①]

2011年4月22日,方某因资金周转需要,通过老乡蔡某的介绍向胡某借款50万元。经协商,以胡某为出借人,方某为借款人,蔡某、宋某为保证人签订《借款协议》,协议约定:借款人向出借人借款人民币50万元,借款期限为2011年4月22日至2011年6月21日,月利息为2%。保证条款约定:一、还款保证人蔡某、宋某为确保本协议的履行,用其名下所有财产和夫妻共有财产,愿与借款人负连带返还借款本息的责任;二、借款人用自有的两辆车作抵(质)押。《借款协议》签订后,胡某依约定于当天向方某转账人民币50万元,方某同日书写收条一份交由胡某收执,内容为"今收到胡某人民币伍拾万元整"。《借款协议》签订后方某将协议中约

---

① 一审判决书:参见广西壮族自治区桂林市象山区人民法院(2012)象民初字第31号民事判决书;二审判决书:参见广西壮族自治区桂林市中级人民法院(2013)桂市民四终字第16号民事判决书。

定的用作抵(质)押的机动车登记证书原件、注册登记机动车信息栏、行驶证与驾驶证复印件等交由胡某,双方未到运输工具的登记部门办理抵押物登记,也未交付质押物。由于方某未能按《借款协议》约定的期限还款,担保人蔡某、宋某提供方某财产的信息,胡某委托朋友从方某的鹏飞酒业有限责任公司拉走部分白酒,并对该部分白酒制作清单交由鹏飞酒业有限公司宋某收执,蔡某在清单中以证明人身份签名确认。胡某其后为向方某追索借款,委托嘉合律师事务所进行代理活动,确定律师代理费为27 190元。后胡某诉至桂林市象山区人民法院,请求判令方某偿还胡某借款及利息,并支付胡某违约金。

广西壮族自治区桂林市象山区人民法院经审理认为:方某向胡某借款人民币50万元,至今仍未归还,事实清楚,证据确凿、充分,应承担偿还胡某借款人民币50万元的法律责任。方某辩称胡某拉走价值相当的酒水,债务已相互抵销。《合同法》第九十九条和第一百条分别规定了法定抵销与约定抵销。法定抵销的前提条件为双方当事人互负到期债务且标的物种类、品质相同,而本案中方某逾期未归还借款形成的是借贷之债,方某应承担金钱给付义务,胡某拉走方某货物属侵权之债,胡某需承担返还货物义务,两者的标的物种类、品质并不相同,方某不能依法律规定行使法定抵销权。《合同法》第一百条规定,当事人互负债务,标的物种类、品质不相同的,经双方协商一致,也可以抵销。本案中因胡某、方某未能协商一致,故也不能以约定抵销主张债务消灭,故对方某主张债务已相互抵销不予采信。

一审宣判后,方某提起上诉,广西壮族自治区桂林市中级人民法院经审理认为:根据法律规定,当事人互负到期债务,该债务的标的物种类、品质相同的,任何一方可将自己的债务与对方的债务抵销。抵销一般须具备以下要件:一、双方当事人互负债务互享债权,抵销以在对等额内使双方债务消灭为目的;二、自动债权已届清偿期,债权人的债权通常只有在清偿期届满时,才能要求清偿;三、双方的债务的给付须种类、品质相同;四、当事人主张抵销应当通知对方,抵销通知对方当事人时,抵销才发生法律效力。本案方某借胡某的款项到期后未归还,胡某将方某所属的鹏飞酒业有限责任公司的部分白酒拉走,双方未就酒的价格达成一致意见,也未明确该批酒抵偿本案所欠借款本息、违约金,且方某已向桂林市七星区人民法院提起诉讼,要求胡某赔偿其酒被拉走后的损失。故方某认为双方之间的债务互相抵销不符合法律规定,不予支持。

简要解析

本案涉及约定抵销与法定抵销的适用问题。根据发生原因的不同,可将抵销分为法定抵销与约定抵销。法定抵销是指依单方意思表示即可发生抵销效果的抵销;做出抵销意思表示而使自己所负债务消灭的权利被称为"抵销权"。《民法典》第五百六十八条对法定抵销做出了规定。约定抵销,需要双方当事人的合意,从而达到使彼此相应的债务同归于消灭的效果。《民法典》第五百六十九条规定了约定抵销。根据我国《民法典》的规定,约定抵销主要适用于双方互负种类不同的债务时的情形。对于债务能否抵销,应当先看当事人之间有无约定抵销的合意。如无约定抵销的合意,才得适用法定抵销。

从性质上看,法定抵销权属于形成权,应当严格限制法定抵销的适用要件。一般认为,法定抵销应当符合以下要件:一、须有主动债权与受动债权合法地客观存在。抵销具有使清偿简化的功能,其以按对等数额使双方债权消灭为目的,故以双方债权合法地客观存在为前提。对于超过诉讼时效的债权能否抵销的问题。一般认为,若主动债权超过诉讼时效,原则上不得抵销,但在其时效未完成时已适合于抵销的以及抵销时债务人未提出时效抗辩的,仍可抵销;若被动债权超过诉讼时效,一般得为抵销,因为抵销可视作对时效利益的抛弃。二、须双方债权均届清偿期。抵销具有互相清偿的作用,因此双方债权均届清偿期,自可为抵销,否则无异于强令债务人提前清偿。然而,如果主动债权与被动债权之一未届清偿期,能否适用抵销呢?一般认为,对于主动债权应届清偿期。对于被动债权,其履行期限原则上是为债务人的期限利益而存在,因此债务人得抛弃期限的利益,对于未届清偿期的债权为抵销,可认为是其放弃期限利益,应允许其主张抵销①。三、两个债权对于双方当事人而言是相互对立的。被动债权的债务人须为主动债权的债权人,即为相互对立性。此种相互对立性在抵销的意思表示成立时即应存在。四、双方债务的给付须种类相同。在法定抵销的情形下,为确保双方债权目的的实现,只有双方债务的给付种类相同时才可抵销。具体而言,主要有以下几种情形:①金钱债权,不论是否为相同种类的货币,一般均可抵销。②双方债权均以特定物给付为标的的,即使该特定物属于相同种类,也不得抵销。但是如果双方当事人均以同一物为给付物时,仍属同一种类的给付,可以抵销②。③双方虽均以同种类物的给付为标的的债权,原则上只得在种类物的质量完全相同时方可抵销。但是理论上一般认为,即使给付种类物的质量有所不同,以劣等性质的物为给付标的的债权,对于以优等性质的物为给付标的的债权不得为抵销,反之则可以抵销。五、须非不得抵销的债务。①依债的性质不得抵销的债务。如劳务之债原则上必须亲自履行,不得抵销,否则会使缔约目的不能实现③。②依约定不得抵销的债务。若当事人事先约定不得抵销,则无法定抵销的适用。③法律禁止抵销的债务。例如,《合伙企业法》第四十一条规定:合伙人发生与合伙企业无关的债务,相关债权人不得以其债权抵销其对合伙企业的债务,也不得代位行使合伙人在合伙企业中的权利。

本案的争议焦点在于胡某拉走方某白酒的行为是否成立抵销。方某对胡某负

---

① 王利明:《债法总则研究》,北京:中国人民大学出版社,2015年,第708页。
② 李永军:《债权法》,北京:北京大学出版社,2016年,第82页。
③ 林诚二:《民法债编总论——体系化解说》,北京:中国人民大学出版社,2003年,第560页。

有50万元的金钱债务,由于方某未能按《借款协议》约定的期限还款,担保人蔡某向胡某提供方某财产的信息,胡某委托朋友从方某的鹏飞酒业有限责任公司拉走部分白酒。胡某拉走白酒时并未与方某就酒的价格达成一致意见,也未明确该批酒抵偿本案所欠借款本息、违约金,且方某另案提起诉讼要求胡某赔偿其酒被拉走后的损失,这证明当事人就是否成立约定抵销存在异议。因此,当事人之间不存在约定抵销的合意,不得适用约定抵销。至于是否构成法定抵销,须看该行为是否符合法定抵销的成立要件。构成法定抵销,要求双方债务的给付须种类相同。然而方某应承担金钱给付义务,胡某拉走方某的白酒属种类物,两者的标的物种类、品质并不相同。综上,方某并不享有法定抵销权,胡某须承担货物返还义务。在将白酒返还给方某后,胡某仍可以申请法院对上述白酒进行查封、扣押,并依法定程序以白酒拍卖、变卖的价款清偿本案债务。

第三节 提存

■ 知识点

提存是指因债权人原因而致债务人难以履行债务的,债务人将标的物交付给提存机关或当事人约定的第三人从而消灭债务的制度。我国的提存机关是公证机关。

《民法典》第五百七十条规定:"有下列情形之一,难以履行债务的,债务人可以将标的物提存:(一)债权人无正当理由拒绝受领;(二)债权人下落不明;(三)债权人死亡未确定继承人、遗产管理人,或者丧失民事行为能力未确定监护人;(四)法律规定的其他情形。标的物不适于提存或者提存费用过高的,债务人依法可以拍卖或者变卖标的物,提存所得的价款。"第五百七十一条规定:"债务人将标的物或者将标的物依法拍卖、变卖所得价款交付提存部门时,提存成立。"

■ 适用例举

新疆今日安全玻璃有限公司与神内公司房屋租赁合同纠纷案[1]

2007年3月30日,乌鲁木齐神内生物制品有限公司(以下简称"神内公司")与乌鲁木齐今日安全玻璃有限公司(以下简称"乌鲁木齐今日公司")签订了一份租赁合同。合同约定,神内公司将位于乌鲁木齐经济技术开发区上海路130号的

---

[1] 一审判决书:参见乌鲁木齐市新市区人民法院(2011)新民三初字第101号民事判决书;二审判决书:参见新疆维吾尔自治区乌鲁木齐市中级人民法院(2012)乌中民四终字第72号民事判决书。

工厂租赁给乌鲁木齐今日公司,租赁期限为5年,从2007年6月1日起至2012年5月31日止。年租金96万元,租金采取预交方式,每6个月付480 000元,2007年5月23日支付2007年6月1日至2007年11月30日的租金480 000元,后续租金依次交纳。在租赁期内,若遇乌鲁木齐今日公司欠交租金超过20日,神内公司有权停止其使用租赁物内的有关设施,超过1个月,则有权收回租赁物,拍卖乌鲁木齐今日公司留置的财产用于抵偿租金。同时还约定,未经对方书面同意,任何一方不得提前终止合同。如确需提前解除合同,须提前10个月书面通知对方,并向对方支付相当于月租金5倍的款项作为赔偿。同时约定,乌鲁木齐今日公司在合同签订日起2日内交纳履约保证金80 000元。2007年4月2日,乌鲁木齐今日公司向神内公司交纳了租赁保证金80 000元。2007年12月24日,神内公司、乌鲁木齐今日公司、新疆今日安全玻璃有限公司(以下简称"新疆今日公司")三方就上述租赁合同签订了一份补充协议。约定乌鲁木齐今日公司将租赁合同中的全部权利义务转让给新疆今日公司。新疆今日公司将租金交纳至2009年5月31日。后因新疆今日公司未按租赁合同约定及时交纳2009年6月1日至2009年11月30日的租金480 000元,神内公司遂于当年7月16日,向新疆今日公司发出终止合同通知书。通知新疆今日公司立即交清所欠租金,同时提出按合同第11条的约定,要提前收回租赁物,终止双方签订的租赁合同,并限其60日内拆除合同约定归属新疆今日公司的添附物。新疆今日公司收到此通知书后,于次日向神内公司交纳了2009年6月1日至2009年11月30日的租金480 000元。并于2009年7月25日向神内公司回函,对终止合同的通知提出异议,神内公司对该异议未给予回复。其间,新疆今日公司分别于2009年12月2日、2010年1月29日、2010年5月14日向神内公司交纳2009年12月1日至2010年11月30日期间的租金遭拒收,致使新疆今日公司未能交纳2009年12月1日以后的租金。但新疆今日公司未办理租赁费提存手续。2009年12月17日,神内公司在乌鲁木齐市新市区人民法院起诉新疆今日公司,要求新疆今日公司停止侵权,搬离租赁场地。后经法院查明上述事实于2010年6月10日做出(2010)新民三初字第46号民事判决驳回神内公司诉讼请求。

该判决生效后,神内公司于2009年9月6日向新疆今日公司发出附条件解除合同通知书,告知新疆今日公司已欠付租金960 000元,以及自2009年6月1日后未及时支付租金期间的滞纳金,共计1 015 200元,要求新疆今日公司于30日内向神内公司支付上述款项,如新疆今日公司未将上述款项支付神内公司,神内公司将解除合同并收回租赁物。新疆今日公司收到该通知后,于2010年9月8日以公证方式向神内公司交付960 000元租赁费及110 400元滞纳金,因神内公司仅要求收取滞纳金1 015 200元而拒绝收取租赁费,故新疆今日公司未能将960 000元租金及110 400元滞纳金交付神内公司。同月13日,新疆今日公司以公证形式对神内公司的附条件解除合同通知书发出异议函,要求神内公司收取租赁费。后同月26日,新疆今日公司将960 000元租金及滞纳金110 400元在公证处提存。同日,新疆今日公司以公证方式向神内公司发出通知,告知神内公司前往公证处领取已提存的租赁费及滞纳金。同年10月9日,神内公司向新疆今日公司发出合同解除通知书,要求新疆今日公司于30日返还租赁物。2010年12月1日,新疆今日公司以转账支票形式向神内公司支付2010年12月1日至2011年5月31日期间租金480 000元,并以公证方式向神内公司送达,神内公司仍以要求新疆今日公司先交纳违约金为由拒收该租金。2011年1月24日,新疆今日公司将该支票在公证处提存且公证处将提存的事实邮寄通知神内公司。

新疆今日公司诉至法院,请求判令:确认神内公司发出的合同解除通知书不产生解除租赁合同的效力;神内公司继续履行2007年3月30日的租赁合同义务,收取租赁费;神内公司赔偿给新疆今日公司造成的损失8 440元。神内公司提起反诉,请求判令:确认解除合同通知书已生效,新疆今日公司返还神内公司租赁物;新疆今日公司支付违约金973 446.58元;新疆今日公司支付2010年9月10日至2011年1月30日期间租赁物占用费456 297.81元;新疆今日公司支付自2011年1月30日至实际返还租赁物之日(2011年6月22日)的实际占用费用589 120元。

乌鲁木齐市新市区人民法院经审理认为:虽神内公司拒收新疆今日公司交纳的租赁费的事实在(2010)新民三初字第46号民事判决中已经认定,但新疆今日公司在神内公司拒收租赁费后,未按照法律规定将2009年12月1日至2010年5月31日及2010年6月1日至2010年11月30日期间的租赁费提存。按照《合同法》规定,债务人在提存后,债务人的付款义务终止。故新疆今日公司未按期向神内公司支付2009年12月1日至2010年5月31日及2010年6月1日至2010年11月30日期间的租赁费,对神内公司要求新疆今日公司支付违约金的诉讼请求予以支持。综上,判决:一、神内公司于2010年9月6日做出的附条件解除合同通知书、2010年10月9日的合同解除通知书不产生解除2007年3月30日租赁合同的效力,双方间的租赁合同继续有效;二、神内公司继续履行2007年3月30日的租赁合同义务,按期收取新疆今日公司交付的租赁费;三、神内公司向新疆今日公司赔偿经济损失7 840元;四、新疆今日公司支付神内公司违约金905 653.31元;五、驳回神内公司的其他反诉请求。

新疆今日公司不服一审判决,提起上诉。新疆维吾尔自治区乌鲁木齐市中级人民法院经审理认为:本案中,新疆今日公司虽未及时办理2009年12月1日至2010年11月30日的租金提存手续,但一直在向神内公司积极交纳此期间的租金,故法院认为新疆今日公司除在2009年6月1日至2009年11月30日存在逾期交纳租金的违约行为外,此后并不存在其他违约行为。神内公司要求新疆今日公司支付滞纳金1 015 200元,并以此为由拒绝收取新疆今日公司交纳的租金缺乏事实及法律依据,法院不予支持。原审法院基于新疆今日公司未及时办理提存手续的事实,认定新疆今日公司存在违约行为亦于法无据,法院依法予以纠正。综上,判决:一、维持乌鲁木齐市新市区人民法院(2011)新民三初字第101号民事判决第一、二、三、五项;二、撤销乌鲁木齐市新市区人民法院(2011)新民三初字第101号民事判决第四项,即:新疆今日安全玻璃有限公司支付乌鲁木齐神内生物制品有限公司违约金905 653.31元。

■ 简要解析

本案涉及提存的法律效力问题。债的清偿,除须债务人的履行之外,还需要债权人提供必要的协助。如果因为一些特殊的原因,导致债务人无法向债权人履行或债权人无正当理由不受领履行等,将使债务人处于不利地位。提存制度的价值就在于将提存作为债的消灭原因之一,以使债务人摆脱债的约束。提存应当符合以下要件:一、须有合法的提存人。提存人是对提存受领人负有清偿义务的人。一般来说,提存人是债务人,但是得为清偿的第三人也可作为提存人。二、须有合法的提存原因。根据《民法典》第五百七十条的规定,提存原因主要有:债权人无正当事由拒绝受领;债权人下落不明;债权人死亡未确定继承人、遗产管理人,或者丧失民事行为能力人未确定监护人;法律规定的其他情形。如《民法典》第五百二十九条规定:"债权人分立、合并或者变更住所没有通知债务人,致使履行债务发生困难的,债务人可以中止履行或者将标的物提存。"三、提存的标的物与债的标的物相符且适合提存。《民法典》第五百七十条第二款规定:"标的物不适于提存或者提存费用过高,债务人依法可以拍卖或者变卖标的物,提存所得的价款。"所谓不适于提存的标的物,如生鲜食品、爆炸物、易变质的化学药品等;所谓提存费用过高的标的物,如需特殊保管的设备、需照料的动物等。

根据《民法典》的规定,提存对提存人与债权人发生以下效力:一、提存人与债权人之间的效力。自提存有效成立之时起,提存人与债权人之间的债之关系消灭,标的物所有权移转于债权人。在提存期间,标的物的收益归债权人所有,其毁损、灭失的风险由债权人承担。二、提存人与提存机关之间的效力。提存机关依照法律规定,负有保管提存物的义务。提存人向提存机关提存后,除能证明系出于错误或提存原因已消灭外,不得取回提存物。三、提存机关与债权人之间的效力。债的标的物提存后,债权人可依提存物领取请求权领取提存物,同时应承担提存机关保管、变卖、拍卖提存物的费用。该提存物领取请求权的性质为物权请求权[①]。如果提存人的清偿需债权人的同时履行,并将其注明于提存书时,在债权人未为给付或提供担保前,提存机关应拒绝其受领提存物。债权人受领提存物的权利,自提存之日起五年内不行使而消灭,提存物扣除提存费用后归国家所有。

在本案中,新疆今日公司收到神内公司《解除合同通知书》后,对终止合同的通知提出异议,神内公司对该异议未给予回复。其间,新疆今日公司分别于2009

---

① 王利明:《债法总则研究》,北京:中国人民大学出版社,2015年,第721页。

年12月2日、2010年1月29日、2010年5月14日向神内公司交纳2009年12月1日至2010年11月30日期间的租金,遭拒收,致使新疆今日公司未能交纳2009年12月1日以后的租金。神内公司拒收租金无正当理由,新疆今日公司虽未及时办理部分租金的提存,但新疆今日公司与神内公司的合同关系并未终止。应当指出,提存并非债务人的义务。新疆今日公司虽未及时办理2009年12月1日至2010年11月30日的租金提存手续,但一直在向神内公司积极交纳此期间的租金,故新疆今日公司逾期缴纳租金的行为并不构成违约。综上,二审法院改判驳回神内公司要求新疆今日公司支付滞纳金的诉讼请求合法有据。

第四节 免除

■ 知识点

免除是指债权人对债务人做出的可以不履行债务的单方意思表示。从权利消灭的角度,也可以将其理解为债权人抛弃债权的行为。

《民法典》第五百七十五条规定:"债权人免除债务人部分或者全部债务的,债权债务部分或者全部终止,但是债务人在合理期限内拒绝的除外。"

■ 适用例举

安某诉包某追偿权纠纷案①

1997年6月2日9时10分,包某驾驶安某、包某共同所有的苏HC0×××号栏板大货车途经淮阴区西马路十字路口时,车上装的推土机刮到电话线,电话线杆被拉倒断裂,砸伤了正在行走的李某,后李某向淮阴区人民法院起诉。淮阴区人民法院于1998年4月10日做出(1997)淮民初字第1094号民事判决书,判决包某、安某共同赔偿李某医疗费等合计66 590.77元,除去已付7 300元,需要再付59 290.77元,包某与安某互负连带责任。案件受理费及保全费、鉴定费合计3 620元,由包某、安某各负担一半。该判决生效后,包某与安某均未自动履行判决书所确定的义务,李某遂申请法院强制执行。在执行过程中,李某的委托代理人与包某签订和解协议书,约定:包某一次赔偿李某人民币壹万壹仟元整,李某不再要求包某继续承担赔偿责任和其他连带赔偿责任。协议签订后,包某按约通过法院给付李某人民币壹万壹仟元,此后,李某一直未再向包某主张权利。2011年8月,淮阴区人民法院在继续执行该案过程中,于2011年8月4日扣押了安某个人所有的苏

---

① 一审判决书:参见淮安市淮阴区人民法院淮渔民初字第385号民事判决书;二审判决书:参见江苏省淮安市中级人民法院(2012)淮中民终字第841号民事判决书。

HE2×××号吊车一辆。2011年8月13日,安某与李某的代理人达成执行和解协议,主要内容为:扣除包某已经支付的11 000元后,由安某支付赔偿款及迟延履行利息102 000元,安某按期履行后,李某对余下的迟延履行利息予以放弃,并自愿承担执行费;安某保留对包某应承担赔偿份额进行追偿的权利。安某按上述协议支付赔偿款及迟延履行利息后,于2011年9月30日向法院起诉,要求包某给付其所付赔偿款及迟延利息的一半51 000元,并赔偿吊车被法院扣押造成的停运损失15 000元,合计66 000元。

淮安市淮阴区人民法院经审理认为:包某与原权利人李某达成和解协议未告知安某,对安某不发生法律效力,安某与包某作为共同侵权人,对权利人承担的是连带责任,权利人李某放弃了包某的责任,但是没有放弃安某的责任,故法院在对安某进行执行的时候,应按照判决书确定的义务要求其对剩余赔偿款承担全部责任,包括包某尚未全部履行完毕的责任。根据双方退股协议的约定,安某、包某对原事故造成的损失承担同等责任,故安某对于其履行超过全部责任一半的部分可以向共同侵权人追偿;对于安某所支付的迟延履行利息,应按双方各自应承担的本金比例分担;安某吊车被法院扣押完全是其自己不履行义务造成的,这部分损失应由安某自行承担。判决如下:一、包某于本判决生效后10日内返还安某多支付的案件执行款18 645.39元及相应的迟延履行利息20 696.38元,合计39 341.77元。二、驳回安某其他诉讼请求。

一审宣判后,包某不服一审判决,向淮安市中级人民法院提起上诉。淮安市中级人民法院经审理认为:包某与李某于2000年11月达成了和解协议,该协议约定,包某一次性赔偿李某人民币11 000元,李某不再要求包某继续承担赔偿责任和其他连带赔偿责任,此和解协议的效力并不及于安某。2011年8月13日,安某与李某的代理人达成了执行和解协议,协议约定由安某支付赔偿款及迟延履行利息102 000元,安某保留对包某应承担赔偿份额进行追偿的权利。李某的行为表明其在实质上并没有放弃两个侵权人的赔偿责任和减轻其赔偿份额。根据包某与安某于1997年7月25日签订的退股协议约定,此次交通事故双方各承担一半,安某在承担判决确定的责任后有权就超出自己应履行部分的一半份额向包某主张追偿。尽管其与李某曾有协议在先,但该协议中权利人放弃权利属于无奈,且本案关键并不在此,而在于另一债务人履行判决债务后依法对其行使追偿权,其应当依合伙份额或相互约定承担。因此,包某上诉理由无事实和法律依据,法院不予采纳。一审判决认定事实和适用法律均正确,依法应予维持。判决驳回上诉,维持原判。

■ **简要解析**

本案涉及连带债务中免除的法律效果问题。免除,以消灭债务人的债务为目的。免除的性质如下:一、免除是无偿行为。免除既为债权人解除债务人受债务约束的意思表示,则不能再给债务人额外增加其他负担,故免除不能附加要求债务人另行履行其他有偿行为的意思。二、免除是非要式行为。免除的意思表示无须采用特别形式，可书面做出，亦可口头做出，甚至可以用可推断的行为做出。三、免除是无因行为。免除是依债权人的意思而发生债务消灭的法律后果，是债权人对其债权的一种处分行为，一旦做出即依法发生法律效力。至于免除的原因如何，则在所不问①。四、免除是单方行为。免除是单方行为，仅依债权人单方意思表示即可发生法律效力，并不需要经过债务人的同意。但是根据《民法典》第五百七十五条的规定，债务人可以在合理期限内拒绝债务的免除。这主要是因为债务免除在绝大多数情形下都是符合债务人利益的，债务人不会反对，因此将债务免除作为单方法律行为更节约成本，符合效率的追求。但是应当赋予债务人以拒绝权，如果债务人在合理期限内行使拒绝权的，产生使债务免除溯及既往地不发生效力的法律效果。

　　需要注意的是，只有符合以下要件，才得发生免除的效力：一、免除的意思表示只能向债务人做出。免除的意思表示应由债权人或其代理人向债务人或其代理人为之，该意思表示到达债务人或其代理人时生效。二、免除作为法律行为，应当适用法律行为的有关规定。例如，免除人必须具备行为能力、免除可代理、免除可附条件或附始期等。三、免除不得损害第三人的利益。虽然因为债的相对性，免除只在债权人和债务人之间发生效力，但是若因免除而损害第三人的利益的，免除不生效力。如在破产的场合下，破产债务人的债权免除受到限制。四、必须是可免除的债务。例如，绝大多数国家的法律规定，故意侵权之债不得通过协议预先免除。从法律效果来看，一方面，免除发生债务绝对消灭的后果，即免除全部债务的，全部债务皆消灭；免除部分债务的，部分债务消灭。同时，债权之上的从权利，也随着债权的消灭而一并消灭。另一方面，免除主债务的，保证债务也随之消灭，但免除保证债务的，主债务依然存在。

　　在本案中，包某、安某为合伙关系中的合伙人，在执行合伙事务的过程中对李某负有侵权债务。由于合伙关系存在，因此包某与安某应当对该笔债务承担连带责任。债权人李某单方免除包某的部分债务，由于免除为单方、非要式法律行为，无须得到债务人的同意，因此免除发生法律效力，包某与李某之间的债权债务关系在免除的范围内消灭。安某作为包某的合伙人，其对李某所负债务仍应当履行。根据前述分析可知，免除只在债权人和债务人之间发生效力，但是若因免除而损害第三人的利益的，免除不生效力。由于安某与包某对债权人李某承担连带责任，为避免李某的免除行为损害安某的利益，应当在安某向李某偿还剩余债务后，根据合伙人内部约定的份额向被免除债务的合伙人追偿，该合伙人不得以被侵权人已免除其债务为由，对抗其他连带债务人，向其行使追偿权。

---

① 史尚宽：《债法总论》，北京：中国政法大学出版社，2000年，第874—975页。

第五节 混同

知识点

混同是指债权和债务同归于一人,致使合同关系消灭的事实。广义的混同,是指不能并立的两种法律关系同归于一人而使其权利义务归于消灭的现象。它包括三种情形:所有权和他物权同归于一人;债权与债务同归于一人;主债务与保证债务同归一人。狭义的混同仅指债权与债务同归于一人。如无特别说明,本书所称混同仅指狭义的混同。

《民法典》第五百七十六条规定:"债权和债务同归于一人的,债权债务终止,但是损害第三人利益的除外。"

适用例举

王某与苏港公司债权人代位权纠纷案[①]

江苏苏港工程有限公司(以下简称"苏港公司")与李某甲系工程承包关系。2011年7月20日,张某以苏港公司龙兴世纪城项目部的名义借李某甲现金400万元。苏港公司于2011年8月18日中标承包了龙兴世纪城(第三标段)工程,苏港公司将该工程的3号、4号、6号楼分包给张某施工。2012年4月29日,经过苏港公司、张某及建设方的同意,苏港公司又将发包给张某的3号、4号、6号楼的建设工程转包给李某甲施工,由李某甲与张某就张某已经完成的工程量及与工程有关的债权债务进行了结算,并约定由李某甲承担该工程项目所发生的一切费用及外部欠款。李某甲在施工期间因涉嫌私刻公文印章和集资诈骗两宗犯罪嫌疑而被公安局上网通缉,致使其与苏港公司的工程款没有结算。2012年1月13日至2012年11月13日,李某甲分五次向王某借款共计108.5万元,并分立借据5份,均约定月利率为5‰,因李某甲没有及时归还,王某于2014年向内蒙古自治区通辽市科尔沁区人民法院提起诉讼,要求李某甲及其妻子李某乙偿还借款及其利息,该院受理后依法判决由李某甲及李某乙偿还王某借款本金108万元及利息349 397.02元,并承担诉讼费17 709元。判决生效后,李某甲及李某乙没有给付该款,为此王某基于苏港公司向李某甲借款400万元的事实提起代位权诉讼,请求苏港公司代李某甲履行债务。

江苏省连云港市赣榆区人民法院经审理认为:李某甲因欠王某借款未付,已经

[①] 一审判决书:参见江苏省连云港市赣榆区人民法院(2015)赣民初字第03366号民事判决书;二审判决书:参见江苏省连云港市中级人民法院(2016)苏07民终78号民事判决书。

法院判决认定,王某有权依据相关法律规定就李某甲的已经到期、明确的债权提起代位权诉讼。本案中李某甲接手张某承包龙兴世纪城3号、4号、6号楼建设工程,因李某甲在施工期间涉嫌私刻公文印章和集资诈骗两宗犯罪嫌疑而被通辽市公安局科尔沁区分局上网通缉,现正在通缉中,致使其与苏港公司的工程款无法结算,对于苏港公司是否欠李某甲的工程款及其数额无法确认。对于王某主张的苏港公司2011年7月20日向李某甲借款400万元的事实,因该款系张某以苏港公司龙兴世纪城项目部的名义所借,后因李某甲接手张某承包龙兴世纪城3号、4号、6号楼建设工程,张某关于工程的债权债务均由李某甲承担,因该400万元债权债务归李某甲同一人而消灭。综上,因苏港公司与李某甲之间工程款没有结算,苏港公司是否欠李某甲工程款及欠款数额不能确定,王某要求苏港公司代李某甲履行债务,则无事实和法律依据,原审法院依法不予支持。一审法院据此判决:驳回王某的诉讼请求。

一审宣判后,王某不服一审判决,提起上诉。江苏省连云港市中级人民法院经审理认为:《最高人民法院关于适用若干问题的解释(一)》第十一条规定:"债权人依照合同法第七十三条的规定提起代位权诉讼,应当符合下列条件:(一)债权人对债务人的债权合法;(二)债务人怠于行使其到期债权,对债权人造成损害;(三)债务人的债权已到期;(四)债务人的债权不是专属于债务人自身的债权。"本案中,李某甲承包涉案工程后,因涉嫌伪造公司印章案和集资诈骗案被内蒙古自治区通辽市公安局科尔沁区分局立案侦查,李某甲又称工程的相关账册已经丢失,其与苏港公司之间的工程款至今尚未结算,故李某甲对苏港公司是否享有明确且到期的债权无法确认。债的混同,由债权或者债务的承受而产生,其承受包括概括承受与特定承受两种情形,混同可以绝对地消灭债的关系。本案中,张某以苏港公司龙兴世纪城项目部的名义向李某甲借款400万元,后李某甲从张某处接手涉案工程,并约定由李某甲承担该工程项目所发生的一切费用及外部欠款,故该400万元债权债务同归李某甲一人而消灭。据此,判决驳回上诉,维持原判。

■简要解析

本案涉及混同的效力问题。狭义的混同是指债权和债务同归一人,致使债的关系消灭的事实。债权因混同而消灭,并非逻辑的必然,仅是因为若使此种状态下的债权继续存续,已无法律上的必要,法律规定它因混同而消灭,效果更佳[1]。债权债务的混同,常因债的概括承受和债的特定承受而成立:一、概括承受。概括承受即债的关系的一方当事人概括承受他人的权利与义务。概括承受是发生混同的最常见原因。二、特定承受。特定承受是指因债权让与或债务承担而承受权利义

---

[1] 黄立:《民法债编总论》,北京:中国政法大学出版社,2002年,第722页。

务。例如债务人自债权人处受让债权,债权人承担债务人的债务,此时也发生混同。混同在性质上属于事件,并不需要当事人的意思表示[①]。因此,只要发生混同现象,即依法发生相应的法律后果。一般情况下,混同使债权债务归于消灭,债权的从权利也随之一并消灭。但是如果混同将损害第三人利益的,混同并不当然导致合同关系的消灭。

本案中,张某以苏港公司龙兴世纪城项目部的名义向李某甲借款400万元,后李某甲从张某处接手涉案工程,并约定由李某甲承担该工程项目所发生的一切费用及外部欠款。因此,该400万元债权债务已因同归于张某一人而发生混同,归于消灭。王某提起的代位权之诉,要求苏港公司代李某甲履行债务,无事实和法律依据。

[①] 郑玉波:《民法债编总论》(第二版),北京:中国政法大学出版社,2004年,第524页。

第二编

合同法总论的例解

第七章

合同概述

第一节 合同的内涵

知识点

《民法典》第四百六十四条规定:"合同是民事主体之间设立、变更、终止民事法律关系的协议。婚姻、收养、监护等有关身份关系的协议,适用有关该身份关系的法律规定;没有规定的,可以根据其性质参照适用本编规定。"

适用例举

陈某与高某身体权纠纷案[①]

陈某、高某系表兄妹关系。2008年10月27日,陈某因高某父亲去世前去奔丧。当日中午,死者尸体出殡前,高某亲戚朱某将一捆爆竹递给陈某燃放。死者尸体在崇明县殡仪馆火化后,死者的骨灰盒需在崇明县港西镇协兴村定南某队老坟下葬。到达该地点后,陈某待汽车停稳即燃放第一个爆竹,当其燃放第二个爆竹时,该爆竹突然爆炸,斜射冲向陈某右眼,致其右眼受伤。同日,陈某被送往上海交通大学医学院附属仁济医院崇明分院治疗,后转入复旦大学附属眼耳鼻喉科医院,同年11月3日出院。陈某支付仿真义眼片人民币(以下币种均为人民币)3 500元。2009年4月29日,陈某经司法鉴定,科学技术研究所司法鉴定中心〔2009〕临

[①] 一审判决书:参见上海市崇明县人民法院(2009)崇民一(民)初字第1256号民事判决书;二审判决书:参见上海市第二中级人民法院(2010)沪二中民一(民)终字第333号民事判决书。

鉴字第878号《鉴定意见书》出具如下鉴定结论：陈某被爆竹炸伤，致右眼上睑皮肤损伤，右眼球破裂伤，等等。上述损伤的后遗症相当于道路交通事故七级伤残。陈某遂诉至法院，请求高某承担损害赔偿责任。

上海市崇明县人民法院经审理认为：陈某去高某家奔丧、帮助高某燃放爆竹均属于建立在其与高某之间亲戚亲情基础上自愿的情谊行为，不应产生相应的法律后果，即双方之间不会因此形成具有法律约束力的某种权利义务（合同）关系，包括帮工关系。陈某从事该行为时自身并不愿意或没有想到受法律约束的意思。陈某认为高某在奔丧过程中委托其帮忙燃放爆竹，属于义务帮工法律行为，要求高某承担赔偿责任缺乏事实和法律依据。另，根据法律规定，当事人对造成损害均无过错，但一方是在为对方的利益或者共同的利益进行活动的过程中受到损害的，可以责令对方或者受益人给予一定的经济补偿。本案中，陈某在为高某办理丧事过程中受伤，故依据公平原则，高某对陈某的损失给予一定的补偿。

一审宣判后，陈某不服一审判决，提起上诉。上海市第二中级人民法院经审理认为，陈某在亲戚丧事中燃放爆竹受伤，对此双方当事人并无过错。陈某要求高某承担损害赔偿责任，并无法律依据，法院不予支持。本案中，即使高某在无资质的商店购买了爆竹，但其对该商店无资质并不知晓，不存有过错。陈某可另行向非法销售烟花爆竹的商店主张权利。陈某的上诉请求，并无理由，法院不予支持。综上，原审判决认定事实清楚，判决结果正确，依法予以维持。

简要解析

本案涉及合同的内涵及《民法典》合同编的调整范围问题。合同的内涵有广义、狭义和最狭义之分。广义上的合同，是指一切能够确定当事人权利义务并反映当事人自由意思的协议。即除了民事上的合同外，还包括行政合同、劳动合同、国家合同等。狭义上的合同仅限民事合同，指一切发生民事法律后果的协议。最狭义的合同仅指债权合同，即设立、变更债权债务关系的协议。根据《民法典》第四百六十四条的规定，合同编调整的合同指最狭义的合同。如无特别说明，本书所称合同亦仅指最狭义的合同。另外，合同是典型的双方民事法律行为，包含双方的意思表示，受到《民法典》合同编等相关法律的调整。不属于法律行为的当然不能适用《民法典》合同编。

在本案中，法院认定"陈某去高某家奔丧、帮助高某燃放爆竹均属于建立在其与高某之间亲戚亲情基础上自愿的情谊行为"，情谊行为发生在法律层面之外，因当事人社交、帮助、道义等原因发生的，没有民法上权利义务意思内容的行为，因此不应产生相应的法律后果，即双方之间不会因此形成具有法律约束力的某种权利义务（合同）关系。尽管陈某与高某并不存在合同关系，但这并不意味着高某完全不需要为陈某的损害承担任何责任。陈某毕竟是为处理高某父亲的丧事而受伤，如果高某完全不需要为陈某的损害承担任何责任有违公平理念，不利于淳化社会道德风尚。最高人民法院《关于贯彻执行〈中华人民共和国民法通则〉若干问题的意见(试行)》第一百五十七条规定:"当事人对造成损害均无过错,但一方是在为对方的利益或者共同的利益进行活动的过程中受到损害的,可以责令对方或者受益人给予一定的经济补偿。"法院依据上述规定判决高某给予一定补偿合法有据。

第二节 合同的分类

一、单务合同与双务合同

■ 知识点

依据合同当事人双方权利、义务的分担方式的不同,合同可分为双务合同与单务合同。双务合同是指双方当事人互负具有对待给付义务的合同。单务合同又被称为一方负担合同,是指合同当事人仅有一方负担给付义务而另一方不负有相对义务的合同。

■ 适用例举

虢某与吴某债务纠纷案[①]

吴某于2010年3月起在深圳市能安医疗器械有限公司(以下简称"能安公司")上班至2014年4月离职,能安公司欠吴某2013年工资余款160 000元。2014年4月8日,在吴某离职时,能安公司虢某向吴某出具一份欠条,载明"现深圳市能安医疗器械有限公司(法人虢某)欠吴某人民币160 000元。虢某承诺于2014年4月9日付吴某20 000元,于2014年5月9日及6月9日分别付70 000元。如到期未付,虢某愿意承担任何后果,包括以个人资产抵债"。后经多次协商还款事宜无果,吴某遂诉至法院,请求虢某、能安公司共同返还欠款及利息。庭审时,吴某称虢某已还款共人民币(以下均为人民币)5万元,尚欠11万元;虢某、能安公司对尚欠11万元予以确认。虢某、能安公司认为吴某应将工作交接完毕,且将手机和电脑归还,才向吴某支付11万元。吴某认为其是总经理,没有具体业务,不存在工作交接,且虢某、能安公司认可其正常离职;电脑是法人虢某个人出资购买的,在2011年年会上赠送给其个人;手机是存话费送手机,是公司送给员工的,且其他离职的员工也没有将手机归还,其离职后,能安公司已经停交话费,该号码

---

① 一审判决书:参见深圳市福田区人民法院(2014)深福法民一初字第2620号民事判决书;二审判决书:参见广东省深圳市中级人民法院(2014)深中法民终字第2715号民事判决书。

已经停机。

深圳市福田区人民法院经审理认为：虢某、能安公司欠吴某11万元，事实清楚，证据确实充分，依法应予以偿还并支付利息。虢某、能安公司辩称的工作交接、归还电脑和手机，与本案的偿还欠款是不同的法律关系，该案不予处理，虢某、能安公司可另循法律途径解决。据此，判决虢某、能安公司偿还吴某110 000元并支付利息。

一审宣判后，虢某、能安公司不服原审判决，向深圳市中级人民法院提起上诉。深圳市中级人民法院认为：吴某离职时，其任职的能安公司和该司法定代表人虢某向吴某出具欠条，确认欠款16万元，并约定分期还款的时间。该债务及还款期限的约定是合同各方真实意思表示，对合同各方均有约束力，各方均应按合同严格履行其义务。合同并无约定吴某的对待履行的义务，故合同为单务合同，不存在同时履行抗辩权。故虢某、能安公司在约定的付款期限届满后，拒绝支付约定全部款项，违反了合同的约定，应当承担违约责任，即应支付约定的款项和赔偿吴某的利息损失。综上，判决驳回上诉，维持原判。

简要解析

本案涉及单务合同与双务合同的区分问题。双务合同与单务合同的区分关键在于，合同当事人是否互负对待给付义务。所谓"对待给付义务"，并非指双方的给付在客观上具有相同的价值，而是指应当做出的给付相互有依存关系。双务合同中具有对价关系的两个给付义务之间存在牵连关系。德国的通说将牵连关系界定为双务合同中双方给付义务的目的性的相互依赖性①，具体表现为：一、成立上的牵连关系。即一方的债务因无效或撤销归于消灭时，对方的债务也因而消灭。与此相关的理论问题为自始不能与缔约上过失。二、履行上的牵连关系。即一方债务的履行与对方债务的履行在时期或顺序上的关系，相应地发生同时履行抗辩权与异时履行抗辩权问题。三、存续上的牵连关系。即在一方债务后发履行不能场合，对方债务是否归于消灭的问题，与此相联系的是风险负担问题②。

另外，双务合同与单务合同的区分，在以下方面颇具意义：一、能否适用同时履行抗辩权不同。双务合同的当事人互负对待给付义务，当一方当事人未履行对待给付义务时，另一方可以主张同时履行抗辩权；单务合同中的当事人不享有同时履行抗辩权。二、风险负担不同。在双务合同中，因不可归责于双方当事人的原因而发生履行不能时，依据风险负担规则处理。在单务合同中，因不可归责于双方当事

---

① 张金海：《论双务合同中给付义务的牵连性》，《法律科学》（西北政法大学学报）2013年第2期。

② 韩世远：《合同法总论》（第四版），北京：法律出版社，2018年，第76页。

人的原因而发生履行不能时,一律由债务人承担履行不能的风险。三、能否发生合同法定解除权不同。理论上一般认为,合同法定解除权只能存在于双务合同。即在双务合同中,一方当事人违约时,在符合法律规定的情形下,有可能发生合同法定解除权。在单务合同中,不会发生合同法定解除权。

在本案中,虢某、能安公司向吴某出具欠条承诺对16万元的债务承担偿还责任,该欠条并未载明吴某的对待给付义务,故该欠条属于典型的单务合同,无同时履行抗辩权的适用。因此,虢某、能安公司在合同约定的还款期限届满后,拒绝支付约定全部款项,并非行使同时履行抗辩权,而是违反了合同约定的违约行为,应当承担违约责任。

二、有偿合同与无偿合同

■知识点

依据当事人取得权益是否须付相应代价为标准,合同可分为有偿合同和无偿合同。有偿合同,是指当事人一方享有合同规定的权益,须向对方当事人偿付相应代价的合同。无偿合同,是指当事人一方享有合同规定的权益,不必向对方当事人偿付相应代价的合同。

■适用例举

玉亭房地产公司诉亦宇通停车公司保管合同案[1]

2009年3月12日傍晚,北京玉亭房地产开发有限公司(以下简称"玉亭房地产公司")员工刘某驾驶该公司所有的宝马车到汉拿山饭店吃饭,将车存入汉拿山门前由北京亦宇通停车管理有限公司(以下简称"亦宇通停车公司")所管理的鼎新大厦停车场内,亦宇通停车公司向刘某出具了看车条。同日19时左右,刘某用完餐后,驾驶车辆行驶至停车场出口处,将停车条交给停车管理员后,正准备驶出停车场进入辅道时,车辆天窗玻璃被高空坠物砸碎。其后,停车管理员贾某向110报警。北京市公安局崇文分局东花市派出所接到报警后,派民警到达现场,并将刘某和贾某带回派出所制作了询问笔录。在东花市派出所,贾某将刘某交给其的停车条退还给了刘某。其后,玉亭房地产公司将宝马车送往北京燕宝汽车服务有限公司进行修理,修理费用为9 598元。后玉亭房地产公司诉至法院,请求亦宇通停车公司赔偿修理费用9 598元。

北京市崇文区(现东城区)人民法院经审理认为:根据《中华人民共和国合同法》第三百六十五条"保管合同是保管人保管寄存人交付的保管物,并返还该物的

---

[1] 参见北京市崇文区人民法院(2009)崇民初字第3026号民事判决书。

合同",以及第三百六十七条"保管合同自保管物交付时成立,但当事人另有约定的除外"的规定,本案中玉亭房地产公司所有的宝马车有偿停放于亦宇通停车公司管理的停车场中,亦宇通停车公司向玉亭房地产公司出具停车条,双方已经完成保管合同的交付行为,形成事实的有偿保管合同关系,亦宇通停车公司应对玉亭房地产公司承担保管责任。《中华人民共和国合同法》第三百七十四条规定:保管期间,因保管人保管不善造成保管物毁损、灭失的,保管人应当承担损害赔偿责任,但保管是无偿的,保管人证明自己没有重大过失的,不承担损害赔偿责任。现玉亭房地产公司所有的宝马车在亦宇通停车公司的保管期间发生了损害,亦宇通停车公司理应承担相应的赔偿责任。综上,做出如下判决:亦宇通停车公司于该判决生效后7日内给付玉亭房地产公司人民币9 598元。

■简要解析

本案涉及有偿合同和无偿合同的区分意义问题。有偿合同与无偿合同区分的实益如下:一、注意义务轻重不同。一般来说,有偿合同中债务人的注意义务较无偿合同中债务人为重。例如《民法典》第八百九十七条规定:"保管期内,因保管人保管不善造成保管物毁损、灭失的,保管人应当承担赔偿责任。但是,无偿保管人证明自己没有故意或者重大过失的,不承担赔偿责任。"再如《民法典》第九百二十九条第一款规定:"有偿的委托合同,因受托人的过错造成委托人损失的,委托人可以请求赔偿损失。无偿的委托合同,因受托人的故意或者重大过失造成委托人损失的,委托人可以请求赔偿损失。"二、对主体的要求不同。有偿合同的当事人必须具有完全民事行为能力,限制民事行为能力人订立的与其年龄、智力、精神健康状况不相适应的有偿合同必须经过法定代理人的同意或追认。然而,限制民事行为能力人可以独立订立纯获利益的无偿合同。三、债权人撤销权的构成要件不同。在债权人撤销权制度中,债权人撤销权的构成要件因债务人的行为为无偿行为还是有偿行为而有所区别。在无偿行为场合,只要该无偿行为损害到债权人的债权,不需要求第三人主观具有恶意,即得由债权人行使债权人撤销权。然而,在债务人与第三人进行有偿转让行为时,只有在第三人明知该无偿行为损害债权人的债权时,才得撤销。四、能否构成善意取得不同。在第三人为善意的情况下,如果无权处分人有偿地将物转让给第三人,可以发生善意取得;反之,如果无权处分人无偿地将物转让给第三人,原则上不发生善意取得,所有权人可以要求受让人或第三人返还原物。即当事人的注意义务要求不同。

关于有偿合同、无偿合同与双务合同、单务合同的关系,一般认为:双务合同都是有偿合同,但是有偿合同并非都是双务合同。双务合同的"双方互负对待给付义务"的要求比有偿合同的"对方当事人偿付相应代价"要高。例如,在有偿保证中,虽然债权人需对保证人提供保证偿付一定代价,但是双方并未构成对待给付关系。因此,有偿保证合同仅是有偿合同,而非双务合同。无偿合同都是单务合同,但是单务合同并非都是无偿合同。如自然人之间的借款合同,未约定利息的,既为无偿合同,亦为单务合同;约定利息的,则为有偿合同,但仍属单务合同。值得注意的是,实践中有一些合同既可以为无偿也可以为有偿,如果当事人没有约定报酬则推定为无偿,例如委托合同、保管合同和自然人之间的借款合同等。

在本案中,刘某驾驶该公司所有的宝马车,将车存入汉拿山门前,由亦宇通停车公司所管理的鼎新大厦停车场内,亦宇通停车公司向刘某出具了看车条,对于该合同的性质,法院将其认定为有偿保管合同。正如前述,有偿保管合同中债务人的注意义务较重,只要保管人保管不善造成保管物毁损、灭失,保管人就应当承担损害赔偿责任。因此,法院根据《合同法》第三百七十四条《民法典》第八百九十七条的规定,刘某要求停车场负担因保管不善而产生的损害赔偿责任,有一定道理。然而值得注意的是,对于在驾驶人将车开进停车场停车所缔结合同的性质,理论与实务界均有争议,实务中亦有观点将其认定为场地租赁合同。因为车辆所有人将车开至停车场,并自己保留车钥匙,一般不认为是交付标的物,而仅是租赁了该地块一定时间的使用权,停车场并不负担保管义务。

三、诺成合同与实践合同

■ 知识点

依据合同是否以交付标的物为成立要件作为标准,合同可分为诺成合同与实践合同。诺成合同,是指当事人意思表示一致即告成立的合同。实践合同也称要物合同,是指除当事人意思表示一致以外,还须经实际交付标的物才能成立或者生效的合同。

■ 适用例举

李某诉上海大润发超市存包损害赔偿案①

2000 年 11 月 1 日下午,李某在上海大润发超市(以下简称"大润发超市")处购物,并使用该店设置的自助寄存柜。下午 5 时 30 分左右李某购物结束后,持该店自助寄存柜号码为 1250719748 的密码条找到大润发超市的工作人员,称其购物前曾将皮包一只(内装从李某聘用单位上海航空旅行社刚领取的旅游团款 4 660 元及个人钱款 650 元,计 5 310 元)、雨伞一把存入该店 22 号自助寄存柜的寄存箱内,现因无法打开箱子,要求解决。大润发超市工作人员将李某指认的箱门打开后,发现里面是空的。工作人员告知李某,其指认的箱门与其所持密码条显示的箱门号码不一致。但是,当工作人员将与密码条号码相符的另一箱门打开后,发现里

---

① 参见《最高人民法院公报》2002 年第 6 期(总第 80 期)。

面也是空的。当晚,李某即报警并留下笔录。事后李某就此事与大润发超市和大润发公司交涉,未果。李某认为,超市要求消费者将自己的财物存入超市设置的自助寄存柜内,双方形成的是保管合同关系,超市应当对保存的消费者财物承担保管责任。由于大润发超市对自己给消费者提供的自助寄存柜的安全、可靠性过于轻信,疏于管理,以致李某存入柜内的钱物遗失。李某遂诉至法院请求判令大润发超市给李某赔偿经济损失5 310元。

上海市第二中级人民法院查明:大润发超市当时共购入24个寄存箱为1组的自助寄存柜21个,16个寄存箱为1组的自助寄存柜1个,全部安置在店内。每组自助寄存柜上,均标有"操作步骤"和"寄包须知"。"操作步骤"的内容为:寄包……①未关的门关上;②投币;③取密码纸,勿向他人展示密码;④包放入箱内;⑤关闭。取包……①密码输入;②取出物品;③关门,只能打开箱门一次。"寄包须知"的内容为:①请使用者看清"操作步骤"和"寄包须知",不会使用者向管理员请教后再操作,本商场实行自助寄包,责任自负;②寄包前先将未关的箱门关上,再投币寄包;③寄包必须投币开门,密码纸妥善保管,供取包使用,密码只能开门一次;④现金及贵重物品不得寄存;⑤当晚22:00前请取走您的物品。另,大润发超市在其服务台内,还设有"大件寄物"的服务项目。李某承认购物当天见到自助寄存柜上的"操作步骤"和"寄包须知"。

上海市第二中级人民法院认为:保管合同是实践合同,即保管合同的成立,不仅须有当事人双方对保管寄存物品达成的一致意思表示,而且还须寄存人向保管人移转寄存物的占有。李某按照自助寄存柜的操作步骤,通过"投入硬币、退还硬币、吐出密码条、箱门自动打开、存放物品、关闭箱门"等人机对话方式,直接取得对自助寄存柜的使用权,实现了存放物品的目的。这一过程中,李某的物品没有转移给大润发超市占有,大润发超市也没有收到李某交付保管的物品。李某只是借助使用自助寄存柜继续实现对自己物品的控制和占有,而大润发超市由于没有收到交付的物品,也无法履行保管职责。他们之间不存在保管合同成立的必备要件——保管物转移占有的事实。因此,双方当事人就使用自助寄存柜形成的不是保管合同关系,而是借用合同关系。大润发超市通过印制"操作步骤"和"寄包须知",已经将自助寄存柜的正确使用方法告知消费者,对可能危及消费者财产安全的事项做出真实的说明和明确的警示。根据证人李某的证词以及当时自助寄存柜箱门没有被撬痕迹等情况,可以认定大润发超市的出借物无瑕疵并具备应有的使用效能。对无偿借用给消费者使用的自助寄存柜,大润发超市已经尽到了经营者应尽的法定义务。综上,对李某的诉讼请求,不予支持。

简要解析

本案涉及诺成合同与实践合同的区分问题。诺成合同是现代合同的常态,因为随着社会的发展,若坚持在双方当事人达成合意之外还须以物之交付作为合同的成立要件,将大大有损于交易效率。我国《民法典》合同编上规定的买卖合同、租赁合同、赠予合同等均为诺成合同。我国现行立法之所以保留了少量实践合同,主要是基于道德的因素或者这些特殊合同自身的性质[①]。常见的实践合同有动产质押合同、定金合同、借用合同(使用借贷合同)、自然人间的借款合同、保管合同等。诺成合同与实践合同的主要区分意义在于:一、合同的成立要件不同。诺成合同仅须双方当事人的合意即可成立;实践合同在双方当事人的合意之外,还须交付标的物或完成其他现实给付方可成立。二、不交付标的物的责任不同。在诺成合同中,交付标的物或完成其他现实给付,是当事人的给付义务,违反该义务需要承担违约责任;在实践合同中,交付标的物或完成其他现实给付,是当事人的先合同义务,违反该义务不产生违约责任,但是有可能产生缔约过失责任。

在本案中,争议焦点之一是消费者与经营者缔结的通过自助寄存柜寄存财物的合同是保管合同还是借用合同。根据《民法典》第八百八十八条的规定,保管合同是保管人保管寄存人交付的保管物,并返还该物的合同,保管合同自保管物交付时成立。保管合同是典型的实践合同,保管合同的成立不仅要有当事人双方达成保管的合意,而且还需要实际移转寄存物的占有。如今自助寄存柜非常常见,仔细观察自助寄存的行为不难发现,消费者使用自助寄存柜存储财物的结果是获取密码条并自己保管。在这一过程中并未向超市经营者交付保管物,所寄存财物实际仍处于消费者的控制和占有下。由此观之,消费者通过自助寄存柜寄存财物的行为并未与经营者缔结保管合同。因此,理论和实践中一般认为,消费者使用经营者提供的自助寄存柜寄存财物所形成的法律关系是借用合同关系,而非保管合同关系。该借用合同的标的物为自助寄存柜,因此经营者将自助寄存柜交付消费者实际占有和使用,借用合同成立。借用合同为无偿的实践合同,出借人仅需承担瑕疵说明义务以及借用物致人损害的损害赔偿责任。本案中,超市经营者已经尽到了经营者应尽的告知、提示、警示的法定义务,且自动寄存柜质量无瑕疵,则超市经营者不对消费者财物的损失承担赔偿责任。

四、要式合同与不要式合同

知识点

依据合同的成立或生效是否需要采用特定的形式或程序为标准,合同可分为

[①] 李永军:《合同法》,北京:法律出版社,2010年,第24页。

要式合同与不要式合同。要式合同,是指必须采用法定或者约定形式或程序才能成立或生效的合同。不要式合同,是指其成立不需要特定的形式和程序的合同。对于不要式合同而言,合同究竟采取何种形式,完全取决于当事人的自由意思,可以采取口头形式,也可以采取书面形式或其他形式。

■ 适用例举

罗甲诉罗乙等民间借贷纠纷案[①]

罗甲是罗乙之父。罗乙与陈某于2003年认识,2007年7月5日登记结婚,婚后无子女。2013年1月29日,罗乙与陈某在民政局办理协议离婚,在离婚协议书中双方就债权债务处理约定:双方确认在婚姻关系存续期间没有发生任何共同债权债务纠纷,任何一方如对外负有债务,由负债方自行承担。2013年5月2日至2014年1月14日,罗甲代罗乙偿还平安银行信用卡欠款12 000元。后罗甲要求罗乙、陈某对欠款予以书面确认,但罗乙、陈某置之不理。罗甲遂诉至法院,认为其替罗乙还款的行为,实际上承担了保证责任,且罗乙、陈某在夫妻关系存续期间的债务应当为夫妻共同债务,请求判令罗乙偿还816 000元,陈某承担连带偿还责任。诉讼中,合议庭对罗甲释明该案法律关系应为无因管理,但罗甲坚持主张其请求的是保证人的追偿权。

四川省成都市金牛区人民法院经审理认为:罗乙所欠平安银行的信用卡债务,有罗甲所提供其代为偿还的凭证为证,但未有证据证明罗乙信用卡所负债的时间、用途及总金额,该院只能认定罗甲至起诉时代罗乙向平安银行已偿还12 000元。罗甲主张的是替罗乙清偿债务,实际上承担保证责任,与罗乙、陈某之间是保证人与被保证人关系,有权向罗乙、陈某追偿。该项请求权得以支持的前提是罗甲与债权人之间是否成立保证关系。保证合同为要式合同,以法定的书面形式为成立要件。罗甲所提供的证据中均未有其作为保证人签字或者保证条款或单独的保证合同。同时,依照《最高人民法院关于贯彻执行〈中华人民共和国民法通则〉若干问题的意见(试行)》第一百零八条的规定,"保证人向债权人保证债务人履行债务的,应当与债权人订立书面保证合同,确定保证人对主债务的保证范围和保证期限。虽未单独订立书面保证合同,但在主合同中写明保证人的保证范围和保证期限,并由保证人签名盖章的,视为书面保证合同成立。公民间的口头保证,有两个以上无利害关系人证明的,也视为保证合同成立,法律另有规定的除外"。在本案无书面保证合同的情况下,罗甲也未举两个以上无利害关系的证人予以证明,故罗甲与相关债权人之间的保证关系并不成立。因此罗甲以其作为保证人向罗乙、陈某行使保证人的追偿权缺乏事实依据。综合本案具体情况,罗甲无法定或者约定

---

① 参见四川省成都市金牛区人民法院(2013)金牛民初字第5494号民事判决书。

的义务,出于保护其女免受伤害,代罗乙偿还债务,属于为避免他人利益受损进行的管理,构成无因管理。经释明,罗甲仍然坚持以保证人的追偿权向该院诉请,依处分原则,该院只能针对罗甲的诉请进行审理,但如上所述,因罗甲与各债权人之间不存在保证关系,故对罗甲的诉请,该院予以驳回。

简要解析

  本案涉及要式合同的形式问题。法律规定某些合同为要式合同,有其特殊的立法目的和制度价值。因此,不要式合同为合同的常态,要式合同为例外。根据现有法律的规定,常见的法定要式合同包括一般形式与特别形式。一般形式通常指书面形式,书面形式仅需行为人亲笔签署姓名,无须亲笔书写相关文件,在很大程度上提高了伪造签名的危险,属法律效力最弱的法定形式①。特别形式有审批、登记、公证等。常见的法定要式合同包括:①一般书面合同。保证合同、定金合同、金融机构为贷款人的合同即金融贷款合同、6个月以上的租赁合同、融资租赁合同、建设工程合同、技术开发合同、技术转让合同等。②须登记的合同。如专利申请权、专利权转让合同、注册商标转让合同。③经批准的合同。如中外合资经营合同、中外合作经营合同。④须公证的合同。如外国人在中国收养子女的合同。区分要式合同与不要式合同的意义主要在于,一般来说,要式合同不采取法律规定或当事人约定的特定形式,合同因缺乏形式要件不能生效②;而不要式合同,当事人可采用任何形式,合同形式不影响合同的成立及效力。

  在本案中,罗甲主张保证合同成立,但是其并未与债权人签订书面的保证合同,罗甲所提供的证据中均未有其作为保证人签字或者保证条款或单独的保证合同。依据《担保法》的相关规定,保证合同是典型的法定要式合同,除双方当事人的合意外,还必须采取书面形式。《民法典》第六百八十五条亦明确规定:"保证合同可以是单独订立的书面合同,也可以是主债权债务合同中的保证条款。第三人单方以书面形式向债权人做出保证,债权人接收且未提出异议的,保证合同成立。"因此,罗甲基于保证合同提出的诉讼请求不能获得支持。尽管本案不构成保证合同关系,但却符合无因管理的构成要件。如果罗甲能够提供证据证明案涉信用卡负债的产生时间是在罗乙、陈某夫妻关系存续期间且该负债是用于夫妻共同生活,罗某有权基于无因管理关系向罗乙、陈某主张权利。

---

① [德]迪特尔·梅迪库斯:《德国民法总论》,邵建东译,北京:法律出版社,2000年,第463页。

② 大陆法系的许多国家规定,合同违反法定形式或约定形式,原则上虽导致合同无效,但是一些国家规定,对特定法定要式行为来说,形式瑕疵可以被补正。如德国民法规定在土地转让合同等方面,补正在未依形式承诺的给付已被履行时得以实现。参见[德]迪尔克·罗歇尔德斯:《德国债法总论》(第7版),沈小军、张金海译,北京:中国人民大学出版社,2014年,第202-203页。

五、有名合同与无名合同

▮ 知识点

依据法律是否设有规范并赋予特定名称为标准进行划分,合同可分为有名合同与无名合同。有名合同又称典型合同,是指法律设有规范,并赋予一定名称的合同。无名合同又称非典型合同,是指法律尚未规定其定型化内容和名称,可由当事人任意创设的合同。实践中的无名合同很多,如信息咨询合同、消费租赁合同等均属学理上的无名合同。

▮ 适用例举

朱某与锦和公司商品房包销合同纠纷案[①]

2009 年 8 月 19 日,衡阳市锦和房地产开发有限公司(以下简称"锦和公司")与朱某签订一份《合作协议》。协议约定:锦和公司与朱某双方合作开发锦和公司位于衡阳市珠晖区葵花里 17—21 号地段的 23 层电梯房开发建设项目;朱某投入现金 500 万元,不足部分由锦和公司投入。2009 年 11 月 5 日,锦和公司与朱某签订了一份《销售承包合同》。合同约定:该楼盘第三层及以上各层共 168 套住宅,由朱某承包销售;合同第三条约定,朱某应在该项目主体竣工之日起 300 天内将 168 套住宅销售完毕,期限届满,未完成销售的住宅由朱某按本合同约定的销售均价与锦和公司结算价款,并在 30 个工作日内实际支付。2010 年 3 月 18 日,在未取得商品房预售许可证的情况下,朱某开始对外销售该项目商品房。由于锦和公司、朱某双方在合作过程中产生分歧,2010 年 6 月 14 日,锦和公司向朱某送达了《解除〈销售承包合同〉的通知》。在通知中,锦和公司认为因朱某自行挪用部分销售款,造成在建工程一度停工待资的后果,因双方交涉未果,锦和公司通知朱某解除双方签订的《销售承包合同》。朱某在收到通知后,于 2010 年 6 月 29 日致函锦和公司称,根据双方合同约定,锦和公司应在 2010 年 2 月 28 日前将预售许可证提供给朱某,但锦和公司至今不能提供,造成朱某不能正常合法销售,故要求锦和公司按照双方合同的约定于 2010 年 7 月 15 日前将该项目交由其接管,否则将提起诉讼。锦和公司在接到通知后,于 2010 年 7 月 16 日向法院提起诉讼,请求确认该公司向朱某送达的《解除〈销售承包合同〉的通知》有效。

湖南省衡阳市珠晖区人民法院经审理认为:本案系商品房委托代理销售合同纠纷。从双方签订的合同内容看,该《销售承包合同》系商品房包销合同。商品房

[①] 一审判决书:参见湖南省衡阳市珠晖区人民法院(2010)珠民一初字第 468 号民事判决书;二审判决书:参见湖南省衡阳市中级人民法院(2011)衡中法民一终字第 121 号民事判决书。

包销合同是出卖人与包销人订立的,约定出卖人将其开发建设的房屋交由包销人以出卖人名义销售,包销期满未销售的房屋,由包销人按照合同约定的包销价格购买的合同,其实质应归类于委托代理合同。根据《中华人民共和国合同法》第四百一十条之规定,委托人或者受托人可以随时解除委托合同。因解除合同而给对方造成损失的,除不可归责于该当事人的事由之外,应当赔偿损失。据此判决:锦和公司于 2010 年 6 月 14 日送达给朱某的《解除〈销售承包合同〉的通知》有效。

一审宣判后,朱某不服一审判决,提起上诉。湖南省衡阳市中级人民法院审理后认为:关于商品房包销合同的性质,法律并未明确规定,通常将其作为无名合同,参照当事人的意思自治和合同目的,适用与该合同相近似的有名合同的法律规定处理,或者适用《中华人民共和国合同法》总则的规定处理。《中华人民共和国合同法》第三百九十六条、第三百九十八条、第四百零五条的相关规定,委托合同是受托人按照委托人的指示处理委托事务,委托人向其支付报酬的合同。《最高人民法院关于审理商品房买卖合同纠纷案件适用法律若干问题的解释》第二十条规定:"出卖人与包销人订立商品房包销合同,约定出卖人将其开发建设的房屋交由包销人以出卖人的名义销售的,包销期满未销售的房屋,由包销人按照合同约定的包销价格购买,但当事人另有约定的除外。"从上述司法解释的规定可以看出,商品房包销合同是指开发商与包销人之间订立商品房承包销售合同,约定开发商以包销基价,将其开发建设的房屋交由包销人以开发商的名义进行销售,包销期满,对包销人未销售的房屋由包销人按照合同约定的包销价格购买。包销人赚取的是包销基价与销售价之间的差价,包销人根据市场情况,可对房屋销售自由定价,既不受包销基价的限制,也不受国家对商品房中介、经纪佣金收费标准的限制,同时包销人也承担风险,对在包销期限内未销售的商品房有义务买入。因此,包销合同不同于委托合同,包销人不仅享有销售差价利益,同时也承担销售风险。包销合同虽然兼具代理和买卖的某些特点,但不能据此认定包销合同即为委托合同。本案中,从案涉《销售承包合同》的内容来看,该《销售承包合同》就是商品房包销合同,属于《中华人民共和国合同法》未予规定的无名合同,本案双方当事人因履行该合同发生纠纷,故本案应定性为商品房包销合同纠纷。原审将《销售承包合同》归类为委托代理合同,并将本案定性为商品房委托代理销售合同纠纷不当,应予纠正。但原审审理程序合法,且原审判决确认锦和公司于 2010 年 6 月 14 日送达给朱某的解除《销售承包合同》的通知合法有效,符合本案实际情况,对原审实体处理结果予以维持。

简要解析

我国《民法典》共规定了 19 类有名合同,分别是:买卖合同,供用电、水、气、热力合同,赠予合同,借款合同,《民法典》保证合同租赁合同,融资租赁合同,保理合同承揽合同,建设工程合同,运输合同,技术合同,保管合同,仓储合同,委托合同,物业服务合同,行纪合同,中介合同,合伙合同。另外,我国其他法律法规亦有一些有名合同,如《中华人民共和国保险法》(以下简称"《保险法》")第二章规定了保险合同,包括财产保险合同与人身保险合同。再如《担保法》规定了保证合同、抵押合同、质押合同、定金合同等。有名合同和无名合同的区分意义在于,处理这两类合同纠纷所适用的规则不同。对于有名合同,可以直接适用该有名合同的相关法律规定。具体来说,应当优先考虑适用《合同法》分则、《保险法》等关于各种有名合同的具体规定。然而,如果在适用具体规定解决相关问题有可能不公平的情形下,应当适用《民法典》合同编通则等相关规定。对于无名合同的法律适用,较为复杂。《民法典》第四百六十七条规定:"本法或者其他法律没有明文规定的合同,适用本编通则的规定,并可以参照适用本编或者其他法律最相类似合同的规定。"实践中一些无名合同的内容不符合任何有名合同的要件,其法律适用应当综合考虑合同的约定、诚实信用原则,并斟酌交易惯例加以确定;实践中还有一些无名合同是指数个合同(有名合同或无名合同)互相结合而形成的合同。如果这些彼此结合的合同相互间不存在依存关系,则应分别适用各自的合同规范;如果这些合同相互之间具有依存关系,则既要适用各自的合同规范,还要综合考量合同之间的依存关系[①]。

有名合同与无名合同的划分是相对的,立法不可能将实际发生的各类合同关系都规定为有名合同。立法通常仅将那些反复出现、相对稳定又极具类型化合同特征的合同类型明确规定下来,为交易关系奠定基础或指明方向。当然,随着社会生活的发展,过去只是零星出现的无名合同,现在在生活中扮演了重要角色,适时将其转化为有名合同是法制变迁中的常见现象,如融资租赁合同的有名化、旅游合同的出现等[②]。

本案所涉商品房包销合同,虽有《最高人民法院关于审理商品房买卖合同纠纷案件适用法律若干问题的解释》予以解释,但理论上仍属无名合同。有学者认为,包销行为既不是一种简单的买卖行为,也不是一种纯粹的民事代理行为。它是一种既同代理行为相似,又同买卖行为相联系,在包销期内为一种委托代理关系,包销期届满后则为一种买卖关系,集两者于一体的新型的民事法律行为[③]。因此,二审法院将案涉商品房包销合同的法律性质认定为无名合同,本书亦表赞同。对于商品房包销合同的法律适用,本书认为,应当综合考虑合同的约定、诚实信用原则,并斟酌交易惯例加以确定。

[①] 王泽鉴:《债法原理》(第一册),北京:中国政法大学出版社,2013年,第140页。
[②] 朱广新:《合同法总则》(第二版),北京:中国人民大学出版社,2012年,第20页。
[③] 林镕海:《商品房包销法律问题研究》,《政治与法律》2004年第5期。

六、一时的合同与继续性合同

■知识点

根据时间因素是否对合同给付义务的内容及范围发生影响,合同可分为一时的合同与继续性合同。一时的合同也称非继续性合同,是指合同的内容,因一次给付即可实现。此处所谓"一次给付"既包括一次履行完毕,也包括分期给付。这是因为分期给付合同的总给付自始确定,时间因素对给付的内容和范围并无影响,分期履行并未改变其一时的合同的性质①。继续性合同,是指合同的内容并非一次给付可以完结,而是继续地实现。时间因素在继续性合同的履行上居于重要的地位,总给付的内容取决于应为给付时间的长度。换言之,随着履行时间的推移在当事人之间不断地产生新的权利义务,继续性合同的本质性特征就是时间因素对合同内容的影响②。

■适用例举

信元高科诉信元新科电信服务代理合同案③

2003年12月31日,北京信元新科网络系统有限公司(以下简称"信元新科",甲方)与北京信元高科网络技术有限公司(以下简称"信元高科",乙方)签订《授权、合作协议书》。2005年4月30日,双方又签订《补充协议》。两份协议主要约定信元新科授权信元高科全权进行168315客服中心相关产品的市场推广及渠道建设,信元高科及时向信元新科交纳系统网络服务费。随后,双方各自履行合同义务。2005年6月15日,信元高科致函信元新科,称停止支付费用。信元新科于2005年7月28日向信元高科发出了《终止协议通知书》,称从2005年7月31日起终止《授权、合作协议书》和《补充协议》。后信元高科诉至法院,请求判令解除《授权、合作协议书》,并请求信元新科赔偿经济损失人民币2 489 260.70元、退还合同款2 193 124.50元。诉讼中,信元新科提出反诉,请求判令信元高科支付欠交系统服务费1 419 369.50元、电信增值服务收益102万元、经济损失100万元。

北京市海淀区法院经审理认为:信元新科的经营权来自中国电信集团公司的合法授权。信元高科代理信元新科开展电信服务并不违反行政法规的强行性规定,案涉协议有效。信元新科在履行合作协议过程中,存在系统服务质量上的瑕

---

① 崔建远:《合同法》,北京:法律出版社,2013年,第28页。
② 屈茂辉:《中国民法》,北京:法律出版社,2014年,第528页。
③ 一审判决书:参见北京市海淀区人民法院(2005)海民初字第18330号民事判决书;二审判决书:参见北京市第一中级人民法院(2006)一中民终字第11997号民事判决书。

疵，应负违约责任。但要指明，此种违约非根本性的，不足以导致合同目的不能实现。按照合作协议的相关规定，信元高科无故不能按时交纳服务费时，信元新科有权终止协议。我国合同法上没有终止权的概念，但合同可以因解除而终止。由于本案所涉合作协议带有委托合同的性质，属继续性合同，其解除不应有溯及力。因此，本案合作协议解除以后，双方须对解除以前的履行情况进行结算，违约方承担相应的责任。据此，判决解除《授权、合作协议书》，驳回信元高科的其他诉讼请求，并判定信元高科给付信元新科欠缴的系统服务费139万元。

信元高科不服一审判决，提起上诉。北京市第一中级人民法院经审理后判决：驳回上诉，维持原判。

简要解析

本案涉及继续性合同解除的法律效力。一时的合同和继续性合同的区分意义在于：一、合同履行的效力不同。一时的合同，债务一经履行，合同关系即归于消灭；继续性合同，在合同存续期间内，履行持续进行，合同关系并不经一次履行而消灭。二、合同解除的效力不同。与一时的合同相比，继续性合同的持续时间更长，双方依赖程度较高，因此继续性合同的解除事由与解除效力均与一时的合同存在差异①。一般认为，一时的合同解除后，解除的效力可以溯及既往，当事人之间可以回复原状、互相返还；继续性合同解除后，解除的效力通常不溯及既往，合同关系自解除之时向将来归于消灭，已经履行的部分无须回复原状、互相返还。另外，根据《民法典》第五百六十三条第二款的规定，"以持续履行的债务为内容的不定期合同，当事人可以随时解除合同，但是应当在合理期限之前通知对方。"根据该规定，不定期的继续性合同可以由当事人随时解除。

从本案所涉《授权、合作协议书》和《补充协议》的内容来看，该协议的履行并非通过一次给付可以完结，而是继续地实现，时间因素在前述协议的履行上居于重要的地位，总给付的内容取决于应为给付时间的长度。故本案所涉《授权、合作协议》和《补充协议》的性质应为继续性合同。继续性合同的解除一般不具有溯及力，仅向将来发生效力。因此，协议双方只需终止之后的合作，已经履行部分无须回复原状。当然，"双方须对解除以前的履行情况进行结算"，存在违约行为的，违约方应当承担相应的违约责任。

---

① 王文军：《论继续性合同的解除》，《法商研究》2019年第2期。

七、束己合同与涉他合同

知识点

以合同是否实质性地涉及第三人为标准,合同可分为束己合同与涉他合同。束己合同也称为订约人自己订立的合同,是指当事人订立合同是为自己设定权利义务,使自己直接取得和享有某种利益、承受某种负担的合同。根据私法自治的理念,绝大多数合同均为束己合同。束己合同严格遵守合同相对性原则,合同当事人以外的第三人不得享有合同权利,亦不得负担合同义务。涉他合同也称为第三人利益订立的合同,是指当事人双方约定使债务人向第三方履行义务,第三人由此取得直接请求债务人履行义务的权利。例如,受益人为第三人的保险合同即为典型的涉他合同。

适用例举

王某诉赵甲等股权转让合同纠纷案[①]

高鑫公司原股东为王某、闻某(系王某之女)、赵乙,出资额各为人民币10万元、5万元、5万元,公司法定代表人为王某。2000年1月22日,王某、赵甲及赵丙共同签订《关于王某退出浙江省临海高鑫医药科技开发有限公司及退出高渗液研究开发的协议》。该协议约定,王某自愿退出高鑫医药科技开发有限公司(以下简称"高鑫公司")及高渗液的研发,在2000年春节前王某办妥高鑫公司的"法人代表的转让过户及闻某退出"高鑫公司,公司的"法人"由赵甲指定的人赵丙担任;"在上述前提下",赵甲在2000年春节支付王某人民币20万元,高渗液取得临床批文后,赵甲支付王某人民币30万元,取得新药证书后,支付人民币40万元,取得生产许可证后支付人民币50万元,"生产一年后余款结清,总数为280万元"。协议签订后,高鑫公司召开了新股东会,制定新的公司章程,并向工商管理部门办理了股权变更登记。现高鑫公司股东为赵乙及赵丙,法定代表人为赵丙。高鑫公司现已取得高渗液的临床批文,但未取得高渗液的新药证书和生产许可证,高渗液亦未正式生产。赵甲在协议签订后,向王某支付了人民币20万元,余款未支付。王某遂诉至法院,要求判决赵甲支付协议款人民币260万元。赵甲辩称,其非高鑫公司股东,也未实际受让王某转让的股权,故其非适格被告。

上海市杨浦区人民法院经审理认为,《关于王某退出浙江省临海高鑫医药科技开发有限公司及退出高渗液研究开发的协议》合法有效。上述合同签订后,双方均应按约履行。现王某已经按约以股权转让方式退出高鑫公司及高渗液的开

[①] 参见上海市杨浦区人民法院(2003)杨民二(商)初字第854号民事判决书。

发,闻某亦将股权转让,高鑫公司的法定代表人也实际由赵丙担任,赵甲即应按照约定履行付款义务。至于赵甲抗辩其非股权实际受让人,故不应付款的问题,法院认为,涉他合同和由第三人给付合同在合同法中均有规定,故诉争合同关于王某向第三人履行转让股权等义务而由赵甲向王某支付对价的约定,符合法律规定,赵甲是本案的适格被告。但是,合同约定的付款条件中仅高渗液取得临床批文一项成就,故判令赵甲向王某支付30万元。

赵甲不服一审判决,提起上诉。上海市第二中级人民法院经审理后判决:驳回上诉,维持原判。

简要解析

本案涉及涉他合同的法律效力问题。由于合同的相对性,合同只能对合同当事人发生效力。然而伴随着商品经济社会的不断进步,早期商品交易双方关系的封闭性与孤立性,已不适应日益活跃的商品流通的需要,为过程中各相关交易的连续性与互相依赖性所替代。近代各国法律突破了合同相对性原则,在贯彻合同相对性原则的同时,设定了某种例外,承认"为第三人利益订立的合同",并在此基础上逐步建立起涉他合同制度[①]。涉他合同的特征为:一、第三人不是涉他合同的当事人,不得撤销、解除、变更合同,但第三人可以依据合同请求债务人履行义务并接受债务人的履行;二、涉他合同只能为第三人设定权利,而不得为其设定义务;三、涉他合同的订立,无须事先通知或征得第三人的同意,亦无须第三人事后追认。除非第三人明确拒绝,第三人独立享有合同设定的权利。一般认为,第三人拒绝接受权利的,该合同所设权利由合同当事人自己享有。束己合同与涉他合同的区分意义在于:一、缔约目的不同。束己合同的缔约目的在于为合同当事人设立权利义务;涉他合同的缔约目的在于为合同当事人以外的第三人设立权利。二、合同履行不同。束己合同的债务人应当向另一方债权人履行义务,债务人违约的,亦应向另一方承担违约责任;涉他合同的债务人应当向当事人以外的第三人履行义务,然而由于第三人不是合同当事人,所以债务人违约的,仍应当向合同债权人承担违约责任。另外,值得注意的是,狭义上的涉他合同应当与"由第三人代为履行合同"严格区分。

在本案中,王某、赵甲及赵丙共同签订《关于王某退出浙江省临海高鑫医药科技开发有限公司及退出高渗液研究开发的协议》,在该协议中,当事人约定王某向第三人履行转让股权等义务而由赵甲向王某支付对价的约定,实属为第三人创设了权利,因此该协议应属涉他合同。在王某已经履行《关于王某退出浙江省临海

---

① 尹田:《论涉他契约——兼评合同法第64条第65条之规定》,《法学研究》2001年第1期。

高鑫医药科技开发有限公司及退出高渗液研究开发的协议》全部合同义务的情况下,赵甲即应按照约定履行付款义务。因此,赵甲所提出的其并非股权实际受让人的抗辩理由不能成立,王某以赵甲为被告提起诉讼符合法律规定。

第八章

合同的订立

第一节 合同的订立与成立

■知识点

合同的订立,是指两个或两个以上的当事人为意思表示、达成合意以成立合同的动态过程。合同的成立,是指经过合同订立的过程,当事人分别做出意思表示,并就合同的主要条款达成合意的静态时间点。换句话说,当法律对合同的形式未作强制性要求时,合同的成立旨在当事人之间形成一种抽象的法律关系。合同成立的程式有很多:依据要约与承诺方式成立合同、依据意思实现成立合同、依据要约交错成立合同等。其中的要约与承诺方式是合同成立的一般程式。

合同的成立要件包括合同成立的一般要件与合同成立的特别要件。合同成立的一般要件包括:一、当事人。合同是典型的双方法律行为,因此合同成立必须存在两个或两个以上的双方当事人。二、对合同主要条款达成合意[1]。缔结合同的当事人必须就缔结合同以及合同的主要条款达成合意。合同成立的特别要件是指因合同的性质不同,一些合同的成立除须具备合同成立的一般要件之外,还必须具备合同成立的特别要件。最典型的如实践合同中的标的物的交付等。

---

[1] 合意并非所有合同成立的要件,在依据要约与承诺方式订立合同中,当事人必须就成立合同达成合意,但是,如果双方当事人的任何其他行为能够充分说明其愿意受合同的约束,则这种行为就足够了,无须再特别要求合意。参见[德]海因·克茨:《欧洲合同法》,周忠海、李居迁、官立云译,北京:法律出版社,2006年,第22—23页。

适用例举

禾马公司诉杨某等计算机域名转让合同纠纷案[①]

北京禾马广告有限责任公司(以下简称"禾马公司",甲方)与杨某、王某(乙方)签订《合作协议》,双方约定:双方合作建设运营商务平台及相关平台,杨某、王某作为禾马公司电子商务项目的创业团队及核心管理团队成员,并持有禾马公司该项目 5% 的股份;王某、杨某同意将自身持有的顶级国际域名 www.gogoo.net,www.ucctv.com,www.ucctv.net,国内顶级域名 www.ucctv.cn,www.gogoo.cn 以及国内顶级企业域名 www.ucctv.com.cn,www.gogoo.com.cn 的所有权益转归禾马公司永久性拥有,以上域名一经转让,其所有权益的归属均归禾马公司永久性拥有,王某、杨某不再拥有其任何归属权;禾马公司、王某、杨某双方利用自己资源优势共同建设、推广以前述顶级国际域名为站点域名的商业服务网站。杨某、王某作为禾马公司的电子商务项目董事会成员享有禾马公司该项目其他董事应享有的所有法定权益;该项目将由禾马公司投资成立项目公司,独立核算,杨某、王某的项目股份将自动转为该项目公司的公司股份。该协议加盖有禾马公司公章,并有杨某、王某的签名,但未注明签订时间。后禾马公司称杨某、王某始终未将上述域名转移至该公司名下,遂请求法院确认域名归禾马公司所有。杨某、王某提起反诉,要求解除合同,并判令禾马公司赔偿损失。

法院审理过程中,双方对协议约定的项目公司说法不一,杨某、王某主张该项目公司为禾马公司利用杨某、王某提供的域名注册的游天下(北京)传媒文化有限公司,但禾马公司并未依约向二人转让 5% 的股权。禾马公司予以否认,并表示准备建设一个综合性物联网,成立一个新的公司。至今公司没有成立,故没有给杨某、王某股份。

北京市海淀区人民法院经审理认为:合同的内容由当事人约定,一般包括标的、数量、质量、价款或者报酬、履行期限、地点和方式等内容。其中标的、数量、价款等是合同的必要条款,当事人对上述条款未达成合意,合同不成立。本案中,双方在合同中未就合作成立商务平台等项目及后续成立的公司的业务范围、投资数额、成立期限等相关内容进行约定。杨某、王某主张上述项目公司为游天下(北京)传媒文化有限公司,并提交了通讯录、名片、证人证言,禾马公司均不予认可。法院认为,上述证据即使真实亦只能证明杨某、王某曾在央视网络电视旅游频道或禾马公司工作过,无法证明游天下(北京)传媒文化有限公司为双方约定成立的项目公司,故对其主张法院不予采信。本案审理过程中,双方当事人仍无法就上述内容达成合意。法院认定涉案合同未成立。由于涉案合同未成立,故对禾马公司依据合同要求确认相关域名归其所有,杨某、王某协助禾马公司变更注册的全部诉讼

---

① 参见北京市海淀区人民法院(2010)海民初 12878 号民事判决书。

请求,对杨某、王某要求解除合同,判令禾马公司赔偿损失的反诉请求,该院均不予支持。

■简要解析

  本案涉及合同的成立要件以及合意的认定问题。在依据要约和承诺方式订立的合同中,合同成立需要当事人对合同的必要条款达成合意。在一般情形下,"合意"的判断采客观标准,即应当根据意思表示中表示行为的客观意义加以判断。当事人若对合同的全部条款达成合意,合同自应成立。但是当事人若仅就合同的主要条款达成合意,合意亦成立。至于何谓"合同的必要条款",《民法典》第四百七十条虽然规定合同的内容一般包括当事人的姓名或者名称和住所、标的、数量、质量、价款或者报酬、履行期限与地点、履行方式、违约责任、解决争议的办法等条款,但是根据《民法典》第五百一十条的规定,合同生效后,当事人就质量、价款或者报酬、履行地点等内容没有约定或者约定不明确的,可以协议补充;不能达成补充协议的,按照合同相关条款或者交易习惯确定。如果仍不能确定的,可以依据《民法典》第五百一十一条确定。根据《合同法司法解释(二)》第一条的规定:"当事人对合同是否成立存在争议,人民法院能够确定当事人名称或者姓名、标的和数量的,一般应当认定合同成立。但法律另有规定或者当事人另有约定的除外。"依照此规定,所谓"合同主要条款"是指当事人的名称或者姓名、标的和数量条款。根据我国《合同法》和相关司法解释的规定,应当认定为当事人、标的、数量三个条款。综上,根据我国《民法典》和相关司法解释的规定,合同成立的必要条款应当认定为当事人、标的、数量三个条款。

  在本案中,禾马公司(甲方)与杨某、王某(乙方)签订《合作协议》,该《合作协议》属无名合同,其标的为双方合作建设运营商务平台及相关平台、域名转让、成立项目公司等。但是当事人在《合作协议》中未就合作成立商务平台等项目及后续成立的公司的业务范围、投资数额、成立期限等相关内容进行约定,双方也未提供其他的证据证明当事人就上述事项达成了合意。由于上述事项涉及标的并不明确,因此应当认定为《合作协议》的标的不明确,该协议未具备合同成立的一般要件,即本案所涉合同不成立。

第二节 要约

一、要约的内涵与构成要件

■ 知识点

要约,又称发盘、报价、发价等,是指一方当事人以缔结合同为目的,向对方当事人所作的意思表示。发出要约的当事人为要约人,受领要约的当事人为受要约人。

《民法典》第四百七十二条规定:"要约是希望与他人订立合同的意思表示,该意思表示应当符合下列条件:(一)内容具体确定;(二)表明经受要约人承诺,要约人即受该意思表示约束。"

■ 适用例举

罐头厂诉工艺品公司合同纠纷案[①]

2002年5月13日,宁波市工艺品进出口公司(以下简称"工艺品公司")业务员叶某发传真给浙江黄岩第三罐头食品厂(以下简称"罐头厂")法定代表人金某,传真内容如下。黄岩罐头三厂金厂长:枇杷罐头S级,一个柜,请尽快安排出运。另外,我司计划向贵司计购:枇杷罐头S级5×20FT(FT指的是货柜),M级3×20FT,L级1×20FT。请按此计划安排生产,请注意质量! 叶某。2002年5月17日工艺品公司派车到罐头厂提走了一个S级枇杷货柜(该批罐头系双方在2002年4月20日所订合同中规定应交付的标的物)。2002年7月16日,双方又订立一份关于买卖400箱M级枇杷罐头和400箱L级葡萄罐头的合同,并已履行完毕,且货款两讫。其间罐头厂称为交付工艺品公司5月13日传真的订货任务,多方收购原料,精心安排生产,及时完成了9个不同等级货柜的枇杷罐头,并多次通知工艺品公司提取,并按约支付货款,但均遭工艺品公司拒绝。由于枇杷系季节性比较强的水果产品,工艺品公司的违约行为给罐头厂造成严重的经济损失,罐头厂于2003年5月12日诉至法院,要求法院判令工艺品公司履行收购9个货柜枇杷罐头的义务、偿付仓储费28 152元、以1 630 200元为标准按照银行贷款利率偿付违约金103 087.73元。

宁波市海曙区人民法院经审理认为:业务员叶某在2002年4月20日曾代表

[①] 最高人民法院中国应用法学研究所:《人民法院案例选:2004年商事·知识产权专辑》,北京:人民法院出版社,2005年,第1-8页。

工艺品公司向罐头厂签订过购买S级枇杷罐头,并且双方已经履行完毕,而后在5月13日又以工艺品公司名义向罐头厂发传真订货,所使用传真号码与以前相同均为同一号码,而当时工艺品公司并未通知罐头厂叶某已经离开该公司,致使罐头厂有理由相信叶某有代理权,而按该计划实施生产,根据《合同法》第四十九条的规定,其结果应归于工艺品公司。同时,该传真件系工艺品公司向罐头厂这一特定人发出的,其表述出来的意思是表达了要约的意愿,包含了受要约拘束的意思,有希望与罐头厂订立合同的意思表示,在具体条款中也标明有明确的标的物和数量。虽然没有约定价格条款和交货时间,但基于双方在之前的4月20日和之后的7月16日均进行过同类产品的交易,故仍可根据日后合理的方式交易习惯或者法律规定的填空条款加以确定,以此来具备合同的主要条款,因此法院认定该传真件系工艺品公司对罐头厂做出的要约。罐头厂收到要约后,虽按要约要求及时完成了9个货柜枇杷罐头的任务,但是没有证据证明罐头厂在合理期限内将承诺到达受要约人,而起诉时期已在2003年5月12日,距离要约时间已长达近一年,故承诺未生效。据此法院裁定如下:驳回罐头厂的诉讼请求。

■简要解析

　　构成要约的意思表示,须具备以下要件:一、要约必须是特定人所为的意思表示。所谓特定人,即外界能够客观确定的人,可以是自然人、法人,既可以是本人,也可以是本人的代理人。只有要约人特定,相对人才能对要约进行承诺并进而订立合同。另外,要约人应当具有相应的缔约能力。二、要约必须具有明确的订立合同的意图以及一经承诺即受拘束的意思。要约人发出要约的目的在于订立合同,因此这种订立合同的意图必须由要约人在其发出的要约中明确表达出来。所谓订立合同的意图,也称缔约意图,一般通过要约人使用的语言、文字等采用客观标准综合判断,如果能认定要约人仅是准备订立合同而非决定订立合同,则不构成要约。所谓客观标准是指若要约人的言辞或行为能够让一个通情达理的人相信他有受拘束的意旨,即使他实际上没有这种意旨,他仍应受拘束[1]。三、要约应当向希望与之缔结合同的相对人发出。要约的目的是引起受要约人的承诺,要约只有向要约人希望与之缔结合同的受要约人发出,才能达到这一目的,因此必须向相对人发出。此处所谓相对人,既可以是特定人,也可以是不特定人。向特定人发出,表明要约人对具有承诺资格的相对人的选择,而向不特定的相对人做出,是要约人广泛选择交易伙伴的需要。如商品标价陈列、自动贩卖机上的设置都是典型的向不特定人发出的要约[2]。四、要约的内容必须具体确定。要约的内容必须具体确定,

---

[1] 何宝玉:《英国合同法》,北京:中国政法大学出版社,1999年,第58页。
[2] 李永军:《债权法》,北京:北京大学出版社,2016年,第108页。

是指一旦要约被对方接受,即成立合同,产生具体的合同义务。所谓"具体",是指要约的内容必须具备足以使合同成立的主要条款,或最低限度的内容。所谓"确定",一方面是指要约的内容必须非常明确,不能有歧义或模糊不清;另一方面指要约在内容上必须是最终的、无保留的[①]。然而,亦有学者认为,要约的内容必须明确,是意思表示的内在要求,意思表示含混不清时,解释可以使之明确。另外,要约作为一种缔约意思表示,完全可以附条件、有所保留。参酌各种立法例,"内容具体确定"应理解为,要约的实质内容(条款)须具有足够的确定性,从语法上讲,"具体"旨在修饰"确定",而不是与"确定"各有所指[②]。

  本案的争议焦点有三:①本案所涉传真的性质是要约还是要约邀请;②本案中罐头厂按照要约组织原件安排生产的行为是否构成"承诺";③如果本案中罐头厂按照要约组织原件安排生产的行为构成承诺,该承诺是否生效。对于第一个争议焦点,本书认为应当将本案所涉传真认定为要约。这是因为该传真内容包含合同成立的必要条款:当事人、标的及数量,即"枇杷罐头 S 级 5×20FT(FT 指的是货柜),M 级 3×20FT,L 级 1×20FT"。同时,工艺品公司还在传真中要求第三罐头厂:"请按此计划安排生产,请注意质量!"此项内容足以表明工艺品公司有订立合同并将该传真作为要约的意图,因此该传真构成要约。对于第二个争议焦点,本书认为第三罐头厂的相应行为构成承诺。因为第三罐头厂在接到工艺品公司的传真之后,按照要约的内容和相关要求安排相应生产活动,此乃以行为方式做出承诺。对于第三个争议焦点,本书认为第三罐头厂的承诺属逾期承诺,且要约人工艺品公司未及时通知受要约人该承诺有效,因此该承诺无效。《民法典》第四百八十一条:"承诺应当在要约确定的期限内到达要约人。要约没有确定承诺期限的,承诺应当依照下列规定到达:(一)要约以对话方式做出的,应当即时做出承诺;(二)要约以非对话方式做出的,承诺应当在合理期限内到达。"在本案中,双方当事人未约定承诺的期限,因此罐头厂的承诺应当在"合理期限"内到达要约人。由于罐头厂无法证明自己发出的承诺系在合理期限内到达要约人,且直至 2003 年 5 月 12 日向法院提起诉讼时,才通过诉讼的方式使承诺的通知到达要约人,因此罐头厂做出的承诺属于逾期承诺。根据《民法典》第四百八十六条的规定,"受要约人超过承诺期限发出承诺,或者在承诺期限内发出承诺,按照通常情形不能及时到达要约人的,为新要约;但是,要约人及时通知受要约人该承诺有效的除外。"而本案中,工艺品公司未及时通知受要约人该逾期承诺有效,该承诺无效。因此,法院据此判决驳回其诉讼请求是有充分的法律依据的。

[①] 王利明:《合同法新问题研究》(修订版),北京:中国社会科学出版社,2011 年,第 85 页。
[②] 朱广新:《合同法总则》,北京:中国人民大学出版社,2012 年,第 53 页。

二、要约邀请

(一) 要约邀请的内涵

知识点

实践中,并非任何与缔结契约有关的意思表示均为要约,有时意思表示人只是唤起相对人的缔约意识,希望相对人向自己发出要约,即要约邀请。

《民法典》第四百七十三条前半段规定:"要约邀请是希望他人向自己发出要约的表示。"

适用例举

胡某与联通随州公司电信服务合同纠纷案[①]

胡某自2013年4月1日入网使用中国联合网络通信有限公司随州市分公司(以下简称"联通随州公司")的如意通团圆卡(经典版/OCS)产品至今。联通随州公司工作人员曾向胡某出示产品海报。海报关于套餐资费的情况载明:"用户充值50元话费赠送50元,赠送的话费一次性到账,仅抵扣语音通话费。"关于充值期,海报载明:"有效期已过或账户本金余额(不含充值赠送话费部分)不足以扣除当前基本费用项时进入充值期;……2.充值期B。充值期内余额已不足抵扣基本费的说明:①仅允许用户拨打免费紧急电话或联通免费电话。②仅允许用户使用已消费成功的优惠资源。③仅允许用户接收短信。注:除以上说明外的其他任何业务均不允许使用。"胡某自2013年4月1日入网到2016年1月停机期间,共交纳话费700元,获赠费700元。账单显示截至2016年1月,胡某共计消费本金710.19元。2016年4月7日0点17分21秒胡某手机号进入充值期B,联通随州公司停止相关服务。胡某诉请联通随州公司恢复通信、赔礼道歉、赔偿损失。

湖北省广水市人民法院经审理认为,胡某、联通随州公司虽然均未提交电信服务合同,但从双方的行为来看,联通随州公司的如意通团圆卡(经典版/OCS)产品向不特定的公众发出要约,胡某以入网的行为表示接受其要约,构成承诺。双方电信服务合同自胡某入网时成立。根据双方约定,联通随州公司给予的赠费只能用于语音通话,不能抵扣其他费用。胡某认为赠费也属其所有,可自由支配的主张违背了双方的约定,不能成立。根据双方约定,用户在充值期B状态下,除部分限定的业务外,其余业务均不可使用。在2016年1月,联通随州公司对胡某诉争手机号停止相关服务时,胡某的本金话费已超支。联通随州公司在其未履行交费义务

[①] 一审判决书:参见湖北省广水市人民法院(2016)鄂1381民初525号民事判决书;二审判决书:参见湖北省随州市中级人民法院(2016)鄂13民终602号民事判决书。

的情况下,停止相关服务,并未违反合同约定,不构成违约。胡某诉请联通随州公司恢复通信、赔礼道歉、赔偿损失,无事实和法律依据,不予支持。胡某不服一审判决,提起上诉。湖北省随州市中级人民法院审理后判决:驳回上诉,维持原判。

■ 简要解析

　　本案涉及公共要约的认定问题。要约的认定,对认定合同是否成立以及当事人是否承担违约责任等问题至关重要。例如,甲与乙就订立买卖合同展开磋商,甲向乙发函,该函件若认定为要约,则乙复函即有可能认定为承诺,合同成立,倘若甲不履行合同,应当承担违约责任;该函件若认定为要约邀请,则乙复函即有可能认定为要约,合同尚未成立,还需等待甲的承诺。要约既可以向特定的相对人做出,亦可以向不特定的公众做出,后者称为公众要约。公众要约一般是指向社会公众发出的要约。我国《民法典》第四百七十三第二款规定:"商业广告和宣传的内容符合要约条件的,构成要约。"从该条来看,我国立法业已承认公众要约。商业广告的目的就在于宣传商品招揽顾客,原则上属于要约邀请。这主要是因为:第一,涉及交易的商品的数量或其他条件,仅凭广告内容难以确定;第二,卖方对于交易的对象有权选择;第三,广告一般向公众发出。因此,如果将广告方作为要约方,接受要约的人会多得令其无法招架①。对于何谓"符合要约规定的"商业广告,一般认为如果商业广告中含有"先来先买""保证现货供应",或者含有确切的期限保证供货等词语,即表明广告中含有一经承诺即受拘束的意旨,这种广告应视为要约②。

　　从本案来看,联通随州公司工作人员向公众以及胡某出示产品海报,并在该产品海报上明确说明套餐资费的具体情况,内容具体确定。由于联通随州公司作为一家公用企业,在其业务范围内负有强制缔约的义务,没有选择服务对象的权利。因此,联通随州公司出示该产品海报的意思表示具有一经受要约人承诺即受拘束的意旨,法院认为联通随州公司以海报等方式宣传如意通团圆卡(经典版/OCS)产品的行为属于公众要约,并无不当。胡某以入网的行为表示接受其要约,构成承诺。双方电信服务合同自胡某入网时成立。

(二)要约邀请的具体情形

■ 知识点

　　《民法典》第四百七十三条第一款后半段规定:"拍卖公告、招标公告、招股说明书、债券募集办法、基金招募说明书、商业广告和宣传、寄送的价目表等为要约邀请。"

---

① 王军:《美国合同法》,北京:中国政法大学出版社,1996年,第41页。
② 韩世远:《合同法总论》(第四版),北京:法律出版社,2018年,第90页。

适用例举

鹏伟公司与永修县政府、采砂办采矿权纠纷案①

2006年,江西省永修县人民政府(以下简称"永修县政府")决定以拍卖的方式出让鄱阳湖永修县水域5、6、7、8号4个采区的采砂权。永修县鄱阳湖采砂管理工作领导小组办公室(以下简称"采砂办")制作并在"中国投资在线"网站上登载了《永修县砂石开发招商引资推介书(鄱阳湖采砂开发项目)》(以下简称《推介书》)。为配合招商引资,采砂办工作人员编写了《江西省鄱阳湖永修采区2006年采砂可行性报告》(以下简称《可行性报告》),对采砂权的投资前景,包括运作盈利方式、设备投入、人员配置、效益等方面做了详细的分析预算。该《可行性报告》在投资风险一栏中指出,采砂存在政策风险、市场风险和自然风险。"自然风险,如果遇上枯水年,会对开采期造成较大影响。按一般规律,今年也是大水年。即使不是大水年,按照鄱阳湖常年水位,从5月初到10月底,开采6个月(180天)是没有问题的。"2006年4月,成都鹏伟实业有限公司(以下简称"鹏伟公司")以4 678万元竞得鄱阳湖永修县水域6、7、8号采区采砂权。随后,鹏伟公司陆续向永修县非税收入管理局交纳8 228万元。2006年5月10日,采砂办与鹏伟公司正式签订《鄱阳湖永修县6、7、8号采区采砂权出让合同》(以下简称《采砂权出让合同》),约定:"一、采砂权使用期限自签订本合同之日起至2006年12月31日止,同时满足防汛要求;采砂船数量28艘(功率4 000kw以内/艘);年控制采量1 740万吨;二、拍卖成交金额8 228万元(包括税费);……十、本合同约定的采区采砂权使用期限,是根据上级主管部门的批文当年度的有效可采期,实际可采期限以当年水位不能供采砂船只作业时为准。"自2006年7月以后,江西省持续高温干旱天气,降雨偏少,长江江西段出现同期罕见枯水位。2006年8月18日,因鄱阳湖水位过低造成运砂船难以进入采区,鹏伟公司被迫停止采砂。为此,鹏伟公司致函采砂办要求解决开采时间缩短、砂源不足等问题。2007年8月,鹏伟公司向法院提起民事诉讼,请求解除其与采砂办签订的《采砂权出让合同》。

最高人民法院经审理认为:采砂办在"中国投资在线"网站发布的公开拍卖《推介书》是对公开拍卖采砂权事宜向社会不特定对象发出的要约邀请,在受要约人与之建立合同关系,且双方对合同约定的内容产生争议时,该要约邀请对合同的解释可以产生证据的效力。采砂办工作人员编写的《可行性报告》与《推介书》的内容是一致的,是对要约的具体化和解释,在本案中可以作为证据使用。该《推介书》《可行性报告》均以5、6、7、8号4个采区投资金额1.1亿元人民币为例对竞拍取得采砂权进行了宣传。按《可行性报告》鹏伟公司的投资回报仅为4 176万元,

---

① 一审判决书:参见江西省高级人民法院(2007)赣民二初字第12号民事判决书;二审判决书:参见最高人民法院(2008)民二终字第91号民事判决书。

同支付采砂办的采砂权价款及税费共计 8 228 万元相较,显然不成比例。故鹏伟公司关于 1 740 万吨采砂限制并不是鹏伟公司和采砂办的真实意思表示,《采砂权出让合同》系限时不限量合同的主张,该院予以支持。本案中,鹏伟公司在履行本案《采砂权出让合同》过程中遭遇鄱阳湖 36 年未遇的罕见低水位,导致采砂船不能在采砂区域作业,采砂提前结束,未能达到《采砂权出让合同》约定的合同目的,形成巨额亏损。这一客观情况是鹏伟公司和采砂办在签订合同时不可能预见到的,鹏伟公司的损失也非商业风险所致。在此情况下,仍旧依照合同的约定履行,对鹏伟公司而言是不公平的,有悖于合同法的基本原则。鹏伟公司要求采砂办退还部分合同价款,实际是要求对《采砂权出让合同》的部分条款进行变更,该院予以支持。

■简要解析

  本案涉及要约邀请与要约的区分问题。要约邀请不同于要约,行为人做出要约邀请,仅是为了唤醒对方的缔约意识,以此诱使对方想向自己发出要约。理论上关于要约邀请和要约的区分标准主要有:一、根据当事人是否具有缔约意图进行区分。如果当事人明确表明自己具有缔约意图以及一经承诺即受拘束的意旨,一般应当认定为要约,反之,可以认定为要约邀请。二、根据内容区分。若构成要约,则其内容必须具体明确,包含订立合同的主要条款,而要约邀请的内容并不要求具体明确。三、根据交易习惯区分。如当事人之间因多次从事某种物品的买卖,始终没有改变其买卖货物的品种和价格,那么根据双方的交易习惯,一方仅向对方提出买卖的数量,也可以成为要约[①]。四、根据法律规定区分。如果法律明确认定某一行为为要约邀请,则应当依据该法律认定相应行为的性质。

  由于实践情形较为复杂,要约与要约邀请有时不易区别。我国《民法典》第四百七十三条不仅规定了要约邀请的内涵,还明确指明了常见的要约邀请的类型:"拍卖公告、招标公告、招股说明书、债券募集办法、基金招募说明书、商业广告和宣传、寄送的价目表等为要约邀请。"七、寄送商品价目表。商品价目表是商品的生产者或经营者为推销其商品而向公众发出的欲为交易的信息,是推销商品的方式。向公众寄送商品价目表的行为虽包含希望订立合同的意图,但是并不包含行为人具有一经承诺即受拘束的意旨。相反,行为人仅是希望借由商品价目表唤醒对方的缔约意思,并向自己提出要约。一、拍卖公告。拍卖是指以公开竞价的方式,将拍卖物转让给最高应价者的特殊买卖方式。拍卖需要发布拍卖公告、竞买人表示、拍卖人槌定完成买卖。就拍卖公告而言,需要拍卖人刊登或发出拍卖公告。一般来说,拍卖人会在拍卖公告以及拍卖当时对拍卖物进行宣传与介绍,该种行为

[①] 李永军主编:《债权法》,北京:北京大学出版社,2016 年,第 110 页。

为要约邀请。竞买人出价的行为为要约,拍卖人落槌为承诺。二、招标公告。招标即招标人对货物、工程和服务事先公布采购条件和要求,吸引众多投标人参加竞争,并按规定程序选择交易对象的行为。招标行为的完成需要招标人发布招标公告、投标、定标等行为。其中招标人发布招标公告的目的在于吸引符合条件的人向自己提出要约,并在其中选择适合的交易对象,并不包含一经承诺即受拘束的意旨,因此招标公告行为的性质为要约邀请。投标是指按照招标公告的要求,在规定的时间内向投标人发出的以缔约为目的且包含成立合同的必要条款的意思表示,因此投标行为的性质为要约。定标亦称为决标,是指招标人对所有参与投标者公开评定,并与最适宜的投标人订立合同的意思表示,因此定标行为的性质为承诺。三、招股说明书。招股说明书,是指为了向社会公开募集股份,股份有限公司的发起人依据《公司法》的规定,就发行中的有关事项向公众做出披露,并向非特定投资人提出购买或销售其股票的文件。四、债券募集办法。《公司法》第一百五十三条规定:公司债券,是指公司依照法定程序发行、约定在一定期限还本付息的有价证券。债券募集办法是公司在发行债券时,依法制作和公开的记载与发行债券相关的实质性重大信息的一种规范性文件。伴随着登记结算系统的完善,投资者在认购债券时不再与发行人单独签订认购合同,双方合同权利义务的主要载体就是债券募集办法,但这并不意味着债券募集办法的性质是要约。尽管《公司法》第一百五十四条要求公司债券募集办法必须载明"债券利率的确定方式",但在实践中债券募集办法往往债券利率简单地规定为固定利率,具体的票面利率则须根据询价、认购情况等协商确定。由于债券募集办法对利率的规定不够明确具体,故将定性为要约邀请较为合适。五、基金招募说明书。基金招募说明书,是基金发起人向社会公众公开发售基金时,为基金投资者提供的、对基金情况进行说明的一种法律性文件。由于基金的申购是一个持续性的过程,关于基金的许多因素都处于变化之中,所以基金招募说明书必须定期更新。因此,基金招募说明书中并不包含基金发起人一经承诺即受拘束的意旨,《民法典》也将其定性为要约邀请。六、商业广告和宣传。商业广告,是指为了吸引消费者购买商品或接受服务,商品经营者或服务提供者借助特定媒介和形式介绍商品或服务的广告。一般来说,商业广告属于要约邀请,虽然在广告中对某种商品或服务的种类、品牌、价格等均有描述,但是"此类意思表示还不是要约,因为表意人不可能任意多次地履行其描述的给付[①]"。然而,有些商业广告的内容具体确定,表明了要约人愿受其拘束的意旨,与要约并无不同。因此,我国《民法典》第四百七十三条第二款又规定:"商业广告和宣传的内容符合要约条件的,构成要约。"

[①] [德]迪特尔·梅迪库斯:《德国民法总论》,邵建东译,北京:法律出版社,2000年,第269页。

第八章 合同的订立

在本案中,采砂办制作并在"中国投资在线"网站上登载《推介书》的行为,实质上是就公开拍卖事宜向社会不特定对象发出的拍卖公告,属要约邀请。要约邀请虽不是合同成立的必经阶段,也并未构成合同的内容。但是相对人基于要约邀请,进而发出要约,要约邀请人收到要约后做出承诺,双方建立合同关系。因此,要约邀请对于解释当事人订立合同时的真实意思具有重要的参考价值,对合同的解释可以产生证据的效力。采砂办工作人员编写的《可行性报告》,对采砂权的投资前景,包括运作盈利方式、设备投入、人员配置、效益等方面做了详细的分析预算,其内容与《推介书》一致,是对要约的具体化和解释,可以作为证据使用。鹏伟公司以4 678万元竞得鄱阳湖永修县水域6、7、8号采区采砂权,并签订《采砂权出让合同》,合同成立且生效。

三、要约的法律效力

(一)要约的生效时间

■知识点

要约的生效时间,即要约从何时开始生效,既关系到要约何时对要约人产生拘束力,亦关系到承诺期限的计算问题。

■适用例举

王某、邵某等与国昌热力公司供用热力合同纠纷案[①]

王某与邵某系夫妻。2017年10月24日,邵某通过网上司法拍卖取得位于五大连池青山镇××公寓××室54.81平方米房屋的所有权。2017年10月23日,黑龙江省沾河林区基层法院拍卖公告第六条载明:标的物转让登记手续由买受人自行办理,所涉及的一切税、费及其可能存在的物业费、水、电等欠费均由买受人承担。该房屋自2013年至2016年未交纳供热费,欠供热费6 560元、欠滞纳金8 465元(截至2018年9月25日)。2018年9月25日,王某替邵某去交纳费用时,五大连池国昌热力有限责任公司(以下简称"国昌热力公司")人员说必须把之前的欠费也交齐,不能只交买房之后的,故王某、邵某向法院提起诉讼,请求判令国昌热力公司取消收取涉案房屋供热费滞纳金8 465元(截至2018年9月25日),并要求判令国昌热力公司取消收取涉案房屋2013年至2015年度供热费4 920元。

五大连池市人民法院经审理认为:邵某通过司法拍卖取得位于五大连池××公寓××室,因法院拍卖公告第六条载明"标的物转让登记手续由买受人自行办理,所

[①] 参见黑龙江省五大连池市人民法院(2018)黑1182民初1933号民事判决书。

涉及的一切税、费及其可能存在的物业费、水、电等欠费均由买受人承担"。《中华人民共和国民法总则》第一百三十九条规定,以公告方式做出的意思表示,公告发布时生效。即相对人无论是否知道该意思表示,不影响意思表示的生效,故王某、邵某应当承担取得房屋所有权以前所欠的供热费。对于王某、邵某主张的应取消因未缴纳供热费所产生的滞纳金,因邵某系通过司法拍卖取得的房屋,拍卖公告载明"所涉及的一切税、费及其可能存在的物业费、水、电等欠费均由买受人承担",该内容未涉及欠费所产生的其他费用,且滞纳金系因王某、邵某取得房屋权之前原房主因欠供热费而产生,亦不是王某、邵某违约产生,故对王某、邵某的该项诉讼请求法院予以支持。综上,判决如下:一、王某、邵某不给付国昌热力公司供热费滞纳金8 465元(截至2018年9月25日);二、驳回王某、邵某的其他诉讼请求。

■简要解析

本案涉及要约的生效时间问题。依据《民法典》第一百三十七条的规定、要约的生效时间区分为两种情形:一、以对话方式做出的要约。所谓"对话方式",是指采用当面对话、打电话等方式。以对话方式做出的要约,相对人知道其内容时生效。二、以非对话方式做出的要约。所谓"非对话方式",是指要约人与受要约人空间相隔,采用书信、传真等方式。因此,要约的发出至要约的到达须历经一定时间,要约须到达受要约人的控制范围方能生效。在公众要约的场合下,如果符合要约规定的商业广告是采用报纸刊登、电视广播、网页展示或通过商店的商品标价展示等方式做出的,则应当依表意人的意思而定。若当事人意思不明的,应当依据《民法典》第一百三十九条"以公告方式做出的意思表示,公告发布时生效"的相关规定认定[①]。

在本案中,黑龙江省沿河林区基层法院发布的拍卖公告为要约邀请,邵某通过网上司法拍卖网站竞买的行为构成要约,该要约的内容即为拍卖公告的内容。该要约并非公众要约,而是向特定人发出的要约。该要约表明要约人邵某愿意基于拍卖公告第六条的要求,自行办理标的物转让登记手续,并承担所涉及的一切税、费及其可能存在的物业费、水、电等欠费。该要约为非对话式的以数据电文做出的要约,根据《民法典》第一百三十七条第二款后半段的规定,"以非对话方式做出的采用数据电文形式的意思表示,相对人指定特定系统接收数据电文的,该数据电文进入该特定系统时生效;未指定特定系统的,相对人知道或者应当知道该数据电文进入其系统时生效。当事人对采用数据电文形式的意思表示的生效时间另有约定的,按照其约定。"邵某发出的要约原则上自在拍卖系统上做出即生效。黑龙江省沿河林区基层法院以公开表示买定的方式确认后,拍卖成交。因此,邵某应当给付

---

① 韩世远:《合同法总论》(第四版),北京:法律出版社,2018年,第127页。

国昌热力公司供热费6560元。但是,供热费滞纳金是因原房主欠缴供热费造成,不应由王某、邵某承担,故法院判决支持了王某、邵某关于滞纳金的诉请。

(二)要约效力的存续时间

■ 知识点

要约效力的存续时间,亦称承诺期限。要约生效之后即对要约人产生拘束力,亦使受要约人对要约产生了承诺的权利。因此要约效力的存续时间,关系到受要约人何时为承诺,至关重要。

■ 适用例举

湖北省利用世界银行贷款项目办公室与东方农化、襄阳县(现襄阳市)农发公司股权纠纷案①

1997年,盐湖集团联合湖北东方农化中心(以下简称"东方农化")等七家公司为发起人,以募集方式设立青海盐湖钾肥股份有限公司(以下简称"钾肥公司")。东方农化应投入注册资金274万元,所占股份200万股,占总股份比例1%。东方农化因流动资金不足,请黄某介绍他人联合投资。经黄某介绍,1997年4月10日,襄阳县农业开发经济技术协作公司(以下简称"襄阳县农发公司")法定代表人余某与东方农化法定代表人徐某在武汉协商联合投资,并制作了《联合投资协议》一式二份。二份《联合投资协议》均加盖东方农化公章并由徐某签字,但襄阳县农发公司未在协议上签字盖章,而是由余某将二份协议带回湖北省襄樊市,东方农化一直不持有协议原件。襄阳县农发公司于2009年10月12日提起诉讼,请求判令东方农化持有的钾肥公司股份中的2 480 439股为襄阳县农发公司所有,并分割给襄阳县农发公司。

湖北省高级人民法院经审理认为:该案的争议焦点之一为《联合投资协议》是否成立。襄阳县农发公司据以证明与东方农化形成联合投资关系的书面合同为《联合投资协议》,该协议形式上已经由东方农化当时的法定代表人徐某签字并盖章,襄阳县农发公司将其作为证据提交时也已加盖公章,但双方于1997年4月10日制作合同文本一式二份并且东方农化签字盖章后,当时的襄阳县农发公司的法定代表人余某并未在协议上签字或盖章,应视为襄阳县农发公司未对双方协商拟定的合同做出承诺,而东方农化已向襄阳县农发公司发出要约,《联合投资协议》尚未成立。因《联合投资协议》未确定襄阳县农发公司的承诺期限,根据《中华人民共和国合同法》第二十三条的规定,以非对话方式做出的没有承诺期限的要约,承诺应当在合理的期限内到达要约人。襄阳县农发公司无证据证明其承诺通知已

---

① 参见湖北省高级人民法院(2009)鄂民二初字第00011号民事判决书。

在合理期限内到达东方农化,故《联合投资协议》未成立。

■ 简要解析

　　本案涉及要约的存续期间问题。要约存续期间的确定,在实践中应当区分以下两种情形:一、定有要约存续期限的要约。如果要约人在要约中指明了要约的存续期限,则要约生效后仅在存续期间内发生效力,相对人应当在要约的存续期限内做出承诺。值得注意的是,受要约人承诺的意思表示是否需要在要约的存续期间内到达受要约人?《民法典》对此持肯定态度。《民法典》第四百八十一条第一款明确规定:"承诺应当在要约确定的期限内到达要约人。"关于此种情形下要约存续期限的计算,我国现行立法并未明确规定,应当以要约人在要约中的明示为准。实践中有两种情形需要注意:第一,若要约表明截止期限,如"应于某年某月末日前承诺",则其所指的究竟是承诺通知的发出还是到达时间?如果要约人的意思难以确定,应当依据《民法典》第四百八十一条第一款,认定以承诺的到达时间为准①;若要约仅规定一定承诺期间,如"应于一周内承诺",如何认定承诺期限的起算时间?本书认为,应当以要约发出时间为承诺期限的起算点。我国《民法典》第四百八十二条规定:"要约以信件或者电报做出的,承诺期限自信件载明的日期或者电报交发之日开始计算。信件未载明日期的,自投寄该信件的邮戳日期开始计算。要约以电话、传真、电子邮件等快速通讯方式做出的,承诺期限自要约到达受要约人时开始计算。"二、未定承诺期限的要约。在以对话方式做出的要约的场合,根据《民法典》第四百八十一条第一款的规定:"要约以对话方式做出的,应当即时做出承诺,但当事人另有约定的除外。"所谓"即时",即立即做出承诺,是指依据交易习惯,受要约人尽其客观上可能地迅速。在以非对话方式做出的要约的场合,根据《合同法》第二十三条第二款的规定:"要约以非对话方式做出的,承诺应当在合理期限内到达。"所谓"合理期限"的确定,通常需要参酌交易习惯、要约内容的复杂程度、要约人的期待、要约的生效时间、受要约人考虑的必要时间以及承诺到达要约人的必要时间等。

　　在本案中,东方农化向襄阳县农发公司发出要约——《联合投资协议》,然而襄阳县农发公司法定代表人余某未在《联合投资协议》上签字盖章,应视为襄阳县农发公司未即时对双方协商拟定的合同做出承诺。又由于该要约属非对话方式的要约,因此襄阳县农发公司只需在要约发出后的合理期限内做出承诺并使该承诺到达要约人即可。然而襄阳县农发公司未能在合理期限内做出承诺,故《联合投资协议》未成立。

---

① 韩世远:《合同法总论》(第四版),北京:法律出版社,2018年,第130页。

四、要约的撤回与撤销

(一)要约的撤回

■知识点

要约撤回,是指要约人于要约生效前取消要约,使要约不发生法律效力的行为。要约人撤回要约的通知应当在要约到达受要约人前或者与要约同时到达受要约人。

《民法典》第一百四十一条规定:"行为人可以撤回意思表示。撤回意思表示的通知应当在意思表示到达相对人前或者与意思表示同时到达相对人。"

■适用例举

李某诉工匠公司装饰装修合同纠纷案①

2017年2月25日,李某与沛县工匠装饰设计工程有限公司(简称"工匠公司")签订装修合同,约定工匠公司为李某位于沛县康城金色家园×号楼×单元×室房屋进行装修。装修结束后,双方因装修质量、价格等问题发生纠纷,大屯市场监管局、装修协会主持双方调解。装修协会提出工匠公司支付李某补偿金2万元,双方不再以任何理由发生纠纷,若有违反,支付2万元违约金的和解方案,李某、工匠公司双方口头表示同意。装修协会据此制作《房屋装修纠纷和解协议书》。2017年9月11日,装修协会通知双方签署上述和解协议书。工匠公司的监事吴某,代表工匠公司在该和解协议上签字,并将2万元交付装修协会。吴某离开后,装修协会通知李某进行协商,李某看到协议后对协议部分内容不予认可,对协议内容进行了变更。工匠公司随即通过装修协会告知李某终止该协议,但李某在该协议上签字后拿走。后因工匠公司未将补偿款2万元支付李某,李某向法院提起诉讼,请求判令工匠公司支付李某补偿金2万元、违约金2万元,合计4万元。工匠公司辩称,工匠公司在李某做出承诺前已撤销要约,李某强行在协议上签字的行为对工匠公司不产生法律约束力。

江苏省沛县人民法院经审理认为:根据《中华人民共和国合同法》的规定,当事人订立合同,采取要约、承诺方式。承诺生效时合同成立。本案中,李某、工匠公司之间关于装修纠纷的和解协议,是在大屯市场监管局、装修协会主持下达成的,根据双方的陈述及装修协会负责人闵某出庭作证的证言,可以确认该和解协议的内容是闵某提出,经征询李某、工匠公司意见后,双方均口头表示同意,闵某又通知

---

① 参见江苏省沛县人民法院(2017)苏0322民初6932号民事判决书。

双方签订书面协议,书面协议的内容与闵某口头提出的和解协议内容一致。书面协议中并未载明双方签字后协议才生效,工匠公司亦未提供证据证明该和解协议须以书面形式订立。故法院认为,李某、工匠公司之间的和解协议自双方均口头表示同意时已经生效。对于工匠公司主张其在李某做出承诺前已经撤回要约,法院认为,本案中李某在签订书面和解协议之前已经做出同意和解协议内容的承诺,工匠公司主张的撤回要约是在工匠公司的监事签订书面协议后才做出,此时双方之间的和解协议已经成立,故工匠公司主张的"要约撤回"实为要求解除合同。综上,工匠公司应按和解协议支付李某补偿金2万元。

简要解析

本案涉及要约的法律效力以及要约的撤回问题。要约的法律效力,也称要约的拘束力,其产生于要约生效之后,终止于合同成立与否确定。要约的法律效力可分为形式拘束力与实质拘束力。要约的形式拘束力,也称要约的不可撤销,是指在要约效力的存续期间内,要约人不得扩张、限制、变更或取消要约。关于要约是否具有形式拘束力,素有争议。英美法系国家大多不承认要约的形式拘束力,在承诺人承诺之前,要约人可随时取消要约。在英国法上,基于对价理论,由于要约人并没有因要约从受要约人处获得对价,因此,无论要约是否定有承诺期限,要约人均可自由撤销要约。美国法基本采取了英国法的前述立场,只不过在商事领域,如果要约人在商事合同的书面要约中声明该要约具有拘束力,则该要约在合理期限内不得被撤销[1]。大陆法系部分国家认为要约应当具有形式拘束力。例如,《德国民法典》最终承认了要约具有形式拘束力。《德国民法典》第一百四十五条规定:"向他人发出订立合同要约的人,受要约的拘束,但要约人已排除要约的拘束力的除外。"[2]瑞士民法典亦存在类似规定。《法国民法典》对此采折中立场,认为要约人可以决定要约是否应当具有形式拘束力。如果要约人明定要约具有形式拘束力,则应当以要约人的意思为准;否则要约人可在承诺前取消该要约,但是要约人不当撤销要约应当赔偿受要约人因此产生的损失。要约的实质拘束力,是指要约一经受要约人承诺,合同即成立的效力。要约生效之后,受要约人享有承诺的权利,即一经承诺则合同成立的权利或法律地位。对于承诺人的此种权利,有学说认为属形成权,有学说认为属期待权,亦有学者认为此乃利益[3]。

要约发出后,要约人因市场行情变化等原因对要约所涉事项另有打算,因此欲

---

[1] 参见《美国统一商法典》第2-205条。
[2] 陈卫佐:《德国民法典》(第三版),北京:法律出版社,2010年,第52页。
[3] [德]迪特尔·梅迪库斯:《德国民法总论》,邵建东译,北京:法律出版社,2001年,第272页。

撤回要约,终止要约的拘束力的情形极为常见。由于要约撤回的前提是要约尚未生效,也即要约尚未到达受要约人,要约人撤回要约并不会损害受要约人的利益,因此各国一般均承认要约的撤回。撤回要约的意思表示必须在要约生效之前做出,即撤回的通知必须先于后者与要约同时到达受要约人。如果撤回要约的通知于要约到达受要约人之后方才到达,此时撤回要约的通知是否发生要约撤回的效力呢?根据《民法典》第一百四十一条的规定,一般认为,如果撤回要约的通知于要约到达受要约人之后方才到达,虽依要约撤回的规则不得发生撤回的效力,但是受要约人基于诚实信用原则,应当将此情形及时通知要约人。我国台湾地区"民法"第一百六十二条对此有类似规定:"撤回要约的通知,其到达在要约到达之后,而按其传达方式,依通常情形应先时或同时到达,其情形为相对人可得而知者,相对人应向要约人寄发迟到的通知。相对人怠于为前款通知者,其要约撤回之通知,视为未迟到。"

在本案中,争议的焦点主要集中在工匠公司"通过装修协会告知李某终止该协议"的行为是否构成要约的撤回。根据案情可知,装修协会主持双方调解后起草《房屋装修纠纷和解协议书》。对于该《房屋装修纠纷和解协议书》,李某、工匠公司双方均口头表示同意。由于该《房屋装修纠纷和解协议书》并非要式合同,因此《房屋装修纠纷和解协议书》自李某、工匠公司口头同意之时已生效。据此,工匠公司主张的"撤回要约"是在《房屋装修纠纷和解协议书》生效后方才做出,不发生要约撤回的法律效力。至于工匠公司主张的"撤销要约"亦不成立,因撤销要约的通知应当在受要约人发出承诺通知之前到达受要约人,而本案所涉和解协议已经生效,不发生要约撤销的法律效力。

(二)要约的撤销

■ 知识点

要约的撤销,是指在要约发生法律效力之后,要约人欲使要约丧失法律效力的意思表示。

《民法典》第四百七十七条规定:"撤销要约的意思表示以对话方式做出的,该意思表示的内容应当在受要约人做出承诺之前为受要约人所知道;撤销要约的意思表示以非对话方式做出的,应当在受要约人做出承诺之前到达受要约人。"

■ 适用例举

米某与重庆某银行储蓄存款合同纠纷案[①]

2010年8月21日9时30分左右,米某到某行柜台办理302 000元的异地存

[①] 一审判决书:参见重庆市江北区人民法院(2010)江法民初字第3413号民事判决书;二审判决书:参见重庆市第一中级人民法院(2011)渝一中法民终字第312号民事判决书。

款业务,其在某支行提供的存款凭条背面填写了自己的姓名及身份证号码,在客户备填项目填写了以下内容:存款金额30 000元,户名赵某,账卡号以及联系电话,等等。该凭条下方印有客户声明:贵行可以依据本人提供的以上信息办理本次存款业务,因本人提供的账号等资料有误而造成的后果,由本人承担。填写完毕之后,米某将自己的身份证及30 000元人民币交给某支行的工作人员。某行的工作人员告知米某系异地存款,需要交纳50元手续费。在此过程中,米某一直在打电话。米某随即重新填写了存款金额为29 950元的存款信息,确定将30 000元款项中的50元作为手续费。在某行工作人员进行验钞及电脑操作过程中,米某一直在通过电话与他人进行联系。随后,某行的工作人员将电脑打印的与米某填写信息一致的存款凭条交给米某,要求其在下方确认签名一栏签字确认,米某边打电话边告知工作人员稍等。其后,米某便拒绝在存款凭条上签字确认。双方随即发生纠纷,后米某诉至法院,请求确认储蓄存款合同未成立。

重庆市江北区人民法院经审理认为:米某填写存款凭条背面载明的存款金额、户名、账号等具体确定的信息,将存款凭条及款项交予某支行的工作人员,该行为表明米某向某支行发出办理存款业务的要约。某支行的工作人员接收存款及存款凭条并开始清点款项的行为,表明其同意米某的要约并着手开始履行合同,双方的储蓄存款合同已成立并生效。某支行的工作人员按照米某填写的信息将款项汇入指定账户,系履行合同义务的行为。米某可以要求某支行终止办理存款业务,但是应在其工作人员业务办理完毕之前提出。某支行的工作人员办理完毕存款业务,要求米某在打印的存款凭条上签字确认的行为,应理解为某支行要求客户对其履行合同义务的行为进行确认。米某此时提出终止办理存款业务,并拒绝在存款凭条上签字,并不能产生撤回要约、要求某支行终止办理业务的效力。据此,判决驳回米某的诉讼请求。

一审宣判后,米某不服一审判决,向重庆市第一中级人民法院提起上诉。重庆第一中级人民法院经审理认为:米某填写存款凭条背面载明的存款金额、户名、账号等具体明确的内容并将此存款凭条交给某支行的行为,是米某希望与某支行订立储蓄存款合同的要约行为。某支行的工作人员接收存款及存款凭条、清点存款并按照米某填写的信息将款项汇入指定账户的行为,虽未用语言或者文字明确表示意见,但其行为表明已接受,应认定为默示的承诺。至此,储蓄存款合同成立且某支行已经履行完毕。米某在银行工作人员已经做出默示承诺,并履行完合同义务之后才提出终止办理存款业务,拒绝在存款凭条上签字,并不能产生撤销要约且要求某支行终止办理业务的效力。综上,判决:驳回上诉,维持原判。

■ 简要解析

本案涉及要约的撤回以及要约的撤销问题。"要约—承诺"是合同成立的通常程式。要约的撤销,发生于要约生效之后,因此立法除保障要约人的利益之外,还必须兼顾受要约人的利益。各国在要约能否撤销的问题上分歧较大。在英国，原则上允许撤销要约，其认为一项要约在其被承诺之前可以随时撤销。即使要约人保证在指定的时间内要约有效，也是如此。在法国，要约有更强的拘束力。根据《法国民法典》第一千三百八十二条的规定，撤销可被视为是需要负责的、不法和错误的结果。在德国、瑞士、意大利，一般认为要约具有最大效力：要约一旦寄达受要约人，要约人便在下述意义上接受其拘束，即在要约中确定的期限届满之前，或如没有确定的期限，则在一合理的期间内，撤销是不可能和无效的①。为平衡要约人与受要约人的利益，我国现行立法规定要约可以撤销，但是撤销要约的通知应当在受要约人发出承诺通知之前到达受要约人。另外，由于要约具有形式拘束力，且要约的撤销有可能损害受要约人的利益，因此要约人撤销要约应有限制。《民法典》第四百七十六条规定："要约可以撤销，但是有下列情形之一的除外：（一）要约人以确定承诺期限或者其他形式明示要约不可撤销；（二）受要约人有理由认为要约是不可撤销的，并已经为履行合同做了合理准备工作。"此处"受要约人有理由认为要约是不可撤销的"中的"理由"，既可源于要约人的行为，如要约人曾经向受要约人表示自己所发出的要约是不可撤销的，而且双方以往的交易也证明了这一点；也可源于要约本身的性质，如对某一要约的承诺需要受要约人进行广泛的、费用昂贵的调查；所谓"已经为履行合同做了准备工作"，是指受要约人对要约不可撤销的信赖所作的行为，可以包括生产所作的准备、购买或租用材料或设备等等②。

本案所涉合同为储蓄存款合同。在本案中，储户以填写存款凭条等方式表明明确的存款意愿，并将存款凭条及款项交予某支行的工作人员的行为是要约。某支行的工作人员接收存款及存款凭条、并开始清点款项的行为，为以默示的方式做出承诺的行为。因此，本案所涉储蓄存款合同已经成立并生效。既然合同已经成立并生效，某支行的工作人员按照米某填写的信息将款项汇入指定账户，系履行合同义务的行为。在合同生效后，米某提出终止办理存款业务，并拒绝在存款凭条上签字，并不能产生要约撤销的法律效果。

五、要约的失效

知识点

要约的失效，是指要约失去拘束力，即要约人不再受要约的拘束，相对人无从

---

① [德]海因·克茨：《欧洲合同法》（上卷），周忠海，李居迁，宫立云译，北京：法律出版社，2006年，第31-33页。

② 马俊驹，余延满：《民法原论》，北京：法律出版社，2008年，第524页。

对之为承诺而成立合同①。《民法典》第四百七十八条规定:"有下列情形之一的,要约失效:(一)要约被拒绝;(二)要约被依法撤销;(三)承诺期限届满,受要约人未做出承诺;(四)受要约人对要约的内容做出实质性变更。"

■ 适用例举

小马驹公司、闽师大招标投标买卖合同纠纷案②

2017年3月,闽南师范大学(以下简称"闽师大")由厦门市公物采购招投标有限公司(招标代理机构)协助发布《招标文件》,项目名称为闽南师范大学学生食堂和餐厅公开招标项。2017年4月25日,厦门市小马驹餐饮管理有限公司(以下简称"小马驹公司")按照相关要求向闽师大提交投标保证金20万元。2017年4月27日,小马驹公司向闽师大提交《投标文件》。2017年4月29日,厦门市公物采购招投标有限公司于闽师大招投标中心网页发布公告,记载(摘要):类别Ⅱ合同包一的第一中标候选人为厦门市和兴隆食品科技有限公司,第二中标候选人为小马驹公司,第三中标候选人为福州中善餐饮管理有限公司。2017年5月18日,厦门市公物采购招投标有限公司于漳州市政府采购网网页发布公告,记载(摘要):类别Ⅱ合同包一原第一中标候选人厦门市和兴隆食品科技有限公司于5月10日向招标人闽师大递交《放弃中标声明函》,自愿放弃该合同包的中标资格,现递补小马驹公司为第一中标候选人。2017年6月8日,厦门市公物采购招投标有限公司于漳州市政府采购网网页发布公告,记载(摘要):经核查发现原递补产生的第一中标候选人小马驹公司在投标文件中提供虚假材料,现取消其中标资格并不予退还投标保证金。2018年1月11日,小马驹公司诉至一审法院,请求判令闽师大退还小马驹公司保证金20万元及利息。

漳州市芗城区人民法院经审理认为:闽师大发出的《招标文件》,属要约邀请;小马驹公司根据该《招标文件》,向闽师大提交《投标文件》,属要约,且已生效;闽师大接收该《投标文件》,并接收小马驹公司提交的投标保证金20万元,属承诺,且已生效。因此,小马驹公司与闽师大成立招标投标合同关系。《招标文件》与《投标文件》产生法律约束力。小马驹公司与闽师大之间成立招标投标合同关系,双方应当依照各自发出的《招标文件》《投标文件》全面履行自己的义务。小马驹公司未对闽师大提出的其在《投标文件》中提供虚假材料的事实做出否认,也未提供证据对该事实予以反驳,因此,闽师大有权根据《招标文件》《投标文件》的约定没收小马驹公司的投标保证金20万元。综上,判决驳回小马驹公司的诉讼请求。

一审宣判后,小马驹公司提起上诉,主张小马驹公司与闽师大未建立招投标合

---

① 王泽鉴:《债法原理》(第一册),北京:中国政法大学出版社,2013年,第162页。
② 一审判决书:参见福建省漳州市芗城区人民法院(2018)闽0602民初587号民事判决书;二审判决书:参见福建省漳州市中级人民法院(2018)闽06民终1379号民事判决书。

同关系。小马驹公司的上诉理由是：闽师大推荐小马驹公司为第二中标候选人，而宣布他人为第一中标候选人，即闽师大已做出拒绝要约的意思表示；闽师大因第一中标候选人放弃中标资格而将小马驹公司递补为第一中标候选人，属于新的要约，因小马驹公司未做出承诺，该要约尚未生效。

漳州市中级人民法院经审理认为：招标文件对小马驹公司具有约束力。理由如下：（一）双方已就投标保证金的条款达成合意。闽师大发出的《招标文件》属要约邀请，招标文件第二章投标人须知第12.1.9条载明："发生以下情形之一的，投标保证金将不予退还：……投标人在投标文件中提供虚假材料的……"小马驹公司根据该《招标文件》缴纳了投标保证金20万元并提交《投标文件》，《投标文件》属要约。根据《合同法》的规定，要约到达受要约人时生效。双方就招标文件第二章投标人须知第12.1.9条关于投标保证金不予退还的罚则条款达成合意，该条款具有作为订立主合同担保的性质，若有因一方原因未能订立合同，则应按定金罚则承担法律责任。因此，《招标文件》和《投标文件》关于投标保证金的约定对双方当事人均具有法律约束力。（二）小马驹公司的要约并未失效。《招标文件》第一章"招标邀请"的附件"招标项目一览表"第二条规定："若出现某一合同包的第一中标候选人中标公示后放弃中标或被废除中标资格或未在规定的时限内签订合同等可导致该第一中标候选人被取消中标资格的情况发生时，不予退还投标保证金，排位在其后的、未在其他合同包中标的中标候选人自动递补为第一中标候选人。"二审庭审中，小马驹公司对在第一中标人放弃中标资格后，其成为第一中标候选人的事实亦无异议。因此，小马驹公司认为，闽师大推荐小马驹公司为第二中标候选人，而宣布他人为第一中标候选人时，其要约已失效的辩解理由与其"保证遵守招标文件的全部规定"的要约内容相违背，亦与事实不相符，法院不予采纳。闽师大没收小马驹公司的投标保证金20万元，符合双方在招标文件和投标文件中投标保证金的合意和法律关于定金罚则的规定，法院予以支持，小马驹公司的上诉请求及理由，没有事实依据和法律依据，法院不予支持。

简要解析

根据《民法典》第四百七十七条的规定，有下列情形之一的，要约失效：一、要约被拒绝。受要约人拒绝要约的，要约当然失效。受要约人拒绝要约的"通知"可采用口头、书面等明示形式，亦可采取客观可推断的行为等默示形式。根据《民法典》的相关规定，受要约人拒绝要约的情形主要包括：一是受要约人明确表示拒绝要约；二是受要约人对要约的内容做出非实质性变更的，且要约人及时表示反对或者要约表明承诺不得对要约的内容做出任何变更的。该拒绝要约的通知"到达"要约人时，要约失效。受要约人发出拒绝要约的通知后，可撤回该通知，但是必须在拒绝要约的通知到达要约人之前或与拒绝要约的通知同时到达。二、要约人依法撤销要约。要约人依法撤销要约是要约人使要约丧失拘束力的情形。所谓"依法撤销要约",须是《民法典》第四百七十七条规定的要约撤销。至于要约撤回,不属于使要约失效的情形。这是因为要约的撤回发生在要约生效之前,自无所谓要约失效。三、承诺期限届满,受要约人未做出承诺。承诺期限届满,受要约人未适时做出承诺。对于条文中"受要约人未做出承诺",应当作何理解?本书认为,结合《民法典》相关条文,应当理解为受要约人承诺的通知在承诺期限届满前未到达要约人。要约未定承诺期限的,若要约以对话方式做出,受要约人未即时做出承诺的,要约失效;若要约以非对话方式做出,受要约人未在合理期限内使承诺的通知到达要约人的,要约失效。四、受要约人对要约的内容做出实质性变更。依据《民法典》第四百八十八条的规定,受要约人对要约的内容做出实质性变更的,为新要约,原要约失效。

在本案中,闽师大发出的《招标文件》属要约邀请,小马驹公司发出的《投标文件》属要约。在《招标文件》中,第一章"招标邀请"的附件"招标项目一览表"第二条规定:"若出现某一合同包的第一中标候选人中标公示后放弃中标或被废除中标资格或未在规定的时限内签订合同等可导致该第一中标候选人被取消中标资格的情况发生时,不予退还投标保证金,排位在其后的、未在其他合同包中标的中标候选人自动递补为第一中标候选人。"小马驹公司接受要约邀请,并据此发出《投标文件》,应当视为小马驹公司接受《招标文件》的相关内容,并以该内容发出要约。根据《招标文件》第二条的内容,闽师大宣布他人为第一中标候选人并不意味着拒绝小马驹公司的要约。在第一中标候选人被取消中标资格的情况发生时,闽师大仍有权对小马驹公司的要约做出承诺。根据《民法典》的规定,要约到达受要约人时生效,该要约生效后,并未发生《民法典》第四百七十七条规定的导致要约失效的任一情形。因此,小马驹公司认为,闽师大推荐小马驹公司为第二中标候选人,而宣布他人为第一中标候选人时,其要约已失效的理由不成立。

第三节 承诺

一、承诺的内涵

▊知识点

《民法典》第四百七十九条规定:"承诺是受要约人同意要约的意思表示。"《民法典》第四百八十八条规定:"承诺的内容应当与要约的内容一致。受要约人对要约的内容做出实质性变更的,为新要约。有关合同标的、数量、质量、价款或者报酬、履行期限、履行地点和方式、违约责任和解决争议方法等的变更,是对要约内容的实质性变更。"

适用例举

建筑学院与上海中科公司买卖合同纠纷案①

2016年5月,江苏建筑职业技术学院(以下简称"建筑学院")作为招标人就其学院高低压开关柜项目发布招标文件,该文件第一部分"投标厂商须知"中载明,其应提交肆万元人民币的投标保证金,以现金形式缴纳;第二部分"合同条款"中载明,付款方式为:分期付款,合同签订货到指定地点安装验收合格后付至总款的90%,余10%做质保金,质保期满后一周内无质量问题一次付清。"违约责任"为:一、卖方在合同约定的交货期提前交货,买方有权选择①拒绝收货,②在卖方同意支付仓储保管费用后,可以接收货物。但并不被认为是对货物的实际验收。二、卖方逾期交货,则应当承担违约责任(不可抗力除外),卖方除应当继续履行合同外,还应当向买方支付逾期交货部分货款总额2%的违约金,并承担买方因延期所产生的一切费用。交货期延迟超过30天,买方除有权解除合同外,卖方仍应按上述方法赔偿买方造成的实际损失。三、一方违约后,另一方应当采取适当措施防止损失的扩大;没有采取适当措施致使损失扩大的,不得就扩大的损失要求赔偿。一方因采取防止损失扩大措施而支出的合理费用,由违约方承担。未完全载明的事务经双方协商确定。该文件还对技术规范及要求等做出明确要求。

后上海中科电气(集团)有限公司(以下简称"上海中科公司")作为投标人进行投标,并于2016年6月2日向建筑学院缴纳保证金40 000元。2016年6月8日,建筑学院向上海中科公司出具了"高低压开关柜"中标通知书。2016年6月14日,建筑学院向上海中科公司提交已在合同尾部甲方(买方)处加盖其单位合同专用章及委托人签名的高低压配电柜项目、编号:HQZX/H-20160508-019的《江苏建筑职业技术学院合同》一份,该合同载明,合同总价格129.999 7万元,并约定了交货地点、运输方式、质量保证期等,但将招标文件第二部分合同条款中付款方式变更为"分期付款,合同签订货到指定地点安装验收合格经审计后付至总款的90%、余10%做质保金,质保期满后一周内无质量问题一次付清";违约责任变更为"卖方逾期交货,则应当承担违约责任(不可抗力除外),卖方除应当继续履行合同外,每延时一天,还应当向买方支付逾期交货部分货款总额2%的违约金,并承担买方因延期所产生的一切费用"。上海中科公司收到该合同后,就变更后的合同条款与建筑学院进行交涉,并向其发出律师函要求退还保证金40 000元并赔偿相关经济损失,但因协商未果,诉至法院,请求判令建筑学院返还投标保证金40 000元、赔偿投标经济损失20 000元(包括员工工资、差旅费、印刷费等)。法院在审理中另查明,建筑学院于2016年6月27日与苏州安泰变压器有限公司就讼

---

① 一审判决书:参见江苏省徐州市泉山区人民法院(2016)苏0311民初7297号民事判决书;二审判决书:参见江苏省徐州市中级人民法院(2018)苏03民终51号民事判决书。

争高低压配电柜项目签订合同,合同总价格为118万元。

江苏省徐州市泉山区人民法院经审理认为:本案中,上海中科公司向建筑学院发出投标文件属于要约,建筑学院经审核确定上海中科公司为中标人,并向其发出中标通知书,该行为属于承诺,双方应按招标文件的内容订立书面合同,但建筑学院于2016年6月14日提供的高低压配电柜项目合同中将违约责任约定为"卖方逾期交货,则应当承担违约责任(不可抗力除外),卖方除应当继续履行合同外,每延时一天,还应当向买方支付逾期交货部分货款总额2%的违约金,并承担买方因延期所产生的一切费用",此内容与招标文件约定的"如卖方逾期交货,则应当承担违约责任(不可抗力除外),卖方除应当继续履行合同外,还应当向买方支付逾期交货部分货款总额2%的违约金,并承担买方因延期所产生的一切费用"明显不一致,且加重了上海中科公司的违约责任,系实质性变更,故该合同应属于新要约,上海中科公司对该合同并未盖章确认,双方合同并未成立。现建筑学院与他人另行签订合同,其对与上海中科公司之间的高低压配电柜合同不能成立存在缔约过失,应承担缔约过失责任。因此,上海中科公司要求建筑学院返还投标保证金40 000元的诉请,依法予以支持。关于上海中科公司主张的赔偿投标经济损失的问题,因上海中科公司提供的证据不足,不予支持。据此,判决建筑学院返还上海中科公司投标保证金40 000元。

建筑学院不服一审判决,提起上诉。江苏省苏州市中级人民法院经审理认为:本案中,建筑学院以招、投标的形式建设案涉项目并发出招标文件,上海中科公司依据招标文件发出投标函。上海中科公司发出投标文件的行为相当于要约,建筑学院发出中标通知书则相当于承诺,故该中标通知书到达上海中科公司时,双方之间的买卖合同成立并生效。虽然之后双方未签订书面买卖合同,但由于招标文件、投标文件及中标通知书中均包含了买卖合同的基本要素、主要条款,故未签订书面买卖合同并不影响双方之间成立买卖合同关系。根据《中华人民共和国合同法》第七十七条,当事人协商一致,可以变更合同。本案中,建筑学院在双方买卖合同成立并生效后,在书面合同中将"卖方逾期交货,则应当承担违约责任(不可抗力除外),卖方除应当继续履行合同外,还应当向买方支付逾期交货部分货款总额2%的违约金,并承担买方因延期所产生的一切费用"更改为"卖方逾期交货,则应当承担违约责任(不可抗力除外),卖方除应当继续履行合同外,每延时一天,还应当向买方支付逾期交货部分货款总额2%的违约金,并承担买方因延期所产生的一切费用";将"分期付款,合同签订货到指定地点安装验收合格后付至总款的90%,余10%做质保金,质保期满后一周内无质量问题一次付清"更改为"分期付款,合同签订货到指定地点安装验收合格经审计后付至总款的90%,余10%做质保金,质保期满后一周内无质量问题一次付清",此内容与招标文件约定的内容明显不一致,应视为建筑学院对双方之间已成立并生效的合同提出了变更内容。上海中科公司未在该变更后的合同上盖章确认,双方协商后亦未达成一致意见。故应视为双方对合同的变更未协商一致,仍应按原合同享有合同权利、承担合同义务。一审判决以该实质性变更属于新要约、上海中科公司未盖章确认为由认定双方合同并未成立有误,建筑学院承担缔约过失责任的理由不能成立,二审法院依法予以纠正。建筑学院在未解除与上海中科公司合同关系的情况下,与案外人苏州安泰变压器有限公司另行签订合同。根据《中华人民共和国合同法》第一百零八条的规定,当事人一方明确表示或者以自己的行为表明不履行合同义务的,对方可以在履行期限届满之前要求其承担违约责任。建筑学院的行为属于"以自己的行为表明不履行合同义务"。因此,建筑学院应退还上海中科公司缴纳的投标保证金。综上,判决驳回上诉,维持原判。

简要解析

构成承诺的意思表示,须具备以下要件:一、承诺须由受要约人做出。这是因为要约赋予承诺人以承诺的权利,这种权利使要约人负有义务。承诺可由受要约人本人做出,也可由其代理人做出,除受要约人以外的第三人做出的意思表示均不得作为承诺。二、承诺须向要约人做出。受要约人承诺的目的在于与要约人订立合同,因此承诺的意思表示只有向要约人做出才有意义。非向要约人做出的意思表示不可能达到缔约目的,不能构成承诺。三、承诺的内容必须和要约的实质性内容保持一致。传统理论认为,承诺应当是绝对和无条件的,而且必须表示愿意按照要约人所提出的各项条件签订合同,一个意图增加或改变要约人所提出的条款的承诺,实际上根本就不是承诺[1],此即镜像规则。然而严格遵循镜像规则,不利于鼓励交易。因此,各国立法均对镜像规则做出修正,不要求承诺的内容与要约的内容绝对一致,只要求承诺与要约的实质性内容保持一致。我国《民法典》亦采此立场。《民法典》第四百八十九条规定:"承诺对要约的内容做出非实质性变更的,除要约人及时表示反对或者要约表明承诺不得对要约的内容做出任何变更外,该承诺有效,合同的内容以承诺的内容为准。"另外,《中华人民共和国招标投标法》第四十六条规定:"招标人和中标人应当自中标通知书发出之日起30日内,按照招标文件和中标人的投标文件订立书面合同。招标人和中标人不得再行订立背离合同实质性内容的其他协议。"据此,对要约的内容做出非实质性变更的承诺应当视为有效承诺,但必须符合两个条件:第一,要约人未及时表示反对;第二,要约未表明承诺不得对要约的内容做出任何变更。但是,此处所谓承诺对要约做出"实质性变更"或"非实质性变更"的共同前提是合同尚未成立,要约尚在存续期间内。如果合同已经成立,则一方当事人做出的所谓"实质性变更"或"非实质性变更",

---

[1] [英]P.S.阿蒂亚:《合同法概论》,程正康,周忠海,刘振长译,北京:法律出版社,1982年,第51页。

仅涉及合同内容是否能够协议变更的问题。

在本案中,建筑学院作为招标人就其学院高低压开关柜项目发布招标文件的行为属要约邀请,上海中科公司发出投标文件的行为属于要约,建筑学院发出中标通知书则属于承诺,故该中标通知书到达上海中科公司时,双方之间的买卖合同成立并生效。合同生效后,建筑学院在双方买卖合同成立并生效后,在书面合同中更改了违约金条款、分期付款的前提条件等条款,修改后的内容与招标文件并不相符。由于相应修改是建筑学院在合同生效后单方做出,且上海中科公司未在该变更后的合同上盖章确认,因此应当理解为双方在协商后就是否变更合同并未达成一致意见,因此合同并未变更。而《民法典》第四百八十九条及《中华人民共和国招标投标法》第四十六条规定的"实质性变更",应限于合同成立之前,承诺人对要约内容所作的实质性变更,与本案情形并不相符,因此不能适用。综上,本书赞同二审法院的观点。

二、逾期承诺

知识点

《民法典》第四百八十一条:"承诺应当在要约确定的期限内到达要约人。要约没有确定承诺期限的,承诺应当依照下列规定到达:(一)要约以对话方式做出的,应当即时做出承诺;(二)要约以非对话方式做出的,承诺应当在合理期限内到达。"

适用例举

李某与陆某房屋买卖合同纠纷案[①]

陆某与居间方某房地产经纪公司签订《买卖定金协议》一份,约定:陆某拟购买李某所有的闵行区金辉路333弄18号房屋,房屋成交价为1 300万元,陆某在签署本协议时支付购房定金10万元,由居间方代收。上述协议中均无出售方李某的签名。2009年6月22日,李某与陆某签订《上海市房地产买卖合同》一份,然而李某当日未在合同上签章,李某签合同的日期为2009年7月23日。合同言明李某将闵行区金辉路333弄18号房屋出售给陆某,总价款为1 000万元。李某应于2009年8月31日前将房屋腾空并通知陆某进行验收交接,并于该日前办理产权过户手续;如陆某未按合同付款协议约定的期限付款的,应当向李某支付违约金,逾期超过15日后陆某仍未付款的,李某有权单方解除合同。同日,双方签订《补

[①] 一审判决书:参见上海市闵行区人民法院(2009)闵民三(民)初字第2198号民事判决;二审判决书:参见上海市第一中级人民法院(2010)沪一中民二(民)终字第685号民事判决书。

偿协议》一份(李某签订的日期为2009年7月23日),明确陆某应付的装修补偿款于2009年7月6日前支付给李某。2009年7月23日,李某出具收条一份,言明收到陆某支付的关于上海市闵行区金辉路333弄18号房屋的部分房价款2万元。同日,李某签署两份《补充协议》,约定将补偿协议第1条变更为陆某于2009年8月12日前支付李某部分房价款300万元;原付款协议第1条变更为陆某应于2009年7月25日前支付李某部分房价款100万元,付款协议第2条变更为陆某应于2009年7月31日前支付李某部分房价款100万元。合同签订后,陆某未履行合同约定的付款义务。2009年9月19日,李某将上述房屋出售给他人,总价款为1 150万元。2009年9月,李某诉至上海市闵行区人民法院,请求确认李某与陆某签订的《上海市房地产买卖合同》及补偿协议于2009年9月3日解除,并请求陆某支付李某赔偿金200万元。

上海市闵行区人民法院经审理认为,陆某于2009年6月22日签订的《上海市房地产买卖合同》中对付款方式、付款金额均作了约定,而李某在当日却未能签订合同,因此陆某签订合同的行为仅是为购房而发出的要约,在李某未做出承诺前,该合同是不成立的;2009年7月23日,虽李某对于陆某发出的要约做出了承诺,但同时由于合同约定的付款期限已过,故李某重新做出的付款金额及付款时间应认定为新的要约,而要约只能在对方做出承诺后才能生效,由于陆某明确表示不接受李某新的要约,因此事实上双方分别签署的买卖合同尚未成立。由于合同未成立,故对于李某要求陆某按合同的约定支付赔偿金的请求亦没有事实和法律依据,故判决:驳回李某的诉讼请求。

一审宣判后,李某不服,提起上诉。上海市第一中级人民法院认为,《合同法》第三十条规定:"承诺的内容应当与要约的内容一致。受要约人对要约的内容做出实质性变更的,为新要约。有关合同的标的、数量、质量、价款或者报酬、履行期限、履行地点和方式、违约责任和解决争议方法等的变更,是对要约内容的实质性变更。"根据上述法律规定,李某在合同约定的付款履行期限已过的情况下,签署合同的行为不构成有效的承诺。同时,李某所签署的两份《补充协议》,重新确定了付款履行期限,对此陆某没有明确表示同意。故李某与陆某之间没有成立房地产买卖合同法律关系,所以李某要求陆某依照合同约定支付赔偿金的诉讼请求,没有事实和法律依据。法院不予支持。据此判决驳回上诉,维持原判。

简要解析

承诺必须在要约效力存续期间内做出并到达要约人,否则受要约人所做出的同意的意思表示不构成承诺。受要约人在要约效力存续期间届满后才做出承诺,或在要约效力存续期间做出承诺,但该承诺按照通常情形须要约效逾期承诺一般不生效力,为新要约,但是应当注意有以下两个例外:一、过期承诺,但要约人及时通知受要约人该承诺有效的。过期承诺,亦称必然迟到的承诺,包括两种情形:

①受要约人超过承诺期限才做出承诺,②受要约人虽然在承诺期限发出承诺,但是按照通常情形,该承诺不可能在承诺期限内到达要约人。《民法典》第四百八十六条规定:"受要约人超过承诺期限发出承诺,或者在承诺期限内发出承诺,按照通常情形不能及时到达要约人的,为新要约;但是,要约人及时通知受要约人该承诺有效的除外。"二、按期承诺,意外原因致使承诺超期的,但要约人未及时通知受要约人因承诺超过期限不接受该承诺的。此种情形,也称为偶然迟到的承诺。在此种情形下,受要约人对合同成立怀有合理期待,但是其承诺毕竟未在承诺期限内到达要约人,因此为了兼顾要约人的利益,《民法典》将认定承诺是否有效的权利交由要约人。《民法典》第四百八十七条规定:"受要约人在承诺期限内发出承诺,按照通常情形能够及时到达要约人,但是因其他原因致使承诺到达要约人时超过承诺期限的,除要约人及时通知受要约人因承诺超过期限不接受该承诺外,该承诺有效。"

本案中,李某与陆某通过居间商交易,欲签订《房地产买卖合同》一份。2009年6月22日,陆某于《上海市房地产买卖合同》中对付款方式、付款金额均作了约定并签字盖章。然而当日李某未在合同上签章,直至2009年7月23日,李某才于该《上海市房地产买卖合同》上签章。此后,出售方李某并未及时在合同上签章,应当将6月22日签订《房地产买卖合同》时陆某签章的行为认定为陆某向李某发出购买相应房屋的要约,由于李某当时并未在该合同签章,应当认定为李某并未即时承诺。此后,由于《房地产买卖合同》约定的履行期限经过,应当认定为要约存续期限(即承诺期限)已经届满,陆某的要约失效。李某在承诺期限经过后方才在该合同文本上签章的行为,不能构成承诺。因此,《房地产买卖合同》并未成立。

三、承诺的方式

承诺的方式,是指承诺人以何种方式将承诺的意思传达给要约人。

我国《民法典》第四百八十条规定:"承诺应当以通知的方式做出,但是,根据交易习惯或者要约表明可以通过行为做出承诺的除外。"

(一)明示的承诺

知识点

明示的承诺,亦称以明示通知的方式做出的承诺。此种通知的方式,既可以是口头方式,也可以是书面方式,只要是能够告知要约人的意思表示的传达方式即可。一般来说,在对话式的要约场合,承诺原则上也应以对话方式做出;在非对话式的要约场合,受要约人可以选择合适的承诺方式,无须采取与要约相同的方式。

■ 适用例举

宏讯公司与富士公司买卖合同纠纷案①

葛某和吴某系宏讯电子工业（杭州）有限公司（以下简称"宏讯公司"）采购部的员工。2007年9月14日，宏讯公司通过传真向台湾富士贸易（香港）有限公司[TAIWAN FUJI TRADING(HK)LIMITED，以下简称"富士公司"]发出一份采购单（订单号6020001437），采购单上有葛某和吴某的签字，购买摄像头等产品，其中供应商料号为SCKA2A0100的产品20 000件、供应商料号为FPDJ5-002A的产品20 000件、供应商料号为JSCKA0002A的产品20 000件、供应商料号为SKRELGE010的产品40 000件，交货时间为2007年11月5日，货款为72 720美元，付款条件为月结45天。同年9月25日，宏讯公司又通过传真向富士公司发出一份采购单（订单号6020001538），采购单上有葛某和吴某的签字，购买供应商料号为SCKA2A0100的产品8 000件、供应商料号为FPDJ5-002A的产品7 000件、供应商料号为JSCKA0002A的产品5 000件、供应商料号为SKRELGE010的产品10 000件，交货时间为2007年11月19日，货款为25 450美元，付款条件为月结45天。2007年9月17日、9月26日，富士公司分别签署了上述采购单，并于同年9月17日、10月4日向其供应商ALPS公司发出订单，订购除SKRELGE010以外的其他产品。从2007年10月8日到12月18日，ALPS公司陆续向富士公司交付了上述产品。2007年10月25日，葛某向富士公司发出电子邮件，要求取消部分订单号下的产品。2008年2月25日，葛某向富士公司发出的电子邮件，对涉案订单项下的SCKA2A0100、FPDJ5-002A、JSCKA0002A产品的数量和金额进行了确认。富士公司认为其已完成生产，宏讯公司不能单方解除合同，遂诉至法院，要求宏讯公司继续履行合同，支付货款98 170美元并判令宏讯公司赔偿其经济损失。

浙江省杭州市中级人民法院经审理认为：富士公司、宏讯公司双方之间具有长期的业务往来，根据其交易习惯，双方之间订立合同的方式是由宏讯公司向富士公司传真有其公司员工签字的采购单，富士公司员工签字确认后回传给宏讯公司，双方之间的合同即依法成立。本案所涉的两份订单系采取上述方式订立，符合双方之间的交易习惯。在订单上签字的员工系富士公司、宏讯公司的采购销售人员，其在订单上签字的行为是以公司名义所进行的职务行为，依法应由公司承担相应的责任。双方之间所订立的该买卖合同是双方当事人的真实意思表示，且不违反法律、行政法规的强制性规定，合法有效。只有在双方协商一致，或者符合双方约定的或法定的解除合同条件下，当事人才可以解除合同，不再履行合同义务。在本案

---

① 一审判决书：参见浙江省杭州市中级人民法院（2008）杭民三初字第184号民事判决书；二审判决书：参见中华人民共和国浙江省高级人民法院（2009）浙商外终字第12号民事判决书。

中,宏讯公司在未满足上述条件的情况下不得擅自解除合同。富士公司要求继续履行合同,应予支持。按照双方之间的合同约定,交货地点在宏讯公司处,由富士公司向宏讯公司交付合同约定的货物,宏讯公司应向富士公司支付相应的货款。同时,宏讯公司未按约履行支付货款的义务,依法应当承担违约责任。

一审宣判后,宏讯公司不服一审判决,提起上诉。浙江省高级人民法院经审理认为:传真属当事人订立书面合同的一种法定形式,其效力受法律保护。宏讯公司通过传真向富士公司发出的两份采购订单,系其向富士公司发出的要约,富士公司在该采购单上书面确认并回传给宏讯公司的行为已构成有效承诺。因此,双方之间的买卖合同已经依法成立并生效。对于富士公司主张宏讯公司继续履行合同并支付逾期违约金是否有法律依据的问题,双方当事人并没有就合同解除协商一致,也不存在其他约定或法定的解除条件,因而买卖合同对双方仍具有约束力,双方应当按合同履行各自义务。虽因买卖合同约定的付款条件为月结45天,富士公司负有交付货物的先履行义务,但宏讯公司在履行期限届满之前,已经明确表示不履行合同义务,故富士公司未向宏讯公司交付货物的原因并不能归责于富士公司。因此,富士公司主张宏讯公司应继续履行合同并支付逾期付款违约金于法有据,应予支持。

■简要解析

承诺是需要受领的意思表示,因此考虑到要约人的受领,承诺必须具备一定的客观形式。如果要约对承诺的方式有特别的指定,应当依其指定;如果要约对承诺的方式没有特别指定,一般应当依据交易习惯等,由承诺人采用适当的方式予以承诺。《民法典》第四百六十九条规定:"当事人订立合同,可以采用书面形式、口头形式或者其他形式。书面形式是合同书、信件、电报、电传、传真等可以有形地表现所载内容的形式。以电子数据交换、电子邮件等方式能够有形地表现所载内容,并可以随时调取查用的数据电文,视为书面形式。"因此,无论是要约还是承诺,都可以采取传真的方式。值得注意的是,如果要约指定了承诺的方式,但是受要约人未按要约指定的方式做出承诺,承诺的效力如何。对此,我国《民法典》并未明确规定。本书认为,如果要约人在要约中强调承诺必须以特定的方式做出、非此方式不可的,则受要约人未采取该方式的,承诺无效;如果要约人仅在要约中指明了承诺的方式,并未明确表明非此方式不可的,如果受要约人采用其他方式予以承诺,且该方式未损害要约人的利益的,承诺应为有效。

在本案中,争议焦点之一是富士公司和宏讯公司之间涉案货物的买卖合同是否成立的问题。富士公司与宏讯公司之间长期存在业务往来,就本案所涉买卖合同,双方当事人并未约定承诺的形式,亦未约定涉案货物买卖合同的形式。因此,原则上要约人宏讯公司与受要约人富士公司采取明示的方式做出要约或承诺即可。传真属当事人订立书面合同的一种法定形式,其效力受法律保护。宏讯公司通过传真向富士公司发出的两份采购订单,系其向富士公司发出的要约,富士公司在该采购单上书面确认并回传给宏讯公司的行为已构成有效承诺。因此,双方之间的买卖合同已经依法成立并生效。另外,合同生效之后,对双方当事人均产生拘束力,双方均应履行合同。宏讯公司在履行期限届满之前,已经明确表示不履行合同义务,构成违约,富士公司有权主张宏讯公司承担违约责任。

(二)默示的承诺

知识点

默示的承诺,亦称以行为的方式通知而做出的承诺,是指受要约人虽未以明示的方式做出承诺,但却实施了在客观上可以推断其做出承诺的意思表示的通知。

适用例举

航天国际旅行社与穆某旅店服务合同纠纷案[1]

2002年7月2日,航天国际旅行社向穆某所经营的位于延庆松山旅游景区的宾馆咨询了服务情况后,向该宾馆发出传真,传真中写明:现将我社团队计划传真与您,敬请确认,如有问题请随时联系。具体项目:①入住时间2002年7月5日,离店时间7月6日;②入住人数:50~60人[2人间120元/(天·间),3人间150元/(天·间)];③用餐安排:7月5日晚餐15元/人、7月6日早餐5元/人、午餐15元/人;④7月5日晚餐后安排温泉洗浴。后附:敬请经理按以上计划安排有关事宜。穆某为此作了安排与准备。7月3日航天国际旅行社的代理人到穆某的宾馆实地了解,对客房住宿及就餐环境表示满意,但对于温泉洗浴安排未明确表示态度。后航天国际旅行社带旅游团队到延庆松山景区,但未入住穆某的宾馆。穆某诉称:"航天国际旅行社向我宾馆发出传真,写明双方商定的房间数量及价格,我宾馆为此做了相应准备,但航天国际旅行社未依约入住我宾馆,故要求判令航天国际旅行社赔偿经济损失3 060元。"航天国际旅行社辩称:"我社所发传真未经对方确认,双方未达成旅店服务合同。"

一审法院经审理认为:穆某、航天国际旅行社口头协商住宿等事宜后,航天国际旅行社向穆某发出传真,传真文本中具体注明了住宿、餐饮的价格、时间等服务项目,并要求穆某"按以上计划安排有关事宜",还提出"如有问题请随时联系",表明航天国际旅行社实际已经向穆某发出要约,该要约对航天国际旅行社具有约束力。穆某亦以实际行为做出承诺。航天国际旅行社未明确告知穆某即单方取消住宿计划,对于穆某的经济损失其应能预见。现穆某要求航天国际旅行社赔偿损失,应予支持。鉴于双方系在合同履行日前发生的争执,穆某的经济损失可以适当避

---

[1] 案例来源:北大法宝司法案例数据库,【法宝引证码】CLI. C. 186189,最后访问日期:2019年11月22日。

免,因此对于赔偿数额应适当考虑。综上,判决航天国际旅行社赔偿穆某经济损失2 000元。一审宣判后,航天国际旅行社不服,提起上诉。二审法院审理后,认为原审法院判决正确,驳回上诉,维持原判。

简要解析

本案涉及默示承诺的效力问题。承诺的意思表示原则上应当以明示的方式做出,但是在特定情形下,亦允许承诺以默示的方式做出。此乃现代各国立法及国际条约的通行做法[1]。默示的承诺绝非单纯的沉默。默示是一种表达意思的方式,而沉默根本就不构成表示,它既不构成同意,也不构成拒绝[2]。《民法典》第一百四十条第二款规定:"沉默只有在有法律规定、当事人约定或者符合当事人之间的交易习惯时,才可以视为意思表示。"例如,《民法典》第六百七十三条规定:"试用买卖的买受人在试用期内可以购买标的物,也可以拒绝购买。试用期间届满,买受人对是否购买标的物未做表示的,视为购买。"实践中,关于默示的承诺的认定存在争议。《民法典》第一百四十条第一款明确肯定了意思表示可采默示的方式做出。也就是说,默示的承诺亦属意思表示,因此应当以通知的方式向要约人做出,只是此种通知应当理解为该行为到达要约人且被要约人知悉。一般来说,单纯的沉默不构成承诺。但是,根据《民法典》的规定,单纯的沉默只有在有法律规定、当事人约定或者符合当事人之间的交易习惯时,才可以视为意思表示。此处的"交易习惯"一般是指一个固定的交易关系当中或者在特定的交易圈子中的通行做法[3]。

在本案中,航天国际旅行社向穆某所经营的宾馆咨询了服务情况,并向该宾馆发出传真,传真中写明了预订的房间数量、时间、费用等事项,并载明:"现将我社团队计划传真与您,敬请确认,如有问题请随时联系"等字样。穆某依据该传真内容为此作了安排与准备。对此,应当将航天国际旅行社发出传真的行为视为发出要约,而且该要约是不可撤销的。穆某在接到该要约后,虽然未以明示的方式做出承诺的通知,但是其积极为航天国际旅行社准备房间的行为本身就是一种默示承诺。而且,7月3日航天国际旅行社还派代理人到宾馆实地进行了解,穆某经营的宾馆予以配合,至此穆某以行为做出的承诺通知已到达了要约人。因此,本案中穆某与航天国际旅行社签订的旅游服务合同成立,双方均应履行该合同约定的义务。航天国际旅行社未依约入住穆某的宾馆,构成违约,故穆某有权要求航天国际旅行社赔偿经济损失。

---

[1] 参见《国际商事合同通则》第2.6(3)条、《德国民法典》第151条。
[2] [德]维尔纳·弗卢梅:《法律行为论》,迟颖译,北京:法律出版社,2013年,第75页。
[3] [德]迪特尔·施瓦布:《民法导论》,郑冲译,北京:法律出版社,2006年,第347页。

四、承诺的生效与撤回

(一)承诺的生效

知识点

《民法典》第四百八十三条规定:"承诺生效时合同成立,但是法律另有规定或者当事人另有约定的除外。"第四百八十四条规定:"以通知方式做出的承诺,生效的时间适用本法第一百三十七条的规定。"承诺不需要通知的,根据交易习惯或者要约的要求做出承诺的行为时生效。

适用例举

潘某与永嘉中厦公司房屋买卖合同纠纷案[①]

永嘉中厦房地产开发有限公司(以下简称"永嘉中厦公司")是永嘉县瓯北镇礁下村双塔路东侧地块的房地产项目开发经营主体。2011年7月27日,永嘉中厦公司启动"铂晶嘉园"购房诚意金办理程序。同日,潘某到楼盘展示中心填写了一份"铂晶嘉园"诚意金办理申请单与"铂晶嘉园"申购报名确认单,并按程序交纳了300 000元诚意金。2011年8月4日,铂晶嘉园楼盘开盘,潘某按照通知参加抽签摇号预定了2幢2902室商品房,并与永嘉中厦公司签订了《商品房预定协议书》。2011年8月13日,潘某在永嘉中厦公司提供的浙江省建设厅和浙江省工商行政管理局联合监制的《商品房买卖合同》上签字,同时也在相关附件上签字,双方明确约定了单价、面积、总价、支付方式、支付时间、房屋交付时间、各自的违约责任等详细内容。其中合同第二十六条约定,本合同自双方签订之日起生效。附件八第十一条第二款还约定,买受人在《商品房买卖合同》中提供的联系电话、地址为出卖人履行通知义务的联系电话、地址。出卖人按《商品房买卖合同》中买受人的联系电话、地址告知或邮寄送达买受人书面通知,即视为出卖人已履行《商品房买卖合同》和本补充协议规定的出卖人的通知义务。潘某在《商品房买卖合同》签字当日按照合同约定向永嘉中厦公司支付了首付款。永嘉中厦公司未在潘某签字当日将合同文本交付潘某。2011年12月8日,房管部门对买卖合同予以备案。永嘉中厦公司于2011年12月16日按照潘某预留的联系地址,以邮寄方式向潘某送达了一份通知,告知潘某前来补交款项(包括按揭首付款差额、车位余款等)及需要携带的相关材料,并告知如逾期办理则按合同约定承担违约责任。潘某于2011年12月17日收到上述通知。永嘉中厦公司于2012年1月6日、7月6日分

---

① 一审判决书:参见浙江省永嘉县人民法院(2014)温永瓯民初字第37号民事判决书;二审判决书:参见浙江省温州市中级人民法院(2014)浙温民终字第530号民事判决书。

别按照潘某预留的联系地址,以邮寄方式向潘某送达了一份律师函,重申了上述通知的内容;潘某分别于2012年1月9日、7月8日收到该律师函。潘某未办理按揭贷款手续或支付剩余的购房款,亦未持有买卖合同文本。潘某后诉至该院,请求判决确认潘某、永嘉中厦公司于2011年8月13日签订的《商品房买卖合同》不成立。

浙江省永嘉县人民法院经审理认为,根据我国《合同法》第十三条规定:"当事人订立合同,采取要约、承诺方式。"可见要约和承诺是合同成立的基本规则,也是合同成立必须经过的两个阶段。首先来看潘某签署的申请单、确认单、开盘须知,这些材料的签署尚属于要约邀请,显然并不导致合同成立。其次来看《商品房预定协议书》的签订是否意味着双方的买卖合同关系已经成立。虽然该协议书部分合同条款经过了要约和承诺阶段,但因其未约定购房款的支付时间、支付方式以及房屋交付时间等其他重要条款,缺乏买卖合同成立的必要条款,此时买卖合同未成立。最后来看买卖合同是否经过了要约承诺阶段。该《商品房买卖合同》系浙江省建设厅和浙江省工商行政管理局监制,包含合同成立的全部必要条款。根据《商品房买卖合同》的落款时间来看,潘某签字时间和永嘉中厦公司盖章时间均为2011年8月13日同一天,潘某亦在当天交纳了首付款845 850元,且潘某亦无证据证明永嘉中厦公司盖章另有其他时间,故应认定该时间即是双方签订合同的时间。根据《合同法》第三十二条规定,当事人采用合同书形式订立合同的,自双方当事人签字或者盖章时合同成立。故双方签订的《商品房买卖合同》已于2011年8月13日成立。退一步来讲,假设是潘某于2011年8月13日在合同上签字,而永嘉中厦公司并不是当天,系事后才盖章,潘某支付首付款亦不构成履行合同主要义务。此时系潘某于当天向永嘉中厦公司发出要约,而永嘉中厦公司未当场承诺,只有永嘉中厦公司同意签订合同的承诺到达潘某,合同方能成立。根据永嘉中厦公司提供的证据中通知和律师函的内容来看,显而易见是同意签订《商品房买卖合同》的,其内容可以构成承诺。另外,永嘉中厦公司于2011年12月16日和2012年1月6日分别向潘某发出通知和律师函,潘某亦分别于2011年12月17日和2012年1月9日收到,应视为承诺最快已于2011年12月17日到达。潘某在庭审中亦明确表示在上述期间内未撤回或撤销其要约,故在此情况下,《商品房买卖合同》仍然已经成立。永嘉中厦公司同意签订合同的承诺到达潘某时合同即成立,而不是将合同文本送达给潘某,二者不能混淆。综上,双方之间的《商品房买卖合同》已成立。

一审宣判后,潘某不服,提起上诉。浙江省温州市中级人民法院经审理认为:本案的争议焦点是《商品房买卖合同》是否成立。首先,在双方签订《商品房买卖合同》之前,潘某已在楼盘展示中心填写诚意金办理申请单与申购报名确认单,按程序交纳了诚意金,而后潘某按照永嘉中厦公司通知要求参加了抽签摇号预定具体幢室并签订《商品房预定协议书》,该协议书已对涉诉房屋单价和总房价等内容做出具体约定。2011年8月13日潘某在永嘉中厦公司提供的《商品房买卖合同》

上签字,同时在相关附件上签字。故从经过情况看双方在签订《商品房买卖合同》中的意思表示是真实一致的。其次,从《商品房买卖合同》的落款时间来看,潘某签字时间和永嘉中厦公司盖章时间均为2011年8月13日,当日潘某还交纳了首付款,故买卖合同已于2011年8月13日成立。综上,判决驳回上诉,维持原判。

简要解析

合同的订立一般采取"要约—承诺"的方式。要约生效的,对要约人产生拘束力;承诺生效的,合同成立。对于要约和承诺的生效时间,存在两种不同的立法例:一是发信主义,亦称为投邮主义,是指要约一经要约人发出,处于其控制范围之外即生效力;二是到达主义,又称受信主义,是指要约到达受要约人的控制范围时才发生效力。所谓"控制范围",是指受要约人可能支配的范围,依照客观状态,受要约人可以随时了解要约的内容,如信件被投至受要约人经常使用的信箱等。根据《民法典》第四百八十四条和第一百三十七条的规定,对于以通知方式做出的承诺,如果是以对话方式做出的承诺,要约人知道其内容时生效,如果是以非对话方式做出的承诺,到达要约人时生效。对于不需要通知的承诺,根据交易习惯或者要约的要求做出承诺的行为时生效。

承诺作为意思表示,其目的在于引起预设的法律后果[1]。承诺的生效时间因承诺有无相对人而有所不同。主要包括两种类型:一、承诺自承诺通知到达要约人时生效。《民法典》第四百八十条前半段规定:"承诺应当以通知的方式做出。"此乃承诺方式的一般规定。在以对话方式做出的要约的场合,承诺通知即时到达要约人,此处所谓到达即应理解为要约人"知道";在非以对话方式做出要约的场合,承诺通知非即时到达要约人,此处所谓到达应当理解为进入要约人的控制范围。二、承诺不需要通知的,根据交易习惯或要约的要求做出承诺的行为时生效。承诺的行为,主要包括两种:履行行为和受领行为。履行行为,是指执行合同义务的行为,或起码已开始实施合同义务的行为。如预订酒店房间时,酒店对相关信息予以登记且预留房间的行为等。受领行为,指占有或使用要约之标的物的行为。受领行为主要发生在现物要约的情形,如在出卖人送上门的图书上签名或作眉批的行为、把旅店房间内书桌上的矿泉水打开饮用的行为、驾车驶进收费停车场的行为。在上述情形中,尽管受要约人未做出明确的意思表示,但是依据通常情形完全可以推断出其具有承诺的意思[2]。

本案争议焦点在于潘某、永嘉中厦公司于2011年8月13日签订的商品房买卖合同是否成立。在本案中,双方当事人签订《商品房买卖合同》,该合同的形式

---

[1] 李永军:《民法总则》,北京:中国法制出版社,2018年,第623页。
[2] 朱广新:《合同法总则》,北京:中国人民大学出版社,2012年,第97页。

属于合同书。对于合同书而言,如何认定其要约和承诺的生效呢?自然也是采取到达主义。只不过合同书的签订,一般需要双方当事人同时到场,并在合同书文本上签字盖章,因此《民法典》第四百九十条前半段规定:"当事人采用合同书形式订立合同的,自当事人均签名、盖章或者按指印时合同成立。"因此,潘某在《商品房买卖合同》的签字时间和永嘉中厦公司盖章时间均为 2011 年 8 月 13 日,潘某亦在当天交纳了首付款 845 850 元,且潘某亦无证据证明永嘉中厦公司盖章另有其他时间,故应认定该时间即是双方签订合同的时间。

(二)承诺的撤回

■知识点

承诺可以撤回。承诺的撤回是指受要约人发出承诺后,到达要约人之前,取消承诺的行为。

《民法典》第四百八十五条规定:"承诺可以撤回。承诺的撤回适用本法第一百四十一条的规定。"

■适用例举

陈某诉象屿公司商品房买卖合同纠纷案[①]

2005 年 3 月 22 日,厦门象屿建设集团有限责任公司(以下简称"象屿公司")与第三人何某签订了编号为 0303451 号《商品房买卖合同》,厦门市土地房产管理部门于 2005 年 3 月 29 日依当时的备案登记办法,即通过在商品房买卖合同正本上加盖相应备案印章的方式办理了登记备案。2006 年 4 月 24 日,陈某、象屿公司双方签订了编号为 01027314 号《商品房买卖合同》,该合同经厦门市土地房产管理部门于 2006 年 4 月 26 日采用网上登记的形式进行了登记备案。以上两份买卖合同均以象屿公司为卖方,象屿公司在合同中出售的标的物均为"金象嘉园二期-1 层×号"车位,该车位的售价均为 11 万元。作为买方的何某及陈某均向象屿公司支付了讼争车位价款(其中陈某于 2006 年 4 月 24 日支付 11 万元至象屿公司账户),亦分别向物业服务公司缴纳使用金象嘉园二期车位的物业管理费。陈某早于第三人装修并居住使用金象嘉园的商品房。合同签订后,象屿公司拒绝将书面购房合同正本、购房发票原件交付陈某。陈某诉至法院,请求判令象屿公司 01027314 号《商品房买卖合同》正本、发票原件交付给陈某。象屿公司辩称,象屿公司虽然在合同上盖章但合同并未送达陈某,因此买卖合同不成立。

福建省厦门市思明区人民法院经审理认为:本案的两份债权合同即编号为 0303451 号《商品房买卖合同》和编号为 01027314 号《商品房买卖合同》均已经与

[①] 一审判决书:参见福建省厦门市思明区人民法院(2007)思民初字第 4898 号民事判决书;二审判决书:参见福建省厦门市中级人民法院(2008)厦民终字第 670 号民事判决书。

当事人签订,虽然前者签订在先,后者签订在后,且标的物相同,但依照《中华人民共和国合同法》第三十二条之规定两份合同均成立。象屿公司抗辩与陈某签订的后一份合同虽加盖了印章但未送达陈某,因而合同不能成立的意见,于法相悖,法院不予采纳。综上,判决象屿公司向陈某交付编号为01027314号《商品房买卖合同》正本及购买金象嘉园二期-1层×号车位发票原件。

一审宣判后,象屿公司不服一审判决,向福建省厦门市中级人民法院提起上诉称:象屿公司虽然做出了承诺,在合同上进行盖章,但是该合同从未送达陈某,象屿公司在承诺到达陈某之前已撤回承诺。

福建省厦门市中级人民法院经审理认为,象屿公司与陈某签订的商品房买卖合同合法有效,此乃物权变动的原因关系,与物权变动合同关系相区别。原审判决象屿公司向陈某交付《商品房买卖合同》正本及购买金象嘉园二期-1层×号车位发票原件正确。象屿公司的上诉理由缺乏法律根据,应予驳回。综上,判决驳回上诉,维持原判。

简要解析

本案涉及承诺的撤回问题。承诺的撤回,是承诺人阻止承诺发生法律效力的行为。在有相对人且对意思表示生效采取"到达主义"的场合,在发出意思表示与到达相对人之间存在时间间隔,在这段时间内,法律允许表意人撤回意思表示,因为这时不会对相对人造成任何损失[①]。但是撤回承诺的通知必须先于或同时与承诺到达要约人,才发生阻止承诺的效力。如果撤回承诺的通知迟于承诺到达要约人,因承诺已经生效,合同已经成立,不会发生承诺撤回的法律效果。在此之外,还应当注意前文提及的《民法典》第四百八十七条,该条规定了按期承诺,意外原因致使承诺超期的情形。按照同一逻辑,如果依照通常情形,受要约人撤回承诺的通知能够在承诺通知到达要约人之前或者与承诺通知同时到达要约人,那么除非要约人及时通知承诺的撤回因通知的迟到而不发生效力,否则仍然发生撤回承诺的法律效果。

在本案中,象屿公司与陈某采用合同书的方式订立了01027314号《商品房买卖合同》。《民法典》第四百九十条前半段规定:"当事人采用合同书形式订立合同的,自当事人均签名、盖章或者按指印时合同成立。"当象屿公司在01027314号《商品房买卖合同》上盖章时,其承诺就已经生效,该合同也已经成立。在商品房的买卖中,购房者在《商品房买卖合同》上签字以后,将合同交给开发商统一盖章的现象十分普遍。如果允许开发商以合同未送达购房者为由随意撤回承诺,将使购房者处于极为不利的境地,这显然与《民法典》规定承诺撤回的主旨不符。根据《民法典》第五百零二条第一款的规定:"依法成立的合同,自成立时生效,但是法律另有规

---

① 李永军:《民法总则》,北京:中国法制出版社,2018年,第628页。

定或者当事人另有约定的除外。"象屿公司在 01027314 号《商品房买卖合同》上盖章后,即应受到该合同的约束,不得随意撤回其承诺。因此,象屿公司拒绝向陈某送达合同书的行为并不发生承诺撤回的法律效果。

第四节 合同成立的特殊程式

一、意思实现

知识点

合同订立中的意思实现,是指如下的合同订立方法:要约生效后,在相当的时期内,因有可认为承诺的事实,无须受要约人再为承诺意思表示的通知,合同即为成立①。本书认为,《民法典》第四百八十条后半段"根据交易习惯或者要约表明可以通过行为做出承诺的除外"及《民法典》第四百八十四条第二款"承诺不需要通知的,根据交易习惯或者要约的要求做出承诺的行为时生效",即是对意思实现的规定。

适用例举

豪士达公司诉光乾公司买卖合同纠纷案②

2007 年 4 月 13 日,浙江豪士达包装有限公司(以下简称"豪士达公司")将一份订货单传真给上海光乾塑胶有限公司(以下简称"光乾公司"),载明了货物名称为珠光膜,并明确规格型号和数量。2007 年 4 月 16 日,光乾公司以传真方式发给豪士达公司一份已在供方栏中盖有光乾公司合同专用章的《工矿产品购销合同》,确定由光乾公司供给豪士达公司灯塔牌珠光膜;规格型号分 4 种,分别为 25×920、25×900、25×870、25×820;数量为 42 吨,单价为每千克 16.1 元,总金额 676 200 元;交(提)货地点为海宁;运输方式和费用负担为需方负担;结算方式及期限为款到发货;交货期为 5 月 25 日左右。豪士达公司收到传真件后对其中的结算方式及期限一栏做了改动,将"款到发货"改为"货到付款";在交(提)货时间及数量一栏中添加了"规格数量详见订单"的文字。2007 年 4 月 17 日,豪士达公司将这份修改好的《工矿产品购销合同》,在需方栏盖上了豪士达公司的合同专用章后传真给光乾公司。光乾公司收到传真后未再回传。2007 年 5 月 29 日,光乾公司向豪士达

---

① 崔建远:《合同法》,北京:法律出版社,2015 年,第 47 页。
② 一审判决书:参见浙江省海宁市人民法院(2007)海民二初字第 1390 号民事判决书;再审判决书:参见浙江省海宁市人民法院(2009)嘉海商再字第 1 号民事判决书。

公司供应了一批规格为25u、数量为5 391.2千克、单价为13.76元、总金额(价税合计)为86 798.32元的珠光膜,由光乾公司开具增值税专用发票,豪士达公司支付了货款。2007年6月13日和7月6日,豪士达公司向光乾公司发出了催货函,要求光乾公司交付剩余货物,但光乾公司未作答复。豪士达公司遂于2007年6月6日起向其他供货商进货,并向法院起诉,请求光乾公司赔偿违约损失。

浙江省海宁市人民法院经审理认为:本案中光乾公司是首先发出要约的一方,豪士达公司收到要约后,对光乾公司要约中的结算方式、付款期限、交(提)货时间及数量做出了实质性变更,这种变更实际已成为豪士达公司向光乾公司发出的新要约。对此新要约,光乾公司收到后并未传真回复以做出承诺,且豪士达公司也未提供证据证明双方有交易习惯或者在新要约中表明可以通过行为做出承诺,而无须书面通知。因此本案中的《工矿产品购销合同》未成立。审理中,豪士达公司提出光乾公司收到回复传真后未提出反对意见,并于2007年5月29日与豪士达公司发生了购销业务,说明合同已成立。但法院认为光乾公司未提出反对意见并不表示做出承诺,承诺应为明示;2007年5月29日的这次交易为即时清结的交易,该交易的发生时间以及所涉及的标的规格与《工矿产品购销合同》中载明的交货期、产品规格不同,是一次独立的交易。因此豪士达公司认为合同成立的主张不予采纳。据此,判决驳回豪士达公司的诉讼请求。

豪士达公司不服一审判决,向检察机关提出申诉。海宁市人民检察院以(2009)海检建字第1号再审检察建议书向海宁市人民法院发出再审检察建议。主要理由如下:一、原审认为2007年5月29日的交易与《工矿产品购销合同》中载明的交货期、产品规格不同于事实不符。首先,原审认定二者产品规格不同明显证据不足。2007年5月29日这笔业务的产品规格为"25u",这里的"25u"指的是膜的厚度,而双方之前的《工矿产品购销合同》所约定产品的规格型号分四种,分别为25×920、25×900、25×870、25×820,其中"25"同样指的是产品的厚度。原审无视二者的相同点,在缺乏证据情况下得出规格不同的错误结论。其次,《工矿产品购销合同》中的交货期限是5月25日左右,汉语"左右"一词的意思即上下,表示一个概数,非确定值。最后,从本案的事实、双方交易习惯等方面分析,2007年5月29日的交易并非是独立的交易,应当是事实履约行为。二、根据本案的事实和相关法律规定,应当认定《工矿产品购销合同》成立和生效。首先,现有法律从未规定过承诺必须且只有明示方式一种,默示承诺的方式也可以构成承诺。其次,事实履行的积极行为可推定光乾公司对合同的承诺。本案中,光乾公司收到豪士达公司的新要约后虽未再作回复,但其后即按此新要约履行了供货义务。因此,从其履约这一特定行为可以推定光乾公司对新要约已做承诺,故合同已成立。最后,原审对有关法律条文的理解与解读有所偏差。一是混淆了默示与缄默的概念,缄默是不作任何表示,即不行为,与默示不同。二是混淆了默示承诺与意思实现的区别,原审以《中华人民共和国合同法》第二十二条后段和第二十六条第一款后段为据,认为豪士达公司未提供证据证明双方有交易习惯或者在新要约中表明可以通过行为做出承诺,而无须书面通知,因此合同不成立。实际上,以上法条规定的是"意思实现"的情况,而非"默示承诺",二者是有本质区别的。本案中,光乾公司对于豪士达公司的新要约不仅以履约行为表明承诺的成立,而且该履约事实作为通知的方式已到达合同相对方,光乾公司将合同约定的部分货物送到豪士达公司,并开具了发票,这就将自己受领新要约的意思明白无误地通知了豪士达公司,豪士达公司收下货物,并依发票金额支付了相应的货款,此时合同不仅成立也已生效。三、光乾公司的履行迟延行为已构成违约,依法应承担违约责任。

海宁市人民法院经审理认为:光乾公司收到新要约后未传真回复以表示做出承诺,但在2007年5月29日向光乾公司供货5 391.2千克,故光乾公司是在以自己的行为表示对豪士达公司的新要约进行承诺。因此,双方合同成立。光乾公司未按合同约定履行义务,已属违约。综上,改判光乾公司赔偿豪士达公司损失41 354.95元。

简要解析

本案涉及意思实现与默示承诺的区分问题。意思实现是德语Willensbetätigung的翻译,其来源于《德国民法典》。《德国民法典》第一百五十一条规定:"根据交易习惯,承诺无须向要约人表示,或者要约人预先声明无须表示的,即使没有向要约人表示承诺,承诺一旦做出,合同即告成立。应根据要约或者当时情况可以推知的要约人的意思,来确定要约约束力消失的时间。"①意思实现的构成要件为:一、无须通知。此为意思实现的重要特点,也是意思实现与狭义的默示承诺的重要区别。合同因意思实现而成立的,不必通知。合同因狭义的默示承诺而成立的,承诺的通知必须到达要约人。二、必须基于交易习惯或者要约的要求。因为意思实现无须通知即可成立合同,将极大地影响当事人的利益,所以必须将其限于交易习惯与要约人事先同意的情形下。三、受要约人必须做出能够被认定为承诺的行为。即受要约人不能仅是单纯的沉默,必须做出特定的行为,此种行为基于交易习惯或者要约人的要求可以被视为承诺。我国《民法典》第四百八十条:"根据交易习惯或者要约表明可以通过行为做出承诺的除外。"《民法典》第四百八十四第二款:"承诺不需要通知的,根据交易习惯或者要约的要求做出承诺的行为时生效。"对于前述条款的相关规定究竟是默示的承诺还是意思实现,理论尚存争议。本书认为,将上述规定理解为意思实现较为妥当。结合前述两个条款的规定来看,在符合交易习惯或要约人要求的前提下,受要约人在"做出"承诺的行为时即生效,而这恰恰是意思实现与默示承诺的最大区别。在默示承诺的情形下,

---

① 韩世远:《合同法总论》(第四版),北京:法律出版社,2018年,第151页。

其生效仍采到达主义，即承诺"到达"要约人时才生效。部分学者认为关于意思实现与默示的承诺的区分没有实益，因为在很多场合它们指向的是同一的法律关系。本书认为，在部分场合二者仍有区分之必要。例如，甲向乙发送订购物品的要约，并注明"无须回复，直接寄至A地"时，该物品在运送途中因意外事故而灭失，此时存在风险负担的问题。如将乙的行为认定为默示承诺，则物品送至A地时，合同才成立，而合同成立前意外灭失的风险应由乙承担。反之，依据意思实现的意旨，乙将物品交付第一承运人时，承诺即已生效，物品的在途风险由甲承担。

本案中，豪士达公司于4月13日将载明货物规格、型号和数量的订货单传真给光乾公司的行为属要约邀请。4月16日，光乾公司以传真方式发给豪士达公司一份已在供方栏中盖有光乾公司合同专用章的《工矿产品购销合同》的行为属要约。豪士达公司收到传真件后对其中的结算方式及期限做出改动的行为属于对要约的实质性变更，豪士达公司将这份修改好的《工矿产品购销合同》，在需方栏盖上了豪士达公司的合同专用章后传真给光乾公司的行为属发出新要约。以上均无争议。有争议的是光乾公司于5月29日向豪士达公司供货并开具增值税专用发票的行为是否能够认定为对新要约的承诺。本书认为，海宁市人民法院在原一审中依据《合同法》第二十二条后半段及第二十六条第一款后半段《民法典》第四百八十条后段及第四百八十四条第二款处理本案确实值得商榷。因为，上述规定是对意思实现的规定，而意思实现必须基于交易习惯或要约的要求才可发生合同成立的效力。本案中，豪士达公司并未提供证据证明双方有交易习惯或者在新要约中表明可以通过行为做出承诺，故海宁市人民法院在原一审中驳回了豪士达公司的诉讼请求。但是，光乾公司向豪士达公司供货的行为表明其具有缔结《工矿产品购销合同》的意思，应视为对光乾公司新要约的默示承诺，合同应自豪士达公司收到该批货物时成立且生效。综上，海宁市检察院与再审法院的观点值得肯定。

二、事实契约

▍知识点

事实契约，也称为事实的合同关系，是指尽管当事人可能不存在成立合同的合意，但是因其独特的事实过程而成立的合同关系。依据事实契约理论，合同可不基于当事人的合意成立。

适用例举

林业房产开发公司与晟丰公司建设工程分包合同纠纷案[①]

内蒙古晟丰能源科技发展有限公司(以下简称"晟丰公司")是具有燃气管道安装资质的企业,该公司在2011年取得了某市中心城区城市规划区域管道燃气特许经营权。2012年,内蒙古大兴安岭林业房地产开发有限责任公司(以下简称"林业房产开发公司")开始在海拉尔区东山上进行棚户区建设,小区名称为海拉尔区岭某家园。2014年,晟丰公司负责其中A区、B区、D区、E区的燃气管道安装。由晟丰公司自行设计,并垫付工程款。晟丰公司将燃气管道安装的劳务部分分包给江苏中某建设集团有限公司。晟丰公司组织开始施工。晟丰公司完成A区810户、B区1515户、D区1380户、E区1285户住宅的燃气管道安装后,2014年11月20日,某区建筑工程质量监督站对晟丰公司施工的燃气管道进行了初验,并向晟丰公司发出了整改通知单。晟丰公司委托的设计单位做了回复,认为晟丰公司的施工不存在问题。2014年12月31日,经晟丰公司及内蒙古华某工程项目管理咨询有限责任公司验收,晟丰公司施工的燃气管道工程合格。现该工程已由林业房产开发公司交付给业主。双方因工程款结算产生争议,晟丰公司诉至法院,请求判令林业房产开发公司给付燃气管道建设费13 972 250元。在审理过程中,经晟丰公司申请,法院依法委托呼伦贝尔正某建设工程造价咨询有限责任公司对晟丰公司完成的工程量进行了评估,晟丰公司实际完成4 990户燃气管道的安装,工程总价款为14 221 500元。

呼伦贝尔市海拉尔区人民法院经审理认为:根据2011年某市人民政府制定的《某市城市管道燃气管理办法》及2010年某市发展和改革委员会下发的《关于某市中心城区管道燃气安装费的批复》中,明确规定了房地产开发企业在建未按规定要求配套建设管道燃气设施的工程项目,应增设管道燃气设施,并与主体工程同时竣工验收。燃气安装费普通居民用户每户2 850元,房地产开发企业应将燃气安装费纳入房价,由房地产开发企业统一支付,房价外不得另行收取该项费用。这是对房地产开发企业的硬性规定,房地产开发企业必须遵照执行。晟丰公司是具有燃气管道安装资质的企业,在林业房产开发公司开发建设的主体工程中安装燃气管道,林业房产开发公司对此并无异议,且在晟丰公司施工期间,林业房产开发公司的管理人员就在现场。晟丰公司安装的燃气管道,是林业房产开发公司开发建设工程的组成部分,由此可以推定,尽管晟丰公司和林业房产开发公司之间并未签订书面合同,但二者之间存在建设工程分包的合同关系,且合法有效。按照政府

[①] 一审判决书:参见内蒙古自治区呼伦贝尔市海拉尔区人民法院(2016)内0702民初558号民事判决书;二审判决书:参见内蒙古自治区呼伦贝尔市中级人民法院(2017)内07民终1319号民事判决书。

文件规定，燃气管道安装费应计入房价，由林业房产开发公司统一收取，再由林业房产开发公司向晟丰公司支付分包工程的工程款。经核算，林业房产开发公司应给付晟丰公司工程款 13 722 750 元。综上，判决林业房产开发公司给付晟丰公司工程款 13 722 750 元，并给付逾期付款利息。

林业房产开发公司不服一审判决，提起上诉称：晟丰公司没有举出任何证据证明与林业房产开发公司存在燃气管道建设合同，而燃气设施建设作为一项建设工程应采取书面合同形式，一审法院推定出双方之间存在建设工程分包合同关系，属于对事实认定的重大错误。

呼伦贝尔市中级人民法院经审理认为：晟丰公司在林业房产开发公司开发建设的海拉尔区岭某家园工程施工期间进行了燃气管道安装建设，林业房产开发公司并未就此提出异议。根据相关规定，涉案燃气管道安装费应计入房价，由林业房产开发公司统一支付。晟丰公司在海拉尔区岭某家园小区完成了 4 990 户燃气管道安装建设，经某区建筑工程质量监督站初验，现已交付业主。据此，林业房产开发公司应就涉案款项及利息承担给付责任。对林业房产开发公司的上诉主张，法院不予支持。综上，判决驳回上诉，维持原判。

简要解析

本案涉及依据事实契约成立合同的问题。所谓事实契约，是指不是由合同的缔结而形成，而是由事实上的过程发生所形成的法律关系。它与传统合同的区别，在于它的成立过程存在差异，当一种事实成就时，这种合同关系就产生了[1]。在我国，对于事实契约的性质，学界尚有争议。如有学者认为应当弹性解释要约和承诺，肯定以不同方式向非特定人发出要约和以行为所作的承诺[2]，即将事实契约纳入广义的"要约—承诺"范畴。多数学者认为此种事实上的契约关系不是类似契约的法律关系，而是确具契约内容的实质，其与传统契约观念不同的，仅其成立方式而已，从而关于其内容，契约法的规定得全部适用[3]。本书认为，事实契约理论对传统民事法律行为及意思表示制度带来极大冲击，且《民法典》并未规定此种缔约方式，不宜随意超越当事人意思而认定合同成立。

本案中，晟丰公司得以承接海拉尔区岭某家园的燃气管道工程，缘于其具有了某市中心城区城市规划区域管道燃气特许经营权，而非其与林业房产开发公司就缔结分包合同而进行的磋商。此外，根据《民法典》第七百八十九条的规定，建设工程合同应采用书面形式。燃气设施建设作为一项建设工程，本应采取书面合同

---

[1] 杨立新：《民商法前沿》，长春：吉林人民出版社，2002 年，第 149 页。
[2] 苏慧祥：《中国当代合同法论》，吉林：吉林大学出版社，1992 年，第 84 页。
[3] 王泽鉴：《债法原理》（第二版），北京：北京大学出版社，2009 年，第 213–213 页。

形式,而晟丰公司与林业房产开发公司却未缔结书面分包合同。因此,林业房产开发公司主张其与晟丰公司之间不存在分包合同关系。然而,晟丰公司为林业房产开发公司安装的燃气管道已竣工验收,且已由林业房产开发公司交付给业主,故晟丰公司主张二者之间因事实契约而成立合同。本书认为,晟丰公司与林业房产开发公司之间存在建设工程合同关系,但该合同的成立并非基于事实契约,而是基于当事人之间通过行为做出的要约和承诺。虽然双方未就分包签订书面合同,但根据《合同法解释(二)》第二条"当事人未以书面形式或者口头形式订立合同,但从双方从事的民事行为能够推定双方有订立合同意愿的,人民法院可以认定是以合同法第十条第一款中的其他形式订立的合同",以及《民法典》第四百九十条第二款"法律、行政法规规定或者当事人约定采用书面形式订立合同,当事人未采用书面形式但是一方已经履行主要义务,对方接受时,该合同成立"的相关规定,晟丰公司、林业房产开发公司之间未就分包合同采用书面形式的,不影响该合同的成立。

第五节 缔约过失责任

一、缔约过失责任的内涵

知识点

缔约过失责任,是指缔约人因故意或重大过失违反法定的先合同义务而依法应承担的民事责任。所谓"先合同义务",是指在合同订立过程中依据诚实信用原则而产生的通知、协助、保护、说明等义务。

适用例举

星云公司与彩虹公司缔约过失责任纠纷案①

2003年7月28日,陕西咸阳星云机械有限公司(以下简称"星云公司")作为供方与需方彩虹集团电子股份有限公司(以下简称"彩虹公司")所属的彩虹彩色显像管总厂彩管一厂签订37cm、40cm、54cm防爆带组件3个产品的材料、零部件认定协议3份;同年9月18日双方又签订了37cm、54cm型焊接框架材料、零部件两个产品的认定协议两份。上述5份认定协议约定了上述5个产品的技术要求、

---

① 一审判决书:参见陕西省高级人民法院(2007)陕民二初字第10号民事判决书;二审判决书:参见最高人民法院(2008)民二终字第8号民事判决书。

进度安排、价格及付款方式,并约定:星云公司提供的大批量样品,如彩虹公司用于生产,且使用合格,彩虹公司可按协议价格付款;星云公司提供的样品经"五步认定"合格后,彩虹公司向星云公司出具《认定结论通知书》,作为量产供货的依据。2005年第一季度,国内电视厂商普遍调整了经营策略和彩管库存政策,导致彩管销量短期内急剧下降,彩管库存急剧增加。而彩管价格的大幅走低、部分原料价格上涨更加剧了彩管企业的经营困难。2005年2月,彩虹公司通知星云公司停止供应零部件。2005年2月,彩虹公司在其股份运营〔2005〕17号《关于规范零部件外购管理的通知》上加注了"接集团公司运营〔2005〕17号要求,从2005年3月1日起,贵公司供应的产品暂停供应,后续事宜等候通知",通知星云公司停止供应零部件。自2004年8月至2005年年初,星云公司共向彩虹公司提供除40cm防爆带组件外的其他4个认定协议中的零部件180多万枚,其供应的零部件数量已远远超过5份认定协议所规定的数量,彩虹公司向星云公司支付了货款900多万元。2004年12月21日,彩虹公司签发了37cm轻型框架转量产会签表,同意转量产使用。2005年3月16日,彩虹公司签发了37cm防爆带组件转量产会签表,同意转量产使用。但是,彩虹公司在就37cm轻型框架、37cm防爆带组件组建正式合同签约时提出降价30%,导致未签署正式合同。2007年3月7日,星云公司提起诉讼,请求认定彩虹公司承担缔约过失责任,判令彩虹公司赔偿星云公司设备投资、专用模具投资、设备安装、运输、电力配套设备、员工培训费用等共计3 001万元。

陕西省高级人民法院经审理认为:关于彩虹公司要求降价30%是否属于恶意磋商问题,由于双方均是市场经营主体,彩虹公司要求星云公司供应的材料降价30%,具有合理性,应属于对供货合同内容磋商的合理要求,尚不构成违反公平磋商义务。因此,本案未订立正式供货合同应当认为系出于正常磋商不成的原因,星云公司主张彩虹公司恶意磋商的证据不足。但是,在2004年8月至2005年初的期间里,确有星云公司根据彩虹公司的随时通知已向其供应了180多万件零部件、彩虹公司也已向星云公司支付了900多万元的事实。事实上的这种供货关系造成了星云公司相信彩虹公司作为需方会继续接收供货的重大误解,对于星云公司为准备供货而生产的零部件成品、半成品及采购的专用原材料等的积压损失,彩虹公司负有主要过错。根据公平原则,彩虹公司应当对星云公司积压的零部件成品、半成品及原材料予以接收,并按双方核查的清单向星云公司支付货款。综上,判决彩虹公司应当对星云公司积压的零部件成品、半成品及原材料予以接收,并同时向星云公司支付款项3 887 516元。

星云公司不服陕西省高级人民法院上述民事判决,向最高人民法院提起上诉。最高人民法院经审理认为:在本案中,根据本案的事实以及双方的诉辩主张,判定彩虹公司是否应当承担缔约过失责任之关键,主要在于在正式供货合同磋商、订立过程中,彩虹公司是否存在恶意磋商,故意隐瞒与订立合同有关的重要事实或者提供虚假情况。

(一)关于彩虹公司是否存在故意隐瞒与订立合同有关的重要事实或者提供虚假情况的问题。最高人民法院认为,综观双方诉争内容以及一审法院对本案的审理,本案中正式供货合同未能订立的原因主要在于双方就价格磋商存在分歧,彩虹公司在价格磋商中是否存在恶意磋商行为才是本案审查的关键之所在。但星云公司关于彩虹公司构成故意隐瞒与订立合同有关的重要事实或者提供虚假情况的主张,并无事实依据,最高人民法院不予支持。

(二)关于彩虹公司在正式供货合同磋商、订立过程中是否存在恶意磋商行为的问题。最高人民法院认为,彩虹公司在正式供货合同订立、磋商阶段,根据市场变化提出相应的价格要约,是一种符合市场规律和交易常理的合理磋商行为;而星云公司坚持以认定协议中样品的高价格作为订立正式供货合同的大批量产品价格的磋商行为,却带有无视市场规律,违背公平原则的色彩。另外,本案的一审和二审期间,彩虹公司表示愿意以合理的市场价格继续接受星云公司的供货,但因2007年始彩虹公司对产品的材质和结构进行的调整,星云公司表示无力更换模具,双方未能就继续磋商供货合同达成合意。这种明显具有供货合同磋商性质的事实亦不能说明彩虹公司存在恶意磋商行为。故星云公司关于彩虹公司恶意磋商而违背诚实信用的主张,于法于理,均无依据,最高人民法院不予支持。综上,判决驳回上诉,维持原判。

简要解析

本案涉及缔约过失责任的构成要件问题。关于缔约过失责任的构成要件,我国学界存在诸多不同观点,本书采五要件说。构成缔约过失责任,需要符合以下要件:一、缔约过失责任发生在合同订立阶段。缔约过失责任与违约责任的根本区别是,前者发生在缔约过程中而非合同成立以后,而后者则发生于合同成立之后。因此,只有在合同未成立或者无效或被撤销之后,方有缔约过失责任。二、一方当事人违反了依据诚实信用原则所产生的先合同义务。基于诚实信用原则的要求,当事人在订立合同的过程中互负先合同义务。只要当事人违背了其负有的先合同义务并破坏了缔约关系,就可能产生缔约过失责任。三、违反先合同义务与损失之间有因果关系。缔约过失行为破坏了缔约关系,引起了缔约相对人的损害。缔约过失行为侵害的对象是缔约相对人的信赖利益。因此,一般认为只有在缔约相对人遭受信赖利益的损害,且此种信赖利益的损害与缔约过失行为存在直接因果关系的情形下,才发生缔约过失责任。四、造成了缔约相对人信赖利益的损害。缔约相对人的信赖利益的损害,是指缔约相对人因信赖合同的成立和有效,但由于合同不成立或无效、被撤销而蒙受的损害。五、违反先合同义务者有过失。顾名思义,缔约过失行为的行为人应当具有过失。对于何谓过失,是指行为人的主观心理状态,包括故意与过失。一般情况下,民法中对过失的判断采取主观标准。但是,在缔约过失责任的场合,对过失的判断应当采取客观标准,即行为人的过失表现为其行为在客观上对诚实信用原则的违反。这五个构成要件缺一不可,其中最为重要的、实践中最易引起争议的是如何判断缔约方是否违反了先合同义务。所谓先合同义务,是指缔约双方为了签订合同而互相接触磋商开始逐渐产生的注意义务,而非合同有效成立而产生的给付义务①。先合同义务属于法定义务,当事人无须特别约定,它是基于诚实信用原则所产生的。由于当事人为缔约而开始磋商之际,已经由一般的普通关系进入合同缔结阶段,在合同缔结过程中双方关系已经特定化,因此双方基于诚实信用原则而形成了一种特殊的信赖关系,虽然合同还未有效成立,但是当事人之间却产生了互相协助、告知、保密、照顾、诚信缔约等必要的注意义务②。

在本案中,案涉合同主要包括五份认定协议和正式的供货合同。五份认定协议已经生效并履行,故不涉及缔约过失责任问题。双方诉争的缔约过失责任仅是针对正式的供货合同。本案诉辩双方关于是否存在恶意磋商问题的诉争焦点集中在:彩虹公司正式签约时提出降价30%行为是否构成恶意磋商。本案已经查明的事实和证据表明,在双方履行认定协议过程中,认定协议中零部件的市场价格出现了较大的波动。依照认定协议中关于"其他未尽事宜,另行协商解决"的约定,因此,认定协议中约定的价格应当被视为样品的价格,并非是将来签订正式合同中的大批量供货的价格。彩虹公司根据市场价格的突变而与星云公司协商准备订立的正式供货合同中产品的价格,应属于一种正当的交易磋商行为。本案的一审和二审期间,彩虹公司表示愿意以合理的市场价格继续接受星云公司的供货,但因2007年始彩虹公司对产品的材质和结构进行的调整,星云公司表示无力更换模具,双方未能就继续磋商供货合同达成合意。这种明显具有供货合同磋商性质的事实亦不能说明彩虹公司存在恶意磋商行为。另外,纵观双方诉争内容以及一审法院对本案的审理,本案中正式供货合同未能订立的原因主要在于双方就价格磋商存在分歧,彩虹公司在价格磋商中是否存在恶意磋商行为才是本案审查的关键之所在。因此,最高人民法院根据事实和证据,以及法律规定,驳回了星云公司关于彩虹公司故意隐瞒与订立合同有关的重要事实或者提供虚假情况的主张。综上,彩虹公司既未以价格为手段进行恶意磋商或恶意终止磋商,亦未故意隐瞒与订立合同有关的重要事实,因此,其并不存在违反合同先义务之行为,自然不能构成缔约过失③。

---

① 魏振瀛:《民法》(第七版),北京:高等教育出版社、北京大学出版社,2017年,第462页。
② 庞景玉,何志:《最高人民法院合同法司法解释精释精解》,北京:中国法制出版社,2016年,第67页。
③ 奚晓明:《民商事审判指示》2009年第1辑,成都:人民法院出版社,2009年,第200页。

二、缔约过失责任的类型

■ 知识点

《民法典》第五百条规定:"当事人在订立合同过程中有下列情形之一,造成对方损失的,应当承担损害赔偿责任:(一)假借订立合同,恶意进行磋商;(二)故意隐瞒与订立合同有关的重要事实或者提供虚假情况;(三)有其他违背诚实信用原则的行为。"

■ 适用例举

吴某诉上海花旗银行储蓄合同纠纷案①

2002年3月29日,经中国人民银行及国家工商行政管理总局批准,上海花旗银行开始经营吸收公众存款的外汇业务。上海花旗银行规定,对日平均总存款额低于5 000美元的客户,每月收取6美元或者50元的服务费;对日平均总存款额等于或高于5 000美元的客户,免收此项服务费。4月4日,上海花旗银行向中国人民银行上海分行上报了《花旗银行个人银行服务》报告,其中含有上述收费内容,中国人民银行上海分行办公室于4月28日确认收到该报告。由于上海花旗银行此项规定与内资银行的传统做法不同,众多媒体相继进行了报道,引起广泛关注。2002年4月8日下午,吴某乘出租车到达上海花旗银行所属的浦西支行。进入浦西支行大门后,吴某在营业厅内获取了上海花旗银行介绍上述收费内容的"货币理财组合"宣传资料,并与上海花旗银行的理财顾问邵某洽谈了个人外汇存款事项,但未办理存款手续即离开浦西支行。吴某认为,花旗银行利用优势地位以5 000美元划线,强迫低于此数的储户接受其提供的个人理财服务,实际是变相搭售,剥夺吴某对金融服务的选择权,并以服务费方式变相剥夺储户获取利息的权利,有违诚实信用原则。上海花旗银行这种行为是对小额储户的歧视,给自己造成了一定心理伤害。依照《合同法》第四十二条的规定,上海花旗银行在缔约过程中的这一行为,侵犯了自己的合法权利,应当对因缔约过失给吴某造成的损害承担赔偿责任。请求判令上海花旗银行赔礼道歉,赔偿其为此次储蓄而支出的往返路费34元。

上海市浦东新区人民法院经审理认为:《合同法》第四十二条规定,在订立合同过程中,当事人只有存在"假借订立合同,恶意进行磋商;故意隐瞒与订立合同有关的重要事实或者提供虚假情况;有其他违背诚实信用原则的行为"等情形之一,给对方造成损失的,才应当承担缔约过失的损害赔偿责任。由于上海花旗银行

---

① 参见《最高人民法院公报》2005年第9期(总第107期)。

对小额储户按月收取服务费与内资银行的传统做法明显不同，因此事前有众多媒体进行了报道，引起市民广泛关注。作为一名关心社会热点问题的法律专业人士，吴某在上海花旗银行开展个人外币存款业务不久即赶至该行营业场所。尽管吴某声称其事先对上海花旗银行的这一收费标准并不知悉，但在吴某进入上海花旗银行营业场所后，该行工作人员向其讲解了小额存款的收费标准，吴某也获取了上海花旗银行对这一收费标准印制的宣传材料。吴某从上海花旗银行处得知的收费标准，与该行事先公布的标准完全相同。《合同法》第三条规定："合同当事人的法律地位平等，一方不得将自己的意志强加给另一方。"第四条规定："当事人依法享有自愿订立合同的权利，任何单位和个人不得非法干预。"在缔结外币储蓄合同一事上，上海花旗银行与吴某的法律地位平等。该行不存在恶意进行磋商、故意隐瞒与订立合同有关的重要事实或者提供虚假情况等行为，收费行为也不构成对小额储户的歧视。上海花旗银行没有垄断外币储蓄业务，办理外币储蓄业务不是只此一家银行。吴某对该行收取服务费的办法不满意，完全可以选择到其他金融机构办理，没必要非与该行缔结外币储蓄合同，也不得将自己的意志强加给该行。吴某关于上海花旗银行违背诚实信用原则的诉讼主张，缺乏事实根据；关于上海花旗银行收费行为是对小额储户歧视且给其造成一定心理伤害的诉讼主张，缺乏法律依据。综上，判决驳回吴某的诉讼请求。

一审宣判后，吴某不服，向上海市第一中级人民法院提出上诉。上海市第一中级人民法院经审理后认为：缔约过失责任，是指在订立合同过程中，当事人因实施违反诚实信用原则的行为给对方造成损失后应承担的法律责任。上海花旗银行在对小额储户收取管理费前，已经通过众多媒体将该信息在社会上进行了广泛报道，尽到了必要和可能的公知义务。即使吴某事前不知道这一信息，订立合同的过程，也只能从吴某进入上海花旗银行营业场所并受到该行工作人员接待时开始，而不是从吴某因存款有息而动身前来缔结外币储蓄合同时开始。在订立合同的过程中，上海花旗银行工作人员向吴某介绍了小额存款业务的相关信息，吴某也对收费情况有了较详细的了解。没有证据证明一方当事人在订立合同的过程中有故意隐瞒或虚假陈述的行为，也没有证据证明另一方当事人在订立合同过程中因此遭受了损失，故在订立合同的过程中未发生缔约过失。吴某尽可在清楚其权利义务后，自主确定是否与上海花旗银行订立储蓄合同。吴某认为上海花旗银行对小额储户收取管理费违反诚实信用原则，侵犯其合法权益，构成缔约过失的诉讼主张，缺乏事实根据和法律依据，不能支持。综上，判决驳回上诉，维持原判。

简要解析

本案涉及缔约过失责任的类型及认定问题。根据《民法典》第五百条的相关规定，缔约过失责任的类型主要包括以下几种：一、假借订立合同，恶意进行磋商。这主要是指当事人在订立合同过程中，并非为了建立合同关系，而是假借缔约之名,行欺骗之实。如以订立合同为名,骗取预付款、参观生产基地,或故意拖延谈判时间以争取交易机会条件等。二、故意隐瞒与订立合同有关的重要事实或者提供虚假情况。该行为是指缔约一方当事人为达到特定目的(该目的不一定限制为订立合同,为其他目的亦无不可),故意采取隐瞒重要事实(如隐瞒不具备订立合同的民事能力或资质等)或提供虚假情况(如出具虚假资本证明、提供他人生产的产品作为谈判样品等)的手段欺骗对方的行为,该行为显然违反了先合同义务。三、有其他违背诚实信用原则的行为。此为一般性的兜底条款。《合同法解释二》在起草过程中,曾专门根据审判实践列举了几种应认定为缔约过失的情形:第一,未尽必要的通知、说明、保护、协助等义务,造成对方当事人对合同性质或者内容产生重大误解致使合同未生效或被撤销的;第二,违反意向书、备忘录等初步协议的约定,恶意中断订立合同;第三,依照法律、行政法规的规定经批准或登记才能生效的合同成立后,按照合同约定或者法律规定有义务办理申请批准或者申请登记等手续的一方当事人未办理申请批准或者未申请登记的[①]。

在本案中,吴某在上海花旗银行营业厅内获取了上海花旗银行介绍上述收费内容的"货币理财组合"宣传资料,并与上海花旗银行的理财顾问邵某洽谈了个人外汇存款事项,邵某向吴某详细介绍了小额存款业务的相关信息,并没有证据证明花旗银行在订立合同的过程中有故意隐瞒重要事实或提供虚假情况的行为。因此,吴某完全可以基于接受的信息,自主决定是否愿意与花旗银行缔结储蓄合同。另外,也没有证据证明吴某在订立合同中遭受了信赖利益损失。综上,上海花旗银行的相应行为并不符合《民法典》第五百条规定的情形,因此,上海花旗银行的相应行为并未构成缔约过失责任。

[①] 庞景玉,何志:《最高人民法院合同法司法解释精释精解》,北京:中国法制出版社,2016年,第70-73页。

第九章

合同的效力

第一节 合同的生效要件

■ 知识点

《民法典》第一百四十三条:"具备下列条件的民事法律行为有效:(一)行为人具有相应的民事行为能力;(二)意思表示真实;(三)不违反法律、行政法规的强制性规定,不违背公序良俗。"该条规定的是法律行为生效的一般要件,合同作为典型的双方法律行为,自应适用。另外,在一些特定场合,合同还应具备其他特殊要件才能生效。

■ 适用例举

王某与刘某采矿权转让合同纠纷案[①]

2007年8月27日,王某以兴隆县龙思敏大理石厂的名义与刘某订立了矿山转让合同书,该合同约定王某将兴隆县龙思敏大理石厂作价305万元转让给刘某。合同还对付款期限、违约责任等内容进行了约定。合同签订后,刘某共支付转让款等款项共计133.5万元。刘某修建了矿路及部分厂房,但未对该大理石矿进行开采。后王某以刘某未足额付款为由提起诉讼请求判令解除矿山转让合同,刘某返还矿山并给付违约金76万元。刘某提起反诉请求判令王某继续履行合同并赔偿损失108.8万元。

承德市中级人民法院一审判决驳回双方的诉讼请求。双方不服一审判决,上

---

① 《最高人民法院公布的九起环境资源审判案例典型》,《人民法院报》2014年7月4日。

诉至河北省高级人民法院。法院二审认为，王某和刘某均认可本案转让合同的标的物为大理石矿及相应采矿权，双方所签矿山转让合同已成立，但属于依照法律规定应到相关部门办理批准手续才能生效的合同。由于合同对移交矿山手续等约定不明，双方对合同未能履行均负有责任。对于按照法律、行政法规的规定须经批准或者登记才能生效的合同，双方当事人均应积极履行各自的义务，促使合同生效，以维护交易各方的合法权益。二审法院于2011年2月做出判决，判令王某、刘某按照各自义务向有关部门提交相关资料，申请办理转让兴隆县龙思敏大理石矿的批准手续。王某仍不服，向最高人民法院申请再审，最高人民法院裁定驳回再审申请。

简要解析

本案涉及合同的生效要件以及未生效合同的效力问题。合同的生效，是指已经成立的合同，依当事人的意思表示发生的私法上的效果。对已经成立的合同的生效判断，属于法律评价，亦可称之为法律的价值判断。因此合同的效力是合同经过法律评价后所反映出来的效果，即权利义务关系。合同效力的具体表现为：合同当事人依法享有合同规定的权利和承担合同规定的义务，合同当事人不得擅自变更、解除合同，当事人违反合同应承担违约责任，等等。根据《民法典》的相关规定，合同生效，需要具备以下三个要件：一、合同当事人具有相应的民事行为能力。自然人订立合同的，应当具有相应的民事行为能力；由于法人的行为能力是特殊的行为能力，因此法人原则上应当在其核准登记的目的事业范围内订立合同。如果法人从事越权行为，一般应当认定为合同有效，但违反国家限制经营、特许经营以及法律、行政法规禁止经营规定的除外。非法人组织是指不具有法人资格，但是能够依法以自己的名义从事民事活动的组织。根据《民法典》的规定，非法人组织包括个人独资企业、合伙企业、不具有法人资格的专业服务机构等。一般认为，由于非法人组织是民事主体，亦具备缔结合同的相应民事行为能力。二、合同当事人意思表示真实。意思表示真实，是指表意人的表示行为真实地反映了其内心的效果意思[①]。意思表示不真实，合同的效力会受到影响。意思表示不真实，亦称意思表示瑕疵，包括意思与表示不一致以及意思表示不自由两种情形。意思与表示不一致是指表意人的表示行为与其内心的效果意思不一致，又可分为意思与表示的故意不一致以及意思与表示无意的不一致。前者包括真意保留、虚假表示和隐藏行为三种情形，后者包括错误和误传两种情形。意思表示的不自由，是指虽然表意人的表示行为与内心的效果意思一致，但是这种一致是他人不正当干涉的结果。意思表示的不自由包括欺诈、胁迫以及基于乘人之危的显失公平三种情形。三、合同

---

① 崔建远：《合同法总论》（上卷），北京：中国人民大学出版社，2008年，第254页。

内容不违反法律、行政法规的强制性规定,亦不违反公序良俗。合同内容,是指合同的权利义务。合同内容违法,有的体现为标的违法,有的体现为标的物违法,例如非法出版物的加工承揽合同①。所谓"强制性规定",根据《合同法解释二》第十四条的相关规定,应当指的是效力性强制性规定。公序良俗,即公共秩序与善良风俗。合同的内容不仅应当符合法律规定,亦不得违背公序良俗。将公序良俗作为合同生效要件的要件,可以弥补法律规定的不足,也有利于弘扬社会公共道德。

对于合同的特别生效要件,如《民法典》第五百零二条第二款前半段规定:"依照法律、行政法规的规定,合同应当办理批准等手续的,依照其规定。"根据该条的规定,对于部分合同,法律、行政法规规定合同应当办理批准、登记手续方能生效。《合同法解释一》第九条规定:"依照合同法第四十四条第二款的规定,法律、行政法规规定合同应当办理批准手续,或者办理批准、登记等手续才生效,在一审法庭辩论终结前当事人仍未办理批准手续的,或者仍未办理批准、登记等手续的,人民法院应当认定该合同未生效。"一般认为,对于此类合同,当事人未办理批准、登记手续的,合同未生效。对于何为"未生效",最高人民法院合同法解释起草小组的成员们将之理解为:"所谓未生效,顾名思义,就是尚未发生法律效力,事后当事人补办批准登记等手续的,合同很可能是有效的,因此,未生效合同并不绝对等于无效合同,未生效是合同的现状,无效是对合同的定性②。"《民法典》第五百零二条第二款后半段规定:"未办理批准等手续影响合同生效的,不影响合同中履行报批等义务条款以及相关条款的效力。应当办理申请批准等手续的当事人未履行义务的,对方可以请求其承担违反该义务的责任。"在理论与实务中,法律、行政法规规定需经批准、登记等手续才生效的合同主要是针对交易行为的批准。如国有企业转让国有资产的合同等③。

在本案中,所涉合同为采矿权转让合同。矿产资源是人类生存和经济社会可持续发展的重要物质基础。采矿权的转让审批,是国家规范采矿权有序流转,实现矿产资源科学保护、合理开发的重要制度。采矿权转让未经审批的,转让合同尚未发生法律效力。二审法院在审理本案过程中严格依照法律规定,认定转让合同因未经审批而未生效,并判令双方按照各自义务办理采矿权转让报批手续,积极促使合同生效,维护了采矿权市场交易秩序,也符合合同法鼓励交易、创造财富的原则。

---

① 参见"中国统计出版社诉北京码记电信信息咨询中心加工承揽合同纠纷案",(2000)海经初字第2342号民事判决书。转引自韩世远:《合同法总论》(第四版),北京:法律出版社,2018年,第208页。

② 曹守晔:《关于适用合同法若干问题的解释(一)的理解和适用》,《人民司法》2000年第3期。

③ 庞景玉,何志:《最高人民法院合同法司法解释精释精解》,北京:中国法制出版社,2016年,第92页。

第二节　无效合同

一、合同无效的内涵与特征

无效合同,是指合同因严重欠缺生效要件,而使得当事人预设的法律后果不能发生。值得注意的是,无效合同绝不意味着该合同对当事人不发生任何法律效力,而仅是不发生当事人意欲追求的效力。无效合同可分为全部无效合同和部分无效合同,部分无效合同中无效条款不影响有效条款的效力。

二、无效合同的类型

（一）一方以欺诈、胁迫的手段订立合同且损害国家利益的合同

知识点

《民法典》第一百四十四条规定:"无民事行为能力人实施的民事法律行为无效。"

适用例举

苏甲、苏乙确认合同无效纠纷案①

原告苏甲与苏丙、苏乙系父子关系,苏丙与苏乙系兄弟关系。2014年6月23日,苏甲因病住院,入院诊断为脑梗死、陈旧脑梗死;出院诊断为脑梗死、痴呆、亚急性脊髓联合变××等。出院记录载明入院时,查体:神清,精神可、言语欠清,简单问题可对答,交流沟通困难,反应迟钝;住院治疗经过:经治疗患者症状好转;出院时情况为患者病情平稳,查体:神清,感觉性失语,反应迟钝。2014年10月22日,苏甲与被告苏乙在房屋登记机关签订编号为《天津市房产买卖协议》,约定苏甲将其名下坐落于天津市河西区房屋以1 300 000元的总价出售给苏乙。原、被告随后办理了房屋所有权转移登记手续,苏乙于2014年11月14日取得坐落于天津市河西区房屋的《房地产权证》。苏乙认可并未实际支付原告该购房款。双方均认可该房屋原为原告苏甲与其配偶周某某的夫妻共同财产。周某某于2013年6月18日死亡。随后,苏甲向本院提出诉讼请求确认原、被告于2014年10月22日签订的

---

① 参见天津市河西区人民法(2017)津0103民初12412号民事判决书。

《天津市房产买卖协议》无效。

法院审理过程中,苏乙于2017年3月27日向法院提出申请,要求宣告苏甲为无民事行为能力人。法院在委托天津市安定精神疾病司法鉴定所对苏甲有无民事行为能力进行鉴定。该鉴定所于2017年5月25日做出津安定〔2017〕精神病鉴字第97号《精神疾病司法鉴定意见书》,评定苏甲的民事行为能力为目前无民事行为能力。法院依据该鉴定意见书认定苏甲无民事行为能力,并于2017年6月5日做出(2017)津0103民特39号民事判决,判决苏甲为无民事行为能力人。苏丙于2017年10月9日向法院提出申请,要求指定其为苏甲的监护人。法院于2017年11月3日做出(2017)津0103民特134号民事判决,指定苏丙、苏乙为苏甲的监护人。

法院经审理认为,苏丙与苏乙均系原告的监护人,有权代理被监护人实施民事法律行为。苏甲提交的证据不能证明苏甲在签订《天津市房产买卖协议》时为无民事行为能力人。首先,津安定〔2017〕精神病鉴字第97号《精神疾病司法鉴定意见书》认定苏甲在鉴定时为无民事行为能力人,不能得出其自2014年起即为无民事行为能力人,不能推论出苏甲自2014年第一次住院起即为无民事行为能力人。其次,根据医学常识,痴呆属于渐进性、连续性疾病,不能认定苏甲在诊断为脑梗死、痴呆后就认定其当然属于无民事行为能力人。民事行为能力的判断标准为是否能辨认自己的行为。对于痴呆患者,其判断能力、自我保护能力和预见能力均会逐渐衰退、逐渐恶化,一般不会骤然丧失。再次,按照一般交易情形,房屋登记机关在办理不动产登记时,会对当事人精神状态、房屋权属状态等进行一般性审查,原、被告办理完毕房屋所有权转移登记,说明房屋登记机关亦认可苏甲的精神状态。最后,苏甲在签订协议时的精神状态属于要件事实,应由主张方承担举证责任,并承担举证不能的不利后果。苏甲提交的证据不能证明其在2014年10月22日为无民事行为能力人,应认定原告在签订合同时为完全民事行为能力人。但是,原、被告与苏丙均为周某某的第一顺位的法定继承人,苏丙对该房屋中周某某享有的份额有继承的权利。原、被告未经苏丙同意,恶意串通,将房屋转移至苏乙名下,侵害了苏丙的合法权益,符合《中华人民共和国合同法》第五十二条第二项规定的无效情形,应属于无效合同。

■ 简要解析

根据《民法典》第二十条、第二十一条、一百四十四条的规定,无民事行为能力人不能独立实施任何民事法律行为,必须由其法定代理人代理实施,其独立缔结的合同一律无效。这是因为无民事行为能力人不能够判断自己行为的性质及法律效果,为了保护无民事行为能力人的利益,立法便规定无民事行为能力人缔结的合同无效。但是根据最高人民法院《关于贯彻执行〈中华人民共和国民法通则〉若干问题的意见(试行)》第六条的规定,无民事行为能力人、限制民事行为能力人接受奖励、赠予、报酬,他人不得以行为人无民事行为能力、限制民事行为能力为由,主张以上行为无效。因此,实践中,如果无民事行为能力人缔结纯获利益的合同或者与其年龄、智力相适应的合同,并非一律认定为无效,否则不利于保护无民事行为能力人的利益,亦不利于保护交易安全。另外,《民法典》第二十四条第一款规定:"不能辨认或者不能完全辨认自己行为的成年人,其利害关系人或者有关组织,可以向人民法院申请认定该成年人为无民事行为能力人或者限制民事行为能力人。"根据该规定,只有经利害关系人或者有关组织申请,人民法院方可认定自然人为无民事行为能力人或限制民事行为能力人。

在本案中,虽然在庭审过程中,法院认定苏甲在鉴定时为无民事行为能力人,不能得出其自2014年起即为无民事行为能力人,但是根据本案事实,并不能认定苏甲在签订协议时为无民事行为能力人,因此不得依据《民法典》第一百四十四条的规定,认定案涉《天津市房产买卖协议》无效。当然,由于案涉《天津市房产买卖协议》符合基于恶意串通订立的合同的情形,可以依据《民法典》第一百五十四条的规定,认定其无效。

(二)恶意串通的合同

知识点

恶意串通的合同,是指合同当事人串通在一起,共同订立某种合同,造成国家、集体或者第三人利益损害的合同。所谓"串通",是指暗中勾结,使彼此言行互相配合。串通双方不仅具有意思联络,而且明知自身的行为将损害国家、集体或者第三人的利益;所谓"恶意",旨在强调串通双方的主观恶性[①]。

《民法典》第一百五十四条规定:"行为人与相对人恶意串通,损害他人合法权益的民事法律行为无效。"

适用例举

赵某颖与赵某柱等确认合同有效纠纷案[②]

冯某与赵父系夫妻,二人育有三子女,即长女赵某霞,长子赵某顺,次子赵某柱。赵父死亡后冯某未再婚。2005年4月11日,冯某与北京市丰台区花乡纪家庙村村民委员会签订《北京市丰台区纪家庙村绿化隔离地区旧村改造拆迁补偿及安置协议》,载明需要拆迁郑王坟14号,在册人口3人,应安置人口5人。在册人口分别是户主冯某、之子赵某柱、之孙赵某颖,"其中安置人口5人"有改动痕迹。庭审中,赵某颖表示安置人口经赵某柱一家篡改。赵某柱表示经协商,安置人口除

[①] 朱广新:《合同法总则》,北京:中国人民大学出版社,2012年,第288页。
[②] 一审判决书:参见北京市丰台区人民法院(2017)京0106民初11773号民事判决书;二审判决书:参见北京市第二中级人民法院(2018)京02民终3598号民事判决书。

了上述三人,还有赵某柱之妻女。按规定安置冯某亿朋苑小区楼房两套,安置楼房款共计731 775元,经折抵后,北京市丰台区花乡纪家庙村村民委员会应付冯某315 378.8元。一审庭审中,双方均认可安置楼房一套为亿朋苑小区11号楼7门502室,该楼房以冯某名义卖掉;另一套即为101室。两套房屋均未办理房产证书。双方关于两套安置房屋未进行分家析产。根据法院调取相关政策,优惠购房办法为"选择以货币补偿款购买回迁楼房的本村被拆迁户,享有人均46平方米的优惠购楼指标。购楼指标需按户使用,不得转让。"2015年7月23日,冯某在赵某颖生日时将101室房屋赠予赵某颖,冯某不能识文断字,故《房屋赠予合同》由人代书,冯某在合同上按下自己的手印,表示赠予。后赵某颖诉至法院,请求法院确认冯某与赵某颖于2015年7月23日签署的关于赠予101室房屋的《房屋赠予合同》合法有效。

北京市丰台区人民法院经审理认为:行为人与相对人恶意串通,损害他人合法权益的民事法律行为无效。101室房屋系拆迁安置所得,根据拆迁政策,赵某柱对该房屋享有合法权利,在各方未分家析产之前,不宜认定冯某对101室房屋有完全的处分权。另,冯某、赵某颖明知被拆迁安置人涉及赵某柱,不论冯某与赵某颖达成的《房屋赠予合同》是否真实,均侵犯了赵某柱的合法权益,法院对于赵某颖的诉讼请求难以支持。据此,判决驳回赵某颖的诉讼请求。

一审宣判后,赵某颖不服一审判决,提起上诉。北京市第二中级人民法院经审理认为:赵某颖作为家庭成员,应明知《北京市丰台区纪家庙村绿化隔离地区旧村改造拆迁补偿及安置协议》应安置人口为多人,此情况下,冯某与赵某颖达成《房屋赠予合同》侵害了相关权利人合法利益,冯某与赵某颖本应知道101室房屋有其他权利人而签订了《房屋赠予合同》,应属恶意串通损害第三人利益。因此一审法院认定该《房屋赠予合同》不成立的判断并无不妥。综上所述,赵某颖的上诉请求不能成立,应予驳回。综上,判决驳回上诉,维持原判。

简要解析

根据《民法典》第一百五十四条的相关规定,恶意串通,损害他人合法权益的合同无效。所谓恶意串通,包括两个要素:一是当事人之间有恶意的串通行为,即故意的意思联络,二是行为人对第三人利益的欺诈性损害[①]。对于第一个要素,"恶意"是指当事人主观上的故意,其内容是当事人对牟取不法利益的故意,至于对损害国家、集体、第三人的利益的后果,并非必须是故意,仅是希望、追求,或者放任其发生亦可。"串通"是指互相串联、暗中勾结,使当事人之间在行为的动机、目

---

① 王利明:《中华人民共和国民法总则详解》,北京:中国法制出版社,2017年,第674页。

的、行为—行为的后果上达成一致,共同实现非法目的①。对于第二个要素,一般认为必须与第一个要素存在因果关系,即对第三人利益的欺诈性损害是由当事人恶意的串通行为造成的。

在本案中,根据《北京市丰台区纪家庙村绿化隔离地区旧村改造拆迁补偿及安置协议》的记载,拆迁安置人口除冯某、赵某颖外,尚有赵某柱。因此在各方未分家析产之前,赵某柱亦对该房屋享有合法权利,冯某对101室房屋没有完全的处分权。赵某颖与冯某均知晓前述《拆迁补偿及安置协议》的相关事宜,应当知晓赵某柱亦为101室的权利人。从冯某与赵某颖之间的赠予行为来看,二人必然存在主观上为赵某颖追求利益的故意,且至少对冯某赠予101室房屋的行为会侵害赵某柱的利益持放任态度。因此,冯某与赵某颖之间缔结的房屋《赠予合同》属恶意串通损害他人合法利益的合同,违反《民法典》的相关规定,应属无效。

(三)虚假的合同

■ 知识点

虚假的合同,是指行为人与相对人通过通谋虚伪表示订立的合同,如为逃避债务而虚假赠予财产的合同。

《民法典》第一百四十六条规定:"行为人与相对人以虚假的意思表示实施的民事法律行为无效。"

■ 适用例举

光大公司与戎信公司居间合同纠纷案②

2000年12月,光大国际建设工程总公司(以下简称"光大公司")与北京戎信建筑装饰工程有限公司(以下简称"戎信公司")签订联合协议约定:戎信公司保证光大公司获得华腾园二期两个楼座(一个公建、一个住宅楼)35 000平方米左右的工程总承包施工;光大公司支付戎信公司费用应以中标价为基础,光大公司承诺支付工程合同总额的10%给戎信公司;光大公司在工程预付款到位时一次性付给戎信公司应得上述款项(预付款数额不低于戎信公司所得的二倍。如不足二倍,相差多少按倍数少付戎信公司多少,在第二次拨款时补齐)。同时,双方还约定了变更洽商等条款。上述协议签订后,光大公司通过招投标取得联合协议所涉工程项目的施工。2001年7月30日,光大公司与北京北化房地产开发有限公司(以下简称"北化公司")签订北京市建设工程施工合同,约定:北化公司为发包方,光大公司为承包方,光大公司承建华腾园小区乙7号楼的土建、给排水、采暖、电气工程,合同工程承包造价47 788 600元。2002年9月26日,光大公司与北化公司签订建设工程施工合同,约定:北化公司为发包方,光大公司为承包方,光大公司承建华腾

---

① 杨立新:《民法总则条文背后的故事和难题》,北京:法律出版社,2017年,第394页。
② 北京市高级人民法院:《北京法院指导案例》,2005年第47期,2005年10月21日。

园小区乙7号住宅楼裙房工程,合同价款10 989 998元。2001年9月25日,北化公司向光大公司支付第一笔工程款50万元。截至案件起诉之日,光大公司已收到工程款3 000多万元。光大公司一直未向戎信公司给付联合协议约定的报酬。戎信公司遂诉至法院,请求判令光大公司支付合同款项及滞纳金。经查,北化公司是戎信公司的股东之一,北化公司所属华腾园小区工程项目的发包方式是公开招标。

一审法院经审理认为:居间合同是居间人向委托人报告订立合同的机会或者提供订立合同的媒介服务,委托人支付报酬的合同。本案中戎信公司向光大公司提供了华腾园小区工程建筑施工的信息,而光大公司也通过招投标取得了联合协议中约定的华腾园小区的建筑工程。联合协议中确定的居间指向的标的物已经在其后的两个建筑工程施工合同中得到实现。所以,光大公司与戎信公司签订的联合协议符合居间合同的基本特征,其性质属于居间合同,戎信公司亦按照联合协议的约定履行了居间的义务。联合协议系双方当事人的真实意思表示,应属有效。北化公司已经向光大公司支付了工程款。光大公司在北化公司已经支付工程款的条件下,应按照其在联合协议中的承诺,向戎信公司支付居间的报酬。在光大公司逾期未能给付戎信公司居间报酬的情况下,光大公司还应当按照逾期付款的有关规定并依联合协议的约定,自北化公司支付第一笔工程款的第二日起赔偿戎信公司的损失。综上,判决光大公司给付戎信公司人民币5 877 859.8元,并赔偿利息损失。

光大公司不服一审判决,提起上诉称:联合协议内容严重违法,涉嫌不正当竞争,属于无效协议。戎信公司在未做任何工作的情况下,公然保证光大公司中标,主要原因是利用北化公司是其股东的特殊地位。二审法院经审理认为:案件所涉及的工程项目施工,是北化公司根据法律规定以招投标方式进行发包的。《招标投标法》第5条规定:"招标投标活动应当遵循公开、公平、公正和诚实信用的原则。"但是在北化公司公开招标、光大公司投标行为开始之前,光大公司和戎信公司联合协议约定"戎信公司保证光大公司获得华腾园二期两个楼座35 000平方米左右的工程总承包施工",该约定明显违反了我国招投标法关于在招投标活动中要遵循公开、公平、公正和诚实信用原则的规定,属于以合法形式掩盖非法目的,其扰乱了建筑市场的正常秩序,损害了其他参与招投标活动当事人的合法权益。虽然光大公司中标并承包了该项目工程,但对于这种以"保证中标"为条件收取费用,明显违反招投标活动应遵循原则的行为,法院不应予以支持。故认定光大公司与戎信公司之间的联合协议无效。原审法院判决认定的事实清楚,但适用法律错误,应予改判。综上,判决撤销一审法院的判决,确认戎信公司与光大公司签订的联合协议无效,驳回戎信公司的诉讼请求。

■ 简要解析

本案涉及虚假的合同效力问题。根据《民法典》第一百四十六条的规定,虚假的合同无效。这是因为此类合同并非是当事人的真实意思表示,违背了诚实信用原则,且这类合同可能规避了法律的规定,从而违反了某种法律秩序。如果不将此类合同认定为无效,极不利于交易安全和交易秩序的保护。应当说明的是,虚假的合同与恶意串通的合同存在区别。恶意串通的合同强调当事人之间的"串通",且以损害第三人的利益为目的。而虚假的合同强调当事人意思表示的虚假,不以损害第三人利益为目的,亦无须证明当事人之间有通谋的存在。

在本案中,光大公司和戎信公司签订联合协议约定"戎信公司保证光大公司获得华腾园二期两个楼座 35 000 平方米左右的工程总承包施工""光大公司承诺支付工程合同总额的 10% 给戎信公司"。从形式上看,该协议的内容是由戎信公司促成工程承包合同的成立,并由光大公司按照约定支付报酬,其性质属于居间合同。但是,居间合同应由居间人向委托人报告订立合同的机会或者提供订立合同的媒介服务,而光大公司和戎信公司的真实意思却并非如此。显然,光大公司和戎信公司订立居间合同的意思表示是虚假的,其背后所隐藏的真实意思是利用光大公司的特殊地位对招投标活动进行非法干预,应以该真实意思作为判断联合协议的效力的依据。以非法干预招投标活动为内容的合同明显违反了我国招投标法的强制性规定,扰乱了建筑市场的正常秩序,损害了其他参与招投标活动当事人的合法权益,故应认定该联合协议无效。

(四)违背公序良俗的合同

■ **知识点**

公序良俗是指民事主体的行为应遵守公共秩序,符合善良风俗,不得违反国家的公共秩序与社会的一般道德。公共秩序,是指国家社会的存在及其发展所必需的一般秩序;善良风俗,是指国家社会的存在及其发展所必需的一般道德。

《民法典》第一百五十三条第二款规定:"违背公序良俗的民事法律行为无效。"

■ **适用例举**

王某诉吴某返还财产案[①]

王某已经 59 岁,且早年丧子,其妻由于年龄大不能再生育,故产生借腹生子的想法。2006 年 9 月 8 日,王某在一理发店与吴某相识,并与其订立了一份借腹生子的协议,约定吴某在一年内为王某怀孕生子,由王某付 4 万元给吴某。王某于 9 月 29 日付给吴某 2 万元。半年后,因吴某并未怀孕,王某要求吴某返还已付的 2 万元,吴某以自己遭受损失为由拒不返还。王某将吴某诉至法院,请求判令吴某返

[①] 案例来源:北大法宝司法案例数据库,【法宝引证码】CLI.CR.116070,最后访问日期:2019 年 11 月 22 日。

还财产 2 万元。

信阳市浉河区人民法院经审理认为：公民间的民事活动不应违反法律规定或者社会公共利益，否则应被认定为无效。王某和吴某的借腹生子协议，违背了社会的公序良俗，协议应属无效。且双方都负有责任，王某主动找到吴某签订该协议，对该过程承担主要责任。最终法院判决，吴某返还收取王某的现金的 80% 即 16 000 元。

简要解析

公序良俗体现了全社会的最高利益，因此违反公序良俗的合同无效，是各国通行的立法例。《合同法》并未出现"公序良俗"一词，仅在该法第五十二条第四项规定："损害社会公共利益的合同无效。"一般认为，"社会公共利益"的内涵不确定。在我国法上，所谓"社会公共利益"及"社会公德"，在性质和作用上与公序良俗原则相当，"社会公共利益"相当于"公共秩序"，"社会公德"相当于"善良风俗"①。《民法典》第一百五十三条第二款明确规定"违背公序良俗的民事法律行为无效。"公序良俗如何界定？立法并未明确说明，这是因为其内涵本身就具有不确定性。法院在裁判案件时被赋予了自由裁量权。有学者曾借鉴国外学说，将违反公序良俗的行为划分为以下几类：①危害国家利益；②危害家庭关系；③违反性道德的行为；④射幸行为；⑤违反人权和人格尊严的行为；⑥限制经济自由的行为；⑦违反公平竞争的行为；⑧违反消费者保护的行为；⑨违反劳动者保护的行为；⑩暴利行为②。

在本案中，王某与吴某相识订立借腹生子协议，该协议约定吴某在一年内为王某怀孕生子，由王某付 4 万元给吴某。该协议的内容显然违反了我国现代的性道德，同时在某种程度上也是对自然人人格尊严的践踏。因此，本案所涉借腹生子协议应当认定为违反人权和人格尊严，属于违反公序良俗。故该协议的内容违反公序良俗，系无效协议。

（五）违反法律、行政法规的强制性规定的合同

知识点

《民法典》第一百五十三条第一款规定："违反法律、行政法规的强制性规定的民事法律行为无效。但是，该强制性规定不导致该民事法律行为无效的除外。"

---

① 梁慧星：《民法总论》（第三版），北京：法律出版社，2007 年，第 49 页。
② 梁慧星：《民法学说判例与立法研究》（第 2 册），北京：国家行政学院出版社，1999 年，第 16—17 页。

适用例举

江南信用社诉罗某储蓄合同纠纷案①

2000年7月6日,罗某在梅州市梅江区农村信用合作联社江南信用社(以下简称"江南信用社")处存入人民币77 000元,江南信用社开具定期储蓄存单1份并交于罗某收执,存单内容显示:种类栏为整存整取,存入日和起息日栏均为2000年7月6日,存期栏为8年,到期日栏为2008年7月6日,利率栏为空白。江南信用社、罗某均在相应栏目签名盖章确认。江南信用社诉称,根据中国人民银行的有关规定,从1996年5月1日起,取消八年期定期整存整取储蓄种类。罗某于2000年7月6日存入的涉案存款,只能按照中国人民银行规定的利率支付利息,但由于江南信用社工作人员的疏忽,在办理该笔业务时仍按已取消的八年期定期整存整取利率计付利息,因此多付罗某利息70 093.59元。事后江南信用社与罗某多次协商返还多付利息未果。我国实行严格的法定利率政策,金融机构的存贷款利息均需严格按照中国人民银行规定的利率执行,具有强制性,非依法定程序,任何单位和个人都无权变动。罗某多得利息70 093.59元属于不当得利,依法应予返还。请求判令罗某归还江南信用社多付利息70 093.59元。

梅州市梅江区人民法院经审理认为:根据本案事实,江南信用社、罗某之间的储蓄合同关系成立。国务院发布的《储蓄管理条例》第二十二条规定,储蓄存款利率由中国人民银行拟订,经国务院批准后公布,或者由国务院授权中国人民银行制定、公布。第二十三条规定,储蓄机构必须挂牌公告储蓄存款利率,不得擅自变动。中国人民银行广东省分行于1996年5月发布的《转发中国人民银行总行关于降低金融机构存、贷款利率的通知》第六条规定:"取消8年期存款利率种类,约定存期和实际存期都在5年以上的存款,按5年期的存款计息。即在5年存期内按5年期定期存款利率计息,超过5年的按活期存款计息。"因此,江南信用社与被告罗某在涉案存单中约定的8年存期违反了上述规定,应认定为无效。造成上述存单无效,双方均有责任。江南信用社对多付的利益应承担主要责任(即70 093.59元×60% = 42 056.15元),罗某应承担次要责任(即70 093.59元×40% = 28 037.44元)。据此,判决罗某返还28 037.44元给江南信用社。

江南信用社、罗某均不服一审判决,向广东省梅州市中级人民法院提起上诉。梅州市中级人民法院经审理认为:关于涉案储蓄存单中八年存期的约定的效力问题,根据《中华人民共和国合同法》第五十二条第(五)项的规定,违反法律、行政法规的强制性规定的合同无效。根据《最高人民法院关于适用〈中华人民共和国合同法〉若干问题的解释(二)》第十四条的规定,所谓强制性规定是指效力性强制性

---

① 一审判决书:参见梅州市梅江区人民法院(2008)梅区民初字第543号民事判决书;二审判决书:参见广东省梅州市中级人民法院(2009)梅中法民二终字第75号民事判决书。

规定。据此,国务院《储蓄管理条例》第二十二条"储蓄存款利率由中国人民银行拟订,经国务院批准后公布,或者由国务院授权中国人民银行制定、公布"和第二十三条"储蓄机构必须挂牌公告储蓄存款利率,不得擅自变动"的规定,是对金融机构关于储蓄存款利率拟订、公布、变动等的管理性规定,不是对储蓄机构对外签订、履行储蓄存款合同的效力性规定,不影响储蓄机构在从事民事活动中的行为的效力,不能以储蓄机构违反该项规定为由,确认涉案储蓄合同关于存期的约定无效。而中国人民银行广东省分行于1996年5月发布的《转发中国人民银行总行关于降低金融机构存、贷款利率的通知》第六条关于取消八年期存款利率种类的规定属于部门规章,不属法律法规,不能导致双方签订的合同条款无效。在没有法律法规明确规定涉案存单关于8年存期的约定为无效条款的情况下,不能仅根据上述规定确认该约定无效。上诉人罗某与上诉人江南信用社作为平等的合同主体,均享有自愿约定合同内容的权利,故双方订立的储蓄存单中关于8年存期的约定合法有效。综上,改判撤销一审判决,驳回江南信用社的诉讼请求。

简要解析

《民法典》第一百五十三条第一款规定的"强制性规定"的范围较大,类型较多。对于是否有必要进一步区分管理性强制性规定和效力性强制性规定,最高人民法院《关于适用〈中华人民共和国合同法〉若干问题的解释(二)》第十四条将"强制性规定"的范围限于效力性强制性规定。根据强制性规范是否对法律行为的效力有影响,强制性规范可以分为管理性强制性规范与效力性强制性规范。根据强制性是否对法律行为的效力有影响,强制性规范可以分为管理性强制性规范与效力性强制性规范。效力性强制性规定,指对违反强制性规定的私法上的行为,在效力后果上予以一定制裁的强制性规定。管理性强制性规定,指当它被违反后,当事人所预期的私法上的效果不一定会受到私法上的制裁的强制性规定[①]。仅是针对特定主体的对内管理行为、不涉及公共利益的规定,不属于效力性强制性规定,违反该规定不能导致合同无效。《最高人民法院关于适用〈中华人民共和国合同法〉若干问题的解释(二)》出台后,实践中仍面临无法准确识别效力性强制规定与管理性强制规定的问题,最高人民法院接着于同年7月7日下发《合同纠纷指导意见》。该意见第十六条规定:"人民法院应当综合法律法规的意旨,权衡相互冲突的权益,诸如权益的种类、交易安全以及其所规制的对象等,综合认定强制性规定的类型。如果强制性规范规制的是合同行为本身,即只要该合同行为发生即绝对地损害国家利益或者社会公共利益的,人民法院应当认定合同无效。如果强制性规定规制的是当事人的'市场准入'资格而非某种类型的合同行为,或者规制的

---

① 耿林:《强制规范与合同效力》,北京:中国民主法制出版社,2009年,第85页。

是某种合同的履行行为而非某类合同行为,人民法院对于此类合同力的认定,应当慎重把握,必要时应当征求相关立法部门的意见或者请示上级人民法院。"从《民法典》第一百五十三条第一款后半段的规定来看,可以解释为包含进一步区分管理性强制性规定和效力性强制性规定的用意,违反法律、行政法规的效力性强制性规定的合同无效。

在本案中,罗某在江南信用社处存入人民币77 000元,江南信用社开具定期储蓄存单并交于罗某收执,存单内容显示:存期栏为8年。江南信用社、罗某之间的储蓄合同关系成立。然而根据中国人民银行广东省分行于1996年5月发布的《转发中国人民银行总行关于降低金融机构存、贷款利率的通知》第六条的规定,我国银行存款业务自1996年5月起"取消8年期存款利率种类,约定存期和实际存期都在5年以上的存款,按五年期的存款计息"。又,根据国务院《储蓄管理条例》第二十二条的规定"储蓄存款利率由中国人民银行拟订,经国务院批准后公布,或者由国务院授权中国人民银行制定、公布"。因此,江南信用社向罗某开具存期为定期储蓄的存单违反了《储蓄管理条例》。然而,《储蓄管理条例》的第二十二条、第二十三条的相关规定,是关于何种部门有资格拟定、公布、变动利率的,应为对相关市场准入资格相关的管理性强制性规定。违反该管理性强制性规定,不能认定为合同无效。综上,双方订立的储蓄存单中关于8年存期的约定合法有效。

第三节 可撤销合同

一、可撤销合同的类型

可撤销合同,是指当事人在订立合同时存在意思表示瑕疵,法律允许撤销权人通过行使撤销权而使已经生效的合同归于无效的合同。

(一)因欺诈订立的合同

知识点

《民法典》第一百四十八条规定:"一方以欺诈手段,使对方在违背真实意思的情况下实施的民事法律行为,受欺诈方有权请求人民法院或者仲裁机构予以撤销。"第一百四十九条的规定:"第三人实施欺诈行为,使一方在违背真实意思的情况下实施的民事法律行为,对方知道或者应当知道该欺诈行为的,受欺诈方有权请求人民法院或者仲裁机构予以撤销。"

适用例举

刘某诉安邦公司保险合同纠纷案①

2009年12月7日,刘某在安邦财产保险公司(以下简称"安邦公司")处为其所有的车辆苏NU3×××、苏NG×××挂车投保了商业险和交强险,保险期间分别为2009年12月26日至2010年12月25日、2009年12月8日至2010年12月7日。2010年4月3日23时5分,刘某驾驶上述车辆在高邮市X206线与菱塘回族乡团结街交叉路口发生交通事故,车上货物刮倒了路上的广播电视、电信线路,以致线路、绿化带、路边房屋和一辆小型客车受损。交警部门认定,因刘某驾驶的车辆所载货物超高是形成该事故的原因,故刘某对该事故承担全部责任。后经交警部门调解,由刘某赔偿各项损失共计51 215元。刘某向安邦公司理赔过程中,安邦公司认为上述车辆投保货险且车辆所载货物超高,故该事故不在保险赔偿的范围内。后安邦公司又对刘某进行了电话回访,双方就涉案事故达成了销案的协议。具体内容如下。"问:我们是安邦保险公司的,你是刘某先生吗?答:是的。问:4月3日的事故,你还记得吗?在高邮市,你这个案子需要销案吗?答:当时砸到电线,中间有点不平,砸到了一点点。问:你要是销案的话,我们就帮你销了。答:算了吧,你们不赔就算了。问:好,那帮你销案了。"后在理赔过程中,刘某主张是在安邦公司误导下口头放弃理赔。刘某遂诉至法院,请求依法判令撤销因刘某口头放弃向安邦公司理赔而达成的销案协议。

宿迁市宿城区人民法院经审理认为:刘某主张该销案协议应予撤销,主要理由是,根据双方保险合同的约定,涉案保险事故应在赔偿范围内,保险公司拒赔存在欺诈,故该协议应予撤销。对此,法院认为,本案中安邦公司在刘某向其要求理赔时出具的拒赔通知载明的拒赔理由是"上述车辆未投保货险且车辆所载货物超高",但直至诉讼中也未能提供相应的合同条款依据,双方订立的保险合同中亦无任何条款约定车辆所载货物超高属于免赔情形,且根据该合同约定,涉案保险事故属于约定的保险责任范围,故安邦公司以根本不存在的条款拒赔显然存在欺诈,而刘某口头同意销案则以安邦公司为实现欺诈而实施的诱问为基础。刘某在接到该拒赔通知与安邦公司达成的销案协议,显然违背了刘某的真实意思表示,刘某请求撤销该协议,法院依法予以支持。

安邦公司不服一审判决,向宿迁市中级人民提起上诉。安邦公司上诉称:在安邦公司电话回访刘某时,刘某明确表示放弃理赔,并进行了销案处理。刘某具有完全的民事行为能力,应当对其行为承担相应的法律后果。双方关于销案的协议系自愿达成,未违反法律规定,依法应受法律保护,一审判决对该协议予以撤销是错误的,请求二审法院依法改判驳回刘某的诉讼请求。

---

① 参见《最高人民法院公报》2013年第8期(总第202期)。

宿迁市中级人民法院二审认为：合同一方当事人故意告知对方虚假情况，或者故意隐瞒真实情况，诱使对方当事人做出错误意思表示的，其行为构成欺诈。欺诈的构成要件为：一、一方当事人存在告知虚假情况或者隐瞒真实情况的行为；二、该行为是故意做出；三、欺诈行为致使对方陷入错误认识，并基于该错误认识做出了不真实的意思表示。本案中，从电话回访的内容分析，刘某同意销案的原因是此前安邦公司拒绝理赔，致使其误以为因交通事故造成的损失将不能从安邦公司处获得赔偿。安邦公司认为其不应赔偿的理由分别是刘某未投保货物损失险、被保险车辆装载货物超高及不属其赔偿范围，但在诉讼中未能对其拒赔理由提供法律及合同上的依据。安邦公司作为专业保险公司，基于工作经验及对保险合同的理解，其明知或应知本案保险事故在其赔偿范围之内，在其认知能力比较清楚、结果判断比较明确的情况下，对刘某做出拒赔表示，有违诚实信用原则。在涉案销案协议订立过程中，安邦公司基于此前的拒赔行为，故意隐瞒刘某可以获得保险赔偿的重要事实，对刘某进行错误诱导，致使刘某误以为将不能从保险公司获得赔偿，并在此基础上做出同意销案的意思表示，该意思表示与刘某期望获得保险赔偿的真实意思明显不符。故安邦公司的行为构成欺诈，依照《中华人民共和国合同法》第五十四条第二款之规定，该销案协议应予撤销。据此，判决驳回上诉，维持原判。

■ 简要解析

构成民法上的欺诈，须符合以下四个构成要件：一、须欺诈人有欺诈的故意。所谓欺诈的故意，包涵两方面的含义：一方面，须有使相对人陷入错误的故意；另一方面，须有使相对人因其错误而为一定意思表示的故意（双重故意）[①]。二、须欺诈人有欺诈行为。欺诈行为是一种以使他人产生错误观点或者加强或维护该观点为目的的行为。欺诈行为可以是积极行为，表现为明示或默示地对重要情况做出的不符合事实的说明，也被称之为故意陈述虚假事实；在存在诚实信用原则产生的说明或告知义务的情况下，单纯的沉默也可以构成欺诈行为。例如明显对相对方有特殊意义且按照交易习惯他可以期待该告知的情形下，单纯的沉默也可能构成欺诈[②]。三、须相对人因欺诈陷于错误。一方面，欺诈人为欺诈行为与相应民事法律行为的内容存在联系；另一方面，受害人基于虚假的信息而对合同内容发生了错误认识。受欺诈人对此种错误认识的产生不具有可归责性，而是受到欺诈造成的结果。四、须相对人因错误而为意思表示。受欺诈人在因欺诈陷入错误之后，基于错误的认识做出了意思表示并实施了民事法律行为。如果受欺诈人虽因欺诈行为限

[①] 胡长清：《中国民法总论》，北京：中国政法大学出版社，1997年，第248页。

[②] [德]汉斯·布洛克斯、沃尔夫·瓦尔克：《德国民法总论》，张艳译，北京：中国人民大学出版社，2012年，第273页。

于错误,但并未做出据此意思表示,则不能构成欺诈。

在本案中,保险公司故意隐瞒被保险人可以获得保险赔偿的重要事实,对被保险人进行错误诱导,致使被保险人误以为将不能从保险公司获得赔偿,并在此基础上做出同意销案的意思表示,保险公司的行为是否构成欺诈?欺诈是指合同一方当事人故意告知对方虚假情况,或者故意隐瞒真实情况,诱使对方当事人做出错误意思表示的行为。保险事故发生后,保险公司作为专业理赔机构,基于专业经验及对保险合同的理解,其明知或应知保险事故属于赔偿范围,而在无法律和合同依据的情况下,故意隐瞒被保险人可以获得保险赔偿的重要事实,对被保险人进行诱导,在此基础上双方达成销案协议的,应认定被保险人做出了不真实的意思表示,保险公司的行为违背诚信原则构成欺诈。综上,涉案该销案协议可撤销。

(二)因受胁迫订立的合同

■ **知识点**

《民法典》第一百五十条规定:"一方或者第三人以胁迫手段,使对方在违背真实意思的情况下实施的民事法律行为,受胁迫方有权请求人民法院或者仲裁机构予以撤销。"

■ **适用例举**

陈某诉 JETHRO STANLEY CRAMP 股权转让纠纷案[①]

"ROCK-TNSC LIMITED"公司系于2002年8月7日在香港特别行政区注册成立的公司,股东为陈某和季某,各持有5 000股的股份。2006年10月16日,陈某与季某签订《股权转让协议》,约定:季某转让给陈某"ROCK-TNSC LIMITED"公司的50%股权,陈某同意接受;股权转让价格为105万美元。同日,季某及其妻子刘某在《保证书》上签字,该《保证书》的内容为:"本人保证在两个股权协议履行之后对陈某个人在公司所涉及的相关问题,不向有关部门反映。"上述协议签订后,陈某向季某支付股权转让款265 000美元,剩余股权转让款785 000美元未按协议约定支付。2006年12月8日,季某向陈某发出律师函,提出陈某未依约履行支付义务,已构成违约,要求陈某立即支付应付费用。故陈某诉至法院,请求判决:撤销股权转让协议并返还自己已经支付的股权转让款265 000美元。

北京市第二中级人民法院经审理认为:本案双方当事人的争议焦点为《股权转让协议》是否系双方的真实意思表示,该协议是否应继续履行。陈某主张《股权转让协议》系其在季某以向厦门海关缉私局举报陈某担任法定代表人的厦门洛克石业有限公司的报关手续问题相胁迫的情况下签订,该协议并非陈某的真实意思

[①] 参见北京市第二中级人民法院(2007)二中民初字第02251号民事判决书。

表示,且显失公平,应予撤销。根据最高人民法院《关于贯彻执行〈中华人民共和国民法通则〉若干问题的意见(试行)》第六十九条规定:"以给公民及其亲友的生命健康、荣誉、名誉、财产等造成损失或者以给法人的荣誉、名誉、财产等造成损害为要挟,迫使对方做出违背真实的意思表示的,可以认定为胁迫行为。"而《中华人民共和国民法通则》第五条规定:"公民、法人的合法的民事权益受法律保护,任何组织和个人不得侵犯。"结合上述规定,只有在以侵害公民或法人所享有的合法权利相要挟的情况下,才构成胁迫。因公司的不法经营行为不受法律保护,故无论陈某诉称的季某以向厦门海关缉私局举报陈某担任法定代表人的厦门洛克石业有限公司的报关手续问题相要挟是否属实,均不构成上述法律、司法解释所规定的胁迫行为。因此,陈某主张《股权转让协议》系其受胁迫签订的理由不能成立,法院不予支持。因此,法院认定《股权转让协议》系本案双方当事人的真实意思表示,对双方均具有约束力,双方应按该协议的约定履行各自的权利义务。

■ 简要解析

本案涉及胁迫的认定问题。胁迫是指以将来发生的损害或以直接施加损害相威胁,使对方产生恐惧因而做出行为。构成民法上的胁迫,须符合以下五个构成要件:一、须胁迫人有胁迫的故意。胁迫都是基于故意实施的。所谓胁迫的故意应当包含两个方面:一方面,胁迫者意识到自己的行为将造成受胁迫者心理上的恐惧而故意进行威胁;另一方面,胁迫者希望通过胁迫行为使受胁迫者做出意思表示。二、须胁迫人有胁迫的行为。胁迫行为通常表现为以下两种:①胁迫者以将要发生的损害相威胁。所谓将要发生的损害,是指涉及生命、身体、财产、名誉、自由、健康、信用等方面的损害。②胁迫者以直接面临的损害相威胁。也就是说,胁迫者通过实施某种不法的胁迫行为,形成对对方当事人及其亲友人身损害和财产损害的威胁,而迫使受胁迫方做出民事法律行为,如对受胁迫方实行暴力(殴打、肉体折磨、拘禁等),或散布谣言、毁人名誉、毁损房屋等[①]。三、须胁迫为不法。如果胁迫不具有不法性,则胁迫不能成立。关于胁迫不法性的认定,应当包括手段的不法性、目的的不法性以及手段与目的之间联系的不法性。手段的不法,是指如果用以胁迫的手段为法律所禁止,那么胁迫就具有不法性。至于胁迫行为所追求的目的,在所不问。例如债权人不得以暴力行为相威胁,要求债务人立即支付其债务;所谓目的的不法,是指如果胁迫所追求的目的是为法律所禁止的(如要求对方答应参与某项犯罪活动),那么胁迫行为具有不法性;所谓手段与目的之间的联系不法,是指虽然手段和目的就其本身而言并不违法,但是手段和目的的联系仍然可能违

[①] 王利明:《民法总则》,北京:中国人民大学出版社,2017年,第330页。

法。如果使用此种手段达到彼种目的,违反了一切具有公平和正义思想的人的利益感①。四、须相对人因胁迫发生恐惧。胁迫并不一定以危害重大为要件,只要胁迫方的胁迫行为足以使受胁迫方感到恐惧,就可以构成胁迫行为。由于胁迫是针对特定的受胁迫人做出的,每个当事人的承受能力各不相同,因此对受胁迫人是否发生了恐惧应采主观标准。即应当以特定的受胁迫人而非客观一般人在特定的情形下是否感到恐惧为标准加以判断。五、须相对人是因胁迫而为意思表示。受胁迫方实施民事法律行为必须与胁迫行为之间具有因果关系,也即受胁迫人因对胁迫行为的恐惧而为相应的法律行为。

在本案中,陈某主张《股权转让协议》系其在季某以向厦门海关缉私局举报陈某担任法定代表人的厦门洛克石业有限公司的报关手续问题相"胁迫"的情况下签订。实际上,季某的举报行为是合法行为,手段合法;其目的是为了与陈某缔结《股权转让协议》,目的合法。但值得商榷的是,季某的举报手段与缔结合同目的之间的联系是否存在不法性?本书认为,如果确有证据证实季某的举报手段与缔结合同目的之间存在关联,则举报手段与缔结合同的目的之间的联系存在不法性,应当认定胁迫成立。本案中,陈某并未提供充分证据证实季某以向厦门海关缉私局举报其报关手续问题相要挟的事实存在,法院认为《股权转让协议》系陈某受胁迫签订的理由不能成立并无不当。但如果确有证据证明季某存在上述行为,应可认定为胁迫成立,允许陈某撤销该《股权转让协议》。

(三)基于重大误解订立的合同

■知识点

《民法典》第一百四十七条规定:"基于重大误解实施的民事法律行为,行为人有权请求人民法院或者仲裁机构予以撤销。"

■适用例举

陈某诉浙江某电热有限公司专利权转让合同纠纷案②

2001年3月30日,袁某、陈某就同一技术方案向国家知识产权局申请"耐腐伴热采样复合管"实用新型和发明专利,其中实用新型专利于2002年2月20日取得授权,专利号为:ZL01220469.2。"耐腐伴热采样复合管"发明专利于2002年11月6日公开,2006年1月25日获得授权。2004年3月9日,浙江某电热有限公司与陈某签订了一份协议书,第一条约定:浙江某电热有限公司对陈某在浙江某电热有限公司工作期间做出的成绩予以肯定,为此,浙江某电热有限公司给陈某离开后

---

① [德]迪特尔·梅迪库斯:《德国民法总论》,邵建东译,北京:法律出版社,2000年,第614—616页。

② 参见浙江省杭州市中级人民法院(2012)浙杭知初字第165号民事判决书。

一次性补助2万元。第五条约定：陈某同意在变更专利证明函上签字，有责任积极配合浙江某电热有限公司做好"耐腐伴热采样复合管"专利变更工作，直到将"耐腐伴热采样复合管"专利权人由袁某、陈某变更为浙江某电热有限公司为止。2010年12月10日，浙江某电热有限公司以陈某、袁某为共同被告向法院提起诉讼，请求确认"耐腐伴热采样复合管"属于职务发明，陈某、袁某申请专利的权利和由此获得的专利权自始即归浙江某电热有限公司所有。陈某以重大误解为由，要求撤销其与浙江某电热有限公司签订的《协议书》第五条。

杭州市中级人民法院经审理认为，根据《中华人民共和国合同法》第五十四条第一款规定，因重大误解订立的合同，当事人一方有权请求人民法院或者仲裁机构变更或者撤销。现陈某以重大误解为由，要求撤销其与浙江某电热有限公司签订的《协议书》第五条。对此法院认为，所谓重大误解，是指行为人因自己的过错对行为的性质、对方当事人、标的物的品种、质量、规格和数量等内容的错误认识，使行为的后果与自己的意思相悖，并造成较大损失。本案中，诉争协议第五条涉及的"耐热伴热采样复合管"（此处为协议中的笔误，实际是"耐腐伴热采样复合管"）技术方案在协议签订时已获得了实用新型专利授权，但该技术在2001年3月30日同时被申请了发明和实用新型专利，且这两项专利的说明书和权利要求书的内容完全相同，申请人亦相同，显然属于同样的发明创造。根据《中华人民共和国专利法》的规定，其不可能同时拥有实用新型专利和发明专利两项专利权，而且"耐腐伴热采样复合管"被授予发明专利权的前提是必须放弃已授权的实用新型专利权。因陈某庭审时确认其知道上述规定，且诉争协议第五条转让对象是"耐腐伴热采样复合管"专利技术，故陈某知道也应当知道其转让该实用新型专利权，即意味着其也将因同一技术方案而可能取得的发明专利权一并转让给浙江某电热有限公司。换言之，陈某将其共有的"耐腐伴热采样复合管"专利及其相关权益转让给浙江某电热有限公司的意思表示真实，诉争协议第五条约定的内容不仅包括了已经取得的"耐腐伴热采样复合管"实用新型专利，而且包括基于放弃该实用新型专利权而授予的"耐腐伴热采样复合管"发明专利权，陈某、浙江某电热有限公司双方对于专利转让的约定是明确、清晰和真实的。因此，一方面，陈某对诉争协议第五条约定的转让对象、性质等内容并未产生错误认识；另一方面，陈某也并不会因此造成损失，故本案并不存在重大误解的情形。

简要解析

本案涉及重大误解的认定问题。重大误解，是指一方因自己的过错而对民事法律行为的内容等发生误解而从事的民事法律行为。重大误解的构成要件为：一、表意人对民事法律行为的内容等发生了重大误解。因此，并非表意人对民事法律行为的各个方面产生的误解，都可以产生撤销权，只有表意人对民事法律行为的内容等发生了重大误解，才有可能产生撤销权。何谓"重大"？根据《最高人民法院关于贯彻执行〈中华人民共和国民法通则〉若干问题的意见》第七十一条的相关规定,"重大误解"即"行为人对行为的性质、对方当事人、标的物的品种、质量、规格和数量等的错误认识"。然而该条规定依然过于宽泛。学理上一般认为只有表意人对民事法律行为的内容等发生的误解足以在客观上实质性地影响当事人的权利义务关系,才可产生撤销权。二、表意人因为重大误解做出了意思表示。"误解"仅为相对人对意思表示内容的不正确认识,在没有以此认识为基础做出意思表示的情况下,这种认识仅为主观心理状态,是没有法律意义的;而倘若以此认识为基础做出了意思表示,那么这时相对人也就成了表意人。三、重大误解是由误解方的过错造成的。重大误解并非因他人的不当影响造成,而是由误解方因为自己的过错造成,因此误解方对重大误解情形的发生具有可归责性。

是否构成重大误解,需要进行个案判断。但是实践中,亦有学者总结了司法实践中重大误解的几种情形,可资参考:一、对合同的性质发生误解,如误将买卖作为赠予;二、对当事人特定身份的认识错误,如在以感情为基础的赠予合同、以信用为基础的委托合同以及要求特定履约能力的合同中,对当事人的身份(与履约能力相关)产生误解;三、对标的物性质的误解,如把镀金的物品当作纯金的;四、对标的物质量的认识错误,在标的物质量直接关涉到当事人订约目的或重大利益时,对质量发生误解可构成重大误解;五、对标的物价值的误解,如误将价值1 000元的标的物当作10 000元。此外,当事人对标的物的数量、包装、履行方式、履行地点、履行期限等内容的误解,如果并未影响当事人的权利义务或影响合同目的的实现,则一般不应认定为重大误解[①]。

在本案中,陈某知道也应当知道其转让该实用新型专利权,即意味着其也将因同一技术方案而可能取得的发明专利权一并转让给浙江某电热有限公司。陈某、浙江某电热有限公司双方对专利转让的约定是明确、清晰和真实的。因此,陈某对诉争协议第五条约定的转让对象、性质等内容并未产生不正确认识,也并不会因此造成损失,故本案并不存在重大误解的情形。

(四)显失公平的合同

知识点

《民法典》第一百五十一条规定:"一方利用对方处于危困状态、缺乏判断能力等情形,致使民事法律行为成立时显失公平的,受损害方有权请求人民法院或者仲裁机构予以撤销。"

[①] 庞景玉,何志:《最高人民法院合同法司法解释精释精解》,北京:中国法制出版社,2016年,第178—179页。

▎适用例举

家园公司诉森得瑞公司合同纠纷案①

2004年3月9日,天津开发区家园房地产营销有限公司(以下简称"家园公司")与天津森得瑞房地产经营有限公司(以下简称"森得瑞公司")签订了一份《加盟特许经营合同》,该合同第7.3.4条竞业禁止条款约定:"未经甲方(森得瑞公司)事先书面同意,乙方(家园公司)以及任何一个乙方关系人或关联企业(定义见本合同释义)在本合同有效期间内和期满或终止后两年内不得直接或间接地以高级主管、董事、股东及其他任何身份或名义投资、经营或管理任何位于'核准地点'周围75千米范围内(如超出本特许区域地理范围,以本特许区域的范围为准)的其他房地产中介机构或相关企业(但不包括另一个CENTURY 21加盟店)或拥有或持有该中介机构百分之十以上的股权。"第7.4.8条商业秘密条款约定:"乙方(家园公司)承诺,由甲方(森得瑞公司)根据本合同透露给乙方(家园公司)的有关CENTURY 21系统、CENTU-RY 21特许权和CENTURY 21材料以及甲方(森得瑞公司)服务和产品的经营和业务知识,其中包括但不限于在会议、研讨会、培训课程、会谈或地区营业规范手册或其他材料和/或单店营业规范手册中随时透露的信息和资料,是甲方(森得瑞公司)独家的保密的商业秘密。乙方(家园公司)同意其将在本合同有效期内和之后对所有这些资料保守绝对秘密,并同意不在甲方(森得瑞公司)没有特别授权和批准的任何其他业务中或以其他方式使用这些资料。"第14.13条约定:"乙方(家园公司)同意在本合同期满或提前终止后的2年内,不在核准地点或任何CENTU-RY 21世纪加盟店所在地点周围75千米内设立房地产中介机构或办公室,经营本合同中所定义的特许业务。"2005年5月16日,家园公司和森得瑞公司就解除《加盟特许经营合同》的相关事宜达成协议,签订了《解除合同协议书》,其中第四条约定家园公司须交回《加盟特许经营合同》及其附件的原件,第五条约定《加盟特许经营合同》解除后,家园公司还必须遵守《加盟特许经营合同》中有关竞业禁止和保守商业秘密条款所确定的义务。后双方因发生特许经营合同纠纷,家园公司诉至法院,请求撤销《加盟特许经营合同》和《解除合同协议书》中的竞业禁止和保守商业秘密的条款。

天津市津南区人民法院经审理认为:家园公司和森得瑞公司2004年3月9日签订的《加盟特许经营合同》和2005年5月16日签订的《解除合同协议书》,均系双方真实意思表示,也没有违反国家法律、法规,应认定合法有效。依法成立的合同自成立之日起生效。当事人依法享有自愿订立合同和解除合同的权利。家园公司与森得瑞公司是在平等协商的前提下自愿达成的协议,双方约定的竞业禁止条款及保守商业秘密条款,并不明显违反公平原则,因此家园公司以显失公平为由,

---

① 参见《最高人民法院公报》2007年第2期(总第124期)。

主张撤销 2005 年 5 月 16 日《解除合同协议书》中第五条的约定,没有事实依据和法律依据,不予支持。据此,判决驳回家园公司的诉讼请求。

家园公司不服一审判决,向天津市第二中级人民法院提起上诉。天津市第二中级人民法院经审理认为:关于本案《加盟特许经营合同》《解除合同协议书》中的竞业禁止和保守商业秘密条款是否显失公平的问题,根据最高人民法院《关于贯彻执行〈中华人民共和国民法通则〉若干问题的以及意见》第七十二条关于"一方利用优势或者利用对方没有经验,致使双方的权利义务明显违反公平、等价有偿原则的,可以认定为显失公平"的规定,认定显失公平可以从以下两个方面进行考察:一是考察合同对一方当事人是否明显不公平。根据《民法通则》和《合同法》的有关规定,签订合同作为一种双方的民事法律行为,应贯彻公平原则。公平原则的实质在于均衡合同双方当事人的利益。因此,对合同显失公平的认定应结合双方当事人权利义务是否对等、一方获得的利益或另一方所受损失是否违背法律或者交易习惯等方面综合衡量。本案中,家园公司通过与森得瑞公司签订合同,享有了加盟特许经营的权利,并因此而掌握森得瑞公司的业务秘密,故应当遵守合同中约定的竞业禁止和保守商业秘密的义务。双方对权利义务的约定基本是对等的。双方签订的合同涉及房地产中介这一极为依赖信息和资讯的行业,因此基于自愿,在签订《加盟特许经营合同》时设定竞业禁止和保守商业秘密条款,目的在于防止家园公司作为加盟企业,利用其掌握的森得瑞公司的业务秘密与之进行不正当竞争,以保护森得瑞公司的合法利益。该条款表面上似乎对森得瑞公司的利益有所倾斜,但事实上,《加盟特许经营合同》一旦成立并履行,家园公司即可合法取得森得瑞公司的部分业务秘密,而这一结果是无法逆转的,即使合同发生解除、终止、期满等情形,家园公司仍然会掌握这部分业务秘密。森得瑞公司唯有通过在合同中设立看似不平等的竞业禁止、保守商业秘密的条款,才能够防止或控制家园公司的不正当竞争行为。因此,本案中竞业禁止、保守商业秘密条款的设定事实上对合同双方是公平的,符合房地产中介这种特定行业的交易习惯,也并不违反国家法律、行政法规,同时因其有一定的期限,也不必然导致市场垄断,妨碍公平竞争。二是要考察合同订立中一方是否故意利用其优势或者对方轻率、没有经验。所谓利用优势,是指一方利用其在经济上或其他方面的优势地位,使对方难以拒绝对其明显不利的合同条件;所谓没有经验,是指欠缺一般生活经验或者交易经验。显失公平的合同中,利益受损的一方往往因为无经验,或对合同的相关内容缺乏正确认识的能力,或者因为某种急迫的情况,并非出于真正的自愿而接受了对方提出的合同条件。本案中,虽然森得瑞公司在签约时似乎占有一定的优势,但家园公司签订合同时并非处于急迫的情形,其作为专业从事房地产中介业务的公司也不存在没有行业经验的问题。虽然该合同属于森得瑞公司提供的格式文本,但对于合同条款中的有关词语,包括竞业禁止条款中的"关系人""关联企业"的含义,合同均有明确的释义。在订立合同之时,家园公司对此内容是明知的,且未提出任何异议。因此,《加盟特许经营合同》的订立体现了双方当事人意思自治的原则,该合同一旦成立,即应对双方当事人产生法律约束力。此后,双方在协商一致的基础上共同订立了《解除合同协议书》。在该协议书中,家园公司再次做出"遵守合同约定的竞业禁止义务和保守商业秘密的条款"的承诺,亦应严格依约履行。特别需要注意的是,森得瑞公司在签约时似乎占有一定的优势,但随着合同的订立、履行,特别是家园公司对森得瑞公司业务秘密的实际占有,森得瑞公司的所谓优势地位即不复存在,合同双方实际上处于平等的地位。据此,天津市第二中级人民法院判决:驳回上诉,维持原判。

简要解析

本案涉及显失公平的认定问题。显失公平,是指一方利用对方处于危困状态或者缺乏判断能力等订立的使当事人之间享有的权利和承担的义务严重不对等的民事法律行为。显失公平的构成要件包括客观要件和主观要件两个方面:一、主观要件。即存在一方利用对方处于危困状态、缺乏判断能力等情形。所谓"危困状态",是指因暂时的危险或窘迫而对某项事务的迫切需求,包括经济、健康、精神状况等方面的危困状态;所谓"缺乏判断能力",是指行为人对于一般的生活事务缺乏判断能力,对于某个特定的商业领域或行业领域缺乏专业判断能力不构成此处的缺乏判断能力。缺乏判断能力可能是因为明显的意志薄弱引起的,也可能是因为生活或交易经验缺乏引起的[①]。所谓"利用",一般认为并不要求行为人具有损害对方权益的故意。二、客观要件。即合同成立时即存在明显不公平。所谓"合同成立时",是指判断利益失衡的时间点是合同成立时。换句话说,如果合同成立时双方当事人的利益未明显失衡,但是合同履行阶段出现了明显失衡的情形,亦不得产生撤销权。所谓"明显不公平",是指合同双方当事人的利益明显失衡。此种利益明显失衡的判断,应当结合具体的合同类型、交易关系进行个案判断,可综合考虑供求关系、交易习惯、市场价格走向等。

在本案中,森得瑞公司唯有通过在合同中设立看似不平等的竞业禁止、保守商业秘密的条款,才能够防止或控制家园公司的不正当竞争行为。而对合同是否显失公平的判断,应当依据主、客观要件相结合的判断标准。既要判断是否存在一方利用对方处于危困状态、缺乏判断能力等情形,亦要判断是否在合同成立时即存在明显不公平情形。因此,本案中竞业禁止、保守商业秘密条款的设定事实上对合同双方是公平的,并不符合显失公平的构成要件。

---

① 王利明:《中华人民共和国民法总则详解》(下),北京:中国法制出版社,2017年,第658页。

二、撤销权的行使及消灭

▎知识点

《民法典》第一百五十二条规定:"有下列情形之一的,撤销权消灭:(一)当事人自知道或者应当知道撤销事由之日起一年内、重大误解的当事人自知道或者应当知道撤销事由之日起三个月内没有行使撤销权;(二)当事人受胁迫,自胁迫行为终止之日起一年内没有行使撤销权;(三)当事人知道撤销事由后明确表示或者以自己的行为表明放弃撤销权。当事人自民事法律行为发生之日起五年内没有行使撤销权的,撤销权消灭。"

▎适用例举

隋某、唐某与绿康公司商品房销售合同纠纷①

隋某、唐某与沈阳绿康置业有限公司(以下简称"绿康公司")于2009年9月16日签订商品房买卖合同,约定隋某、唐某购买绿康公司开发的位于沈阳市东陵区美兰湖路101-34号1-1-1号的房屋一处,房屋总价款2 686 000元。合同第八条约定绿康公司应当在2010年7月31日前将验收合格的上述房屋交付给隋某、唐某。合同签订后,隋某、唐某依约向绿康公司缴纳了购房款2 686 000元,2011年3月10日,绿康公司向隋某、唐某交付房屋时,隋某、唐某以房屋所在小区旁的高尔夫球场未正常使用为由拒绝收房。隋某、唐某所购房屋已于2011年3月3日取得竣工验收备案书,2011年7月7日取得房屋所有权初始登记证明。隋某、唐某购买的上述房屋所在小区名为"绿洲悠山美地",绿康公司在2008年8月、9月期间曾在沈阳日报上刊载文章对该小区进行宣传,文章内容为"绿洲悠山美地作为东北地区唯一建在高尔夫式景观内的高端别墅项目,实际真正意义上的高尔夫式别墅",绿康公司的宣传彩页也一直宣称该小区为"沈阳首席高尔夫山水别墅"。隋某、唐某在购买涉案房屋时,"绿洲悠山美地"小区旁确有高尔夫球场,该高尔夫球场的开发单位为沈阳李相新城置业有限公司,该高尔夫球场在2008年12月23日即已被辽宁省国土资源厅依法取缔。双方协商未果后,隋某、唐某以签订房屋买卖合同时,绿康公司隐瞒高尔夫球场已被依法取缔的事实构成欺诈为由,要求撤销隋某、唐某、绿康公司签订的《商品房买卖合同》。

沈阳市浑南区人民法院经审理认为,本案争议焦点为绿康公司在商品房买卖合同中是否存在欺诈行为。首先,虽然绿康公司的销售广告和宣传资料上宣称隋

---

① 一审判决书:参见沈阳市浑南区人民法院(2017)辽0112民初8587号民事判决书;二审判决书:参见辽宁省沈阳市中级人民法院(2018)辽01民终2379号民事判决书。

某、唐某购买房屋所在小区为高尔夫山水别墅,但高尔夫球场在隋某、唐某小区外,并非绿康公司商品房开发规划范围内的房屋及相关设施,不能适用《最高人民法院关于审理商品房买卖合同纠纷案件适用法律若干问题的解释》第三条的有关规定,将高尔夫球场视为合同内容。其次,绿康公司与高尔夫球场的开发单位沈阳李相新城置业有限公司(以下简称"李相新城置业公司")系两家独立的法人单位,即便两家单位有部分相同的高级管理人员,但两家单位之间是独立开展业务及经济活动,绿康公司无权亦无义务对李相新城置业公司的公司事务全部知悉。虽然辽宁省国土资源厅早在2008年12月23日就向沈阳李相新城置业有限公司下发了行政处罚决定书,但李相新城置业公司并未履行该行政处罚决定书及时拆除高尔夫球场及相关设施,直至2014年12月,隋某、唐某所购房屋所在小区旁的高尔夫球场才被强行拆除,隋某、唐某主张在与绿康公司签订涉案商品房买卖合同过程中,绿康公司存在欺诈行为证据不足,一审法院不予认定。最后,隋某、唐某在本案中主张撤销其与绿康公司签订的商品房买卖合同的理由,为绿康公司故意隐瞒高尔夫球场被撤销的事宜构成欺诈,假若隋某、唐某该主张真实成立,其也应在知道撤销事由之日起一年内行使解除权,隋某、唐某诉状中自认其在2014年12前早已知晓高尔夫球场无相关手续,但其直至2017年8月29日才向法院提起诉讼,已超过《合同法》第五十五条规定的一年期限,综上所述,一审法院对隋某、唐某的各项诉讼请求不予支持。

一审宣判后,隋某、唐某不服一审判决,提起上诉。辽宁省沈阳市中级人民法院经审理认为,根据《民法总则》第一百五十二条规定:"有下列情形之一的,撤销权消灭:(一)当事人自知道或者应当知道撤销事由之日起一年内、重大误解的当事人自知道或者应当知道撤销事由之日起三个月内没有行使撤销权。"隋某、唐某自认自2014年12月知道高尔夫球场已被政府拆除的事实,表明隋某、唐某自此已知道或应当知道撤销的事由,而隋某、唐某于2017年8月才向法院主张撤销权,已超过法律保护的期限,该撤销权消灭,故隋某、唐某主张撤销与被上诉人签订的《商品房买卖合同》因超过法定的期间,法院亦无法支持。综上,判决驳回上诉,维持原判。

■简要解析

本案涉及撤销权的行使问题。多数大陆法系国家认为,撤销权属简单形成权,因此撤销权的行使,是撤销权人的单方法律行为,仅须以意思表示的行使向相对人做出,无须相对人同意或配合①。然而我国《民法典》规定的撤销权为形成诉权,即

---

① 参见《德国民法典》第一百四十三条、《日本民法典》第一百二十三条、我国台湾地区"民法"第一百一十六条第1项。

撤销权的行使应采诉讼或仲裁的方式。如撤销权人不采取向法院起诉或向仲裁机构申请仲裁的方式为之,而直接向相对人为意思表示的,不发生撤销权行使的效力①。另外,撤销权作为一种形成权,受到除斥期间的限制。除斥期间经过,撤销权消灭,且该除斥期间原则上不得中止、中断。除斥期间的制度价值在于促使撤销权人尽快行使权利,保护合同相对人的利益,并保护交易安全。

在本案中,即使绿康公司故意隐瞒高尔夫球场被撤销的事宜构成欺诈,隋某、唐某因此享有撤销权,该撤销权也应当受到除斥期间的限制。根据《民法典》的规定,隋某、唐某应当自知道或者应当知道撤销事由之日起一年内行使撤销权。而隋某、唐某在诉讼中自认自2014年12月知道高尔夫球场已被政府拆除的事实,表明二人自此已知道或应当知道撤销的事由,而二人于2017年8月才向法院主张撤销权,已超过法律规定的撤销权的除斥期限,该撤销权消灭。

第四节 效力待定合同

■ 知识点

效力待定合同,是指合同已经成立,但效力处于不确定的状态。《民法典》第一百四十五条第一款规定:"限制民事行为能力人实施的纯获利益的民事法律行为或者与其年龄、智力、精神健康状况相适应的民事法律行为有效;实施的其他民事法律行为经法定代理人同意或者追认后有效。"

■ 适用例举

张甲诉张乙民间借贷案②

2014年7月31日,张乙经朋友介绍向张甲借款,双方当天签订《借款合同》约定:张甲借给张乙人民币30 000元,利息按照中国人民银行同期贷款利率的四倍计算,还款日期为2014年8月31日一次性还清。《借款合同》对违约责任和其他事项作了约定。张乙于签订合同的当日收到张甲借款人民币30 000元。张乙签订合同时未满16周岁,系限制民事行为能力人。后双方因借款偿还问题产生纠纷,张甲起诉至法院,请求判令张乙偿还张甲借款人民币30 000元并按照中国人民银行同期贷款利率的四倍支付借款利息。在庭审中,张乙的父亲作为法定代理人对本案借款本金30 000元及另案借款本金20 000元进行了追认,对利息部分的

---

① 梁慧星:《民法总论》(第3版),北京:法律出版社,2007年,第199页。
② 一审判决书:参见云南省昆明市呈贡区人民法院(2014)民初字第1513号民事判决书;二审裁判书:参见云南省昆明市中级人民法院(2015)昆民一初字第187号民事裁定书。

约定不认可。

云南省昆明市呈贡区人民法院经审理认为：关于双方借款合同的效力问题，《中华人民共和国合同法》第四十七条第一款规定："限制民事行为能力人订立的合同，经法定代理人追认后，该合同有效，但纯获利益的合同或者与其年龄、智力、精神健康状况相适应而订立的合同，不必经法定代理人追认。"该法第五十六条规定："无效的合同或者被撤销的合同自始没有法律约束力。合同部分无效，不影响其他部分效力的，其他部分仍然有效。"该法第二百一十一条第一款规定："自然人之间的借款合同对支付利息没有约定或者约定不明确的，视为不支付利息。"本案中，张甲与张乙签订《借款合同》时，张乙填写了身份证号并提供了身份证复印件，张甲应当知道被告张乙系未成年人，其与张乙签订的《借款合同》效力待定。张乙的法定代理人事后对借款的本金进行了追认，但对利息的约定不认可。故法院依法认定张甲、张乙签订的《借款合同》中关于借款本金的约定有效，关于借款利息的约定无效。《中华人民共和国合同法》第九十一条规定："有下列情形之一的，合同的权利义务终止：（一）债务已经按照约定履行。"《最高人民法院关于民事诉讼证据的若干规定》第二条的规定："当事人对自己提出的诉讼请求所依据的事实或者反驳对方诉讼请求所依据的事实有责任提供证据加以证明。没有证据或者证据不足以证明当事人的事实主张的，由负有举证责任的当事人承担不利后果。"本案中张甲认可收到张乙母亲支付的现金50 000元，但认为该款项是偿还其他借款，张甲未提交证据予以证明，法院对张甲的上述观点不予认定。张乙的母亲已实际支付给张甲现金50 000元用于偿还张乙所欠债务（含本案借款30 000元及另案借款20 000元）。张乙已按照《借款合同》约定履行了还款义务，双方权利义务已经终止。张甲要求被告张乙赔偿借款及利息的诉讼请求，证据不充分，法院不予支持。据此，判决如下：驳回张甲的诉讼请求。

一审宣判后，张甲不服判决，向昆明市中级人民法院提起上诉，请求撤销（2014）民初字第1513号民事判决书，支持上诉人的诉讼请求。昆明市中级人民法院经审理认为，一审判决认定事实清楚，适用法律正确，遂判决：驳回上诉，维持原判。

简要解析

本案涉及限制民事行为能力人订立的合同的效力问题。《民法典》将限制民事行为能力人缔结的部分合同的效力加以限制的目的在于保护限制民事行为能力人的利益。根据我国现行立法，限制民事行为能力人可以独立实施纯获利益的民事法律行为以及与其年龄、智力相适应的民事法律行为，其他民事法律行为必须由其法定代理人代理或经其法定代理人同意、追认方能生效。所谓"与其年龄、智力相适应"的合同,有学者将其解释为"必需品合同"①。理论上一般认为,购买书本、搭乘公共交通工具、购买生活日用品、利用自动贩卖机、进入游园场所等,均可归入此类合同②。

在本案中,未满16周岁的未成年人张乙向张甲借款,签订《借款合同》。自然人之间的借款合同不属于限制民事行为能力人能够独立缔结的合同,因此限制民事行为能力人缔结的借款合同应属效力待定合同,经过限制民事行为能力人的法定代理人追认方能生效。张乙的法定代理人对借款合同进行部分追认,从保护限制民事行为能力的基本立场和尊重意思自治的角度出发,应当认可部分追认的效力。法院依法认定原、被告签订的《借款合同》中关于借款本金的约定有效,关于借款利息的约定无效,本书亦表赞同。但是值得商榷的是,案涉合同依照无利息的借款合同发生效力,借款人无须支付合同约定的利息。但是,依据《民法典》第六百七十六条的规定:"借款人未按照约定的期限返还借款的,应当按照约定或者国家有关规定支付逾期利息。"因此,本书认为,张乙虽无须支付借款期限内的利息,但是若其逾期还款的,应按照国家有关规定支付逾期利息。

---

① 张谷:《略论合同行为的效力》,《中外法学》2000年第2期。
② 陈甦:《民法总则评注》(下册),北京:法律出版社,2018年,第1039页。

第十章

双务合同履行中的抗辩权

第一节 同时履行抗辩权

■ 知识点

《民法典》第五百二十五条规定:"当事人互负债务,没有先后履行顺序的,应当同时履行。一方在对方履行之前有权拒绝其履行请求。一方在对方履行债务不符合约定时,有权拒绝其相应的履行请求。"

■ 适用例举

大正公司与李某买卖合同纠纷案[①]

2011年6月29日,河南大正工程机械有限公司(卖方,以下简称"大正公司")、李某(买方)签订《工程机械分期付款买卖合同》一份,合同约定:设备名称古河破碎锤,规格型号F35,单价22.8万元,数量一台;分期付款方式为买方在本合同签订时支付首付款11万元,余款分6个月支付,应与2011年12月29日前付清。卖方收到首付款后10个工作日内交付设备。交付地点为卖方住所地,卖方代办运输费用由买方负担,买方指定运抵地点为巩义北山口。卖方随机提供产品质量保修及使用维修技术文件一套,卖方保证所提供的设备无设计、材料和制造缺陷,质量标准符合生产厂家的企业标准。买方未付清全部货款之前,设备所有权归卖方所有;买方依照合同约定付清全部货款后,卖方将物权凭证及合格证交付买方,设备所有权方转由买方拥有。从货物交付买方时起,买方承担该货物保管、保

---

① 参见郑州市管城回族区人民法院(2012)管民二初字第642号民事判决书。

养和使用期间的检修维护责任及相关费用。若买方逾期支付货款,卖方有权要求买方支付全部剩余货款。同日,大正公司与李某双方还签订了《关于工程机械买卖的补充约定》一份,卖方承诺在合同签订后,按合同约定及时向买方交付货物;买方承诺收到货物后,如发生纠纷,协调不成可请求司法机关裁决,但不得以任何理由(包括质量问题)拒绝按时交付货款。2011年6月27日,李某向大正公司委托代理人武某交付承兑汇票1张,面值10万元;李某还于2011年6月1日交付购锤定金1万元,由武某出具收条。大正公司对收到李某交付的11万元无异议。合同签订当日,大正公司将破碎锤交付李某并进行安装,李某使用后反映该破碎锤打击无力,未按合同约定支付剩余货款,由此引起争诉。大正公司遂诉至法院,请求李某支付剩余货款及违约金。

郑州市管城回族区人民法院经审理认为:大正公司与李某双方签订的《工程机械分期付款买卖合同》约定买卖设备的名称为古河破碎锤,关于大正公司交付李某的破碎锤应是日本古河厂家生产的原装进口产品,还是国内其他厂家生产的产品,是本案争议的焦点。根据双方合同中设备名称"古河破碎锤"及保修条款中关于"其他部件保修条款按古河厂家质保条款进行质保"的约定,以及代表大正公司签订合同的代理人武某的证言,可以说明大正公司交付李某的破碎锤应该是古河厂家生产的产品且机芯是日本原装进口。在庭审过程中,大正公司认可交付李某的破碎锤不是日本原产而是上海生产的产品,但是拒绝说明是上海哪家企业生产及该企业的具体名称和地址。因此,大正公司向李某交付的破碎锤不符合约定,大正公司的行为当属违约。因大正公司交付的标的物不符合约定,李某未按合同约定分期支付大正公司货款,不是违约行为,是行使同时履行抗辩权的行为,故大正公司要求李某支付违约金的诉讼请求,法院不予支持。

简要解析

本案涉及同时履行抗辩权的成立问题。同时履行抗辩权,是指当事人互负债务但没有约定履行先后顺序时,一方当事人在对方没有对待给付以前,拒绝履行自己的合同义务的权利。同时履行抗辩权的制度价值不在于终局地消灭权利义务,而在于促使相互联系并互为原因的义务的履行,以维护交易公平。同时履行抗辩权属于延期的抗辩权,不具有消灭对方请求权的效力。其效力仅表现为在一方要求对方履行义务时,自己也必须同时履行其义务;反之亦然。同时履行抗辩权并非使自己的义务归于消灭。同时履行抗辩权在诉讼内和诉讼外均可行使。未约定先后履行顺序的合同中,在合同相对人请求履行债务但自己却未履行债务或履行债务不合约定时,另一方合同当事人可以援引同时履行抗辩权。行使同时履行抗辩权的当事人不需证明对方未履行,仅需表示抗辩的意思即可。一般认为,同时履行抗辩权的行使应当符合如下构成要件:一、当事人因同一双务合同互负债务。同时履行抗辩权仅适用于双务合同,即当事人必须互负对待给付义务,因此原则上要求有关的债务必须源于同一合同。二、须双方互负的债务均已届清偿期。这是因为同时履行抗辩权的制度价值之一在于督促负有对待给付义务的他方尽快履行合同义务,使双方的合同债权能够同时实现,因此,必须在双方的债务均已届清偿期时,才能够行使。三、须他方不履行债务或履行债务不符合约定。因此,在他方完全不履行、部分履行、瑕疵履行等情形下,另一方可以行使同时履行抗辩权[①]。

在本案中,大正公司(卖方)、李某(买方)签订《工程机械分期付款买卖合同》一份,基于该买卖合同,双方互负对待给付义务。根据合同约定,分期付款方式为买方在本合同签订时支付首付款11万元,余款分6个月支付,应于2011年12月29日前付清。卖方收到首付款后10个工作日内交付设备。双方当事人虽然约定了债务的先后履行顺序,即由买方先支付首付款,卖方在收到首付款后10个工作日内交付设备。但是在李某已经支付首付款之后,大正公司虽向李某交付破碎锤,但是其交付的破碎锤不符合约定,大正公司的行为构成违约,李某有权行使同时履行抗辩权。因此,李某拒绝按照合同约定分期支付大正公司货款,不是违约行为,而是行使同时履行抗辩权的行为。

第二节 先履行抗辩权

知识点

《民法典》第五百二十六条规定:"当事人互负债务,有先后履行顺序,应当先履行债务一方未履行的,后履行一方有权拒绝其履行要求。先履行一方履行债务不符合约定的,后履行一方有权拒绝其相应的履行要求。"

适用例举

唐某与湖南某投资有限公司商品房销售合同纠纷案[②]

2008年5月29日唐某与湖南某投资有限公司签订了《商品房购销合同》,预购了"某某政中央"第五栋4层3-407号房屋。唐某于2008年6月30日前分4次交清了购房款。湖南某投资有限公司在建设某某政中央商品房过程中自2007年12月至2009年12月因受冰雪降雨等灾害性天气和供水不足的影响,延长工期近7个月时间,2010年6月16日某某政中央1-7栋楼工程经验收合格。双方所签订的《商品房购销合同》,第七条"房屋交付期限及办证费用承担,出卖人应当在2009

[①] 《民法学》编写组:《民法学》,北京:高等教育出版社,2019年,第314页。
[②] 一审判决书:参见祁阳县人民法院(2012)祁民初字第462号民事判决书;二审判决书:参见湖南省永州市中级人民法院(2012)永中法民一终字第198号民事判决书。

年 12 月 31 日前将本合同约定的商品房交付买受人使用。湖南某投资有限公司应部分购房者的申请,于 2010 年 4 月 26 日为蒋某等人办理了交房手续,验收后应购房户申请陆续为 497 户办理了交房手续。湖南某投资有限公司与购房户交房程序是由购房户书面申请交房,在交清各项税费后再将房屋钥匙交付买方。唐某在合同约定 2009 年 12 月 31 日交房时间后和房屋验收合格后,一直未向湖南某投资有限公司书面申请交房,湖南某投资有限公司在极少数买主一直未前去交费收房情况下,于 2011 年 11 月 16 日在某某政中央张贴了两张公告,催促少数买主尽快收房。又于 2012 年 2 月 6 日邮寄交房通知给唐某,要求其务必在 2012 年 3 月 31 日前去办理收房手续。唐某接到通知后依据未前去申请办理交房手续,便于 2012 年 4 月 16 日提起诉讼,请求湖南某投资有限公司支付逾期交房违约金。

湖南省祁阳县人民法院经审理认为:本案系商品房购销合同纠纷。唐某、湖南某投资有限公司签订的《商品房购销合同》第七条约定交房时间为 2009 年 12 月 31 日前,同时也约定了交付房屋的三个条件,即经验收合格、未遇不可抗力的自然灾害和买受人向出卖人交清购房所产生的全部费用(包含水、电、气开户费)。湖南某投资有限公司在上述三个约定条件未成就时不能按合同约定的时间交房,不违反该合同第七条的约定。关于预售商品房屋的交接是由买受人申请还是由出卖人通知,双方在合同中未明确约定,对约定不明确的应按合同有关条款或交易习惯确定。湖南某投资有限公司对某某政中央商品房的交接程序均是由买受人书面申请并一次性交清合同约定的税费后,由出卖人交付房屋的钥匙给买受人即实现合同之目的。唐某在合同约定交房时间后一直未书面申请交房,造成湖南某投资有限公司无法向其交房,其主要责任在唐某,故对唐某要求湖南某投资有限公司支付违约金的诉请不予支持。

一审宣判后,唐某不服一审判决,提起上诉。湖南省永州市中级人民法院认为:唐某与湖南某投资有限公司签订的《商品房销售合同》是双方真实意思表示,且不违反法律的强制性规定,双方均应当依合同约定严格履行各自的义务。经查,双方在商品房购销合同中约定商品房的交付应具备的条件是:一、经验收合格,如遇不可抗力可以顺延;二、买受人交清代办产权登记手续所产生的费用。湖南某投资有限公司所建商品房于 2010 年 6 月 16 日经验收合格,虽超过合同约定的交房时间,但在合同履行过程中遭遇了不可抗力,符合合同约定可延期交房的情形。房屋经验收合格后,唐某从未向湖南某投资有限公司主张交房,唐某也一直未按合同约定交清代办产权登记等手续所需费用,《中华人民共和国合同法》第六十七条规定,当事人互负债务,有先后履行顺序,先履行一方未履行的,后履行一方有权拒绝其履行要求。在唐某未交清各项税费的情况下,湖南某投资有限公司可以依据《中华人民共和国合同法》的规定行使先履行抗辩权,即不向唐某履行交房义务,故不能交房的责任在于唐某。综上,对唐某要求湖南某投资有限公司支付违约金的上诉请求,不予支持。

■ 简要解析

本案涉及先履行抗辩权的问题。在《民法典》中,先履行抗辩权与同时履行抗辩权同时存在。先履行抗辩权被规定于《民法典》第五百二十六条。先履行抗辩权,是指在双务合同中应当先履行义务的一方当事人没有履行合同义务,后履行一方拒绝履行自己的合同义务的权利。先履行抗辩权能够一时性地阻却对方的履行请求权。先履行抗辩权的行使,产生后履行一方可以延期履行或中止履行的效力,以此对抗先履行一方当事人的履行请求,以保护自己的合法权益。先履行抗辩权消灭以后,后履行一方须履行其债务。先履行抗辩权的行使不影响后履行一方主张违约责任。一般认为,先履行抗辩权的存在,要以合同当事人互负的债务有先后履行顺序为前提:处于先履行顺序的债务人超过债务履行期限后,处于后履行债务顺序的债务才届至履行期的,先履行义务方未履行或履行不符合约定的,后履行义务方有权拒绝履行。传统大陆法系民法并无先履行抗辩权的规定,一般将其作为同时履行抗辩权的一种特殊情形。我国《民法典》及理论界认为先履行抗辩权与同时履行抗辩权存在区别:先履行抗辩权只能发生于有先后履行顺序的双务合同中,只有在处于先履行顺序的债务超过了履行期、处于后履行顺序的债务才到了履行期的情况下,才有同时履行抗辩权的适用。在先履行一方已经违约的场合,后履行一方可以援用先履行抗辩权,对抗违约方请求后履行一方履行[①]。

在本案中,唐某与湖南某投资有限公司签订《商品房购销合同》,双方互负对待给付义务,双方在商品房购销合同中约定商品房的交付应具备的条件是:一、经验收合格,如遇不可抗力可以顺延;二、买受人交清代办产权登记手续所产生的费用。因此,唐某负有的交清各项税费的义务以及湖南某投资有限公司负有的交付商品房的义务纠纷存在先后履行顺序。在唐某未交清各项税费的情况下,负有后履行义务一方的湖南某投资有限公司可以依据《民法典》第五百二十六条的规定行使先履行抗辩权。

第三节 不安抗辩权

■ 知识点

《民法典》第五百二十七条规定:"应当先履行债务的当事人,有确切证据证明对方有下列情形之一的,可以中止履行:(一)经营状况严重恶化;(二)转移财产、抽逃资金,以逃避债务;(三)丧失商业信誉;(四)有丧失或者可能丧失履行债务能力的其他情形。"当事人没有确切证据中止履行的,应当承担违约责任。

---

① 崔建远:《合同法》,北京:法律出版社,2013年,第162页。

适用例举

房地产公司与陶瓷公司委托合同纠纷案①

2012年3月5日,柳州市某房地产咨询公司(以下简称"房地产公司")与江西某陶瓷集团有限公司(该公司于2012年3月19日变更为某陶瓷集团有限公司,以下简称"陶瓷公司")签订《协议书》,约定陶瓷公司委房地产公司办理银行贷款,并负责为陶瓷公司办理银行贷款相关手续;陶瓷公司须向房地产公司提供保证金10万元;如房地产公司未能完成以上相关事宜,银行不同意陶瓷公司的贷款,房地产公司必须在7日内全额退还保证金10万元;如因陶瓷公司的原因(中途不办、提供资料不真实等),则房地产公司不予退还保证金;等等。《协议书》签订后,陶瓷公司按约定在当日将保证金10万元支付给房地产公司。2012年3月9日,房地产公司与陶瓷公司签订《补充协议》,对贷款模式做出约定。之后,房地产公司向陶瓷公司出具《委托代办贷款协议》,约定由房地产公司落实好具有房地产评估资质的评估机构、贷款企业和银行;由陶瓷公司向房地产公司预付评估费40万元等。但陶瓷公司并未在该《委托代办贷款协议》上盖章同意。由于房地产公司的内部股东意见不统一,房地产公司要求与陶瓷公司协商转由柳州市某某投资有限公司(以下简称"投资公司")办理贷款事宜,并向陶瓷公司出具《委托代办贷款补充协议》一式二份,但陶瓷公司不同意且不予盖章认可。随后,陶瓷公司于2012年4月24日给房地产公司出具《关于对委托代办贷款补充协议的回函》,该回函内容为:"对于你公司要求我公司签订《委托代办贷款补充协议》事宜,我公司不同意你公司将此业务转由第三人履行,因此不同意签订此补充协议,现在是因为你公司的原因不能履行双方原签订的《委托代办贷款协议》,按照约定你公司应将已收取的十万元保证金退还给我公司,请你公司在收到此函后10日内将此款退还,逾期我公司将通过法律途径追究你公司的违约责任。"但房地产公司拒绝退还该保证金,陶瓷公司遂诉至法院请求退还。

柳州市鱼峰区人民法院审理认为,房地产公司与陶瓷公司于2012年3月5日签订的《协议书》具有法律效力,双方应自觉履行各自的义务。而房地产公司未能按该《协议书》的约定办理银行贷款及相关手续,依照该《协议书》的约定,房地产公司必须在7日内全额退还保证金10万元。因此,房地产公司应退还保证金10万元给陶瓷公司。房地产公司本身不愿意履行《委托代办贷款协议》。而陶瓷公司对此向房地产公司发出了《关于对委托代办贷款补充协议的回函》,该回函一方面提出了不同意房地产公司转委托第三人办理贷款事宜的意见,但房地产公司在

---

① 一审判决书:参见广西壮族自治区柳州市鱼峰区人民法院(2012)鱼民初(二)字第126号民事判决书;二审判决书:参见柳州市中级人民法院(2012)柳市民二终字第320号民事裁判书。

收到该回函后并未对陶瓷公司做出任何答复,亦未继续要求陶瓷公司按《委托代办贷款协议》履行,某陶瓷公司无法确定履行合同的权利义务主体。为此,可以证明房地产公司有丧失或者可能丧失为陶瓷公司代办贷款业务能力的情形。陶瓷公司根据这些情形向房地产公司发出了上述回函,其实质是向房地产公司提出了不安抗辩权,且陶瓷公司提出的不安抗辩权符合《中华人民共和国合同法》第六十八条关于"应当先履行债务的当事人,有确切证据证明对方有下列情形之一的,可以中止履行:……(四)有丧失或者可能丧失履行债务能力的其他情形"的规定,因而陶瓷公司亦有权拒绝某房地产公司相应的履行要求,故不存在陶瓷公司违约的情形。另一方面,该回函亦提出要求房地产公司退还保证金10万元,而该要求实际上是陶瓷公司已向房地产公司书面提出了解除合同的主张;且房地产公司在辩称中对此亦认为系某陶瓷公司单方解除合同。而陶瓷公司主张解除合同亦符合《合同法》第六十九条的相关规定。综上,判决房地产公司向陶瓷公司退还保证金10万元。

房地产公司不服一审判决,提起上诉。柳州市中级人民法院经审理认为,虽然房地产公司与陶瓷公司于4月7日在《委托代办贷款协议》中约定陶瓷公司向房地产公司预付40万元评估费,但陶瓷公司于4月27日就向房地产公司发出《关于对委托代办贷款补充协议的回函》,即房地产公司系在双方签订《委托代办贷款协议》后不久,就向陶瓷公司发出《委托代办贷款补充协议》,表明因其公司内部股东意见不统一转由第三方负责办理贷款事宜的意思表示。陶瓷公司依据此意思表示,认定房地产公司符合《中华人民共和国合同法》第六十八条第一款"……(四)有丧失或者可能丧失履行债务能力的其他情形",向房地产公司发出回函表示不同意并要求退还10万元保证金的观点,即陶瓷公司已向某房地产公司表达中止履行的意思表示。而房地产公司在接到陶瓷公司的回函后,未表明其愿意继续履行合同的意思表示,亦未表明具有继续履行的能力或提供担保,根据《合同法》第六十九条的规定,陶瓷公司可以行使不安抗辩权解除合同。综上,判决驳回上诉,维持原判。

▎简要解析

本案涉及不安抗辩权的成立及行使问题。不安抗辩权,是指在双务合同中,应当先履行义务的一方当事人有确凿证据证明对方有丧失或可能丧失履行能力的情形,中止履行自己合同义务的权利。不安抗辩权的制度价值在于保护先履行义务一方获得对待给付,一般认为,不安抗辩权的构成要件如下:一、必须存在于双务合同中。单务合同不发生不安抗辩权。二、当事人一方有先履行的义务且该义务已届履行期。一方面,合同必须约定了先后履行顺序;另一方面,先履行一方的义务已届履行期。三、后履行一方有丧失或可能丧失履行能力的情形。后履行一方有丧失或可能丧失履行能力的情形,主要是指合同订立后,当事人一方的财产明显减少的情形。根据《民法典》的相关规定，丧失或可能丧失履行能力的情形包括：①经营状况严重恶化；②转移财产、抽逃资金，以逃避债务；③丧失商业信誉[①]；④有丧失或者可能丧失履行债务能力的其他情形。此项为兜底条款，以避免列举不周。四、后履行一方没有对待给付或提供担保。如果后履行一方已为对待给付的，不发生不安抗辩权。另外，如果后履行义务人提供了相应担保，使先履行义务一方不至于担心对待给付难以实现，也不发生不安抗辩权。此种担保必须充足，至于是物的担保或是债的担保在所不问。行使不安抗辩权，发生以、一、先履行义务一方可以在发出通知之后、相对人未为对待给付或提出担保之前，中止或拒绝给付；二、在具备不安抗辩权的构成要件的前提下，若对方恢复履行能力或提供适当担保的，则先履行一方应继续履行；若对方不能恢复履行能力或提供适当担保的，则先履行一方可解除合同；三、后履行义务一方在合理期限内恢复履行能力或提供适当担保的，不安抗辩权消灭。

另外，不安抗辩权的行使是一个环环相扣的过程。根据《民法典》第五百二十八条前半段规定："当事人依据前款规定中止履行的，应当及时通知对方。对方提供适当担保的，应当恢复履行。"不安抗辩权的行使应当遵从以下方面：一、先给付一方要有确切证据证明后给付一方有不能为对待给付的危险。此乃不安抗辩权人所负之举证义务，若不安抗辩权人没有确切证据证明后履行一方有不能为对待给付的危险即中止履行，应当承担相应的不利后果。二、可以中止履行并及时通知对方。一般认为，不安抗辩权人既可以直接中止履行，也可以在被后履行义务方请求履行时拒绝履行。所谓"通知对方"，性质上属于不安抗辩权人所负担的附随义务。行使不安抗辩权的当事人虽然无须征得对方当事人的同意，但是为了避免对方因此遭受的损害，应当要求不安抗辩权人负有通知对方的义务，以便对方在接到通知之后及时提供担保，以免过分拖延合同进程。

在本案中，《委托代办贷款协议》约定了双方当事人债务的先后履行顺序，但是房地产公司不愿亲自履行《委托代办贷款协议》，而陶瓷公司对此向房地产公司发出了《关于对委托代办贷款补充协议的回函》，该回函提出了不同意房地产公司转委托第三人办理贷款事宜的意见，但房地产公司在收到该回函后并未对陶瓷公司做出任何答复，亦未继续要求陶瓷公司按《委托代办贷款协议》履行。因此，房地产公司实际上符合《民法典》第五百二十七条规定的"有丧失或者可能丧失履行

[①] 比如3月1日，X公司与Y公司签订服装买卖合同，约定X公司于6月1日交付童装1 000套，而Y公司则于收到服装后1个月内支付服装款20万元。X公司在订立合同之后积极组织生产，至5月1日已完成800套童装，此时忽闻Y公司出现经营危机。Y公司为了避债，将现存的资金及一些设备抽调出来重新组建另一公司。Y公司已是空壳，完全丧失偿债能力。参见胡新华：《债务人抽逃资金是否预期违约》，《人民法院报》2003年1月8日，B3版。转引自韩世远：《合同法总论》（第四版），北京：法律出版社，2018年，第419页。

能力的情形"。陶瓷公司根据该情形向某房地产公司发出回函的实质是向房地产公司行使不安抗辩权。陶瓷公司在履行通知义务之后,某房地产公司并未提供适当担保,因此陶瓷公司可以解除合同。

第十一章

合同的变更和解除

第一节 合同的变更

知识点

广义上的合同变更,包括合同内容变更和合同主体变更两种情形。合同内容的变更,是指合同主体保持不变而改变合同的具体内容;合同主体变更(合同转让),是指在不改变合同内容的情况下变动合同的债权人或债务人。狭义上的合同变更,仅指合同内容的变更。如无特别说明,本书所涉合同变更,均为狭义上的合同变更。

《民法典》第五百四十三条规定:"当事人协商一致,可以变更合同。第五百四十四条规定:"当事人对合同变更的内容约定不明确的,推定为未变更。"

适用例举

金色世纪公司与中媒电广公司广告代理合同纠纷案[①]

2005年12月8日,北京金色世纪商旅网络有限公司(以下简称"金色世纪公司")与北京中媒电广广告有限公司(以下简称"中媒电广公司")签署《广告发布业务合同》,其主要条款约定,由中媒电广公司代为安排在中央电视台播出金色世纪商旅卡广告,播出时间为2005年12月19日至2006年1月22日,广告片长1分钟,具体播出时段、频次见媒介排期单。若因中央电视台的原因导致少播或漏播,

---

[①] 一审判决书:参见北京市海淀区人民法院(2007)海民初字第9759号民事判决书;二审判决书:参见北京市第一中级人民法院(2008)一中民终字第03936号民事判决书。

中媒电广公司给予补播或退款。合同附件媒介排期单载明,2005年12月19日至2006年1月8日播出次数为78次。2005年12月30日,中媒电广公司制作了2006年1月2日至1月6日的广告预播单,注明:此排期替代原合同中排期,试播一周;2006年1月5日,中媒电广公司制作了2006年1月9日至1月13日的广告预播单,注明:此排期替代原合同中排期,试播一周。金色世纪公司副总李某于2006年1月6日对上述两份预播单签字予以确认。2006年1月13日,中媒电广公司制作了2006年1月16日至1月22日的广告预播单,注明:此排期替代原合同中排期。金色世纪公司副总李某于当日签字确认。中媒电广公司提供的监播报告显示,2005年12月19日至2005年1月29日,共播出104次金色世纪公司的金色世纪贵宾卡广告。金色世纪公司后诉至法院称,根据双方签订的《广告发布业务合同》,约定由中媒电广公司代为安排在中央电视台播放广告(共计135次),合同约定若出现少播或漏播的,由中媒电广公司给予退款。金色世纪公司如约向中媒电广公司支付了广告款205万元,但截至目前,中央电视台只播放了93次广告,尚有42次未予播放。按照每次广告平均价格1.63万元计算,中媒电广公司应退还53.79万元广告费,故提起诉讼,请求判令中媒电广公司偿还广告款53.79万元。

北京市海淀区人民法院经审理认为:合同并未明确不同栏目、不同时段、不同时间播出的广告的费用,因此,金色世纪公司同意改变原媒介排期单上的安排,调整了播出时间、时段及次数,属双方变更了中媒电广公司履行合同义务的内容,特别是预播单明确注明"此排期替代原合同中排期",并未改变广告价格,不仅应当认定为变更了中媒电广公司的合同义务,而且应当视为广告费金额未变更。在广告费金额未变更的情形下,金色世纪公司未付清全部广告费,亦属违约。综上,判决驳回金色世纪公司的诉讼请求。

一审宣判后,金色世纪公司不服一审判决,提起上诉。北京市第一中级人民法院经审理认为:双方当事人争议的一个焦点问题是:如何看待媒介排期单与三份广告预播单之间的关系。法院认为,三份广告预播单均是就未来一周将发布的广告栏目及具体播出时段所做出的规定,虽然广告预播单是由中媒电广公司单方制作,但金色世纪公司负责人已经签字确认,应视为双方已就广告预播单中的内容达成合意,该广告预播单的订立符合《中华人民共和国合同法》第七十七条第一款关于"当事人协商一致,可以变更合同"的规定,因此,应认定广告预播单是对媒介排期单内容的变更。接踵而来的问题是:广告预播单是对媒介排期单所对应的特定时段播放内容的变更,还是完全取代了媒介排期单中所载明的、播出时间在三份广告预播单之后的内容。对此,该院认为,本案中,三份广告预播单中最后一份的播出截止时间为2006年1月22日,而媒介排期单中约定的最后播出日期为2006年1月29日,三份广告预播单中虽然注明"此排期替代原合同中排期",且第三份广告预播单中并无"试播一周"字样,但从广告预播单的以上表述中,并不能必然推断出2006年1月22日的这份广告预播单的内容已替代了媒介排期单中自2006年1月16日至1月29日的全部内容。因媒介排期单是合同的重要组成部分,在双方当事人未就合同变更达成明确合意时,仍应将媒介排期单中所设定的内容作为双方履行合同的依据。故根据《中华人民共和国合同法》第七十八条关于"当事人对合同变更的内容约定不明确的,推定为未变更"的规定,应认定广告预播单所替代的内容还是媒介排期单中所对应的相关时段的内容,三份广告预播单所未涉及的内容双方当事人仍应按照媒介排期单的约定履行各自义务。综合以上认定,法院认为,按照媒介排期单及广告预播单的约定,中媒电广公司自2005年12月19日至2006年1月29日应为金色世纪公司发布广告的次数为134次,而根据监播报告的显示,中媒电广公司实际播放的广告次数为104次,中媒电广公司应将少播的次数所对应的广告价款返还金色世纪公司,该款应与金色世纪公司所欠付的15万元广告费先行抵扣后再行返还。综上,改判中媒电广公司于返还金色世纪公司广告费人民币三十四万二千五百三十七元。

简要解析

本案涉及合同变更的法律后果问题。合同的变更,须具备以下要件:一、原已存在有效的合同关系。合同的变更即变更合同的内容,改变原有合同的权利义务关系。因此合同的变更须以原已存在有效的合同关系为前提。原合同无效或被撤销的,无合同变更的适用余地。二、合同内容已发生变化。所谓合同内容的变化,主要包括如下几种情形:①合同标的物的变更。如标的物的数量、品质变更。至于标的物的种类变更,学理上称为合同的更改;②合同价金、报酬等的变更,如当事人通过约定变更报酬数额等;③合同履行期限、履行地点、履行方式等的变更,如当事人通过约定延长履行期限等;④违约责任的变更。如将原合同约定的违约金责任取消等;⑤解决争议的方法的变更,如将原合同约定的解决争议的方法由法院诉讼方式变更为仲裁机构裁决方式等。三、合同的变更须以当事人协议。当事人合意变更合同的,应当达成变更合同的协议。此种变更协议应当符合我国合同法规定的合同成立及生效的要件。如果当事人的协议约定不明,依照《民法典》第五百四十四条的规定,"当事人对合同变更的内容约定不明确的,推定为未变更"。四、须遵守法律要求的形式。根据《民法典》的相关规定,当事人变更合同的协议为不要式合同,也即除法律、行政法规规定采用书面形式的以外,当事人有权决定采用何种形式。

合同变更,会发生以下法律效果:一、合同变更对合同权利义务的影响。一方面,如果合同部分变更的,仅就合同变更部分发生债权债务关系消灭的后果,原合同未变更部分仍保持原有的状态;另一方面,合同变更仅对未履行部分发生法律效力,对已履行部分没有溯及力,当事人不得主张对已履行完毕的债权债务关系按变更后的内容重新履行。二、合同的变更不影响当事人请求损害赔偿的权利。合同变更后,一方当事人因违约给对方造成损害的,除法律规定或当事人约定可以免除违约责任的,违约方不得以合同已变更为由不承担违约责任。

在本案中,中媒电广公司与金色世纪公司签订《广告发布业务合同》,明确约定广告排期事宜。广告的具体播出时段、频次见媒介排期单的约定。其后,双方又先后签订了三份广告预播单,该广告预播单均是就未来一周将发布的广告栏目及具体播出时段所做出的规定,因此,应认定广告预播单是对媒介排期单所对应的特定时段播放内容的变更。然而,对于广告预播单是否完全取代了媒介排期单中所载明的、播出时间在三份广告预播单之后的内容,本书赞同二审法院的看法。由于三份广告预播单中最后一份的播出截止时间为2006年1月22日,与媒介排期单中约定的最后播出日期为2006年1月29日并不重合,且第三份广告预播单中约定的内容中无"试播一周"字样,因此,并不足以表明双方存在以广告预播单的内容完全替代媒介排期单中的全部内容的合意。依照《民法典》第五百四十四条的规定,应当推定广告预播单除对媒介排期单所对应的特定时段播放内容做出变更外,对媒介排期单的其他内容未作变更。因此,中媒电广公司应向金色世纪公司返还少播的次数所对应的广告价款。

第二节 合同解除

一、合同解除的类型

合同解除是指合同有效成立后,基于当事人的合意,或者法定及约定的条件发生时,以一方当事人的意思,提前终止合同。合同解除的制度价值在于,在合同生效之后,当出现合同的履行不可能或者不必要的情形时,如果让合同继续发生法律效力,有可能损害当事人的利益,并且会造成社会资源的极大浪费,因此允许通过合同解除制度终止合同。

(一)协议解除与单方解除

知识点

根据合同解除是否依当事人单方的意思,可将合同解除分为协议解除与单方解除。协议解除,亦称合意解除,是指双方当事人通过协商而合意解除合同的行为。《民法典》第五百六十三条第一款规定:"当事人协商一致,可以解除合同。"单方解除,是指解除权人行使解除权从而解除合同的行为。《民法典》第五百六十三条第二款规定:"当事人可以约定一方解除合同的事由。解除合同的事由发生时,解除权人可以解除合同。"如无特别说明,本书所涉合同解除均为单方解除。

适用例举

冠锐盟公司诉范某等技术委托开发合同纠纷案①

2012年3月25日,北京冠锐盟信息科技有限公司(以下简称"冠锐盟公司",甲方)与范某等三人(乙方)就优伴项目合作事宜签订了一份技术开发合同。合同约定由乙方为甲方研发优伴网手机客户端系统服务端、后台管理程序,优伴网手机客户端Android版本,优伴网手机客户端IOS版本三部分内容。合同签订后,冠锐盟公司向范某等三人支付了2万元开发费。范某等三人同时开始了研发工作。其间,双方通过电话、邮件、面谈等方式进行了沟通,但仍存在一定分歧。2012年6月21日,冠锐盟公司(甲方)与范某等三人(乙方)签订了一份交接备忘录(注明为协议解除条款),该备忘录包含如下内容:双方于3月25日签订了优伴客户端、服务端的技术委托开发协议,执行期间因双方存在巨大争议,经双方协商未果,最终双方同意解除原协议,并就交接问题进行了约定。后冠锐盟公司以范某等三人的严重违约行为导致该公司的优伴项目无法按期上线运行为由诉至法院,请求判令范某等三人双倍返还该公司已付合同款7.6万元并连带赔偿该公司经济损失30万元。

北京市朝阳区人民法院经审理认为:根据我国《合同法》第九十三条第一款的规定,当事人协商一致,可以解除合同。根据现已查明的事实,涉案交接备忘录系冠锐盟公司和范某等三人自愿协商订立,合法有效。故可以认定双方已经通过该备忘录协商解除了涉案技术开发合同。对于双方之间权利义务的判断,应当以交接备忘录为准。因此,对冠锐盟公司依据技术开发合同要求范某等三人双倍返还已付开发费用、赔偿经济损失的诉讼请求,该院不予支持。综上,判决驳回冠锐盟公司的诉讼请求。

简要解析

本案涉及合同的协议解除问题。合同生效之后,当事人可以通过协商达成解除合同的协议。协议解除也称合意解除、反对契约,是指合同双方当事人通过协商而合意解除合同的行为。协议解除不以存在解除权为必要,只需当事人达成解除合同的合意,其实质为第二契约解除第一契约。我国《民法典》对合同解除采广义理解,将协议解除与单方解除同时规定于合同解除制度之下,主要是考虑到协议解除与单方解除的法律效果相同。《民法典》第五百六十二条第一款规定:"当事人协商一致,可以解除合同。"实际上,协议解除与单方解除差异较大,协议解除应是意思自治以及合同自由的当然之义,无须单独加以规定。协议解除需要订立协议解除合同,因此协议解除是否有效,应当考察其是否符合合同的有效要件。

---

① 参见北京市朝阳区人民法院(2013)朝民初字第02538号民事判决书。

在本案中,双方当事人以备忘录的形式协议解除原合同,符合我国《民法典》第五百六十二条第一款的规定,原合同解除。值得注意的是,在协议解除的情况下,合同解除的法律效果(如是否恢复原状、如何恢复原状等),可以由当事人自行约定。

(二)法定解除与约定解除

■ 知识点

根据解除权产生原因的不同,单方解除可分为法定解除与约定解除。法定解除,是指合同解除的条件由法律直接规定,当符合该条件时当事人一方享有法定解除权,通过行使法定解除权解除合同的单方解除。法定解除又可分为一般法定解除与特别法定解除。前者是指适用于所有合同类型的法定解除;后者是指仅适用于特定合同类型的法定解除。约定解除,是指当事人以合同的形式,约定为一方或者双方保留解除权的单方解除。

■ 适用例举

永道公司与招商房地产有限公司房屋买卖合同纠纷案[①]

2016年1月27日,广州招商房地产有限公司(以下简称"招商地产公司"、甲方、卖方)与广东永道工程咨询有限公司(以下简称"永道公司"、乙方、买方),签订《广州市商品房买卖合同(一手现房)》,其中约定涉讼房屋按总价交易,总金额14 110 446元,在2016年1月28日前申请办理按揭手续,并按照按揭方式付款。甲方应当在2016年4月30日前将作为本合同标的物的房屋交付乙方使用。乙方应在签署买卖合同的同时签署按揭合同并向律师事务所提供贷款所需的全部真实资料并签署相关的法律文件、交纳贷款所需的各项费用;如乙方的按揭申请非因甲方的原因最终未获银行接纳的,则乙方应当在接到银行或甲方通知后10日内一次性支付全额房款,且不能享受基于付款方式的优惠折扣,逾期乙方应按本补充协议第8条之规定承担逾期付款的违约责任。关于逾期付款的违约责任,逾期超过30日的,甲方有权要求乙方支付全部价款或者有权解除买卖合同。2017年4月24日,招商地产公司向永道公司寄送《解除合同通知函》,主张永道公司应于2016年1月28日前办理银行按揭手续,并以按揭贷款方式支付房款,经招商地产公司及按揭银行多次致电永道公司补充按揭资料未果,故要求永道公司支付剩余购房款,但其未依约支付。永道公司的上述行为严重违反了买卖合同之约定,故招商地产公司诉至法院,要求解除买卖合同,并要求永道公司按照房价的5%向其支付违约金。

[①] 一审判决书:参见广州市番禺区人民法院(2017)粤0113民初5126号民事判决书;二审判决书:参见广东省广州市中级人民法院(2018)粤01民终5857号民事判决书。

广州市番禺区人民法院经审理认为:永道公司因其自身原因导致贷款申请未能获得银行批准,且其无法通过一次性付款的方式向招商地产公司支付全部购房款,招商地产公司出售涉讼房屋以获得购房款的合同目的已然无法实现,《广州市商品房买卖合同(一手现房)》无法继续履行,故对于招商地产公司提出要求解除《广州市商品房买卖合同(一手现房)》的诉请,符合合同的约定和法律的规定,予以支持。至于永道公司提出招商地产公司解除权已经消灭的抗辩意见。根据《广州市商品房买卖合同(一手现房)》关于"逾期超过 30 日的,甲方有权要求乙方支付全部价款或者有权解除买卖合同。甲方要求乙方支付全部价款的,买卖合同继续履行,自约定的应付款期限届满日之次日起至实际全额支付应付款之日止,乙方按日向甲方支付逾期应付款 0.4‰的违约金"的约定,当永道公司逾期支付购房款超过 30 日时,招商地产公司有权选择两种处理方式:解除合同并要求永道公司支付违约金以及要求永道公司支付全部价款并支付违约金。显然,根据招商地产公司向其出具的《关于要求立即支付拖欠房款并办理网签手续的律师函》《关于要求立即支付剩余房款的律师函》和《关于要求立即支付违约金的律师函》等函件可知,当永道公司逾期支付第 2 期购房款及逾期办理按揭贷款手续时,招商地产公司均选择要求永道公司支付全部价款并支付违约金,双方继续履行《广州市商品房买卖合同(一手现房)》。后在永道公司支付完第 1 期和第 2 期购房款的情况下,双方重新签订《广州市商品房买卖合同(一手现房)》,并在履行的过程中双方对于申请按揭贷款的时间做出变更,永道公司亦在约定的期限前履行了该项合同义务,后因永道公司贷款申请未获银行批准且无法一次性支付剩余购房款而出现新的违约事实,故其行使合同解除权并未超过解除权发生之日起一年的期限。另外,《广州市商品房买卖合同(一手现房)》约定,若因乙方原因导致本买卖合同解除的,乙方应向甲方支付商品房房款总额 5%的违约金并承担办理买卖合同解除手续的全部费用,故《广州市商品房买卖合同(一手现房)》解除后,永道公司理应向招商房地产公司支付违约金 705 522.3 元(14 110 446 元×5%)。综上,判决解除房屋买卖合同,永道公司向招商房地产公司支付违约金 705 522.3 元。

一审宣判后,永道公司提起上诉。广州市中级人民法院经审理认为:根据《合同法》第九十三条第二款规定:"当事人可以约定一方解除合同的条件。解除合同的条件成就时,解除权人可以解除合同。"本案中,双方当事人签订的合同补充协议约定:如永道公司的按揭申请非因招商地产公司原因最终未获银行接纳的,则永道公司应当接到银行或招商地产公司通知后 10 日内一次性支付全部房款,逾期超过 30 日的,招商地产公司有权要求永道公司支付全部价款或解除合同。招商地产公司要求解除合同的,永道公司应当配合招商地产公司办理解除、注销买卖合同的手续,并且永道公司应当自招商地产公司解除买卖合同通知送达之日起 10 日内按本房地产总价款的 5%向招商地产公司支付违约金。依据上述约定,可知双方当事人在合同中约定了解除条件,现永道公司并无提交证据证明银行不批准贷款系招商地产公司原因导致,因此,在招商地产公司通知其一次性付款的情况下,永道公司仍未能依约履行合同义务且逾期超过30日,合同约定之解除条件已经成就,招商地产公司有权行使约定的解除权。一审法院据此判令合同解除,并由永道公司支付违约金及协助注销合同手续,符合合同约定,法院予以维持。永道公司上诉提出按揭不能的原因未予查明,对此,在其不能举证证明系招商地产公司原因所致的情况下,则永道公司理应承担一次性付款的合同义务。永道公司提出的该上诉理由不能对抗合同赋予招商地产公司的约定解除权。综上,判决驳回上诉,维持原判。

简要解析

本案涉及合同的约定解除问题。合同中约定保留解除权的合意,称为解约条款。解除权可以保留给当事人一方,也可以保留给当事人双方。当事人既可以在合同订立时约定保留解除权,也可以在合同订立之后另行缔结保留解除权的合同。约定解除与协议解除均基于当事人的意思而达致合同解除的目的,但是约定解除以约定的解除权为必要;而协议解除无须以解除权的存在为必要。合同的约定解除与附解除条件的合同亦存在区别。合同的约定解除必须以存在约定的解除权为前提,仅具备约定解除权的发生条件并不能产生合同当然解除的法律效果,还必须由解除权人行使约定解除权的行为;附解除条件的合同中的解除条件是当事人依意思表示为合同设置的附款,所附条件成就,合同自动解除。一般认为,成立约定解除,须具备以下要件:一、双方当事人必须在合同中约定保留解除权。当事人的约定建立在双方当事人的合意之上,此种保留解除权的合意,称为解约条款,既可以由当事人在订立合同时约定,亦可由当事人在以后另行订立保留解除权的合同①。二、双方当事人必须在合同中约定解除权发生的条件。此种约定应当明确,必须表明在具备该条件时,当事人一方享有约定的合同解除权。三、解除权人必须实际行使解除权。当事人约定的解除权的条件发生,并不当然导致合同的解除,还必须有解除权人行使解除权的行为,即由解除权人发出解除的意思表示。

在本案中,招商地产公司与永道公司在《广州市商品房买卖合同(一手现房)》中约定"如乙方的按揭申请非因甲方招商地产公司的原因最终未获银行接纳的,则乙方永道公司应当在接到银行或甲方通知后10日内一次性支付全额房款,逾期超过30日的,甲方有权要求乙方支付全部价款或者有权解除买卖合同",其实质为当事人通过约定在合同中为甲方保留的解除权,当该条件具备时,约定解除权发生。其后,乙方永道公司未补充按揭资料,故招商银行要求永道公司支付剩余购房款,但其未依约支付,且逾期超过30日。永道公司的上述行为严重违反了买卖合

---

① 李永军:《债权法》,北京:北京大学出版社,2016年,第190页。

同之约定,符合约定解除权的发生条件。因此,招商银行享有约定解除权。招商银行通过向永道公司寄送《解除合同通知函》的方式行使约定解除权,合同解除。

二、合同的法定解除

知识点

《民法典》第五百六十三条规定:"有下列情形之一的,当事人可以解除合同:(一)因不可抗力致使不能实现合同目的;(二)在履行期限届满之前,当事人一方明确表示或者以自己的行为表明不履行主要债务;(三)当事人一方迟延履行主要债务,经催告后在合理期限内仍未履行;(四)当事人一方迟延履行债务或者有其他违约行为致使不能实现合同目的;(五)法律规定的其他情形。"

（一）因不可抗力致使不能实现合同目的

适用例举

孟某诉中佳旅行社旅游合同纠纷案[①]

2004年"五一"期间,中佳旅行社组织了"三亚自由人旅行团",旅行社为该旅行团提供的具体服务为:为游客提供往返机票和入住酒店,游客到达后自由活动。4月21日,孟某为参加该旅行团,与中佳旅行社签订了《中佳国际合作旅行社三亚协议》。协议约定:旅行社提供的机票为团队折扣票,不得签转、退换、更改。协议签订后,孟某当即交付了6人的全部费用21 480元。4月24日,孟某以北京市及外地出现"非典"疫情为由,口头提出退团,并要求中佳旅行社退还全款。中佳旅行社表示,可以代为转让机位和酒店,但不同意全部退款,双方未能达成一致意见。4月28日,孟某传真通知中佳旅行社退团,中佳旅行社以孟某未正式办理退团手续为由,拒绝解除合同。4月30日,孟某及其余5人未参团旅游,中佳旅行社预订的CZ3112航班空余6个座位;孟某及其余5人亦未入住被告预订的椰林滩大酒店客房。后孟某以旅游合同是委托性质的合同,双方签订的协议是格式合同,中佳旅行社未告知孟某机票和房款不能退还为由,主张协议显失公平,请求撤销该协议,由中佳旅行社退还21 480元。

北京市宣武区人民法院认为:孟某和中佳旅行社签订的"三亚自由人旅行团"旅游合同,是双方真实意思的表示,合同的内容不违背法律的禁止性规定,应认定有效,双方都应遵守合同约定的权利和义务。在合同签订后,孟某交付了6人的全部旅游费用,中佳旅行社为孟某预订了6人机票和酒店客房,并支付了费用。至此,双方已经按照合同的约定履行了各自的义务。在中佳旅行社履行了自己义务

---

① 参见《最高人民法院公报》2005年第2期(总第100期)。

后,孟某以出现"非典"疫情为由,要求中佳旅行社解除合同并全部退款,其免责解除合同请求权的行使,应符合《合同法》的规定。当时我国虽然出现了"非典"病例,但疫情范围很小,不构成对普通公众的日常生活的危害,即孟某不能以当时"非典"疫情的出现作为免责解除合同的依据。且根据《合同法》第一百一十七条的规定,不可抗力因素亦不是当事人不承担解除合同责任的必然条件,故孟某以此为由,单方面要求解除合同并由对方承担全部责任的主张,缺乏事实和法律依据。中佳旅行社表示可以解除合同,但要求孟某自己承担因解除合同造成的经济损失,理由正当。本案中,根据双方协议的内容,中佳旅行社的义务是负责为孟某代购机票和代订酒店,确具有委托的性质。中佳旅行社根据孟某的要求,为其代购机票和代订酒店后,有权利按协议收取必要的费用。孟某称与旅行社签订的旅游合同具有委托合同的性质,委托人可随时解除合同,中佳旅行社作为被委托人应无条件退款,没有法律依据。孟某距旅游出发日期50小时以传真形式发出解除合同的通知,但因未办理退团手续,应视为合同继续有效。本案中,孟某虽提出解除合同,但同时附加了全部退款的条件,孟某与中佳旅行社并未就如何解除合同达成一致意见,应认定孟某单方违约。双方协议中已载明"机票为团队折扣票,不得签转、退换、更改",这说明双方在签订合同时,已就有关事宜做出了约定,该约定不属于合同法规定的格式合同禁止条件,孟某根据协议享受的权利与中佳旅行社提供的服务相当,主张其显失公平没有法律依据。综上,判决终止《中佳国际合作旅行社三亚协议》,驳回孟某的诉讼请求。

一审宣判后,孟某不服一审判决,向北京市第一中级人民法院提出上诉。孟某的主要上诉理由是:与中佳旅行社签订的旅行协议,没有其他参加旅行人员的具体姓名等准确情况,应认定协议无效;中佳旅行社并没有实际受到经济损失。

北京市第一中级人民法院认为:对于孟某关于"4月24日就提出终止合同,但对方没有及时采取措施,导致损失的产生与扩大"的主张,由于旅行社在双方解除合同的具体后果上存在争议,对方又没有明确授权的情况下,没有向他人转让孟某预定的机票和房间,并无不当。一方当事人提出解除合同时,有权要求对方当事人采取合理措施,尽可能减少因解除合同所造成的损失,但无权在未与对方协商一致的情况下,即单方强行解除合同,并要求对方承担解除合同的全部损失。本案中,孟某提出解除合同和要求退款是可以理解的,但中佳旅行社亦有权提出异议。在双方没有达成一致时,仍应继续履行合同所规定的权利和义务,违反合同约定的一方,应承担合同违约的责任。综上,判决驳回上诉,维持原判。

简要解析

本案涉及因不可抗力致使不能实现合同目的而致发生法定解除权的司法认定问题。发生不可抗力的情形后,对合同的影响程度不一。只有在因不可抗力致使不能实现合同目的时,才能产生法定解除权,从而解除合同。不可抗力是指不能预见、不能避免并不能克服的客观情况。不可抗力的要件一般要分主观要件和客观要件。主观要件强调作为不可抗力的客观现象的不能预见性,即不以人的意志为转移,这是判断当事人主观上是否存在过错的关键因素。客观要件强调作为不可抗力的客观现象的不能避免和不能克服的特性,即当事人无法对这种客观现象的发生与否、发生程度等做出安排或处置[①]。

对不可抗力的情形,我国现行立法并未明确规定,理论上一般认为包括以下几种情形:一、自然灾害。自然灾害是典型的不可抗力,如洪水、地震、台风等。二、政府行为。当事人订立合同后,因政府发布新的法律和行政法规而导致合同客观上不能履行,才能构成不当得利。如果仅仅导致客观情事发生巨大变化,致使合同履行将对一方当事人没有意义或造成次重大损害,可以适用情事变更;三、社会突发事件。如战争等社会事件的突然发生,使原定的合同不能履行[②]。不可抗力的认定,在实践中较为复杂,需要根据个案情况灵活把握。如果不可抗力的发生仅导致合同部分不能履行,不影响合同目的的实现,不发生法定解除权;如果不可抗力的发生导致合同目的不能实现的,方得发生合同法定解除权。

对于"非典"疫情能否构成不可抗力,要看其是否不能预见、不能避免以及不能克服。大范围的"非典"疫情暴发于2003年,当年"非典"疫情进展迅速,影响非常广泛,我国政府迅速展开应急措施,很多地区都采取了非常严格的检查、隔离等措施,而本案发生于2004年,当时的"非典"疫情范围很小,已在人为控制范围内,并不构成不可抗力。而且,《中佳国际合作旅行社三亚协议》的订立时间为2004年4月21日,当时"非典"疫情暴发已经一年,孟某在订立合同时完全可以预见到"非典"对合同履行的影响,并非"不能预见"。因此,本案当事人孟某并不享有法定解除权,其提出解除合同后,在未与对方协商一致的情况下,拒绝对方提出减少其损失的建议,坚持要求对方承担解除合同的全部损失,并放弃履行合同,致使自身利益受到损害的,应自负全部责任。值得注意的是,与本案不同,在济南东风制药厂与吉林九鑫药业集团有限公司代理销售合同纠纷案中,最高人民法院认为,在九鑫集团履行合同期间,其销售区域内突发"非典"疫情,鉴于在该段时间内发生

[①] 刘凯湘、张海峡:《论不可抗力》,《法学研究》2000年第6期。
[②] 庞景玉、何志:《最高人民法院合同法司法解释精释精解》,北京:中国法制出版社,2016年,第386页。

的"非典"疫情对于众多行业的经营活动均存在负面影响,符合不可抗力的构成条件①。

(二)在履行期限届满之前,当事人一方明确表示或者以自己的行为表明不履行主要债务

■ 适用例举

屠某等与吴某民间借贷纠纷上诉案②

2016年1月1日,屠某(借款人)与吴某(出借人)签订《借款协议》一份,载明:吴某投入在宁烨公司(自2016年1月1日起改名为鄞烨公司)屠某名下的150万元占股12.5%投资款,其中30万已于2015.10.15抽出,现120万转为屠某个人名下借款,按照月利率1%付息,借款时间从2016.1.1至2018.12.31为止,每月利息为次月15日前付清,屠某会在借款时间到期一周内还清120万元本金,如若到时未能还清120万元本金,可将120万元本金转为新公司鄞烨公司的10%股份。后屠某于2016年3月、7月共计支付利息40 000元,经吴某多次催讨,剩余款项未支付。吴某向一审法院起诉请求解除吴某、屠某双方签订的《借款协议》,并由屠某、俞某归还借款本金及利息。

一审法院经审理认为:吴某与屠某之间的《借款协议》,属双方当事人意思真实表示,未违反法律、法规的禁止性规定,应属合法有效,双方均应按约履行。当事人一方明确表示或者以自己的行为表明不履行合同义务的,对方可以在履行期限届满之前要求其承担违约责任。本案中,虽然借款期限未届满,但屠某未按期支付利息,且在庭审过程中,屠某承诺愿意支付到期利息,但至今仍未支付,已构成预期违约,故吴某可依法解除双方的《借款协议》并要求屠某归还借款本息。现吴某要求屠某归还借款本金1 200 000元并支付利息的诉讼请求,于法有据,法院予以支持。综上,判决如下:一、解除吴某、屠某于2016年1月1日签订的《借款协议》。二、屠某、俞某于一审判决生效之日起10日内归还吴某借款本金1 200 000元并支付利息80 000元。

一审宣判后,屠某、俞某不服一审判决,提起上诉称:屠某向吴某借款本金120万元,是本案的主要债务,利息是因借本金而产生的辅助债务。屠某没有在本案借款协议履行期限届满之前,有明确表示或者以自己的行为表明,在本案借款到期时不愿意归还借款本金120万元给吴某。屠某迟延履行的是按月支付利息。本案双方所签借款协议也没有合同法第九十四条规定的"法律规定可以解除合同的其他情形"。一审判决认定屠某已构成预期违约,不符合《合同法》第九十四条规定。

---

① 参见最高人民法院(2004)民二终字第163号民事判决书。
② 一审判决书:参见浙江省杭州市西湖区人民法院(2016)浙0106民初9539号民事判决书;二审判决书:参见浙江省杭州市中级人民法院(2018)浙01民终1296号民事判决书。

杭州市中级人民法院经审理认为：案涉借款协议约定按照月利率1%付息，每月利息为次月15日前付清，而从协议签订至今长达两年多的时间内，屠某除在2016年3月、7月支付4万元利息外，分文未付，欠息近30万元，致使吴某无法达到收取利息收益的合同目的，因此本案符合《合同法》第九十四条规定的在履行期限届满之前，当事人一方明确表示或者以自己的行为表明不履行主要债务的情形，一审法院判决解除双方签订的借款协议符合法律规定。综上，判决驳回上诉，维持原判。

简要解析

本案涉及先期拒绝履行的司法认定问题。先期拒绝履行，指的是在合同履行期限届满之前，当事人拒绝履行合同主要债务。根据《民法典》第五百六十三条的规定，先期拒绝履行有两种表现形态：一、在履行期限届满之前，一方明确表示不履行。一方明确表示不履行，即明示的先期拒绝履行，是指债务人能够履行债务却不法地、明确地做出不履行的意思表示。二、一方以自己的行为表明不履行。一方以自己的行为表明不履行，即默示的先期拒绝履行，是指当事人通过自己的行为，能够让对方当事人依据客观标准判断其将不履行合同债务。如债务人将应当交付的合同标的物转卖他人。

我国《民法典》规定先期拒绝履行的制度价值在于，先期拒绝履行债务的当事人根本不愿意受合同拘束，合同已经形同虚设，如果继续维持合同的拘束力并无意义，因此法律允许另一方当事人通过解除合同而终止合同效力。先期拒绝履行行为毕竟发生在合同履行期限届满之前，故应对其有所限制。先期拒绝履行的法定解除权的构成要件为：一、债务人必须能够履行债务，否则构成履行不能；二、债务人必须明确地做出拒绝履行的意思表示或者通过行为表明自己不履行主要债务；三、债务人没有正当理由，不法地拒绝履行。如果债务人拒绝履行有正当理由，如因行使同时履行抗辩权或者不安抗辩权而暂时拒绝履行合同债务，则债权人不能以此为由解除合同。

在本案中，根据《借款协议》的约定，在2016年1月1日至2018年12月31日，屠某应当每月按照1%的利率支付利息，且在借款时间到期一周内还清120万元本金。后屠某仅于2016年3月、7月共计支付利息40 000元，经吴某多次催讨，剩余款项未支付，欠息近30万元。本案的争议焦点之一在于，屠某未支付利息的行为是否构成《民法典》第五百六十三条第一款第(二)项规定的先期拒绝履行。依照《民法典》第五百六十三条第一款第(二)项的规定，债务人在履行期限到来之前拒绝履行的必须是主要债务，才适用。在民间借贷中，支付利息的义务是否属于合同主要义务呢？一般认为，合同的主要义务应当是体现缔约目的的合同义务。在民间借贷中，债务人返还本金固然重要，但是获取利息也是当事人缔结民间借贷合同的主要目的之一，况且本案屠某的拖欠的利息近30万元，已达本金的20%，因此法院将拖欠利息的行为认定为违反主要义务,并无不妥。屠某长期拖欠利息,经吴某催讨仍不支付的行为构成在履行期限届满前拒绝履行主要债务之先期拒绝履行,债权人可以解除合同。

(三)当事人一方迟延履行主要债务,经催告后在合理期限内仍未履行

■适用例举

中建公司与信达公司等借款合同纠纷案①

1999年12月15日,中国建设银行重庆渝中支行(以下简称"建设银行")将其对重庆中建工程公司(以下简称"中建公司")截至1999年9月20日的贷款本金22 240 000元及应收利息转让给中国信达资产管理公司重庆办事处(以下简称"信达公司")。2000年5月30日,信达公司与中建公司签订了《抵债协议书》,约定:双方同意由中建公司以其名下的外滩商城部分空置房产来抵偿债务;中建公司负责为信达公司办理过户手续。2000年9月20日,双方又签订了《以物抵债补充协议书》,约定:中建公司承诺在抵债协议书签订之日起18个月内完善抵债房屋的土地使用权和房屋产权手续,且同时将其办至信达公司或信达公司指定的第三人名下;如中建公司不能在协议约定的18个月内完善手续且双方有违背本协议约定的情形,守约方除可行使合同解除权,还可要求按本协议所涉及合同金额的3%支付违约金等内容。后经信达公司多次催告,中建公司仅办理了渝中区南区路163-177号同属长江滨江路371号房屋的房屋所有权证(产权证号为:房权证101字第066562号),其中包括中建公司抵偿给信达公司的房产。但渝中区南区路163-177号同属长江滨江路371号房屋目前正在进行分割。中建公司并未办理抵偿给信达公司的房屋产权证书。中建公司由于欠土地出让金未交,也没有办理抵偿给信达公司的房屋的土地使用权证书。2003年12月9日,信达公司向重庆市高级人民法院提起诉讼,请求判令解除信达公司与中建公司签订的《抵债协议书》《以物抵债补充协议书》。

重庆市高级人民法院经认为:信达公司接受建设银行的债权转让合法有效,信达公司已经取代建设银行成为中建公司新的债权人。信达公司与中建公司签订的《抵债协议书》及《以物抵债补充协议书》均系双方真实意思表示,且符合法律规定,亦为有效,双方应当按照约定各自履行义务。根据《以物抵债补充协议书》的约定,中建公司应当在《以物抵债补充协议书》签订之日起18个月内完善抵债房屋的土地使用权和房屋产权手续,且同时将其办至信达公司或信达公司指定的第三人名下,但中建公司未能按约将房屋产权和土地使用权转让给信达公司。虽然中建公司办理了包含抵债房产在内的渝中区南区路163-177号同属长江滨江路

---

① 一审判决书:参见重庆市高级人民法院(2003)渝高法民初字第23号民事判决书;二审判决书:参见中华人民共和国最高人民法院(2004)民二终字第168号民事判决书。

371号房屋的房屋所有权证,但该号段房产目前正在重庆市房屋勘测院进行面积分割,中建公司也未能将抵偿给信达公司的房产分割出来办理产权证书。中建公司抵债的房产的土地性质目前仍然是划拨地,不能进行出让,中建公司也不能为信达公司办理抵债房产的土地使用权证书。根据《抵债补充协议书》的约定,信达公司有权请求解除《以物抵债协议书》及《以物抵债补充协议书》。综上,判决解除信达公司与中建公司签订的《抵债协议书》和《以物抵债补充协议书》。

中建公司不服一审判决,提起上诉。最高人民法院经审理认为:建设银行将其对中建公司拥有的债权转让给信达公司,信达公司取代建设银行成为中建公司的新债权人。建设银行将上述债权转让事实及时通知了中建公司,中建公司对此笔债务已明确表示愿意向信达公司承担。信达公司与中建公司签订的《抵债协议书》及《以物抵债补充协议书》均系双方真实意思表示,不违反法律、法规禁止性规定,应为有效。根据《以物抵债补充协议书》第三条的规定,中建公司承诺在抵债协议书签订之日起18个月内办理抵债房屋的土地使用权和房屋产权手续,且在同时将其办至信达公司名下,但中建公司在签约之后长达4年的时间里虽经多次催告仍未将抵债房产过户给信达公司,违反了该合同约定的主要义务,信达公司的合同目的没有实现。根据《合同法》第九十四条第一款第(三)、(四)项之规定,当事人一方迟延履行主要债务,经催告后在合理期限内仍未履行,或当事人一方迟延履行债务或者有其他违约行为致使不能实现合同目的,当事人可以解除合同。中建公司的行为已构成根本性违约,信达公司依据上述法律规定及合同约定有权行使合同解除权。信达公司关于解除本案《抵债协议书》及《以物抵债补充协议书》的诉讼主张依法成立。综上,判决驳回上诉,维持原判。

简要解析

本案涉及因迟延履行而发生的经催告的法定解除权问题。在学理上,经催告的法定解除,其构成要件为:一、必须是债务人在履行期限到来后未履行主要债务,而非未履行次要债务。所谓主要债务与次要债务的区分应当依据合同的内容确定。主要债务主要是指双务合同中立于对价关系的债务,即给付义务。至于附随义务,虽有迟延履行,通常亦不能因此发生法定解除权[1]。二、必须经过债权人的催告,如未经催告不得产生法定解除权。因为对于非定期行为,因债务人履行迟延而直接解除合同,对债务人而言过于苛刻。三、在催告后,债权人应当给予债务人合理的期限,该期限的本质为宽限期限。宽限期限届满之后如果债务人仍不履行,债权人方可解除合同。至于该合理的宽限期限的长度,应当根据合同的具体情况确定。四、债务人经催告后在合理的宽限期限内仍未履行主要债务。

---

[1] 韩世远:《合同法总论》(第四版),北京:法律出版社,2018年,第661页。

本案所涉合同为非定期行为,因此可以适用《民法典》第五百六十三条第一款第(三)项。当然,如果同时满足《民法典》第五百六十三条第一款第(四)项以及约定解除权的发生情形,亦无不可。因此,中建公司在签约之后长达4年的时间里虽经多次催告仍未将抵债房产过户给信达公司,违反了该合同约定的主要义务,信达公司的合同目的没有实现。根据《民法典》第五百六十三条第一款第(三)、(四)项之规定,当事人可以解除合同。另根据本案《以物抵债补充协议书》第五条的约定,合同双方有违背本协议约定的情形,守约方也可行使合同约定解除权。

(四)当事人一方迟延履行债务或有其他违约行为致使不能实现合同目的

适用例举

山东海汇股份公司与谢某股权转让合同纠纷案[①]

青岛海汇生物化学制药有限公司(以下简称"青岛海汇公司")系由青岛生物化学制药有限公司于2003年更名而来,更名时的股东为山东海汇生物工程股份有限公司(以下简称"山东海汇股份公司")和青岛阳光电器工程公司。山东海汇股份公司于2004年2月6日与谢某签订股权转让协定,将其持有的青岛海汇公司的17.4%股权转让给被告谢某。2004年2月8日,青岛海汇公司召开股东会修改了公司章程,将股东姓名和出资方式及出资金额做出了修改,明确谢某以3 131 535元的出资额成为股东,持股比例为17.4%。谢某在股东会形成的章程修正案上签名。2004年3月23日,青岛海汇公司将本次股权变更的情况向工商机关进行了登记。2004年3月26日,谢某与第三人签订股权转让协议,约定将其持有的全部青岛海汇公司的股份以3 131 535元的价格转让给第三人,青岛海汇公司于2004年3月28日召开股东会,修改章程,确认了第三人的出资份额和股东地位,第三人在股东会形成的章程修正案上盖章确认。此后,第三人作为青岛海汇公司的股东多次在该公司的股东会决议、章程修正案、对外合作合同等重要文件上签章,行使股东权。山东海汇股份公司与谢某、谢某与第三人之间签订的股权转让协议均约定转让金的支付期限为协议生效后的30日内,而协议经各方代表盖章签字后生效。后山东海汇股份公司诉至法院称,上述股权转让以后,谢某和第三人均未向山东海汇股份公司支付转让金,故诉请法院判令解除山东海汇股份公司与谢某之间的股权转让协议,第三人将其持有的17.4%股份返还给山东海汇股份公司,赔偿山东海汇股份公司的律师费12万元。

山东省青岛市崂山区人民法院一审经审理认为,山东海汇股份公司、谢某以及第三人各方先后签订的股权转让合同是当事人的真实意思表示,不违反法律、行政

[①] 一审判决书:参见青岛崂山区人民法院(2009)崂民二商初字第415号民事判决书;二审判决书:参见青岛市中级人民法院(2010)青民二商终字第562号民事判决书。

法规的强制规定,应对当事人发生法律拘束力。本案争议的焦点在于谢某未履行支付股权转让金的义务,山东海汇股份公司是否有权解除合同,进而要求第三人返还其转让的青岛海汇公司17.4%的股权。谢某未能按照双方约定的期间履行付款义务,山东海汇股份公司本应享有解除合同的权利,但是在本案中,山东海汇股份公司于2004年3月28日后即与第三人共同成为目标公司的股东,双方曾经多次共同召开股东会,商讨公司经营事宜,却从未与谢某以及第三人交涉支付转让金事宜,事隔5年,令谢某以及第三人产生了合理信赖,认为山东海汇股份公司已不行使该解除权。现山东海汇股份公司起诉主张解除合同,返还股权,有违诚实信用原则,予以驳回。

一审宣判后,山东海汇股份公司不服一审判决,提起上诉。山东省青岛市中级人民法院经审理认为一审认定事实清楚,适用法律正确,判决结果无误,遂判决驳回上诉,维持原判。

简要解析

本案涉及因迟延履行而发生的无催告的法定解除权问题。如果债务人迟延履行债务致使不能实现合同目的,债权人可以无催告即时解除合同。该类型的合同解除权主要针对定期行为,这主要是因为对于定期行为而言,履行期限至关重要,只要发生履行迟延将直接导致合同目的不达。所谓不能实现合同目的,有学者将其认定为"使合同履行成为不必要或不可能"。① 所谓定期行为,可以分为绝对的定期行为与相对的定期行为。前者是指依据合同的性质决定的定期行为,如订购中秋月饼的合同、订购葬礼所用花圈的合同等;后者是指依据当事人的意思表示决定的定期行为,如海外旅行所用西服订购合同、赠送归国友人版画订购合同等②。

本案中,山东海汇股份公司据以主张合同解除的依据为合同法第九十四条。山东海汇股份公司与谢某间合同约定转让的标的是青岛海汇公司17.4%的股权,山东海汇股份公司已经向谢某交付了该标的,但是谢某却一直未按照合同约定的期限支付转让金,谢某的行为显然构成违约。而山东海汇股份公司并未举证已进行催告,因此适用《民法典》第五百六十三条第一款第(三)项的法定解除有较大障碍,应考虑适用《民法典》第五百六十三条第一款第(四)项。即因谢某未能如期履行支付价款之义务,逾期5年而致山东海汇股份公司合同目的落空,因而享有解除权。股权转让合同中的时间因素虽然不具决定性,但是无论如何,一项金钱给付债务如逾期5年,在形式上应当认定合同目的不能实现,因而山东海汇股份公司享有合同法定解除权。然而,本案情况较为特殊,山东海汇股份公司的诉讼请求能否得

---

① 王家福:《民法债权》,北京:中国社会科学出版社,2015年,第323-324页。
② 韩世远:《合同法总论》(第四版),北京:法律出版社,2018年,第662页。

到支持还涉及以下几个问题：一、依据合同效力相对性，即使山东海汇股份公司与谢某之间的股权转让协议被解除，也仅对山东海汇股份公司、谢某之间产生返还效力。本案所涉股权已转让至第三人，在谢某与第三人的股权转让协议效力未被否定之前，山东海汇股份公司无权请求第三人向其返还股权。二、第三人已作为青岛海汇公司的股东多次在公司的股东会决议、章程修正案、对外合作合同等重要文件上签章，行使股东权。如果法院判令第三人向山东海汇股份公司返还股权，将导致公司基于第三人行使股东权做出的股东会决议、章程修正案等文件的效力产生争议，牵涉过大。三、谢某迟延履行已逾5年，其间山东海汇股份公司与第三人同为目标公司的股东，经常在一起开会，山东海汇股份公司从未提出异议，谢某及第三人均有合理理由相信山东海汇股份公司已经抛弃该项解除权或根本不欲行使该项解除权。山东海汇股份公司在时隔5年后起诉要求解除股权转让协议，有滥用合同解除权之嫌。据此，法院依据诚实信用原则对《合同法》第九十四条（《民法典》第五百六十三条第一款）的适用范围进行了限缩解释，驳回了山东海汇股份公司的诉讼请求。

（五）法律规定的其他情形

适用例举

上海盘起与大连盘起委托合同纠纷案[①]

2000年7月，日本盘起工业株式会社（以下简称"日本盘起"）法定代表人（同时系大连盘起的法定代表人）森久保有司经与梁某磋商后签署《建设盘起中国营销网络、设立上海盘起的决定》（以下简称《决定》），决定成立上海盘起贸易有限公司（以下简称"上海盘起"），确认上海盘起为盘起集团成员，是盘起集团在中国地区（不含台湾、港澳）的唯一销售代表机构。上海盘起是在中国注册的有限责任公司，作为独立法人，独立经营，亏损自负，利益自留。盘起集团将以最优惠的价格供给上海盘起产品。该《决定》还就经营业务、公司管理等作了规定。随后，森久保有司与梁某签订《委托书》，约定委托梁某代表日本盘起及其关联企业负责建设等事项，同时约定受托人同意无条件接受委托人对委托事项的撤销。

同年7月28日，上海盘起经工商行政管理部门批准成立，为有限责任公司，注册资本为人民币100万元，其中梁某出资90万元，法定代表人为梁某。同年8月，上海盘起与盘起工业（大连）有限公司（以下简称"大连盘起"）签订一份《业务协议书》，就大连盘起委托上海盘起在中国地区（不含台湾、港澳）的销售事宜双方协议、确认如下：大连盘起作为盘起集团在中国的制造基地，有责任按照盘起集团的标准，按质、按时、按量地供给上海盘起所需产品；上海盘起作为盘起集团在中国地区的销售代表机构，有责任开拓、发展盘起集团和大连盘起产品在中国地区的市

[①] 参见《最高人民法院公报》2006年第4期（总第114期）。

场;大连盘起委托上海盘起在中国地区销售其生产经营的产品,不再委托、建立其他销售机构和渠道,如有必要须事前与上海盘起建立协议;上海盘起负责建设、管理、运营销售机构和渠道,根据客户需求可自行购买其他厂商产品进行销售活动。同时约定本协议有效期为20年,自2000年9月1日至2020年8月31日。上述协议签订后,双方开始合作。截至2002年4月,上海盘起共有货款人民币5 916 866.41元尚未给付大连盘起,但大连盘起此前没有催收过。2002年4月19日,日本盘起森久保有司签署《撤销委托书的决定》,以上海盘起严重拖欠大连盘起货款,且其财务和销售活动缺乏透明度为由,决定撤销其原与梁某签署的委托书及其附件,并撤销上海盘起。当日,大连盘起以上海盘起拖欠货款为由向法院提起诉讼。同月22日,日本盘起及大连盘起又做出对梁某个人的《撤销委托书决定》,并于当日向梁某送达上述决定书。同日,大连盘起又向销售系统各员工发布《关于撤销广东盘起工业销售有限公司和上海盘起贸易有限公司的决定》。同月,大连盘起在上海、天津、东莞建立直属的营业所销售自己的产品。7月,又相继建立重庆出张所、青岛出张所进行销售活动。上海盘起向法院提起诉讼,诉请判令大连盘起撤销未经上海盘起同意成立的销售机构,公开赔礼道歉恢复名誉,并赔偿损失人民币5 000万元。

  辽宁省高级人民法院经审理认为,上海盘起与大连盘起签订《业务协议书》合法有效,对双方当事人具有约束力。协议履行期间,大连盘起因故决定撤销原委托事项,终止该《业务协议书》,并通知上海盘起,致使这种委托关系的终止发生效力。由于本案所涉《业务协议书》是一种商务委托,它的订立和履行是基于双方当事人的相互信任,一旦这种信任发生动摇,根据《合同法》的规定,双方均可以解除合同,而不适用实际履行原则。故对上海盘起要求继续履行该协议的诉讼请求不应支持。大连盘起终止协议并书面通知上海盘起后,建立相应的办事处,并非独资的销售机构,其销售本企业的产品,不违反法律禁止性规定,即使销售其他企业的产品,亦属于国家有关行政部门查处的行为,不是本案调整的范畴。上海盘起为履行双方签订的《业务协议书》设立公司、招募人员、广告宣传、开拓市场、建立相应的营销网络等投入一定的人力和物力,而大连盘起提前终止协议,给上海盘起造成一定的经济损失。大连盘起终止协议致使协议不能继续履行,不可归责于大连盘起。大连盘起应当赔偿因提前解除协议给上海盘起造成的经济损失。关于上海盘起的经济损失,经上海盘起举证该院确认为人民币1 662 766.57元。对该部分损失,大连盘起应予补偿。综上,判决大连盘起赔偿上海盘起因解除合同而造成的经济损失人民币1 662 766.07元。

  一审宣判后,上海盘起不服一审判决,提起上诉。最高人民法院经审理认为,大连盘起与上海盘起于2000年8月签订的《业务协议书》确立了大连盘起与上海盘起之间的委托合同关系。本案《业务协议书》系当事人之间的真实意思表示,且不违反法律和行政法规的禁止性规定,应当认定合法有效。委托合同基于当事人之间的相互信任而订立，亦可基于当事人之间信任基础的动摇而解除。《合同法》第四百一十条规定："委托人或者受托人可以随时解除委托合同。因解除合同给对方造成损失的，除不可归责于该当事人的事由以外，应当赔偿损失。"大连盘起解除对上海盘起的委托合同关系，属于行使法定解除权，但该解除行为给上海盘起造成损失，大连盘起应当依法承担相应的赔偿责任。综上，原审判决认定事实清楚，适用法律并无不当。上海盘起的上诉理由不能成立，法院不予支持。综上，判决驳回上诉，维持原判。

■ 简要解析

本案涉及委托合同的任意解除权问题。《民法典》第五百六十三条第一款第（五）项规定，在符合"法律规定的其他情形"时，也可产生合同法定解除权。此处所谓"法律规定的其他情形"，既包括《民法典》规定的其他产生法定解除权的情形，也包括其他法律规定的产生法定解除权的情形。《民法典》规定的其他产生法定解除权的情形有很多，主要表现为《民法典》合同编第二分编"典型合同"中的特别法定解除权。例如《民法典》第六百一十条前半段规定："因标的物质量不符合质量要求，致使不能实现合同目的的，买受人可以拒绝接受标的物或者解除合同。"《民法典》第六百三十四条第一款规定："分期付款的买受人未支付到期价款的数额达到全部价款的五分之一，经催告后在合理期限内仍未支付到期价款的，出卖人可以请求买受人支付全部价款或者解除合同。"《民法典》第七百一十一条规定："承租人未按照约定的方法或者未根据租赁物的性质使用租赁物，致使租赁物受到损失的，出租人可以解除合同并请求赔偿损失。"《民法典》第七百一十五条第二款规定："承租人未经出租人同意转租的，出租人可以解除合同。"《民法典》第七百八十七条规定："定作人在承揽人完成工作前可以随时解除合同，造成承揽人损失的，应当赔偿损失。"《民法典》第八百九十九条规定："寄存人可以随时领取保管物。当事人对保管期限没有约定或者约定不明确的，保管人可以随时请求寄存人领取保管物；约定保管期限的，保管人无特别事由，不得请求寄存人提前领取保管物。"《民法典》第九百三十三条前段规定："委托人或者受托人可以随时解除委托合同。"其他法律规定的法定解除权的情形亦很常见。如《保险法》第十六条第二款规定："投保人故意或者因重大过失未履行前款规定的如实告知义务，足以影响保险人决定是否同意承保或者提高保险费率的，保险人有权解除合同。"

在本案中，根据《业务协议书》的约定，大连盘起与上海盘起存在委托合同关系。在《业务协议书》履行期间，大连盘起因故决定撤销原委托事项，终止该《业务协议书》，终止委托关系。从性质上讲，大连盘起的此行为应属行使解除权解除委托合同的行为。根据《民法典》第九百三十三条的规定，在委托合同中，委托人或者受托人均享有法定解除权，可以随时解除委托合同。因解除合同给对方造成损失的，除不可归责于该当事人的事由以外，应当赔偿损失。因此，大连盘起行使委托合同的法定解除权,解除对上海盘起的委托合同关系是正当的。但该解除行为给上海盘起造成损失,大连盘起应当依法承担相应的赔偿责任。

三、继续性合同的解除

■ 知识点

《民法典》第五百六十三条第二款规定:"以持续履行的债务为内容的不定期合同,当事人可以随时解除合同,但是应当在合理期限之前通知对方。"

■ 适用例举

山西数源华石化工能源有限公司与山西三维集团股份有限公司租赁合同纠纷案[①]

2006年2月15日,以数源公司为甲方、三维公司为乙方,就三维公司所属电石分厂的生产和经营签订《租赁合同》,约定租赁现有三台电石炉、石灰石矿山、石灰窑、现有土地及完整的配套设施,租赁期限为20年。并约定甲方聘用人员从现有乙方电石车间人员中选用,其他富余人员退回乙方,由乙方安排。所有人员身份不发生变化,由乙方负担下岗基本工资及有关保险费用。此后,双方又签订《租赁合同(电石)补充协议》,约定甲方须聘用乙方现有员工351人,乙方按其下岗员工每人350元/月的生活费标准,直接支付给甲方所聘人员。

上述协议签订后,数源公司依照约定接管电石分厂,接收三维公司原电石分厂员工351人并开始生产。2007年9月26日,三维公司控股股东山西三维华邦集团有限公司(以下简称三维华邦集团)下达文件,拟从2007年7月1日起给公司员工增资,其中第八条规定"内退、下岗、劳保员工每人每月增发补贴150元。"并附《员工浮动升级的相关规定》第二点中说明:浮动升级的范围是2007年7月1日在册的员工。第五点第二项中说明:待分配人员(原下岗人员)、自谋职业、劳保人员暂不增资,待其重新上岗满三个月后按50%增资。"在调资文件下达前后的期间内,有电石分厂的部分工人集会要求回三维公司、增加工资,并在网上发帖号召电石分厂工人到总公司门口集会进行集体维权。数源公司于2007年10月8日向三维公司发出"关于山西三维调资风波造成我公司电石分厂被迫停产的函",表明因三维公司调资文件下达后,影响到职工情绪,给生产经营带来严重影响,自9月17日检修完成恢复生产以来,连续发生四起恶性事故,于10月8日被迫停产等。2007年10月9日,三维公司向数源公司复函称,数源公司擅自停止电石生产、给职工放假

[①] 一审判决书:参见山西省高级人民法院(2008)晋民初字第13号民事判决书;二审判决书:参见最高人民法院(2012)民一终字第67号民事判决书。

并进行招工的做法违反租赁合同约定,属单方违约行为,并要求接管电石分厂。在电石分厂停产后,其中冷破工段改由三维公司进行管理。此后,数源公司诉至法院,请求法院依据《合同法》第九十四条第(四)项,判令解除租赁合同及其补充协议。三维公司反诉要求解除租赁合同关系,并要求返还财产、向三维公司支付截至合同解除之日尚未支付完毕的租赁费等费用,并要求赔偿损失等。

山西省高级人民法院经审理认为,在效力既定的情况下,数源公司与三维公司均要求判令解除合同,基此,双方均以明确意思表示不再履行原租赁合同及其补充协议,故从解决纠纷及若继续履行将难以实现合同目的考虑,应判令解除该合同及相关补充协议。

一审宣判后,数源公司与三维公司均不服一审判决,提起上诉。最高人民法院经审理认为,本案租赁合同及补充协议未对合同解除权进行约定,数源公司与三维公司虽均存在违约行为,但都未达到使合同目的不能实现的程度,不应认定构成根本违约,故数源公司与三维公司以对方构成根本违约主张行使法定解除权,均理据不足。本案纠纷发生后,三维公司与数源公司在洪洞县政府主持下于2007年10月16日召开协调会并形成会议纪要,该纪要有双方当事人签字确认,表达了双方当事人均同意终止履行租赁合同及补充协议的意思表示。双方当事人在会议纪要达成后虽也曾试图协商恢复履行租赁合同,但未达成新的一致意见。故最高人民法院认定,数源公司与三维公司之间的租赁合同及补充协议自2007年10月16日解除。

简要解析

《民法典》第五百六十三条第二款规定了不定期的继续性合同的随时解除。依据债的期限性特征,合同关系不可能无期限地存续。值得注意的是,该款仅适用于不定期的继续性合同。这是因为继续性合同而言,债务人的给付随时间的继续不断增加,且经常有部分情事是当事人在缔约时无法预见的,继续性合同的危险无形中被提高,个人自由亦被限制。尤其是对于不定期的继续性合同而言,其既不与特定的给付结果相联结,无法像一时性合同那样,基于内在因素结束,又缺乏双方事先的合意限定,无法像定期继续性合同那样,基于事先约定的外在因素结束[1]。因此,在不定期的继续性合同中,为使"防止合同继续性的弊害"与"保护合同关系的安定性"这两种理念得到平衡,应允许当事人单方面通知解除合同[2]。正是基于以上理由,《民法典》第五百六十三条第二款规定了不定期的继续性合同随时解除

---

[1] 吴奕锋:《论不定期继续性合同随时终止制度——兼评〈民法典合同编(二审稿)〉的规定》,《中外法学》2019年第2期。

[2] 王文军:《论继续性合同的解除》,《法商研究》2019年第2期。

的一般规则,即以持续履行的债务为内容的不定期合同,当事人在合理期限之前通知对方后可以解除。

在本案中,对于数源公司与三维公司为签订的《租赁合同》应否解除的问题,一审法院和二审法院均予以肯定,但是解除依据存在分歧。由于本案情形不能直接适用《合同法》第九十四条,因此一审法院基于双方当事人在诉讼请求和反请求中均主张因对方违约而解除,因而拟制当事人有默示的解除合同的合意。二审法院则基于《会议纪要》,认为该纪要达到双方当事人均同意终止履行租赁合同及补充协议的意思表示,因此双方当事人有明示的解除合同的合意。然而无论明示的解除合同的合意,抑或默示的解除合同的合意,均具有很大的偶然性,其可采性也有很大不确定性,似可商榷[1]。然而值得注意的是,由于案涉《租赁合同》的租赁期限为20年,因此亦不得适用《民法典》第五百六十三条第二款规定的不定期的继续性合同的任意解除。然而,如果在案涉情形下不允许当事人解除《租赁合同》,实乃合同僵局[2]。对此,理论上多主张由合同当事人申请法院予以司法解除,由违约方在法院请求解除合同,法院经过审查认定符合司法解除条件的,判定合同解除[3]。还有学者主张建议借鉴《德国民法典》第三百一十四条,规定当事人可基于重大事由解除继续性合同,应类推适用保管合同的"特别事由"解除,或者类推适用婚姻关系"感情确已破裂"规则,由当事人请求法院解除[4]。

第三节 解除权的行使与法律效力

一、解除权的行使方式

知识点

《民法典》第五百六十五条规定:"当事人一方依法主张解除合同的,应当通知

---

[1] 韩世远:《继续性合同的解除:违约方解除抑或重大事由解除》,《中外法学》2020年第1期。

[2] 合同僵局主要具有以下特点:①合同难以继续履行,但不属于情事变更的情形。②非违约方拒绝违约方解除合同的请求。③双方当事人就是否应当继续维持合同效力发生争议,不能形成一致意见。参见王利明:《论合同僵局中违约方申请解除》,《法学评论》2020年第1期。

[3] 王利明:《论合同僵局中违约方申请解除》,《法学评论》2020年第1期。

[4] 韩世远:《继续性合同的解除:违约方解除抑或重大事由解除》,《中外法学》2020年第1期。

对方。合同自通知到达对方时解除;通知载明债务人在一定期限内不履行债务则合同自动解除,债务人在该期限内未履行债务的,合同自通知载明的期限届满时解除。对方对解除合同有异议的,任何一方当事人均可以请求人民法院或者仲裁机构确认解除行为的效力。当事人一方未通知对方,直接以提起诉讼或者申请仲裁的方式依法主张解除合同,人民法院或者仲裁机构确认该主张的,合同自起诉状副本或者仲裁申请书副本送达对方时解除。"

适用例举

郎深系公司诉罗茨公司买卖合同纠纷案[①]

2006年3月23日,浙江省湖州郎深系生物技术有限公司(以下简称"郎深系公司")与四川罗茨风机有限公司(以下简称"罗茨公司")采用传真签约方式签订MJSL密集型三叶罗茨风机组买卖合同,其中约定合同含税总价款为人民币15 000元,罗茨公司负责将所有货物和技术资料于收到预付款电汇底单传真7日内发送至郎深系公司指定地,并在此期间派安装调试人员到达郎深系公司所在地,双方共同清点验收。如有逾期,罗茨公司同意按每日人民币500元直接从合同总价款中扣除。逾期5天以上,郎深系公司有权终止合同,要求罗茨公司退还全部已收货款并承担已收货款5倍以上的违约金。2006年3月23日,郎深系公司通过电汇方式向罗茨公司支付预付款人民币10 500元,但罗茨公司并未按合同约定在收到预付款后将货物及技术资料送至郎深系公司指定地。郎深系公司于2006年5月8日提出起诉,请求法院确认郎深系公司解除郎深系公司、罗茨公司之间于2006年3月23日签订的购销合同的民事法律行为有效,并判令罗茨公司返还原告货款人民币10 500元、支付违约金52 500元。

湖州市吴兴区人民法院经审理认为,郎深系公司与罗茨公司之间于2006年3月23日通过传真签约方式签订的买卖合同,系双方当事人的真实意思表示,受法律保护。合同中关于终止合同的约定,对双方当事人具有法定拘束力,郎深系公司在约定的解除权条件成就的情况下有权解除合同。根据《合同法》第九十六条第一款的规定,当事人一方主张解除合同的,应当通知对方,合同自通知到达对方时解除。本案中郎深系公司在第一次庭审中陈述曾多次电话通知罗茨公司要求解除合同,但未提供相应证据,法院对于郎深系公司的解除合同行为不予认可。但郎深系公司在其第一次庭审的陈述中提出,在郎深系公司向法院起诉后,法院也将郎深系公司的起诉状副本送达了罗茨公司,郎深系公司认为这种方式也就是通知罗茨公司解除合同,法院认为郎深系公司提出的该解除合同行为符合法律规定,对其效力依法予以确认。本案中罗茨公司未按合同约定及时交付标的物的行为确属违

[①] 参见浙江省湖州市吴兴区人民法院(2006)湖吴民二初字第170号民事判决书。

约,罗茨公司应承担未按照合同约定按时交付标的物的民事责任。根据合同约定,"逾期5天以上,需方有权终止合同,并要求供方退还全部已收货款并承担已收货款5倍以上的违约金",郎深系公司提出要求罗茨公司返还已支付的货款人民币10 500元及罗茨公司支付违约金人民币52 500元,对于其中要求返还货款的部分,法院认为符合合同约定和法律规定予以支持。但是对于郎深系公司要求违约金人民币52 500元的部分,因罗茨公司在其寄送法院的答辩状中提出违约金过高,要求法院予以降低的请求,结合郎深系公司未就具体损失金额进行举证的情况,法院认为根据通常理解当事人获得的合同预期利益不会超过合同标的额本身,一旦违约金超过合同未履行部分,则会被认为违约金的惩罚性过重,所以法院认为将"不超过合同未履行部分"作为违约金调整的上限是较为合理的。综上,判决如下:一、确认郎深系公司解除买卖MJSL密集型三叶罗茨风机组合同的法律行为有效;二、罗茨公司返还郎深系公司货款10 500元;三、罗茨公司支付郎深系公司货款15 000元;四、驳回郎深系公司其他诉讼请求。

简要解析

本案涉及解除权的行使问题。解除权属形成权,应当以明示的方式行使。根据《民法典》第五百六十五条的有关规定,行使解除权的方式既包括以通知的方式行使,也包括以诉讼的方式行使。

一、以通知的方式行使。根据《民法典》第五百六十五条第一款的规定,行使解除权应当以通知的方式,即解除权人应当将解除合同的意思表示告知对方当事人。通知既可以采取口头方式做出,也可以采取书面形式做出。根据《民法典》第一百三十七条的规定,以口头方式做出解除通知的,相对人知道其内容时生效,即发生合同解除的效力;以书面方式做出的解除通知,通知到达相对人时生效,即发生合同解除的效力;以非对话方式做出的采用数据电文形式的解除通知,相对人指定特定系统接收数据电文的,该数据电文进入该特定系统时发生合同解除的效力;未指定特定系统的,相对人知道或者应当知道该数据电文进入其系统时发生合同解除的效力。值得注意的是,《民法典》第五百零二条第三款规定:"法律、行政法规规定解除合同应当办理批准、登记等手续的,依照其规定。"根据该规定,对于此类合同,仅以通知方式不足以发生合同解除的效力,还需办理批准、登记等手续。从实践情况来看,当事人行使解除权的通知,不是非得使用"解除"一词不可,只要意思表示能够明白无误地表明,因为债务人的根本违约等行为,债权人不再打算履行合同即可。因此,债权人在解除合同时,也可以使用"撤销""消灭""终止"或"收回订单"之类的用语[①]。

---

① 朱广新:《合同法总则》,北京:中国人民大学出版社,2012年,第521页。

二、以诉讼的方式行使。我国《民法典》第五百六十五条第二款认可以诉讼的方式行使合同解除权。所谓诉讼方式,在这里包括送达起诉书、仲裁申请书、答辩状于相对人的方式,也包括口头辩论上攻击或防御的方式①。只要其中还有行使解除权的意思表示,均可视为行使合同解除权的方式。采取诉讼方式行使解除权不同于法院或仲裁机构依职权径直解除合同。除了依据情事变更原则解除合同系法院或仲裁机构依职权将系争合同解除之外,其他类型的解除合同,包括行使解除权而解除合同,均为当事人的行为,法院仅是基于解除权人的请求而确认解除合同而已②。

在本案中,根据当事人签订的买卖合同的约定,出卖人交货逾期5天以上,买受人有权终止合同。此条款的实质为约定解除权。2006年3月23日,郎深系公司通过电汇方式向罗茨公司支付预付款人民币10 500元,但罗茨公司并未按合同约定在收到预付款后将货物及技术资料送至郎深系公司指定地。由于罗茨公司逾期交货,约定解除权产生,郎深系公司享有约定解除权。郎深系公司于2006年5月8日提起诉讼,请求法院判令解除购销合同,法院随后依照程序将起诉状副本送达了罗茨公司,其与以通知方式行使合同解除权并无二致。因此,郎深系公司行使约定解除权从而解除合同的行为符合法律规定,买卖合同解除。

二、解除权行使的异议

▌知识点

《民法典》第五百六十五条第一款规定:"当事人一方依法主张解除合同的,应当通知对方。合同自通知到达对方时解除;通知载明债务人在一定期限内不履行债务则合同自动解除,债务人在该期限内未履行债务的,合同自通知载明的期限届满时解除。对方对解除合同有异议的,任何一方当事人均可以请求人民法院或者仲裁机构确认解除行为的效力。"

▌适用例举

聚力新能源公司诉七星电子公司买卖合同纠纷案③

2010年12月23日,江苏聚力新能源有限公司(以下简称"聚力新能源公司")与北京七星华创电子股份有限公司(以下简称"七星电子公司")订立《hg型单晶炉合同书》一份,约定:"七星电子公司(供方)向聚力新能源公司(需方)供应三种

---

① 史尚宽:《债法总论》,北京:中国政法大学出版社,2000年,第528页。
② 崔建远:《合同法学》,北京:法律出版社,2014年,第212页。
③ 一审判决书:参见江苏省连云港市中级人民法院(2013)连商初字第0057号民事判决书;二审判决书:参见江苏省高级人民法院(2014)苏商终字第0269号民事判决书。

型号单晶炉共计63台,价格5 286万元。需方于合同签订后两日内向供方支付合同总货款的20%即1 065万元作为设备预付款,供方在收到需方发货款之日起开始投产,如需方延期支付预付款,供方顺延投产及发货日期。需方未按约定及时支付到期货款时,由双方在一周内协商解决,如协商不成,供方有权中止需方对设备的使用权,并中止供货,亦有权处置设备,同时无须退还需方在其违约前已支付的所有货款。"合同签订后,聚力新能源公司于2010年12月3日向七星电子公司电汇900万元,于2010年12月24日向七星电子公司电汇165万元,于2011年1月4日向七星电子公司电汇42万元。七星电子公司于2011年1月按约交付2台设备。2011年6月21日,七星电子公司向聚力新能源公司发传真要求支付第一批设备的余款及第二批31台设备的发货款,合计797万元。2011年7月1日,聚力新能源公司向七星电子公司发函称,按合同约定七星电子公司应在2011年5月底交付第二批设备,因七星电子公司一直没有交付,聚力新能源公司也没有收到书面发货通知书,故主张取消合同。同日,七星电子公司回函认为,七星电子公司已按合同约定于2011年5月前完成前33台设备的制造工作,且后30台设备生产制造已基本完成;因七星电子公司自2011年5月初起多次以各种方式催促发货款,但聚力新能源公司直至2011年6月底没有支付货款,七星电子公司于2011年6月21日向聚力新能源公司发传真及邮件要求履行合同,故不存在违约行为,不同意取消合同。2011年7月16日,七星电子公司回函,内容主要包括以下几点:一、七星电子公司已按合同约定完成30台的厂内调试任务,具备发货条件,且已通知聚力新能源公司。二、七星电子公司在5月与6月期间多次与聚力新能源公司联系付款,没有得到回复,后于6月21日再次联系确认付款发货的事宜。三、聚力新能源公司没有按合同约定履行第一批2台设备的余款。四、七星电子公司再次表示不同意取消合同。后双方多次进行邮件往来。随后,聚力新能源公司向一审法院提起诉讼,请求判令七星电子公司返还合同预付款1 065万元及支付相应利息。

连云港市中级人民法院经审理认为:关于七星电子公司在收到聚力新能源公司的解除通知后未在三个月内提起诉讼,本案需要对聚力新能源公司是否享有法定解除权进行审查。对此,聚力新能源公司主张,根据《最高人民法院关于适用〈中华人民共和国合同法〉若干问题的解释(二)》(以下简称"《合同法解释二》")第二十四条的规定,七星电子公司在2011年7月1日收到解除合同的通知,但未在法定3个月的异议期限内提起异议权之诉,故即使聚力新能源公司无权行使合同解除权,但由于七星电子公司怠于行使异议权而使得法定异议期限经过,七星电子公司已丧失异议权之诉的胜诉权,聚力新能源公司解除合同的行为发生法律效力,双方的合同自2011年7月1日起解除。法院认为,适用《合同法解释二》第二十四条的前提是当事人享有约定解除权或者法定解除权。该条规定系在赋予非解除权人异议权的同时,防止异议权人不提异议而使合同是否解除处于不确定状态,但并非赋予不享有约定解除权或法定解除权的一方单方任意解除合同的权利,故涉案合同并不因七星电子公司在收到解除合同通知后3个月内未提起诉讼而必然导致解除。因双方没有约定合同解除的条件，本案仍需对聚力新能源公司是否享有法定解除权进行审查。根据合同约定，七星电子公司应当在2011年5月底前交付30台设备（从4月开始交货），虽七星电子公司未从4月开始交货，在2011年5月才开始通知聚力新能源公司支付货款，未严格按照协议自2011年4月开始交货，但只要在2011年5月底交付30台设备即不构成严重违约。现并无证据证明聚力新能源公司已履行催告义务，故即使七星电子公司在2011年6月21日逾期一个月通知付款，也不构成根本性违约，聚力新能源公司可以向七星电子公司主张因延期交货造成的损失而不应对于数额高达5 000万余元的合同径行解除。据此，聚力新能源公司无权解除合同，其于2011年7月1日向七星电子公司送达的解除合同通知不对七星电子公司发生解除合同的效力。综上，因聚力新能源公司无权解除合同，驳回聚力新能源公司的诉讼请求。

一审宣判后，聚力新能源公司不服一审判决，向江苏省高级人民法院提起上诉。江苏省高级人民法院经审理认为：对合同解除通知逾期提出异议只是导致非解约一方当事人的异议权消灭，解约一方当事人的解除权并不因此自动成立，解约行为也不因此自动有效。因此，当事人根据《中华人民共和国合同法》第九十六条的规定通知对方要求解除合同的，必须具备《中华人民共和国合同法》第九十三条第二款规定的约定解除条件成就或者第九十四条规定的法定解除的情形，才能发生合同解除的法律效力，否则即使解除通知到达对方，对方未在异议期内提出异议并提起诉讼，也不产生合同解除的效力。在本案中聚力新能源公司单方通知七星电子公司解除合同，不符合《中华人民共和国合同法》第九十四条规定的法定解除情形。综上，判决驳回上诉，维持原判。

■ 简要解析

本案涉及解除权行使的异议问题。根据《民法典》第五百六十五条第一款的规定，在解除权产生的条件均已具备、解除权行使完毕之后，任何一方当事人都有权请求人民法院或者仲裁机构确认解除合同的效力。《民法典》赋予合同当事人以异议权的目的主要在于防止解除权人滥用解除权。由于解除权属形成权，解除权人行使解除权的意思表示到达相对人即应发生合同解除的效力，不因对方当事人的异议而受影响。虽然根据《民法典》第五百六十五条规定，赋予解除权的相对人以异议权，能够保护相对人的利益。但是异议权发生法律效果必须以解除权行使的条件具备为前提，如果通知解除合同的一方并不享有合同法定解除权或者约定解除权，则根本不得依据所谓解除通知到达相对人而认定系争合同被解除。因此，即使解除通知到达对方，对方未在约定或法定期间内提出异议并提起诉讼的，亦不产生合同解除的效力。应当注意的是，《民法典》第五百六十五条第一款规定的是合同解除权行使的异议，其适用前提应是解除权有效存在。若不存在合同解除权,自无解除权行使异议制度存在的空间。

在本案中,争议焦点之一是:七星电子公司在收到解除合同的通知后在法定异议期限内怠于行使异议权,是否会发生合同径行解除的法律效力?回答这个问题,需要对《合同法解释二》第二十四条进行目的解释。该条规定:"当事人对合同法第九十六条、第九十九条规定的合同解除或者债务抵销虽有异议,但在约定的异议期限届满后才提出异议并向人民法院起诉的,人民法院不予支持;当事人没有约定异议期间,在解除合同或者债务抵销通知到达之日起3个月以后才向人民法院起诉的,人民法院不予支持。"该条司法解释旨在防止异议权人不提异议而使合同是否解除处于不确定状态,而非赋予不享有约定解除权或法定解除权的一方单方面任意解除合同的权利。尽管七星电子公司在法定异议期限内怠于行使异议权,但这并不意味着聚力新能源公司的解约行为自动有效,法院仍需对聚力新能源公司是否具有约定或法定解除权进行审查。本案中,聚力新能源公司系以七星电子公司迟延交货为由解除涉案合同,因双方并未约定合同解除的条件,因此聚力新能源公司并不享有约定解除权。故涉案合同是否解除,应审查聚力新能源公司是否享有法定解除权。而根据合同约定,七星电子虽未严格按照协议自2011年4月开始交货,但只要在2011年5月底交付30台设备并不会导致合同目的不达。且本案中并无证据证明聚力新能源公司已履行催告义务,因此并不符合《民法典》第五百六十三条第一款规定的法定解除情形。综上,涉案合同并不因七星电子公司在收到解除合同通知后3个月内未提起异议之诉而自动解除。

三、解除权的除斥期间

■ 知识点

《民法典》第五百六十四条规定:"法律规定或者当事人约定解除权行使期限,期限届满当事人不行使的,该权利消灭。法律没有规定或者当事人没有约定解除权行使期限,自解除权人知道或者应当知道解除事由之日起一年内不行使,或者经对方催告后在合理期限内不行使的,该权利消灭。"

■ 适用例举

段某与中联润世公司商品房预约合同纠纷案[①]

2014年10月11日,段某与中联润世新疆物流有限公司(以下简称"中联润世

---

① 一审判决书:参见乌鲁木齐市头屯河区人民法院(2017)新0106民初1160号民事判决书;二审判决书:参见新疆维吾尔自治区乌鲁木齐市中级人民法院(2018)新01民终356号民事判决书。

公司")签订《商品房预售合同》,约定段某购买中联润世公司开发的经济技术开发区(头屯河区)中亚北路418号乌鲁木齐中联润世物流园区项目4栋2层商业××号房屋。付款方式为买受人于2014年10月11日前一次性支付全部房款380 000元。合同第八条约定了交付期限:出卖人应当在2015年5月31日前,依照国家和地方人民政府的有关规定,将具备已验收合格并符合本合同约定的商品房交付买受人使用。但如遇非出卖人过错,或由于政府职能部门采取限制措施,或非出卖人所能控制的因素等原因,致使出卖人无法按时完工的,除双方协商同意解除合同或变更合同外,出卖人可据实予以延期。第九条关于出卖人逾期交房的违约责任:除本合同第八条规定的特殊情况外,出卖人如未按本合同规定的期限将该商品房交付买受人使用,按逾期时间,分别处理(不累加):①逾期不超过180日,出卖人按日支付已交付房价款万分之0.1的违约金,合同继续履行;②逾期超过180日后,买受人有权解除合同,买受人解除合同的,出卖人应当退还全部已付款,并向买受人支付违约金。买受人要求继续履行合同的,合同继续履行,自本合同第八条规定的最后交付期限的第二天起至实际交付之日止,出卖人按日向买受人支付违约金。

合同签订当日,段某以货款抵房款的形式支付了购房款,交纳房产局预告登记费550元。2014年10月16日,段某缴纳印花税190元、契税11 400元、房屋维修基金7 600元。2016年8月22日,中联润世公司与监理、勘察、设计、施工四家单位共同对中联润世物流园区4号楼进行了竣工验收。2016年10月8日,中联润世公司发布《天工鼎胜国际汽配城交房公告》,要求业主于2016年10月6日至2016年10月21日集中办理入住手续。天工鼎胜国际汽配城即原中联润世汽配城,段某迄今未办理入住手续。2017年7月25日,段某以中联润世公司迟延交房为由向法院起诉,请求判令解除双方之间的买卖合同,中联润世公司返还房款并支付违约金。

乌鲁木齐市头屯河区人民法院经审理认为:本案当事人双方签订的《商品房预售合同》及《补充协议》是双方真实意思表示,内容不违反法律规定,对双方具有法律约束力。关于解除合同的问题,《商品房预售合同》中约定出卖人应当在2015年5月31日前交付房屋,出卖人逾期交房超过180日,买受人有权解除合同。中联润世公司在约定的时间未向段某交付房屋已构成违约,逾期交房达180日后段某即享有合同解除权。根据《最高人民法院关于审理商品房买卖合同纠纷案件适用法律若干问题的解释》的相关规定,出卖人迟延交付房屋或者买受人迟延支付购房款,经催告后在3个月的合理期限内仍未履行,当事人一方请求解除合同的,应予支持,但当事人另有约定的除外。法律没有规定或者当事人没有约定,经对方当事人催告后,解除权行使的合理期限为3个月。对方当事人没有催告的,解除权应当在解除权发生之日起一年内行使;逾期不行使的,解除权消灭。段某于2017年7月25日通过诉讼提出解除合同,已超过行使解除权的期限,解除权消灭,故对段某要求解除《商品房预售合同》以及返还购房款、购房相关费用的诉讼请求法院不予支持。综上,判决驳回段某的诉讼请求。

一审宣判后,段某不服一审判决,提起上诉。乌鲁木齐市中级人民法院经审理认为:关于双方合同应否解除的问题。根据合同约定,出卖人逾期交房超过180日后,买受人有权解除合同。中联润世公司在规定的时间内未按期交房,构成违约,但作为买受人有权行使解除权,但段某在规定时间内未行使解除权,故解除权消灭。对于段某以中联润世公司交付的房屋没有窗户及卫生间,不具备基本的使用功能为上诉理由,主张解除双方之间的合同,因段某所购房屋系商铺,双方在合同中也并未明确约定商铺必须包含有窗户及卫生间,故对其该项上诉请求,法院不予采纳。综上,判决驳回上诉,维持原判。

简要解析

本案涉及解除权的除斥期间问题。解除权的行使与否取决于解除权人的意志,由此会使相对人限于不安状态,长期放任此种不安状态存在,有失公允,故法律应当限定解除权的行使期限,超过行使期限,其解除权消灭[①]。如果法律规定或者当事人约定了解除权期限的,期限届满当事人未行使解除权的,解除权消灭;如果法律未明确规定或当事人未约定解除权的行使期限的,自解除权人知道或者应当知道解除事由之日起一年内不行使,或者相对人可以催告解除权人在合理期限内行使解除权,在合理期限内仍不行使的,解除权消灭。

在本案中,当事人在《商品房预售合同》中约定出卖人应当在2015年5月31日前交付房屋,出卖人逾期交房超过180日,买受人有权解除合同。而中联润世公司直至2016年10月6日才交付涉案房屋,逾期交房达180日。因此买受人段某享有合同约定解除权。《最高人民法院关于审理商品房买卖合同纠纷案件适用法律若干问题的解释》第十五条:"根据《合同法》第九十四条的规定,出卖人迟延交付房屋或者买受人迟延支付购房款,经催告后在3个月的合理期限内仍未履行,当事人一方请求解除合同的,应予支持,但当事人另有约定的除外。法律没有规定或者当事人没有约定,经对方当事人催告后,解除权行使的合理期限为3个月。对方当事人没有催告的,解除权应当在解除权发生之日起一年内行使;逾期不行使的,解除权消灭。"根据该条的规定,经对方当事人催告后,解除权行使的合理期限为3个月。然而,段某于2017年7月25日方才通过诉讼提出解除合同显然已超过行使解除权的期限,该约定解除权消灭。

[①] 韩世远:《合同法总论》(第四版),北京:法律出版社,2018年,第691页。

四、合同解除的法律效果

知识点

《民法典》第五百六十六条规定:"合同解除后,尚未履行的,终止履行;已经履行的,根据履行情况和合同性质,当事人可以请求恢复原状或者采取其他补救措施,并有权请求赔偿损失。合同因违约解除的,解除权人可以请求违约方承担违约责任,但是当事人另有约定的除外。主合同解除后,担保人对债务人应当承担的民事责任仍应当承担担保责任,但是担保合同另有约定的除外。"

适用例举

李某与马某房屋买卖合同纠纷案①

2011年1月8日,李某、马某及中介方签订一份《房产买卖协议》,约定:马某将其名下的位于厦门市思明区沙坡尾×号9C单元的房产出卖给李某,成交价128万元;协议签订之日,李某支付马某购房定金28万元,过户当日支付99.5万元,交房当日支付5 000元;马某应于过户日20日之前办理解除抵押登记手续;双方应于2011年3月15日前办理交易过户登记手续;若马某中途悔约,则返还李某双倍定金;若李某中途悔约,定金归马某所有。当日,马某收取李某定金28万元。2010年1月7日,国务院办公厅出台《关于促进房地产市场平稳健康发展的通知》,要求各级贯彻落实房地产市场调控政策;4月17日,国务院出台的《关于坚决遏制部分城市房价过快上涨的通知》;9月30日,厦门市国土资源与房产管理局等部门出台《关于贯彻住建部等五部委房地产宏观调控政策促进我市房地产业健康发展的意见》规定,从2010年10月1日起,同一购房家庭只能在本市新购一套商品住房,该"限购"政策的适用时间仅至2010年12月31日。2010年10月29日,李某购买位于同安区启辉一路××号房产,并取得了房产登记。2011年1月26日,国务院办公厅出台《关于进一步做好房地产市场调控工作有关问题的通知》;2月20日,厦门市人民政府办公厅出台《贯彻国务院办公厅关于进一步做好房地产市场调控工作有关问题的实施意见》,规定:自意见发布之日起至2011年12月31日止,对已拥有1套住房的本市户籍居民家庭,"限购"一套住房。2011年2月22日,厦门市国土资源与房产管理局出台《关于落实居民家庭限购商品住房政策的通知》,重申了上述规定,并规定:对不符合要求的,不予办理登记。2011年12月31日,厦门市人民政府办公厅发出《关于继续执行住房限购政策的通知》,通知上述原执行

---

① 一审判决书:参见福建省厦门市思明区人民法院(2012)思民初字第6818号民事判决书;二审判决书:参见福建省厦门市中级人民法院(2012)厦民终字第3202号民事判决书。

至2011年12月31日止的本市住房"限购"政策,在2011年12月31日截止期满后继续执行。2011年3月,李某提起诉讼,请求解除《房产买卖协议》,并请求马某立即返还李某人民币28万元及利息。马某辩称,双方已就解除合同达成合意,但不能完成房屋过户完全是李某导致,李某所交28万元定金应依定金罚则由马某没收。

福建省厦门市思明区人民法院经审理认为:双方当事人均确认诉争合同成立、生效但已解除,争议的实质在于解除后应如何处理。依照《中华人民共和国合同法》第九十七条关于"合同解除后,尚未履行的,终止履行;已经履行的,根据履行情况和合同性质,当事人可以要求恢复原状、采取其他补救措施,并有权要求赔偿损失"之规定,应"根据履行情况和合同性质"处理。李某诉请返还28万元,实际是要求恢复原状,马某抗辩不予返还则是要求承担违约责任、赔偿损失。关于是否可以恢复原状即要求返还支付的28万元,法院认为,本案合同属于非继续性合同,该属性之合同具有溯及力,该溯及力所具有的直接效力就是恢复原状,即合同解除使基于合同发生的债权债务关系溯及既往地消灭,合同如同自始不成立。由于合同自始失去效力,所以当事人受领给付失去法律依据,应当返还给付人即李某,因此给付人即李某有权在合同解除后要求马某即被告恢复原状。此外,原给付物在给付后产生孳息,孳息也应随给付物一并返还,故李某另要求支付利息合法、有据。另外,合同解除时,李某是否应承担违约责任或承担损害赔偿责任,应视情况而定:如果合同系因违约行为而解除的,则违约的一方当事人应承担赔偿合同不履行给非违约方所造成的损失;如果合同系因不可抗力的原因而解除的,则当事人双方都不承担合同不履行的赔偿责任。正如前述查明之事实,本案双方当事人签订合同时,此前的房产"限购"政策执行期限已过,而新的房产"限购"政策尚未颁发,即处于俗称的"空窗期",而在双方当事人签订合同后,行政机关出台了比此前更为严厉的行政规范,导致双方合同目的无法实现而解除,并非李某主观违约,系嗣后的、客观的给付不能,系因不可归责之事由所致,属"当事人双方都不承担合同不履行的赔偿责任"的情况,故马某抗辩李某应承担违约责任、适用定金罚则、不予退还28万元,缺乏事实与法律依据,不应采纳。综上,判决确认《房产买卖协议》解除;马某返还李某28万元及利息。

一审宣判后,马某不服一审判决,提起上诉。福建省厦门市中级人民法院经审理认为:由于2010年10月及2011年年初,厦门市政府依据国务院的通知陆续出台房屋"限购"政策,李某已属于"限购"对象,其再购房不符合条件,合同目的不能实现,双方当事人均确认已于2011年2月28日解除《房产买卖协议》。李某在确定其已不符合购房条件时请马某返还已支付的购房款,主观并无反悔的意图,故不属《房产买卖协议》约定的"中途悔约"的情形。2010年9月30日厦门市房屋"限购"政策出台后对执行期限存在不同解释,特别是李某系于2011年1月份购买诉争房,要求其准确理解"限购"政策过于苛责,也没有证据证明李某在明知不符购房条件的情况下仍然与马某签订《房产买卖合同》。故合同不能履行不可归责于李某,李某不承担违约责任。马某主张李某系"限购"对象,合同不能履行系李某单方过错造成,应当承担违约责任的上诉理由不能成立。李某所交付的28万元定金在合同成立后已转化为购房款,合同解除后,该款项应予返还,原审判决马某返还购房款28万元是正确的,法院予以维持,对马某的上诉请求予以驳回。综上,判决驳回上诉,维持原判。

简要解析

  本案涉及合同解除的法律效力问题。《民法典》有关合同解除的效力的规定较为笼统,理论上一般从以下几个方面说明合同解除的效力:一、恢复原状。《民法典》第五百六十六条未明确规定合同解除是否有溯及力,但是却承认合同解除后,"当事人可以要求恢复原状"。在实践中,"恢复原状"是合同解除溯及既往的效果及标志。一般认为,一时的合同的解除原则上有溯及力,继续性合同以及一些提供劳务的合同关系原则上解除无溯及力①。如果合同解除具有溯及力,对于合同已经履行的部分,当事人之间应当恢复原状。由于我国现行立法不承认物权行为的无因性理论,因此恢复原状的请求权基础是基于物权发生的所有物返还请求权。恢复原状应当以回复至给付时的状态为标准。二、免除未履行的合同义务。合同解除是合同终止的原因,合同解除的直接效果,即为免除尚未履行的合同义务,此乃"合同义务的解放",是解除权人追求的主要目的②。《民法典》第五百六十六条第一款前段规定的"尚未履行的,终止履行"即为此意。三、损害赔偿。合同解除虽可使守约当事人提前终止合同,并要求恢复原状、采取其他补救措施,但是不见得能完全补偿守约当事人的损失。根据《民法典》第五百六十六条第一款的规定,我国现行立法承认合同解除与损害赔偿可以并存。四、违约责任。根据《民法典》第五百六十六条第二款的规定,合同因违约解除的,解除权人可以请求违约方承担违约责任,但是当事人另有约定的除外。

  在本案中,当事人缔结的《房屋买卖协议》显然属于一时的合同,对于一时的合同而言,合同解除具有溯及力。根据《民法典》第五百六十六条的规定,本案所涉《房屋买卖协议》解除后,尚未履行的,终止履行;对于已经履行的部分,双方当事人可以要求恢复原状、采取其他补救措施。另外,虽然合同解除不排斥违约损害赔偿责任的承担。但是根据《民法典》第五百六十六条第二款,如果合同解除是依据《民法典》第五百六十三条第一款第(一)项,即"因不可抗力致使不能实现合同目的",应当排斥违约损害赔偿的适用。值得商榷的是,本案《房屋买卖协议》解除

---

 ① 王利明:《民法分则合同编立法研究》,《中国法学》2017年第2期。
 ② 韩世远:《合同法总论》(第四版),北京:法律出版社,2018年,第674页。

的主要原因是房屋限购政策,城市房屋限购政策是否构成不可抗力?本书认为,对此应当根据个案进行判断。如果在当时的形势下,当事人能够预见到所在城市极有可能出台限购政策,不得认定为不可抗力。结合本案情况来看,由于2010年10月及2011年年初,厦门市政府依据国务院的通知陆续出台房屋"限购"政策,李某已属于"限购"对象,其再购房不符合条件。但是该"限购"政策的适用时间仅至2010年12月31日。案涉《房屋买卖协议》于2011年1月8日订立,当时新的限购政策尚未出台,如果要求当事人预估新的限购政策是否出台、何时出台以及限购内容如何,未免过于严苛。因此,对于2011年2月,厦门市先后出台的《贯彻国务院办公厅关于进一步做好房地产市场调控工作有关问题的实施意见》《关于落实居民家庭限购商品住房政策的通知》《关于继续执行住房限购政策的通知》等限购政策,应当认定为不可抗力。综上,案涉《房屋买卖协议》因符合《民法典》第五百六十三条第一款第(一)项规定的情形,依法可被解除。该合同解除的效力溯及既往,尚未履行的无须履行,已经履行的应当恢复原状,但是由于合同解除不可归责于当事人,因此无损害赔偿的适用。

第十二章

违约责任

第一节 违约责任概述

一、违约责任的内涵

知识点

违约责任,即违反合同的民事责任,是指合同当事人因违反合同义务所承担的责任。违约责任必须以合同有效存在为前提,如果合同关系未成立、已被撤销、被解除或已被宣告无效时,不可能发生违约行为。

《民法典》第五百七十七条规定:"当事人一方不履行合同义务或者履行合同义务不符合约定的,应当承担继续履行、采取补救措施或者赔偿损失等违约责任。"

适用例举

郑某、陈某诉人民医院医疗服务合同纠纷案[①]

郑某与陈某系夫妻关系,因生育障碍到江苏省人民医院(以下简称"人民医院")就医。2002年9月9日,郑某、陈某与人民医院签订了《试管婴儿辅助生育治疗协议和须知》(以下简称《协议和须知》)。人工辅助生育存在多种治疗技术,IVF和ICSI都是人工辅助生育的技术手段,郑某、陈某、人民医院之间已经就采取ICSI

---

① 参见《最高人民法院公报》2004年第8期(总第94期)。

技术进行人工辅助生育治疗达成合意，人民医院有义务按照 ICSI 技术为郑某、陈某进行治疗。2002 年 9 月 25 日，郑某向人民医院交纳了检查费 5 400 元，同日人民医院对郑某进行了采卵手术并采集了陈某的精子。医务人员在观察了陈某的精子后，认为适宜按照 IVF 技术进行治疗，遂按照 IVF 技术操作，但是最终治疗未获成功。郑某、陈某向人民医院支付检查费、医药费等共计人民币 6 072 元（包括上述 5 400 元），为促进排卵，郑某、陈某在院外购买药品支出人民币 5 362.05 元，两项合计 11 434.05 元。其后，郑某、陈某诉至法院称人民医院擅自改变治疗技术方案，实际采取了"体外受精和胚胎移植"技术（以下简称"IVF 技术"）并导致治疗失败，故请求判令人民医院双倍赔偿医药费 2.5 万元、误工费 1 392.5 元、精神抚慰金 1 万元并公开赔礼道歉。

南京市鼓楼区人民法院经审理认为：郑某、陈某提起违约之诉，应该先确定双方之间是否存在合同关系及合同是否生效。医疗服务合同在患者向医院提出进行诊查、治疗的请求，并经医方做出承诺时成立。人民医院已经收取了郑某、陈某交纳的医疗费，郑某、陈某与人民医院签订了《协议和须知》，人民医院也对郑某、陈某进行了治疗，应当认定双方之间的医疗服务合同已经成立并生效。在医疗服务合同中，医院负有对医疗方案的说明义务，而患者享有对医疗方案一定的选择权。在实施医疗方案之前，除非在紧急情况下，医院有义务就该医疗方案向患者或其代理人进行充分的说明。患者有权充分了解医疗方案可能给自己带来的后果，有权对医疗方案进行选择。本案中人工辅助生育存在 ICSI、IVF 等多种治疗技术。郑某、陈某、人民医院已经约定采取 ICSI 技术，如果医务人员在治疗过程中认为郑某、陈某的状况更适合采取 IVF 技术，在条件允许的情况下，应当向郑某、陈某予以说明，并就治疗技术方案的改动征求郑某、陈某的意见。但人民医院的举证只能证明郑某、陈某知悉治疗技术的改动，不能证明人民医院已经就该改动取得了郑某、陈某的同意，故应当认定其行为构成违约，应当承担相应的责任。我国《合同法》第一百零七条规定："当事人一方不履行合同义务或者履行合同义务不符合约定的，应当承担继续履行、采取补救措施或者赔偿损失等违约责任。"本案中，郑某、陈某为履行医疗服务合同而付出的医疗费属于其损失，具体范围包括郑某、陈某向人民医院支付的检查费、医药费以及郑某、陈某在院外购买药品支出的费用，人民医院应当予以赔偿。关于郑某、陈某要求人民医院给予精神损害赔偿的诉讼请求，因本案为合同违约之诉，依据《合同法》第一百零七条、第一百一十三条第一款的规定，合同当事人未适当履行合同义务的，应当承担赔偿损失等违约责任。损失赔偿的数额应当相当于因违约所造成的损失，包括合同履行后可以获得的利益，但不得超过违反合同一方订立合同时预见到或者应当预见到的因违反合同可能造成的损失，亦不包括精神损害赔偿，故对要求人民医院承担精神损害赔偿的请求不予支持，亦不支持要求被告公开赔礼道歉的请求。结合郑某、陈某对损失的举证情况，法院判决人民医院向郑某、陈某赔偿医疗费人民币 11 434.05 元。

简要解析

本案涉及违约责任的成立及承担问题。根据《民法典》的规定，违约责任具有以下特征：一、违约责任以存在违约行为为要件。所谓违约行为，是指债务人不履行合同义务的行为。根据《民法典》第五百七十七条的规定，违约行为主要是指当事人一方不履行合同债务或者履行不符合合同约定或法律规定的行为。二、违约责任具有相对性。违约责任是合同当事人中的违约方承担的责任，在因第三人的行为导致债务未履行或履行不符合合同约定或法律规定时，仍应由债务人向债权人承担违约责任。三、违约责任具有补偿性。违约责任旨在弥补或补偿因违约行为造成的损害后果，一般来说，合同守约方不能因违约方承担违约责任而获得额外的利益。四、违约责任可由当事人约定。根据合同自由原则，违约责任可以由当事人约定，但是当事人必须在法律允许的范围内进行约定。如在违约金责任中，当事人可以事先约定违约金的数额、损害赔偿的计算方法等。五、违约责任是财产责任。违约责任的目的在于填补合同守约方的财产损失，因此违约责任主要适用于赔偿损失、支付违约金、强制履行、解除合同等财产责任形式，不适用于赔礼道歉等非财产性民事责任形式。

在本案中，郑某、陈某与人民医院签订了《试管婴儿辅助生育治疗协议和须知》，约定采用 ICSI 技术进行人工辅助生育，人民医院有义务按照 ICSI 技术为原告进行治疗。即使医务人员在观察了陈某的精子后，认为适宜按照 IVF 技术进行治疗，也应该就此与郑某、陈某达成新的合意。因此，人民医院擅自采用 IVF 技术应属不履行合同约定义务的违约行为，对此应当由人民医院承担违约责任。原则上，违约责任应是一种补偿性的财产责任，人民医院应就违约行为给郑某、陈某产生的损害进行损害赔偿，但是郑某、陈某请求人民医院承担精神损害赔偿以及要求人民医院公开赔礼道歉的请求不属于财产责任的范畴，未获得法院支持。需要指出的是，对于违约责任绝对不包含非财产责任的观点，理论界已开始重新审视，部分观点认为在一些特殊类型的合同中，如在旅游、观看演出等以旅游者、观众等权利人获得精神享受（愉悦）为权利内容的合同场合，以及产妇到医院生产、婚庆典礼、拍摄结婚照、洗印照片等合同场合，应当承认精神损害赔偿责任[①]。

二、违约责任的归责原则

知识点

《民法典》第五百七十七条规定："当事人一方不履行合同义务或者履行合同义务不符合约定的，应当承担继续履行、采取补救措施或者赔偿损失等违约责

---

① 崔建远：《精神损害赔偿绝非侵权法所独有》，《法学杂志》2012 年第 8 期。

任。"从该条来看,债权人只需举证证明违约行为的存在,便可要求债务人承担违约责任,并不需要证明债务人主观上具有过错。因此理论上一般认为,我国民法中的违约责任的归责原则采用严格责任原则。

适用例举

周某诉江东农行储蓄合同纠纷案①

2003年12月10日,周某在中国农业银行湖南衡阳市江东支行(以下简称"江东农行")下属的乐群里分理处开户,申领了中国农业银行发行的金穗借记卡。中国农业银行制定的《金穗借记卡章程》第十一条规定:"持卡人必须妥善保存和正确使用金穗借记卡,领到金穗借记卡时应立即修改密码,凡密码相符的交易均视为合法交易。持卡人应将金穗借记卡与密码分开保管,因卡片遗失或密码失密造成的资金损失,由持卡人自行承担。"2003年12月19日上午,周某的金穗借记卡账户内到款54 600元,存款余额为56 867.52元。13时左右,周某到江东农行下属的火车站分理处,持卡在柜台要求取款。江东农行的营业员建议周某到自动取款机上取款,周某称"我不会",营业员告知其"屏幕上有提示,你跟着做就可以了",周某遂到自动取款机前。该自动取款机位于分理处营业大厅内,距离柜台不过两米;取款机上方贴有"您的密码如同钱包,注意保密,以防被窃"的警示纸条,周围无任何安全防范措施。周某在自动取款机上操作后不久,再次持卡到柜台要求取款。营业员告知其该卡为外地卡,周某才发现自己的卡被调包,要求挂失,因其不能提供存折号码和卡号,营业员没有为其办理挂失,周某遂于19日13时20分离开火车站分理处。13时47分18秒,周某赶到开户行乐群里分理处口头挂失时,其账户内已被盗取53 006元。周某遂诉至法院,请求江东农行赔偿其经济损失53 006元、精神损失10 000元。

衡阳市珠晖区人民法院经审理认为:周某是以储户身份提起储蓄合同违约之诉,合同另一方当事人是具有商业银行身份的江东农行。《中华人民共和国商业银行法》(以下简称《商业银行法》)第三十三条规定:"商业银行应当保证存款本金和利息的支付,不得拖延、拒绝支付存款本金和利息。"该条规定了商业银行的保证支付义务。保证支付不仅是指银行不得拖延、拒绝支付,还包括银行应当以适当的方式履行支付义务。商业银行应当无条件履行保证支付义务。当周某持卡第一次在江东农行下属的火车站分理处柜台前要求取款时,无论其是否说出取款数额,江东农行的营业员都不得以任何理由拒绝提供适当服务。特别是周某已经向营业员告知其不会使用自动取款机后,营业员仍只是简单告知"屏幕上有提示,你跟着提示办理就行了",再未主动提供任何服务,没有履行保证支付的法定义务。

---

① 参见《最高人民法院公报》2006年第2期(总第112期)。

为存款人保密,保障存款人的合法权益不受任何单位和个人的侵犯,也是商业银行的法定义务。银行的保密义务不仅是指银行对储户已经提供的个人信息保密,也包括要为到银行办理交易的储户提供必要的安全、保密的环境。江东农行下属的火车站分理处,将自动取款机置于人员众多且流动性大的营业大厅内,只在取款机上方张贴一警示纸条,周围无任何安全防范措施,不能保证旁人无法接近正在使用自动取款机的储户、无法偷窥储户在自动取款机上的密码,客观上使储户无法在保密状态下安全使用自动取款机。江东农行没有履行保证支付、为存款人保密、保障存款人的合法权益不受任何单位和个人侵犯的法定义务,在得知周某的借记卡被人调包后,又没有按周某的要求和《金穗借记卡章程》的规定办理凭个人密码挂失的业务。江东农行这一系列违约行为,是造成周某巨额存款被盗取的主要原因,该行对此应负主要赔偿责任。在交易活动中,周某不慎遗失银行卡和密码,对巨额存款被盗取亦应承担相应责任。综上,判决江东农行赔偿周某损失4万元。

江东农行不服一审判决,向湖南省衡阳市中级人民法院提出上诉。衡阳市中级人民法院经审理认为:根据《商业银行法》第六条的规定,商业银行应当保障存款人的合法权益不受任何单位和个人的侵犯。这是商业银行应尽的法定义务。在本案中,周某向江东农行的营业员声明其不会使用借记卡在自动取款机上取款,已经失去了正确使用的前提。江东农行提供的自动取款机,周围无防护措施,无法保证使用人在使用中密码不被偷窥、借记卡不被调包。因此,本案的卡片遗失与密码失密,并非完全是持卡人自己的过失造成。周某与江东农行之间存在储蓄合同关系,该合同系双方真实意思表示,且内容合法,属有效合同,双方均应当严格按照合同约定履行各自的合同义务。当然,卡片遗失、密码失密后卡内资金被盗取,系犯罪分子所为,但是本案中,银行没有依照储蓄合同履行保证支付、保障储户取款自由以及保密义务,构成违约。周某以储户身份提起储蓄合同违约之诉,江东农行应当承担相应违约责任。综上,判决驳回上诉,维持原判。

▎简要解析▎

本案涉及违约责任的成立及归责原则问题。在《合同法》的起草过程中,对于违约责任的归责原则究竟应采过错责任原则,还是严格责任原则,一直存在争论。最终《合同法》采取了严格责任原则,基于学者们的论证,这主要是由于以下两个原因:一方面,严格责任与过失责任相比,优势非常明显[①]。在采严格责任的背景

[①] 亦有学者认为,违约责任的归责原则实质上应为违约损害赔偿的归责原则。若将违约责任的归责原则理解为严格责任,违约损害赔偿责任,在理论与事实两方面皆存在严重问题。应借鉴《国际商事合同通则》与《欧洲合同法原则》的做法,通过解释方法,确立如下标准:违反方式性义务者,应承担过错责任;违反结果性义务者,应承担严格责任。参见朱广新:《违约责任的归责原则探究》,《政法论坛》2008年第4期。

下,除非具有免责事由,否则守约方只需要证明违约方违反合同义务的事实,违约责任即成立。守约方不须证明违约方对于违反合同义务是否有过错,违约方也不需要证明自己无过错。因此实行在违约责任的归责原则的问题上实行严格责任,可以方便裁判,有利于诉讼经济,有利于合同的严肃性,有利于增强当事人的责任心和法律意识①。另一方面,严格责任更符合违约责任的本质。违约责任以存在合法有效的合同关系为基础,而合同是基于双方当事人意思自治而缔结的协议。因此违约责任实质上源于当事人对自己的约定或承诺的违反,这就足够使违约责任具有充分的合理性和说服力,无须再添加过错要件为违约责任的合理性进行额外的论证②。《民法典》亦延续了此种立场。

在本案中,周某以储户身份与江东农行缔结储蓄合同。根据《商业银行法》等法律法规的相关规定,在储蓄合同中银行应当履行保证支付、保密以及不得拖延、拒绝支付存款本金和利息的义务。所谓"保证支付",不仅是指银行不得拖延、拒绝支付,还包括银行应当以适当的方式履行支付义务;所谓"取款自由"不仅包括取款时间、取款数额上的自由,在有柜台和自动取款机等多种取款方式的情况下,还应当包括选择取款方式的自由;所谓"保密",不仅是指银行应当对储户已经提供的个人信息保密,也包括应当为到银行办理交易的储户提供必要的安全、保密的环境。银行如果没有履行上述义务,即构成违约,应当承担相应违约责任。江东农行下属的火车站分理处,将自动取款机置于营业大厅内,周围无任何安全防范措施,客观上使储户无法在保密状态下安全使用自动取款机,且其在得知周某的借记卡被人调包后,又没有按周某的要求和《金穗借记卡章程》的规定办理凭个人密码挂失的业务,其行为违反了保证支付、为存款人保密、保障存款人的合法权益不受任何单位和个人侵犯的法定义务,由于违约责任采取严格责任的归责原则,因此江东农行应当对其违约行为承担违约责任。当然周某不慎遗失银行卡和密码,对巨额存款被盗取亦应承担相应责任。

---

① 李永军:《合同法》(第三版),北京:法律出版社,2010年,第503-504页。
② 梁慧星:《民商法论丛》(第9卷),北京:法律出版社,1998年,第27-28页。转引自李永军:《合同法》(第三版),北京:法律出版社,2010年版,第504页。

第二节 违约形态

一、履行不能

知识点

履行不能又称不能履行或给付不能,是指债务人由于某种原因不能履行债务。

适用例举

闫某与赵某房屋买卖合同纠纷案①

2012年11月25日,赵某与闫某经我爱我家公司居间签订房屋买卖合同,由赵某购买闫某名下涉诉房屋。合同约定成交价格373万元,并对合同履行和违约责任等做出详细约定。合同签订后,赵某支付定金5万元。2012年12月3日,赵某与我爱我家公司共同对涉诉房屋进行网签。网签之前,闫某即表示不再履行合同。因合同履行问题发生争议,赵某于2012年12月20日诉请闫某继续履行合同,闫某反诉要求撤销合同。该案依法追加闫某配偶李某作为第三人参加诉讼,李某在该案一审2013年3月8日庭审中明确表示不同意出售涉诉房屋。2014年5月20日,该案生效判决认定合同有效,同时认定赵某在签订合同时对闫某有配偶的事实明知,而闫某因未取得其配偶同意即出售涉诉房屋,导致合同因李某不同意出售而无法继续履行,闫某的行为构成违约。法院遂驳回了赵某的诉讼请求和闫某的反诉请求。

2014年6月11日,赵某再次起诉闫某,请求判令:一、解除双方签订的房屋买卖合同;二、闫某协助赵某办理涉诉房屋网签注销手续;三、闫某向赵某双倍返还定金,共计10万元;四、闫某向赵某赔偿预期利益损失93.3万元、中介费5.6万元。闫某辩称:房屋买卖合同因恶意串通、损害国家利益而无效,且赵某应对合同无效承担主要责任,出卖人无过错,不应承担责任;对于预期利益损失,闫某主张已在合同签订后告知赵某不再履行合同,赵某不仅没有减少损失,反而与我爱我家公司擅自办理了网签,导致其此后无法另行购买房屋,是赵某自己扩大了损失,其应自行承担不利后果。故反诉要求确认房屋买卖合同无效。在案件审理过程中,法院委托的评估公司确定涉诉房屋在2015年4月9日的估价结果为476.03万元。

---

① 一审判决书:参见北京市朝阳区人民法院(2014)朝民初字第2763号民事判决书;二审判决书:参见北京市第三中级人民法院(2016)京03民终716号民事判决书。

北京市朝阳区人民法院审理认为：生效判决已认定买卖合同有效且无履行可能，故对解除合同并注销网签手续的诉讼请求予以支持。因闫某的行为构成违约，故应对赵某因合同解除而产生的损失承担违约责任。居间费系履行合同的实际支出，且金额符合居间合同的约定，应当赔偿。关于预期利益损失，法院认为，网签系履约的必要环节，居间公司基于居间合同的授权办理网签，系履行居间义务，不存在与赵某恶意串通行为；闫某虽在合同签订后即拒绝履行合同，但合同并未因此解除，赵某诉讼要求继续履行合同的请求虽未获支持，但诉讼解决纠纷的方式不应被认定为恶意扩大损失。故法院在2015年4月9日的估价结果的基础上，综合考虑涉诉合同的实际履行情况等因素对预期利益损失予以酌定。综上，判决如下：一、解除赵某与闫某订立的房屋买卖合同关系；二、闫某协助赵某办理房屋的网签合同注销手续；三、闫某向赵某退还定金5万元。四、闫某向赵某赔偿中介费56 000元、预期利益损失70万元。五、驳回赵某的其他诉讼请求；六、驳回闫某的全部反诉请求。

一审宣判后，闫某不服一审判决，提起上诉。北京市第三中级人法院经审理后认为，生效判决已认定闫某未取得配偶同意即出售房屋，且其配偶拒绝履行房屋买卖合同，最终导致合同无法履行，其行为已构成违约，应承担合同解除的违约责任；而守约方可得主张的损害赔偿范围既包括实际损失，也包括可得利益损失。关于实际损失，其主要指守约方为履行合同所积极支出的费用，若合同因对方违约而解除，该费用支出即转化为守约方的实际损失。本案中介行为已经完成，赵某为此支付的中介费5.6万元即属于因合同解除导致的实际损失。关于可得利益损失，此系保护守约方的履行利益，在合同因出卖人一方的原因无法履行而导致解除时，一旦标的物价格上涨，该标的物涨价的预期利益不能为买受人所享有，其损失即属于可得利益损失。赵某主张的预期利益损失属于可得利益损失的范畴，在计算和认定时，应当综合运用可预见规则、减损规则、损益相抵规则以及过失相抵规则等，从守约方主张的可得利益赔偿总额中扣除违约方不可预见的损失、守约方不当扩大的损失、守约方因违约获得的利益、守约方亦有过失所造成的损失以及必要的交易成本。自减损规则来说，买受人赵某在明知或应知房屋买卖合同因共有产权人异议而无法继续履行的情况下，应及时采取措施防止损失扩大，否则，不得就扩大的损失要求赔偿。在第一次诉讼一审开庭时，闫某的配偶到庭明确表示不同意履行合同，在法律明确规定当共有人拒绝转移房屋所有权时合同继续履行不能的情形下，赵某作为理性的购买人，应对合同无法履行的诉讼结果具有合理预期。在此情况下，赵某可以通过解除合同、主张定金罚则、要求违约赔偿并进行替代房屋购买的方式维护自己的合法权益。而赵某未在合理期间内购买替代性的房屋，其对于此后房价上升的风险与损失应自行承担。本案中，赵某与中介公司在出卖人明确拒绝履行的情况下，自行依据之前签订的授权网上签约的手续办理了网签，对自身的后续购房造成了实际影响，对房价上涨的风险应承担主要责任。在第一次诉讼一审开庭时，闫某的配偶已明确表示合同未经其同意从而拒绝履行，导致合同不能履行，此时点应作为合同无法履行的确定时点，法院应以此时点作为评估房屋价值的时间，判断房屋的价值，对买受人的可得利益损失予以赔偿。而本案评估公司做出房地产估价报告时，距离前案一审开庭时间已两年有余，房屋价格的大幅上涨已超出了一般人的合理预期，一审法院以此估价结果作为确定赵某可得利益损失的依据明显不当。考虑到诉讼的周期以及重新鉴定的时间成本，在认定预期可得利益损失时，对涉案房屋的价值及合理升值部分不再予以重新评估鉴定，而是参考合理的鉴定时点房屋升值的具体情况，综合考虑合同履行不能的过错及风险的负担、损失的可预见性及减损规则等因素，结合当事人合同违约及履行的具体阶段，以及赵某为合同履行仅支付了5万元定金的客观情况，酌定具体的赔偿数额。综上，判决如下：一、维持一审判决第一项、第二项、第三项、第六项；二、撤销一审判决第五项；三、变更一审判决第四项为：闫某赔偿赵某中介费损失56 000元、预期利益损失30万元（于本判决生效之日起15日内履行）；四、驳回赵某的其他诉讼请求。

简要解析

本案涉及合同履行不能的认定及法律后果问题。在认定履行不能时，应当依据通常的社会观念来判断，不仅限于物理性的不能，凡是社会观念认为债务无法强制履行的即构成履行不能，例如债权的标的物之交易在法律上被禁止时，从最初即为履行不能[①]。依据不同的标准，可将履行不能分为如下几种类型：（一）事实上的履行不能与法律上的履行不能。事实上的履行不能又称为自然不能履行。如在以特定物为标的的合同中，特定物毁损灭失即发生履行不能。法律上的履行不能是指债务因法律上的原因而不能履行，属于民事法律行为内容违法的问题[②]。（二）永久履行不能与一时履行不能。永久履行不能是指履行期限届满时不能履行，一时履行不能是指履行期限届满时因暂时得到阻碍而不能履行。一时不能履行因债务人在不能履行的暂时障碍消除后仍不履行的，可以构成迟延履行。（三）全部履行不能与部分履行不能。全部履行不能是指合同债务全部不能履行，部分履行不能是指合同债务的一部分不能履行。

在本案中，涉及夫妻一方未经另一方同意擅自处分登记于一方名下的法定共有房屋，而另一方不同意出售所引发的房屋买卖合同纠纷。关于出卖人无权处分而订立的房屋买卖合同的效力，《最高人民法院关于审理买卖合同纠纷案件适用法律问题的解释》第三条规定："当事人一方以出卖人在缔约时对标的物没有所有

[①] 我妻荣：《我妻荣民法讲义Ⅳ：新订债权各论》，王燚译，北京：中国法制出版社，2008年，第128页。

[②] 韩世远：《合同法总论》（第四版），北京：法律出版社，2018年，第524页。

权或者处分权为由主张合同无效的,人民法院不予支持。出卖人因未取得所有权或者处分权致使标的物所有权不能转移,买受人要求出卖人承担违约责任或者要求解除合同并主张损害赔偿的,人民法院应予支持。"《民法典》第五百九十七条第一款亦规定:"因出卖人未取得处分权致使标的物所有权不能转移的,买受人可以解除合同并请求出卖人承担违约责任。"根据该规定,出卖人处分权之欠缺不能导致合同无效,在合同不存在《民法典》所规定的无效情形的情况下,无权处分的买卖合同应认定有效;但因无权处分合同的履行涉及其他共有人的权利,若其他共有人不同意处分,则该合同因法律上的原因而不能继续履行,买受人只可主张解除合同,并要求出卖人承担支付违约金或赔偿损失的责任。因此,闫某配偶李某虽在庭审中明确表示不同意出售涉诉房屋,但并不会影响买卖合同的效力,买卖合同合法有效。而闫某因未取得其配偶同意即出售涉诉房屋,导致合同因李某不同意出售而无法继续履行,属履行不能,其行为构成违约,李某可以要求解除房屋买卖合同并要求闫某承担赔偿房屋差价损失。

二、迟延履行

■知识点

迟延履行,又称债务人迟延,是指债务人能够履行,但在履行期限届满时却未履行债务。

■适用例举

姚某与贾某民间借贷纠纷一审民事判决书[①]

姚某、贾某原系恋人关系,二人关系存续期间,彼此多有经济往来。其间,贾某分别于2017年8月15日、2017年10月18日、2017年11月11日向姚某出具三张借条,借条金额分别为8.8万元、2.88万元、3万元,三张借条载明的借款用途均为生意周转,未约定借款期限和借款利率以及逾期利率。姚某多次向贾某催还借款但均告未果,姚某为此诉至法院,请求法院判令贾某偿还借款本金146 800万元,并按年利率6%支付逾期利息。

法院经审理认为,姚某、贾某之间形成民间借贷关系且该借贷关系合法有效。姚某、贾某未约定借款期限,因此姚某可催告贾某在合理期限内返还借款,现姚某已提起诉讼,视为已经履行了催告义务,贾某应在收到诉状之后偿还其所欠借款。贾某在举证期间内未提供证据证明其已偿还借款,因此对姚某要求被告贾某偿还借款14.68万元的诉讼请求予以支持。

---

① 参见湖北省来凤县人民法院(2018)鄂2827民初593号民事判决书。

■ 简要解析

本案涉及合同的迟延履行问题。合同的履行期限对于迟延履行的认定非常重要。一般来说,合同明确约定履行期限的,债务人在履行期限届满时未履行债务的,构成履行迟延。合同未明确约定履行期限的,根据《民法典》第五百一十一条第(四)项的规定,债务人原则上可以随时履行债务,债权人也可以随时请求债务人履行债务,但是债权人应先催告债务人履行并定一合理期限,债务人在合理期限届满时未履行债务的,构成履行迟延。构成迟延履行,一般需要具备以下四个要件:一、存在有效债务。二、债务人能够履行债务。如果债的标的自始不能或嗣后履行不能,依我国现行立法,在不存在欺诈或者重大误解的情形下,应依债务人是否有免责事由,分别依风险负担或者违约规则处理,不发生履行迟延[1]。三、债务履行期限届满而债务人未履行。理论上一般认为,仅仅履行期限届满并不一定产生迟延,因履行期的种类不同而有所差异[2]。对于确定期限的债务,履行期限届满而债务人未履行债务的,无须催告,债务人即构成履行迟延。对于未确定期限或期限不明确的债务,债务人可以随时向债权人履行债务,债权人也可以随时要求债务人履行债务,但应当给对方必要的准备时间。因此,在合理期限届满后债务人仍未履行债务的,构成履行迟延。四、债务人未履行债务无正当理由。债务人未履行债务没有正当理由采推定说,如果债务无人能证明其不为履行有正当理由,即存在违法性的阻却事由,则不发生履行迟延。此处的违法性阻却事由,并不包括因不可抗力造成的一时履行不能,而是指诸如债务人拥有先诉抗辩权、同时履行抗辩权等延期抗辩权,存在此等权利即表明债务人不为履行是正当的,不构成迟延履行[3]。债务人迟延履行,应当承担迟延履行的违约责任。当然,如果债务人迟延后的履行对债权人无利益的,债权人可以拒绝接受履行,此时债务人应当承担不履行的违约责任。

在本案中,姚某、贾某之间签订的自然人之间的借款合同合法有效,债务人能够履行该债务,但双方未约定履行期限,债权人姚某原则上可以随时要求债务人贾某履行,但是应为催告并定一合理期限。姚某多次向贾某催还借款无果,应视为已为催告且债务人未在合理期限履行,因此贾某的行为构成履行迟延。综上,贾某迟延履行债务的行为构成违约,应当承担违约责任。

---

[1] 韩世远:《合同法总论》(第四版),北京:法律出版社,2018年,第535页。
[2] 我妻荣:《我妻荣民法讲义Ⅳ:新订债权各论》,王燚译,北京:中国法制出版社,2008年,第538页。
[3] 韩世远:《合同法总论》(第四版),北京:法律出版社,2018年,第540页。

三、不完全履行

知识点

不完全履行,又称不适当履行,指债务人虽然履行了债务,但其履行不符合债务的本旨,即履行不符合法律的规定或者合同的约定。

适用例举

许某等诉法国航空公司航空旅客运输合同纠纷案[①]

2007年2月初,许某、张某通过招商银行白金信用卡中心在法国航空公司广州办事处订购了两张中国广州飞往法国巴黎的商务舱往返机票,机票款项即时从招商银行信用卡上全额支付。2007年2月7日,法国航空公司广州办事处将机票订购的确认信息以传真方式发送给许某、张某。许某、张某从广州出发。2007年3月2日,许某、张某在法国巴黎机场办理巴黎飞往广州的回程登机手续事宜。法国航空公司柜台工作人员告知许某、张某由于商务舱机票卖多了,没法为许某、张某办理当日当次航班的商务舱登机手续,要许某、张某第二天走或者下午乘到韩国中转的航班。经协商未果,许某、张某只得接受了乘坐当次航班的经济舱回国。法国航空公司工作人员在为许某、张某办理经济舱登机手续时,在许某、张某的登机牌和机票的封套内分别放置了各一张450欧元的不可兑换现金的代金券,该代金券限定了消费的时间(至2008年3月2日)以及消费的航空公司(仅限法国航空公司以及荷兰航空公司)等,但无证据显示法国航空公司告知许某、张某此为赔偿还是赠送。许某、张某回国后,多次向法国航空公司发投诉函要求赔礼道歉,退还调整舱位后的票款差额部分。法国航空公司于2007年3月26日先传真表示已当场给予各450欧元不可兑换现金的补偿券作为补偿,并表示许某、张某所购买的商务舱为特价机票,经核算无差额退还。2007年4月24日,许某、张某又传真表示,法国航空公司有意地实行航班超售,让持有有效客票的旅客被迫降舱属单方违约行为,要求退还差价,并明确告知该价款差价的核算办法。2007年6月18日,法国航空公司向许某、张某购买机票的信用卡账户内汇入16 210.76元人民币作为改变舱位等级的差价。但是,没有证据证明法国航空公司就此问题通知过许某、张某。许某、张某于2007年8月起诉法国航空公司,并于8月21日获得法院受理。许某、张某以法国航空公司存在欺诈行为为由诉至法院,请求法国航空公司双倍赔偿许某、张某经济损失即回程机票款的2倍计人民币45 500元及许某、张某为本案支出的合理费用合计人民币1 541元(含翻译费用1 100元、调查取证费用441元)。

[①] 参见广东省广州市中级人民法院(2007)穗中法民四初字第143号民事判决书。

在收到法院传票后,法国航空公司于 2007 年 9 月 27 日发传真给许某、张某,表示已于 2007 年 6 月 18 日向许某、张某购买机票的信用卡账户内汇入 16 210.76 元人民币作为改变舱位等级的差价,并表示基于商业上的考虑,同意将许某、张某手持的 450 欧元不可兑换现金的补偿券给予特殊对待每人退款人民币 2 400 元作为代替。许某、张某在庭审中表示其收入丰厚,也未对信用卡上每笔收入都查询发生原因,并表示当庭才知此事实。

广州市中级人民法院经审理认为:许某、张某据以要求法国航空公司双倍赔偿回程机票款的依据是法国航空公司销售机票时对其实施了欺诈。法国航空公司对此予以否认,认为其只是由于统计出现失误且轻信因超售产生的问题可以避免而导致后来的降舱服务,不是故意隐瞒和欺骗。欺诈的构成须以一方当事人主观上的故意为要件。现法国航空公司否认其主观上存在欺诈故意,许某、张某却未能举证证实法国航空公司在合同订立时,该商务舱返程机票已经超售而法国航空公司在明知机票超售、无法再提供商务舱服务的情况下隐瞒了这一重要事实。且许某、张某也未举证证明法国航空公司存在主观上欲占有许某、张某票款的欺诈故意。许某、张某主张法国航空公司存在欺诈的主观故意证据不足,依法应不予采信。我国《合同法》对承运人擅自变更运输工具而降低服务标准的赔偿是根据旅客的要求退票或者减收票款,在许某、张某给法国航空公司的函件中其提出的赔偿标准也是退还调整舱位后的票款差额部分,根据许某、张某函件要求,数额约为 15 000 元人民币。而法国航空公司的赔偿标准是参照欧盟地区《2004 第 261 号欧盟关于在不允许登机、取消航班和航班延误情况下对旅客的赔偿和协助的共同原则的条例》所做出,赔偿数额为 75% 的票价,赔偿数额为 16 210.76 元人民币。该赔偿数额已超过法国航空公司因给许某、张某降舱而降低服务标准,许某、张某起初所要求之应减收的票款,应认定法国航空公司在许某、张某起诉前已在恢复性原则的基础上提供了公平的赔偿。故此,许某、张某的双倍赔偿诉讼请求均不得给予支持。至于许某、张某请求法国航空公司承担因本案诉讼而发生的翻译、调查取证等合理费用 1 541 元,查法国航空公司给许某、张某所发通知赔偿传真时间在起诉之后,并无证据证明在起诉前告知过许某、张某赔偿事实,许某、张某在不知已获赔偿的情况下提起诉讼而发生 1 541 元为本案支出的合理费用事出有因,考虑到法国航空公司超售导致许某、张某降舱违约在先,上述费用作为许某、张某要求法国航空公司承担违约赔偿责任所发生的合理费用应由法国航空公司负担。综上,判决法国航空公司给许某、张某支付人民币 1 541 元。

简要解析

本案涉及合同的不完全履行问题。实践中,不完全履行的常见类型主要有以下几种:一、数量上的不完全履行。数量上的不完全履行是指履行在数量上不符合法律规定或者合同约定,如数量短缺或数量超过。二、瑕疵履行。瑕疵履行是指债务人交付的标的物不符合法律规定或者合同约定的质量标准,包括标的物的品种、等级等不符合标准或者标的物有其他缺陷。三、履行方法上的不完全履行。履行方法上的不完全履行是指实现履行目的的手段不符合法律规定或者合同约定,如本应一次履行却分期履行等。四、加害给付。加害给付又称积极侵害债权,是指债务人的履行造成了债权人履行利益之外的其他利益损失,即侵害了债权人的现存财产利益和人身利益。例如向马饲料买受人交付的印度玉米中含有有毒的麻籽,致使买受人的马匹因之死亡①。

在本案中,债务人法国航空公司作为承运人,虽未变更运输工具降低服务标准,但是却违反合同约定,变更原商务舱位为经济舱位,属履行方法上的不完全履行。《民法典》第八百二十一条规定:"承运人擅自降低服务标准的,应当根据旅客的请求退票或者减收票款;提高服务标准的,不得加收票款。"因此,法国航空公司的不完全履行行为符合违约责任的构成要件,应当对许某、张某承担违约责任。

四、拒绝履行

■知识点

拒绝履行,指债务人对债权人明示或默示地表示不履行合同。广义上的拒绝履行既包括债务人行使权利而拒绝履行,也包括违法的拒绝履行。只有违法的拒绝履行才是违约责任的构成要件。

■适用例举

张某诉豫新农牧公司保管合同纠纷案②

2015年5月4日,张某与克拉玛依市豫新农牧发展有限公司(以下简称"豫新农牧公司")签订《保鲜库租赁合同书》一份,双方约定张某租用豫新农牧公司的保鲜库存储瓜子,数量为568.1吨,张某按照100元/吨的标准支付存储费用,存储时间为2015年5月1日至2015年9月1日。合同签订后,张某将瓜子存至豫新农牧公司保鲜库处,但未及时支付存储费用,后豫新农牧公司将瓜子出售并获得货款。2015年12月3日,张某、豫新农牧公司双方签订《补充协议书》一份,其中载明张某将其瓜子存放在豫新农牧公司处,存储期为三个月,每月存储费用56 000元。张某仅交纳2个月存储费用后无故不缴纳剩余款项,影响了豫新农牧公司正

---

① [德]迪尔克·梅迪库斯:《德国债法总论》(第7版),杜景林,卢谌译,北京:法律出版社,2009年,第311页。
② 参见新疆维吾尔自治区克拉玛依市克拉玛依区人民法院(2016)新0203民初第1627号民事判决书。

常的果蔬储存,造成豫新农牧公司损失。后豫新农牧公司将210吨瓜子按2 300元/吨出售,共销售所得金额为483 000元,至2015年12月1日张某尚欠豫新农牧公司存储费280 000元及正常果蔬存储营收。经双方协商,豫新农牧公司同意于2015年12月8日前退还张某160 000元,双方互不追究对方责任和损失,如不按时退还,豫新农牧公司按照每月2%支付违约金。随后,由于债务到期后张某多次索款未果,故诉至法院,请求法院判令豫新农牧公司向张某还费用160 000元并支付违约金22 400元。

新疆维吾尔自治区克拉玛依市克拉玛依区人民法院审理后认为:张某与豫新农牧公司签订的《保鲜库租赁合同书》《补充协议书》系双方真实意思表示,合法有效。合同履行过程中,张某未及时交纳存储费用,经双方协商一致后,由豫新农牧公司将变卖瓜子所得与存储费用折抵,并将剩余160 000元于2015年12月8日前退还给张某,并签订了书面合同,现退款期限已到,豫新农牧公司理应按照合同约定退还货款。豫新农牧公司延期退还货款,其行为已构成违约。本案中,豫新农牧公司仅以张某提起诉讼抗辩不应退还货款,无正当理由拒绝履行合同,其行为应属违约,豫新农牧公司应当承担相应的违约责任。综上,判决豫新农牧公司向张某退还货款160 000元并支付违约金22 400元。

■ 简要解析

本案涉及拒绝履行的问题。广义上的拒绝履行,既包括先期拒绝履行,即在履行期限届满之前,债务人明示或默示地表示拒绝履行;也包括届期拒绝履行,即在履行期限届满后,债务人明示或者默示地拒绝履行。无论是先期拒绝履行还是届期拒绝履行,均属违约行为。只不过先期拒绝履行的,可以适用《民法典》第五百六十三条第(二)项规定的法定解除,且根据《民法典》第五百七十八条的规定,"当事人一方明确表示或者以自己的行为表明不履行合同义务的,对方可以在履行期限届满前请求其承担违约责任。"另外,拒绝履行与迟延履行既有联系也有区别:迟延履行是于履行期限届满时仍未履行,而拒绝履行只需在履行期限届至时表示即可,如果拒绝履行一直持续到履行期限届满,可转化为迟延履行①。拒绝履行的构成要件包括:一、存在有效债务;二、债务非不能履行;三、债务人有拒绝履行的明示或默示的表示。四、债务人故意做出拒绝履行的表示。第五,债务人拒绝履行无正当理由。

在本案中,根据双方在履行《保鲜库租赁合同书》《补充协议书》的过程中达成的合意,豫新农牧公司应当将变卖瓜子所得与存储费用折抵,并将剩余160 000元于2015年12月8日前退还给张某,现退款期限已到,豫新农牧公司理应按照合同

---

① 崔建远:《合同法学》,北京:法律出版社,2014年,第254页。

约定退还货款。豫新农牧公司于履行期限届至时无正当理由拒绝退还货款的行为构成拒绝履行。同时,该行为亦构成履行迟延。当然,无论是拒绝履行还是迟延履行,均为违约行为,豫新农牧公司应当按照双方的约定承担违约责任。

五、受领迟延

知识点

受领迟延,又称债权人迟延,是指债权人没有接受债务人的履行,或没有为债务人履行债务提供必要的协助。根据诚实信用原则,债务人履行债务的,债权人应当及时受领并提供必要的协助。因此债权人受领迟延的行为违反了诚实信用原则,理论上一般将其视为一种违约形态。

适用例举

周某与点击公司租赁合同纠纷案①

2008年4月17日,重庆点击建筑劳务有限公司(以下简称"点击公司")与周某为业主的重庆市江北区升达建筑机具租赁站(以下简称"升达租赁站")签订租赁合同,对升达租赁站出租给点击公司钢管、扣件的租金、损失赔偿、维修费、上下车费及租赁物损失赔偿等进行了约定。合同履行中,双方因对未归还租赁物及损失赔偿等问题协商未果,周某起诉至重庆市江北区人民法院,请求法院判令点击公司给付租金、上下车费、维修费及违约金、未归还钢管及扣件损失合计369 831.24元。经审理,法院认定双方签订的租赁合同合法有效,判决点击公司支付周某149 840元及资金占用利息。判决送达后,点击公司不服一审判决,提起上诉。重庆市第一中级人民法院经审理,撤销了一审判决,终审判决升达租赁站与点击公司签订的租赁合同于2009年9月30日解除,点击公司在判决生效之日起10日内给付周某租金、上下车费、维修费34 125元;返还周某租赁钢管5 440米、扣件6 823套,如返还不能,则赔偿租赁物损失115 715元。该终审判决于2012年12月13日送达双方当事人。

收到判决后,点击公司于2012年12月19日以特快专递的方式向周某发函,表明其愿意履行生效判决确定的返还义务,并随函附其公司联系人姓名、电话,要求周某在收到函件后3日内与公司联系,协商返还租赁物事项。快递单显示周某及其委托代理律师均拒签,函件于2012年12月21日被退回至点击公司。点击公司随即于2012年12月24日向重庆市江北区人民法院执行局提交通知函,说明情况。2013年1月5日,周某向重庆市江北区人民法院申请强制执行,要求法院强

---

① 参见重庆市江北区人民法院(2013)江法民执字第102号民事判决书。

制执行租金、上下车费、维修费34 125元及赔偿租赁物损失115 715元。执行中,法院通知双方当事人到庭,周某坚持认为其无协助点击公司履行之义务,点击公司未按生效判决履行返还义务已成为事实,理应执行租赁物损失115 715元,坚持"要钱不要物"。而点击公司强调其未能履行生效判决确定的返还义务皆因周某逾期不受领造成,在周某拒绝提供交付地点、确定交付时间情况下其无法履行返还义务,本案不符合返还不能情形,坚持"还物不赔钱"。法院多次组织双方协调,均未能达成一致意见。

重庆市江北区人民法院经审查认为:点击公司在判决生效后10日内向周某发函表明愿意履行返还义务,并邀请周某与其共同协商返还租赁物的时间、地点等事项,应视为点击公司已经做出主动履行返还义务的意思表示,并非故意迟延履行。由于判决书中并未明确履行返还义务的地点和履行方式,周某出于诚实信用原则,在点击公司主动提出履行时,应与点击公司商定履行时间、地点和履行方式,否则生效判决书确定的返还义务无法切实履行。本案返还的租赁钢管、扣件等属于实物标的物,必须债权人受领才能完成履行行为,若债权人不受领,则本案债务履行绝不可能完成。但本案中债权人以拒绝接收债务人约请协商返还租赁物事项的函以及向法院申请执行赔偿租赁物损失115 715元的行为,默示不提供债务履行的必要协助或拒绝受领实物标的物。综上所述,本案债权人的行为构成受领迟延,不得要求债务人承担迟延履行的法律责任。

简要解析

本案涉及受领迟延的问题。作为一种违约行为,受领迟延的构成要件包括:一、债务的履行须债权人协助或受领。比如加工债权人所提供的材料场合、材料的提供、居室装潢作业期间债权人应容许债务人进入其居室、诊疗债务场合患者应配合医生的医疗检查等[①]。二、债务已届履行期。如果合同约定债务履行期限的,在履行期届满之前,债权人有权拒绝债务人的提前履行,不构成受领迟延;如果合同未约定债务履行期限的,债务人虽可随时履行债务,但是应当确定一个合理期限以便债权人受领给付,否则债权人可以拒绝受领,不构成受领迟延。三、债务人已提出履行或已实际履行。提出履行,是指债务人通知债权人将要履行,并催告债权人受领或予以协助。提出履行原则上应当以履行期限将至或届至为前提。实际履行,是指债务人已实际开始履行行为。四、债权人不为受领。即债权人拒绝受领或未提供必要的协助。值得注意的是,如果给付时间不确定或者债务人在确定的时间之前提出给付的,暂时的受领阻碍不构成此处的不为受领,这是因为债权人无法

---

① 韩世远:《合同法总论》(第四版),北京:法律出版社,2018年,第567页。

预见给付将在何时被提供,而立法不能苛求债权人始终处于准备受领的状态①。在法律效果方面,受领迟延原则上不会影响债务人的给付义务,也不会产生债务人解除合同的权利,但是可能会减轻债务人的责任②。

本案中,被执行人点击公司收到判决后,以特快专递的方式向债权人周某发函,表明其愿意履行生效判决确定的返还义务,要求周某在收到函件后3日内与公司联系,协商返还租赁物事项。而该快递单显示周某及其委托代理律师均拒签。由于本案判决书中并未明确履行返还义务的地点和履行方式,在被执行人主动提出履行时,申请人应当为受领提供必要的协助,如与被执行人商定履行时间、地点和履行方式等,否则有可能构成受领迟延。综上,法院判决生效后,债务人自愿履行返还义务,债权人能够受领而不受领或不提供必要协助,后以债务人逾期未履行为由向法院申请强制执行,要求赔偿租赁物损失的,人民法院不予支持,并可认定债权人构成受领迟延,且不得要求债务人承担迟延履行责任③。

第三节 强制实际履行责任

一、强制实际履行责任的内涵

强制实际履行责任,也称实际履行、继续履行、强制履行,是指在一方违反合同时,另一方有权要求其依据合同的约定继续履行的责任方式。

《民法典》第五百七十八条规定:"当事人一方不履行合同义务或者履行合同义务不符合约定的,应当承担继续履行、采取补救措施或者赔偿损失等违约责任。"

适用例举

周某、俞某与众安公司商品房销售合同纠纷案④

2012年11月12日,周某、俞某(买受人)与余姚众安房地产开发有限公司(以

---

① [德]迪尔克·罗歇尔德斯:《德国债法总论》(第7版),沈小军,张金海译,北京:中国人民大学出版社,2014年,第273页。
② 例如,根据《德国民法典》第三百条的规定,在债权人迟延前债务人仅对故意与重大过失负责。转引自[德]迪尔克·罗歇尔德斯:《德国债法总论》(第7版),沈小军,张金海译,北京:中国人民大学出版社2014年版,第273-274页。
③ 参见《人民司法·案例》2014年第10期。
④ 参见《最高人民法院公报》2016年第11期(总第241期)。

下简称"众安公司",出卖人)签订《商品房买卖合同》一份,约定:买受人购买的商品房为预售商品房(住宅,悦龙湾×幢×号),商品房房款合计5 162 730元,买受人按其他方式按期付款;出卖人应当在2012年12月31日前,将符合各项条件的商品房交付买受人使用;出卖人如未按本合同规定的期限将该商品房交付买受人使用,逾期不超过90日,自本合同第九条规定的最后交付期限的第二天起至实际交付之日止,出卖人按日向买受人支付已交付房价款万分之一的违约金,合同继续履行,逾期超过90日后,买受人有权解除合同,买受人要求继续履行合同的,合同继续履行,自本合同第九条规定的最后交付期限的第二天起至实际交付之日止,出卖人按日向买受人支付已交付房价款万分之二的违约金;商品房达到交付使用条件后,出卖人应当书面通知买受人办理交付手续,双方进行验收交接时,出卖人应当出示本合同第九条规定的证明文件,并签署房屋交接单,在签署房屋交接单前,出卖人不得拒绝买受人查验房屋,所购商品房为住宅的,出卖人还需提供《住宅质量保证书》和《住宅使用说明书》,出卖人不出示证明文件或出示证明文件不齐全,买受人有权拒绝交接,由此产生的延期交房责任由出卖人承担;出卖人负责办理土地使用权初始登记,取得《土地使用权证书》或土地使用证明,出卖人负责申请该商品房所有权初始登记,取得该商品房《房屋所有权证》,出卖人承诺于2013年3月31日前,取得前款规定的土地、房屋权属证书,交付给买受人,买受人委托出卖人办理该商品房转移登记。《商品房买卖合同》还就逾期交付权属证书或登记证明的违约金计算进行了约定。

2012年11月12日,周某、俞某出具《双方同意书》一份,言明:"本人俞某、周某购买悦龙湾×幢×号房源,本人知晓该房源先为众安公司工程部办公用房,按照合同约定将于2012年12月31日前完成房子的交付手续,经本人与余姚众安公司协商一致,本人按照合同约定时间配合办理相关交房工作,以便按期办理相关产证等手续,但不领取×幢×号钥匙等物料。本人承诺愿意在2013年6月30前将×幢×号作为众安公司工程部办公使用,待期满后于2013年7月1日将房屋钥匙等相关物料重新交接,如不能如期交付按《商品房买卖合同》第十条逾期交房的违约责任来处理,房屋内部恢复合同交房标准,特此承诺。"

2013年9月23日,周某、俞某至众安公司就房屋的质量瑕疵问题进行交涉,众安公司的工作人员黄某在《悦龙湾×幢×号房产所在问题》上书写说明:"2013年9月6日悦龙湾×幢×号经业主与房产公司在交房前进行现场勘查验房发现并确认以上未打"×"26条问题,房产公司承诺在2013年10月5日前整改完毕,打'×'7条问题在经业主与房产公司进一步核实设计图纸和有关证据后确认,房产公司承诺在将所有房屋质量问题解决之后再履行交房手续。"2013年3月9日,众安公司登记取得余姚市城区悦龙湾×幢×号的房屋所有权证(初始登记);2013年3月25日,众安公司取得余姚市城区悦龙湾×幢×号的土地使用权(土地使用权分割登记)。周某、俞某依照合同约定将房屋价款5 162 730元支付给众安公司。众安公司未与周某、俞某办理房屋交付手续,亦未向周某、俞某交付房地产权属证书。后周某、俞某遂诉至法院,请求判令众安公司履行涉案房屋的维修义务,向周某、俞某交付涉案及房产的《房产所有权证》和《国有土地使用权证》并办理相关变更登记,支付逾期交房及办证的违约金。

浙江省余姚市人民法院经审理认为:本案中,周某、俞某与众安公司签订的《商品房买卖合同》系双方当事人真实意思表示,属有效合同,对当事人具有法律约束力。双方当事人应按照约定全面履行自己的权利义务。当事人一方不履行合同义务或者履行合同义务不符合约定的,应当承担继续履行、采取补救措施或者赔偿损失等违约责任。一、涉案房屋的交付。依据周某、俞某在该《双方同意书》上的承诺,"本人承诺愿意在2013年6月30前将×幢×号作为众安公司工程部办公使用待期满后于2013年7月1日将房屋钥匙等相关物料重新交接,如不能如期交付按商品房买卖合同第十条逾期交房的违约责任来处理,房屋内部恢复合同交房标准,特此承诺",可推断出周某、俞某同意将涉案房屋延迟至2013年7月1日交付。在2013年9月23日,周某、俞某就×幢×号房产的有关车库、地下室、进户门、阳台等方面的质量瑕疵问题至众安公司交涉,众安公司的工作人员在《悦龙湾×幢×号房产所在问题》上进行了说明,并提出整改意见(在2013年10月5日前整改完毕)。可见,双方事实上认可涉案房屋尚未具备交付条件,该房屋亦未实际转移给周某、俞某占有使用。综合分析上述情况,法院认定众安公司尚未依照约定将涉案房屋交付给周某、俞某,故众安公司的逾期交付行为已构成违约。二、违约责任的承担。《商品房买卖合同》载明,"出卖人负责办理土地使用权初始登记,取得《土地使用权证书》或土地使用证明,出卖人负责申请该商品房所有权初始登记,取得该商品房《房屋所有权证》,出卖人承诺于2013年3月31日前,取得前款规定的土地、房屋权属证书,交付给买受人",该内容明确众安公司应当于2013年3月31日前取得土地、房屋权属证书,并交付给周某、俞某。现众安公司已逾期交付房地产权属证书,众安公司亦未提供证据证明系可归责于周某、俞某的原因导致逾期交付房地产权属证书。故众安公司不能免除其逾期交付权属证书的违约责任。从双方订立《商品房买卖合同》的目的来看,周某、俞某与众安公司之间关于逾期交房和交付房地产权属证书的违约金约定更具惩罚性质(惩罚性违约金),换言之,是合同双方对于违约所约定的一种制裁。周某、俞某已按照合同约定将购房款5 162 730元全部支付给众安公司,为防止众安公司怠于履行其合同义务,敦促其及时履行交付房屋和交付房地产权属证书的义务,违约金仍应按照合同约定计算。周某、俞某诉请众安公司履行《悦龙湾×幢×号房产所在问题》维修单确定的维修义务,维修结果应与图纸相符,达到国家标准,其实质在于要求众安公司按约及时交付房屋。综上,判决如下:一、众安公司向原告周某、俞某交付余姚市城区悦龙湾×幢×号房屋;二、众安公司向周某、俞某交付余姚市城区悦龙湾×幢×号房屋的房地产权属证书(即众安公司办理余姚市城区悦龙湾×幢×号房屋的转移登记过户手续);三、众安公司按已付购房款5 162 730元从2013年7月1日起按日万分之二向周某、俞某支付逾期交房违约金至实际交付房屋之日止;四、众安公司按已付购房款5 162 730元从2013年4月1日起按日万分之三向周某、俞某支付逾期交付房地产权属证书违约金至本判决生效之日止;五、驳回原告周某、俞某的其他诉讼请求。

一审宣判后,众安公司不服一审判决,向浙江省宁波市中级人民法院提起上诉。浙江省宁波市中级人民法院二审认为:众安公司与周某、俞某签订的《商品房买卖合同》系双方当事人真实意思表示,属有效合同,双方应按照约定全面履行自己的权利义务。根据双方所签订《商品房买卖合同》的约定,"出卖人应当在2012年12月31日前,将符合各项条件的商品房交付买受人使用;商品房达到交付使用条件后,出卖人应当书面通知买受人办理交付手续"。说明众安公司应当书面通知周某、俞某办理交付手续;而依据周某、俞某出具的《双方同意书》,周某、俞某会按照双方约定的时间配合办理交房手续,故众安公司无须在2012年12月31日前另行书面通知周某、俞某办理交房手续。但根据双方在2013年9月23日就涉案房产有关车库、地下室、进户门、阳台等方面存在的质量瑕疵问题的说明及一直未对存在问题的整改做出结论情况看,双方至今并未解决交房问题,众安公司存在逾期交房的违约行为。对于《商品房买卖合同》中约定的"出卖人负责办理土地使用权初始登记,取得《土地使用权证书》或土地使用证明,出卖人负责申请该商品房所有权初始登记,取得该商品房《房屋所有权证》,出卖人承诺于2013年3月31日前,取得前款规定的土地、房屋权属证书,交付给买受人",明确了众安公司应当于2013年3月31日前取得土地、房屋权属证书,并交付给周某、俞某,现众安公司已逾期交付房地产权属证书,应当承担违约责任。综上,判决驳回上诉,维持原判。

■ 简要解析

本案涉及强制实际履行责任的问题。强制实际履行责任属违约责任的一种承担方式,其构成要件包括:一、存在违约行为。履行迟延、不完全履行、受领迟延以及拒绝履行均可发生强制实际履行的违约责任。对于履行不能,一般不会发生强制实际履行的违约责任。二、守约方在合理的期限内请求继续履行。从意思自治的角度来讲,在违约行为发生后,债权人有权根据利益状况自由选择债务人承担违约责任的方式。在违约行为发生后,强制实际履行应当以合同守约方的请求为前提。如果合同守约方未在合理期限内请求违约方继续履行,强制实际履行责任不发生。因此,强制实际履行责任的发生只得取决于当事人的意思,法院不得以职权代当事人选择。此种违约责任"合理期限"的确定,需要法院在具体案件中综合考虑合同的性质、债务的性质、当事人的意思、交易习惯等因素进行个案判断。之所以设立合理期限,正是为了追求经济效益,要求债权人及时请求解决不履行合同或者履行合同不符合约定的纠纷,以提高交易的效率,不能久拖不决①。合同守约方请求违约方继续履行合同债务的,一般应当以明示的方式做出通知。三、继续履行必须有可能。如果合同履行不能,强制实际履行责任不可能发生。

本案中,众安公司未依照约定将涉案房屋交付给周某、俞某,亦未按照约定向周某、俞某交付涉案房屋的房地产权属证书,存在违约行为。而且,截至周某、俞某起诉时,众安公司已登记取得涉案房屋所有权证及土地使用权,强制众安公司交付涉案房屋及办理房地产登记过户手续均不存在法律障碍。因此,本案符合强制实际履行的构成要件,法院判决众安公司交付房屋并办理房地产过户登记手续合法有据。

二、不适用强制实际履行的情形

在金钱债务的场合,强制实际履行责任通常能够适用。《民法典》第五百七十九条规定:"当事人一方未支付价款、报酬、租金、利息,或者不履行其他金钱债务的,对方可以请求其支付。"

在非金钱债务的场合,强制实际履行责任在特定情形下不得适用。《民法典》第五百七十八条第一款规定:"当事人一方不履行非金钱债务或者履行非金钱债务不符合约定的,对方可以要求履行,但有下列情形之一的除外:(一)法律上或者事实上不能履行;(二)债务的标的不适于强制履行或者履行费用过高;(三)债权人在合理期限内未请求履行。"

适用例举

例1:爵妙品鉴公司与霍某服务合同纠纷案②

北京爵妙品鉴美容有限公司(以下简称"爵妙品鉴公司")系以美容,销售食品,销售日用品、化妆品、工艺品等为经营范围的有限责任公司,门店名称为"品鉴绿色健康SPA会所"。2017年8月18日,霍某到爵妙品鉴公司望京店体验服务项目。霍某于当日16时46分向爵妙品鉴公司转账支付20 000元,于当日17时17分向爵妙品鉴公司转账支付10 000元,于当日17时46分向爵妙品鉴公司转账支付20 000元,办理了爵妙品鉴公司会员卡。后霍某认为爵妙品鉴公司提供的服务与此前的承诺相去甚远,便要求退卡,但爵妙品鉴公司拒绝退还卡内预存款。霍某遂诉至法院,请求判令解除其与爵妙品鉴公司的服务合同关系,并请求爵妙品鉴公

---

① 叶昌富:《论强制实际履行合同中的价值判断与选择》,《现代法学》2005年第2期。
② 一审判决书:参见北京市朝阳区人民法院(2018)京0105民初11216号民事判决书;二审判决书:参见北京市第三中级人民法院(2018)京03民终5880号民事判决书。

司退还预存款 50 000 元。

在庭审中,爵妙品鉴公司提交了签订日期为 2017 年 8 月 18 日的《购买合同》,显示:会员购买产品内容为慈心素养套盒、络脉通体套盒、暖腿排寒套盒、健肾理肌套盒、脾胃调理套盒;赠积分 5 000+63 000,共得积分 25 000+43 000;可享受免费养生餐、养生水果、皮鞋养护服务;订购总金额 50 000,本日实收 20 000+30 000,尾款 30 000-30 000。《购买合同》"其他协议事项"处手写有"产品已开启使用产品已带走"。关于爵妙品鉴公司能够提供的服务内容,爵妙品鉴公司表示系以按摩、针灸为主的理疗性服务项目,并另有药浴、餐饮等辅助性服务项目。关于赠送积分的使用,爵妙品鉴公司表示可用于店内专属于积分消费的产品或服务,具体以霍某消费时双方协商一致的结果为准。爵妙品鉴公司在庭审中还提交了《收费单》,载明"课程:性荷尔蒙,金额 2588×1;课程:红酒浴,金额 688×1"。

北京市朝阳区人民法院认为:根据霍某向爵妙品鉴公司付款的事实,并结合《购买合同》中的相关内容,法院认为霍某、爵妙品鉴公司之间实为服务合同关系。霍某、爵妙品鉴公司的合同权利义务内容为霍某支付费用成为会员,爵妙品鉴公司提供会员专享服务,其中包括相关套盒产品的购买和使用。霍某、爵妙品鉴公司之间的服务合同系继续性合同,而从本案查明的事实可知,双方并未就服务期限、具体服务内容进行明确约定。在此情况下,服务合同的履行将基于双方信赖关系,且由于爵妙品鉴公司所提供的服务主要为按摩、针灸等,而此种服务必须有霍某或霍某、爵妙品鉴公司同意的其他自然人的参与、配合,具有明显人身专属性,此种合同标的不适于强制履行,故根据《中华人民共和国合同法》第一百一十条的规定,现霍某已明确表示不愿意继续接受服务,在此情况下,对于其主张的解除双方服务合同关系的诉讼请求,法院予以支持。根据《收费单》,霍某已接受了爵妙品鉴公司提供的价值 2 588 元、688 元的服务项目,此费用应予扣除。在扣除霍某所接受的服务项目费用后,爵妙品鉴公司应将剩余款项予以退还。综上,判决解除霍某与爵妙品鉴公司的服务合同关系,并由爵妙品鉴公司退还霍某 46 724 元。

爵妙品鉴公司不服一审判决,提起上诉。北京市第三中级人民法院经审理认为:本案的争议焦点为爵妙品鉴公司与霍某的合同关系是服务合同关系还是买卖合同关系。本案中,爵妙品鉴公司虽然向法院提供记载"产品已开启使用产品已带走"的《购买合同》作为证据,但同时认可该字迹系由爵妙品鉴公司工作人员填写。现爵妙品鉴公司未能提供有效证据进一步证明其确已将产品交付霍某,故应认定该《购买合同》徒具形式,而并无转移标的物所有权的实质内容,依此不足以认定双方为买卖合同关系。一审法院根据爵妙品鉴公司店名为"品鉴绿色健康SPA 会所"、《购买合同》中双方约定的相关内容,以及霍某所付款项获赠的积分也系用于兑换爵妙品鉴公司后续服务等事实,认定双方之间具有爵妙品鉴公司提供会员服务,霍某接受该服务的意思表示,是正确的。双方的服务合同权利义务内容为:霍某支付费用成为会员;爵妙品鉴公司提供会员服务,其中包括相关套盒产品的购买和使用。霍某、爵妙品鉴公司之间的服务合同系继续性合同,在双方并未就服务期限、具体服务内容进行明确约定的情况下,作为服务合同对象的霍某明确表示不愿意继续接受服务,爵妙品鉴公司请求继续履行双方签订的服务合同,法院不予支持。综上,判决驳回上诉,维持原判。

简要解析

本案涉及不适于强制履行的债务的情形。债务的标的不适于强制履行,指依债务的性质和合同的标的不宜直接强制履行。所谓依债务的性质不宜直接强制履行的,主要是指那些基于特定的人身关系而产生的合同,如果强制债务人继续履行,与合同的宗旨和性质相悖,如委托合同、信托合同等。所谓依合同的标的不宜直接强制履行的,主要是指标的具有强制不得履行的性质,如对一些基于人身依赖关系而产生的合同,主要指提供劳务或服务的合同。这些合同往往是因信任对方的特殊技能、业务水平、忠诚等所产生的,因此具有高度的人身依赖性。对于此类合同,法律上是无法适用强制履行方式的。如果强取强制履行措施,则将对个人实施某种人身强制,这与我国宪法和法律关于公民的人格尊严和人身自由不受侵害的规定是相违背的①。

在本案中,爵妙品鉴公司与霍某签订的合同名为《购买合同》,实为继续性的服务合同。服务合同的履行依赖于债务人的行为,我国法律明确规定公民的人身自由不受侵害,如果允许对服务合同适用强制实际履行,实际上意味着对债务人的人身自由予以侵害。爵妙品鉴公司所提供的服务主要为按摩、针灸等,而此种服务具有明显人身专属性,此种合同标的不适于强制履行。因此,霍某明确表示不愿意继续接受服务后,本案所涉服务合同已不适于强制履行,双方当事人可以解除合同。爵妙品鉴公司如能举证证明其因合同解除受到损失,霍某应予赔偿。

适用例举

例2:新宇公司诉冯某商铺买卖合同纠纷案②

新街口东北角中山路18号以南的时代广场,是江苏省南京新宇房产开发有限公司(以下简称"新宇公司")开发建设的商业用房。该建筑物为地下一层、地上六层,总面积6万余平方米。地上第一、二、三层约6 000平方米的部分区域,被分割成商铺对外销售给150余家业主,其他建筑面积归新宇公司自有。1998年10月19日,新宇公司与冯某签订了一份商铺买卖合同,约定:新宇公司向冯某出售时代广场第二层编号为2B050的商铺,10月22日前交付,交付后3个月内双方共同办

---

① 顾全:《合同法上强制履行的适用条件分析》,《人民司法》2012年第24期。
② 参见《最高人民法院公报》2006年第6期(总第116期)。

理商铺权属过户手续。1998年10月26日,上述合同在南京市房地产市场管理处登记。合同签订后,冯某按约支付了全部价款。1998年11月3日,新宇公司将2B050号商铺交付冯某使用,但一直未办理产权过户手续。1998年,新宇公司将时代广场内的自有建筑面积租赁给嘉和公司经营。1999年6月,嘉和公司因经营不善停业。同年12月,购物中心又在时代广场原址开业。2002年1月,购物中心也停业。这两次停业,使购买商铺的小业主无法在时代广场内正常经营,部分小业主以及嘉和公司的债权人集体上访,要求退房及偿还债务。在此期间,新宇公司也两次变更出资股东。新宇公司的新股东为盘活资产、重新开业,拟对时代广场的全部经营面积进行调整,重新规划布局,为此陆续与大部分小业主解除了商铺买卖合同,并开始在时代广场内施工。2003年3月17日,新宇公司致函冯某,通知其解除双方签订的商铺买卖合同。冯某不同意解除合同。由于冯某与另一户购买商铺的邵姓业主坚持不退商铺,新宇公司不能继续施工,6万平方米建筑闲置,同时冯、邵两家业主也不能在他们约70平方米的商铺内经营。新宇公司为此提起诉讼,请求解除合同,冯某主张合同应继续履行。

南京市玄武区人民法院经审理认为:新宇公司在回收了大部分业主的商铺后,拟对时代广场重新进行规划布局,争取再次开业。冯某坚持新宇公司必须按每平方米30万元的高价回收其商铺,否则就要求继续履行商铺买卖合同。考虑到冯某所购商铺,只是新宇公司在时代广场里分割出售的150余间商铺中的一间。在以分割商铺为标的物的买卖合同中,买方对商铺享有的权利,不能等同于独立商铺。为有利于物业整体功能的发挥,买方行使权利必须符合其他商铺业主的整体意志。现在时代广场的大部分业主已经退回商铺,支持新宇公司对时代广场重新规划布局的工作,今后的时代广场内不再具有商铺经营的氛围条件。冯某以其在时代广场中只占很小比例的商铺,要求新宇公司继续履行本案合同,不仅违背大多数商铺业主的意愿,影响时代广场物业整体功能的发挥,且由于时代广场内失去了精品商铺的经营条件,再难以通过经营商铺营利,继续履行实非其本意。考虑到时代广场位于闹市区,现在仅因双方当事人之间的互不信任而被闲置,这种状况不仅使双方当事人的利益受损,且造成社会财富的极大浪费,不利于社会经济发展。从平衡双方当事人目前利益受损状况和今后长远利益出发,依照公平和诚实信用原则,尽管双方当事人之间存在的商铺买卖合同关系合法有效,尽管冯某在履行合同过程中没有任何违约行为,本案的商铺买卖合同也应当解除。综上,判决案涉商铺买卖合同予以解除,冯某向新宇公司返还2B050号商铺,新宇公司返还冯某商铺价款313 684元、赔偿商铺增值额163 516元。

一审宣判后,冯某不服,向南京市中级人民法院提起上诉。南京市中级人民法院认为:当违约情况发生时,继续履行是令违约方承担责任的首选方式。法律之所以这样规定,是由于继续履行比采取补救措施、赔偿损失或者支付违约金,更有利于实现合同目的。但是,当继续履行也不能实现合同目的时,就不应再将其作为判令违约方承担责任的方式。当违约方继续履约所需的财力、物力超过合同双方基于合同履行所能获得的利益时,应该允许违约方解除合同,用赔偿损失来代替继续履行。在本案中,如果让新宇公司继续履行合同,则新宇公司必须以其6万余平方米的建筑面积来为冯某的22.50平方米商铺提供服务,支付的履行费用过高;而在6万余平方米已失去经商环境和氛围的建筑中经营22.50平方米的商铺,事实上也达不到冯某要求继续履行合同的目的。一审平衡双方当事人利益,判决解除商铺买卖合同,符合法律规定,是正确的。冯某关于继续履行合同的上诉理由,不能成立。综上,判决驳回上诉,维持原判。

简要解析

本案涉及不适于继续履行的债务以及违约方解除合同的情形。在本案中,新宇公司与冯某之间存在合法有效的商铺买卖合同,冯某坚持新宇公司必须按每平方米30万元的高价回收其商铺,否则就要求继续履行商铺买卖合同。但是冯某的商铺在时代广场只占很小比例,其要求新宇公司继续履行本案合同,违背大多数商铺业主的意愿,也影响时代广场物业整体功能的发挥,新宇公司履行费用过高,且事实上也达不到冯某要求继续履行合同的目的。因此,强制继续履行不具备经济上的合理性。法院通过平衡双方当事人利益,在裁判理由部分中提出应当在相应情形下允许违约方解除合同,这实际上是承认了违约方享有解除权。该判决之后,在理论与实践中均引起了大讨论。自该案之后,涉及违约方解除合同的司法案例亦越来越多。在合同僵局的情形下,违约方能否享有法定解除权,理论上形成了两种主要学说,分别是"肯定说"和"否定说"两种观点。"肯定说"认为应当有条件地承认违约方的合同法定解除权。"否定说"认为不应当赋予违约方以合同法定解除权,因其可能破坏合同严守原则并增加道德风险,但是可以借鉴域外立法的做法,允许违约方申请司法解除。根据《民法典》第五百八十条第一款第(二)项的规定,当事人一方不履行非金钱债务或者履行非金钱债务不符合约定的,如果履行费用过高,对方不得请求继续履行。所谓履行费用过高,主要是指继续履行会在经济上造成不合理的损失和浪费。对于不得适用继续履行的非金钱债务,《民法典》第五百八十条第二款进一步规定:"有前款规定的除外情形之一,致使不能实现合同目的的,人民法院或仲裁机构可以根据当事人的请求终止合同权利义务关系,但是不影响违约责任的承担。"该条规定的存在不适于继续履行的三种情形以及"致使不能实现合同目的"应当作为适用违约方解除合同的前提。即存在债务在法律上或事实上不能履行、债务的标的不适于强制履行或履行费用过高等合同难以继续履行的场合,如果达到了合同目的不能实现的程度,为打破合同僵局,根据《民法典》第五百八十条的规定,任何一方当事人诉请人民法院或者仲裁机构终止合同。至于该款中"终止"是否与"解除"同义,本书认为,由于在我国民法体系中,合同解除是合同特有的终止原因,其价值就在于通过法律手段使合同提前终了。因此可以理解为该规定并未赋予违约方以解除权,而是采用了司法解除的路径以处理实践中的合同僵局问题。

第四节　损害赔偿责任

一、损害赔偿责任的内涵

▋知识点

损害赔偿责任,也称赔偿损失责任,是指违约方不履行合同或不完全履行合同而给对方造成损失的,依照法律规定或合同约定应当承担一定数额金钱的责任方式。

▋适用例举

申某诉永辉公司买卖合同纠纷案[①]

2016年11月30日,申某在北京永辉商业有限公司丰台马家堡分公司(以下简称"永辉公司")购买了"鑫杏林牛肉松100g"产品1袋,支付价款金额4.5元。该商品包装标明名称为"牛肉松",产品执行标准:Q/08A2006S-2014(调制肉粉松),配料为牛肉、鸡肉、小麦粉、白砂糖、大豆油、大豆蛋白粉、食用盐、味精。根据Q/08A2006S-2014企业标准显示,名称为调制肉粉松,以鲜(冻)畜禽肉(鸡肉、牛肉、猪肉)、小麦粉、大豆蛋白粉、白砂糖、大豆油(一级)、食用盐、味精为原料。另查,关于肉松的国家标准载明,肉松以畜禽瘦肉为主要原料。为此,申某认为上述涉案产品并非"肉松"类产品,而是"肉粉松"类产品。涉案产品未标注产品真实属性的产品名称、质量不合格(水分指标不合格)的行为,不符合食品安全国家标准、误导消费者且严重违反《食品安全法》等法律法规的规定。故申某诉至法院,请求判令永辉公司退还购物款4.5元并支付赔偿金1 000元。

北京市丰台区人民法院经审理认为:公民、法人的合法权益依法受法律保护。根据本案查明事实,永辉公司出售的商品生产标准为调制肉粉松的企业标准,实为调制肉粉松,但商品标注为肉松,而调制肉粉松与肉松差别较大,永辉公司的该行为违反食品安全相关法律规定,故对申某起诉要求永辉公司退还购物款并进行赔偿的诉讼请求,法院依法予以支持。依据《中华人民共和国食品安全法》第一百四十八条,《中华人民共和国民事诉讼法》第一百六十二条规定,判决北京永辉商业

---

① 参见北京市丰台区人民法院(2018)京0106民初12941号民事判决书。

有限公司丰台马家堡分公司于本判决生效之日起10日内退还申某货款四元五角,并于判决生效之日起10日内赔偿申某1 000元。

简要解析

本案涉及违约损害赔偿责任的特征及性质问题。违约损害赔偿责任具有如下特征:一、违约损害赔偿是因债务人不履行合同或不完全履行合同债务而产生的违约责任。损害赔偿之债由原合同债务转化而来,合同关系的有效存在是损害赔偿责任存在的前提。二、违约损害赔偿原则上仅具有补偿性。违约损害赔偿责任的主要目的是弥补或填补债权人因违约行为而遭受的损害,因此原则上仅具有补偿性,不具有惩罚性。三、违约损害赔偿具有一定的任意性。当事人在订立合的同时,可以预先约定违约时应向对方当事人支付一定数额的金钱,该金钱既可以是具体的数额,也可以采用具体的某种计算方法。四、违约损害赔偿以赔偿债权人实际遭受的全部损失为原则。一般来说,债务人违约后,债权人不仅会遭受现有财产的损害,也会遭受可得利益的损害,债务人应当赔偿债权人的全部损失。

在本案中,申某在永辉公司购买的牛肉松仅为调制肉粉松,该产品未标注产品真实属性的产品名称、水分指标,永辉公司应当承担违约损害赔偿责任。从违约损害赔偿的特征来看,其原则上仅具有补偿性,不具有惩罚性,但是这并不排斥《民法典》的某些特定条款对违约责任具有惩罚性或制裁性的肯定。如《民法典》第一百二十八条规定:"法律对未成年人、老年人、残疾人、妇女、消费者等的民事权利保护有特别规定的,依照其规定。"而在我国《消费者权益保护法》和《食品安全法》中是明确承认惩罚性赔偿的。由于案涉产品"肉松粉"违反《食品安全法》等法律法规的规定,不符合食品安全国家标准,因此,法院依据《食品安全法》的相关规定,判决超市赔偿申某1 000元的实质即惩罚性赔偿。

二、完全赔偿原则

知识点

完全赔偿原则,是指因违约方的违约行为使受害人遭受的全部损失都应当由违约方负赔偿责任。

《民法典》第五百八十四条前半段规定:"当事人一方不履行合同义务或者履行合同义务不符合约定,造成对方损失的,损失赔偿额应当相当于因违约所造成的损失,包括合同履行后可以获得的利益。"

适用例举

赖某诉南宁市城市内河管理处拆迁合同纠纷案①

1995年10月4日,赖某作为乙方与甲方南宁市整治朝阳溪管理处(于1998年11月26日更名为内河管理处)签订一份《房屋拆迁安置合同》,约定:甲方依法拆除乙方坐落于南宁市西关路12号房屋及其附属物;乙方房屋产权证的建筑面积为23.77平方米,非住宅铺面为23.77平方米,使用面积为21.18平方米;甲方在永和小区范围内易地过渡安置乙方房屋(房屋为中尧南路永和小区六栋二单元502号房)1套,搬迁过渡安置住宅建筑面积为81.60平方米;甲方在朝阳溪整治工程全部竣工、建成铺面后(工程工期自1997年9月开工起,至2003年9月止),在朝阳溪沿岸甲方开发的首期商铺(位于市区一类地区)中优先安置偿还一层商铺给乙方所有,作为拆除乙方房屋的补偿,偿还铺面建筑面积为23.77平方米,如有超出或不足部分,以当时商品房价格,甲、乙双方互相结算;待上款内容全部履行后,乙方将过渡安置房(6栋2单元502号房)交还给甲方;房屋搬迁费、营业铺面临时安置补助费等费用,甲、乙双方同意不予互相结算。合同签订后,赖某已经按约定搬离拆迁范围。但内河管理处一直未补偿给赖某合同约定的铺面。赖某遂于2005年8月19日诉至南宁市兴宁区人民法院,要求判令内河管理处在南宁市一类地区偿还一层商铺(面积为23.77平方米)给赖某。内河管理处在庭审中明确表示无法补偿铺面。经一审法院释明,赖某将其诉讼请求变更为:请求判令内河管理处向赖某偿付拆迁补偿款50万元(以铺面价格评估结果为准)。一审法院委托南宁市价格认证中心对赖某原位于西关路12号房产于2003年9月30日的价格进行评估,评估价值为420 729元。内河管理处辩称,仅愿意补偿赖某被签订合同时被拆迁房屋价值即26 147元。

广西壮族自治区南宁市兴宁区人民法院经审理认为:赖某与南宁市整治朝阳溪管理处签订的《房屋拆迁安置合同》是双方真实意思表示,且未违反法律禁止性规定,故此合同合法成立并生效。南宁市整治朝阳溪管理处已更名为内河管理处,故内河管理处应承受该合同的权利和义务。赖某已经依约履行搬迁义务,内河管理处亦应按合同约定补偿给赖某相应的铺面。但内河管理处至今未按合同约定履行补偿铺面的义务,其行为已经构成违约,应当承担相应的违约责任。由于合同约定用于补偿的铺面并未修建,客观上内河管理处已经无法实际履行合同原定的交付铺面的义务,内河管理处在庭审中亦表示无法补偿铺面给赖某。赖某在审理过程中变更诉讼请求,要求内河管理处进行货币补偿,符合法律规定。内河管理处对

---

① 一审判决书:参见广西壮族自治区南宁市兴宁区人民法院(2005)兴民一初字第571号民事判决书;二审判决书:参见广西壮族自治区南宁市中级人民法院(2006)南市民一终字第503号民事判决书。

赖某进行补偿的货币金额应相当于合同实际履行时可以获得的利益。故内河管理处应当按合同约定的交付铺面时间即2003年9月30日时赖某被拆迁铺面的市场价值对赖某进行补偿,根据评估价值应为420 729元。综上所述,依照《中华人民共和国民法通则》第一百一十一条之规定,判决:内河管理处应补偿赖某420 729元。案件受理费10 760元,其他诉讼费1 500元,评估费4 000元,合计16 260元,由内河管理处负担。

一审宣判后,内河管理处不服一审判决,向南宁市中级人民法院提出上诉。南宁市中级人民法院经审理认为:一审法院认定事实清楚,适用法律正确,判决并无不当。判决驳回上诉,维持原判。

简要解析

本案涉及完全赔偿原则的适用问题。完全赔偿原则要求因违约遭受的全部损失都应该得到赔偿。在合同关系中,如果一方违约或部分违约而导致另一方遭受了财产损失,不仅需要赔偿其损失的财产,还需要赔偿其期待利益的损失。从立法的角度来看,只有通过这种损害赔偿原则才能够真正敦促当事人积极地履行契约订立阶段的合同内容,保障在合同关系中以诚实守信的原则进行交易[1]。根据《民法典》第五百八十四条的规定,违约损害赔偿额应当相当于因违约所造成的损失,包括合同履行后可以获得的利益。其中,"合同履行后可以获得的利益",也称可得利益。一般来说,违约给受害方造成的损失包括积极损失和消极损失。积极损失就是现有或既存财产利益的减少,消极损失就是本来可以取得利益而未取得,也称可得利益损失。

在本案中,根据赖某与内河管理处签订的《房屋拆迁安置合同》,内河管理处应按合同约定补偿给赖某相应的铺面,但内河管理处未按约定履行补偿铺面的义务,其行为已经构成违约,应当承担相应的违约责任。赖某在审理过程中变更诉讼请求,要求内河管理处进行违约损害补偿。《民法典》第五百八十四条明确规定了违约损害赔偿的完全赔偿原则,因此内河管理处的违约损害赔偿额应当相当于受害方赖某因违约所造成的损失,包括合同履行后可以获得的利益。

---

[1] 刘宇晗:《我国民法典合同编中完全赔偿原则之证成》,《西部法学评论》2019年第3期。

三、损害赔偿的限制

（一）可预见性规则

知识点

根据《民法典》第五百八十四条后半段的规定，违约损害赔偿额"不得超过违反合同一方订立合同时预见到或者应当预见到的因违反合同可能造成的损失"。

适用例举

亚坤公司与康瑞公司买卖合同纠纷案①

2004年1月2日，新疆亚坤商贸有限公司（以下简称"亚坤公司"）与新疆精河县康瑞棉花加工有限公司（以下简称"康瑞公司"）签订一份《棉花购销合同》，约定康瑞公司向亚坤公司提供229级（二级）皮棉1 370吨，单价每吨16 900元，康瑞公司对质量、重量负责到底，质量、重量出现重大问题，以公证检验为准。付款方式：亚坤公司先预付1 000万元定金，并在2004年1月15日前将余额打入康瑞公司账户。违约责任：当事人一方不履行合同约定的义务，另一方有权单方终止合同，同时违约方应按未履行合同金额的10%向另一方偿付违约金。合同签订后，亚坤公司于当日即向康瑞公司支付预付货款650万元。康瑞公司收到预付货款即开始发货。在亚坤公司提货过程中，康瑞公司通知亚坤公司，仓库皮棉数量只有1 147.535吨，请亚坤公司暂按此数量支付货款。2004年1月7日，康瑞公司按照合同约定向亚坤公司发运52批次（260包为一批次）13 518包皮棉，重量合计1 173.947吨。亚坤公司在2004年1月12日前将余额12 893 348.4元货款转入康瑞公司账户。

2004年，亚坤公司先后与广东锦兴布业有限公司、新疆博州纺织（集团）有限公司、四川省棉麻集团有限公司等公司签订买卖合同与委托加工合同，向这些公司提供皮棉，但均因皮棉的质量等级与康瑞公司出厂检验单上表明的质量等级不符，而遭到退货。为此，亚坤公司诉至原审法院，请求判令：解除双方签订的棉花购销合同，康瑞公司退还亚坤公司货款19 393 348.4元，返还定金460万元并承担诉讼费用。

新疆维吾尔自治区高级法院经审理认为：对于损害赔偿问题，在本案双方合同的实际履行过程中，康瑞公司向亚坤公司交付的皮棉存在严重的质量和数量问题，导致亚坤公司与新疆博州棉纺织（集团）有限公司加工32支纱、40支纱的委托加

---

① 一审判决书：参见新疆维吾尔自治区高级人民法院（2004）新民二初字第114号民事判决书；二审判决书：参见最高人民法院（2006）民二终字第111号民事判决书。

工合同不能履行,亚坤公司买卖合同的目的不能实现,康瑞公司的行为构成根本违约,故亚坤公司要求解除合同的诉讼请求符合法律规定和双方当事人的约定,该院予以支持。在亚坤公司提取此棉花后,棉花市场价格发生重大变化,棉花价格开始逐月下滑。为防止该批棉花发生因价格下滑造成的损失,截至 2005 年 2 月 7 日,亚坤公司已将康瑞公司交付的棉花全部出售,相互返还已不可能。棉花市场价格波动,虽经采取措施补救,但仍造成亚坤公司一定资金的损失。对亚坤公司因此所蒙受的货款本金损失,康瑞公司理应承担主要赔偿责任。亚坤公司在棉花价格显著下滑情况下,未及时采取措施,怠于出售,失去棉花销售最佳时机,造成该批棉花本金损失,亚坤公司亦应承担相应的责任。亚坤公司于 2004 年 1 月 2 日向康瑞公司支付的 650 万元,在汇款用途上标明该款系预付购货款,而并非支付的定金,因此亚坤公司要求康瑞公司按定金罚则给付人民币 460 万元的诉讼请求,无事实及法律依据,法院不予支持。综上,判决如下:一、解除亚坤公司、康瑞公司于 2004 年 1 月 2 日签订的棉花购销合同;二、康瑞公司赔偿亚坤公司棉花本金损失 6 659 358.11 元的 70% 即 4 661 550.67 元;三、驳回亚坤公司要求康瑞公司返还定金 460 万元的诉讼请求。

一审宣判后,亚坤公司、康瑞公司均不服一审判决,向最高人民法院提起上诉。最高人民法院经审理认为:对于损害赔偿问题,原审判决认定亚坤公司存在资金损失是正确的,但确认赔偿范围的标准不当。原审判决认定的亚坤公司本金损失不仅包括了棉花减等的差价损失,亦包括在此期间因市场行情下跌所造成的收益损失。该部分收益损失显属市场风险造成的,非为双方当事人所能预见,亦非康瑞公司过错所致。因康瑞公司与该部分损失之间不存在因果关系,故康瑞公司不应承担市场行情变化导致的亚坤公司的收益损失。原审判决将亚坤公司在市场行情低迷时基于转售关系所形成的销售价格与本案行情高涨时形成的购买价格之差作为亚坤公司的损失由双方分担显属不当,不仅合同关系各不相同,亦有违公平原则及过错责任原则,法院予以纠正。亚坤公司关于康瑞公司应补偿其棉花收益损失 6 152 857.22 元的上诉理由不能成立。法院对亚坤公司在购买棉花时所发生的实际损失,即棉花重量亏吨损失及质量减等的差价损失予以确认,对于其他损失部分,即市场风险所致的收益损失、转售期间发生的运输费用、与案外人发生的借贷利息损失均因缺乏合同依据及法律依据而不予支持。关于本案合同是否应予解除问题。在本案的买卖合同中,因康瑞公司少交货及与合同约定质量不符部分货物的价值合计为 1 504 870.8 元,约占合同总金额 19 393 348.4 元的 8%,不仅违约部分价值不高,而且并未因此实质剥夺亚坤公司再次转售从而获取利润的机会,并不影响亚坤公司合同目的的实现。对于棉花因质量减等所造成的违约损失,是可以依据双方签订合同时的棉花等级差价、通过康瑞公司以现金补偿的方式予以救济的。在康瑞公司与亚坤公司之间的买卖合同已经履行完毕,亚坤公司业已将棉花全部售出的事实基础上,法院认为康瑞公司不适当履行合同的行为仅构成一般违约,并不构成根本违约,并不影响亚坤公司合同目的的实现,不构成《合同法》第九十四条关于解除合同的法定条件。故原审判令解除本案合同已无必要。综上,判决如下:一、维持一审判决主文第三项及一审案件受理费、保全费承担部分;二、撤销该一审判决主文第一项;三、变更该一审判决主文第二项为:康瑞公司向亚坤公司赔偿棉花本金损失 444 480.8 元、本金损失 1 060 390 元及利息。

简要解析

本案涉及可预见性规则的司法适用问题。《民法典》第五百八十四条后半段设立了我国法上的可预见性原则。根据该规定,如果损害不可预见,则违约方不应赔偿。对于合同当事人的经营损失、签订履行合同的风险损失,应当基于可预见性规则的适用,不能按照单方利益损失,或者可追求的利益损失为限度。适用可预见性规则,应注意以下问题:一、预见的主体。根据《民法典》的规定,预见的主体应为违约方。二、预见的时间。根据《民法典》的规定,预见的时间应为订立合同时。三、预见的内容。《民法典》未明确规定预见的内容,理论上一般认为预见损害的类型即为足够。四、判断可预见性的标准。理论上一般认为应当采取客观标准,即只要抽象理性人在特定情形下能够预见即为足够。对于可预见性规则在个案中的具体适用,有学者认为,可预见性规则担当的是法律上因果关系的角色,核心任务是合理限定损失赔偿的范围。而损失赔偿范围的确定需考量复合的价值构成,包括私的自治的尊重、给付均衡的维持等契约法特有的因素。而所有这些价值均需要透过理性人标准来实现,从而标准的具体化成为重中之重。个案中,通过理性人能力和知识的具体化,构建出标准人,进而判断这样的标准人在个案交易背景下是否可以预见所争议之损失[①]。本书赞同此种观点。

在本案中,根据亚坤公司与康瑞公司签订的《棉花购销合同》,康瑞公司应当对货物的质量、重量负责到底。其后,因康瑞公司所供货物出现了质量减等及数量不足的情况,致使亚坤公司与其他公司签订的买卖合同与委托加工合同遭到退货,给亚坤公司造成了实际损失。康瑞公司的行为构成违约,其应对亚坤公司因违约行为所造成的损害进行完全赔偿。但对于亚坤公司所主张的收益损失,因该部分损失是市场风险所致的利润损失,其由市场风险造成,双方当事人在缔约时不能预见,亦非康瑞公司过错所致。根据可预见性规则,康瑞公司不应承担市场行情变化导致的亚坤公司的收益损失。因此,二审法院对此部分做出改判,本书赞同二审法院的观点。

---

① 叶金强:《可预见性之判断标准的具体化——《合同法》第 113 条第 1 款但书之解释路径》,载《法律科学》2013 年第 3 期。

(二)与有过失规则

知识点

与有过失,也称共同过失或过失相抵,是指在违约情形中,损失的发生部分可归咎于受害方的过失时,裁判者可以减轻赔偿额或免除赔偿责任。受害方的过失,主要表现为受害方的某种作为或不作为,如受害方故意阻挠债务人履行债务等。

《民法典》第五百九十二条规定:"当事人都违反合同的,应当各自承担相应的责任。当事人一方违约造成对方损失,对方对损失的发生有过错的,可以减少相应的损失赔偿额。"

适用例举

曹某与公交公司城市公交运输合同纠纷案①

2016年1月1日,曹某乘坐101路公交车,车辆在城闸路向北行驶时,前方的车辆突然掉头并停在道路中央,驾驶员陈某为避免碰撞而紧急刹车。当时,曹某站在公交车的过道中央,面朝公交车的行驶方向,双手各拉住过道一侧的吊环,身体左右摆动,两臂随身体摆动而屈伸。车辆制动时,曹某身体前冲,造成两臂肌腱撕裂,身体跌落于地。当日,曹某被送往南通二院治疗。后曹某又分别前往南通市第一人民院、南通市第六人民医院、上海市第六人民医院治疗。曹某因伤休息至2016年12月底,雇佣姜某护理10个月,每月支付给姜某护理费4 500元。后曹某诉至法院,请求判令南通市公共交通总公司(以下简称"公交公司")赔偿曹某医疗费8 528.75元、交通费2 630元、营养费600元、误工费107 456元、护理费45 000元、残疾赔偿金88 334元、精神损害抚慰金5 500元,合计258 048.75元。

南通市港闸区人民法院经审理认为:曹某乘坐公交公司运营的公交车,双方形成城市公交运输合同关系,公交公司负有将曹某安全运达目的地的义务。公交公司作为承运人,应当告知曹某安全运输的注意事项。曹某作为乘客应当按照公交公司告知的合理的安全运输注意事项乘坐公交车。就本案而言,曹某上车时,公交车播放了提醒乘客注意安全、抓稳扶好的录音,履行了告知安全运输注意事项的义务。曹某受伤之前,站在公交车的过道中央,没有根据公交公司的提醒做到"抓稳扶好"。公交公司的驾驶员在驾驶过程中避让前方车辆,属于正常驾驶行为,而曹某采取错误的乘车行为,未对自身安全尽到审慎注意义务,自己将自身安全置于危险之中,并最终导致自己在刹车过程中受伤,应当对自己的损失承担主要责任,故酌情确定公交公司对曹某的损失承担30%的赔偿责任。就损害赔偿的范围问题,一审法院依据相关证据,确认曹某的医疗费、交通费、营养费、误工费、护理费、残疾

---

① 一审判决书:参见江苏省南通市港闸区人民法院(2017)苏0611民初861号民事判决书;二审判决书:参见江苏省南通市中级人民法院(2017)苏06民终3569号民事判决书。

赔偿金各项损失合计153 877.75元,公交公司应赔偿曹某153 877.75×30%＝46 163.33元。综上,判决公交公司向曹某支付赔偿款46 163.33元。

　　一审宣判后,曹某不服一审判决,提起上诉。江苏省南通市中级人民法院经审理认为:在客运合同关系中,承运人负有在约定期间或者合理期间内将旅客安全运输至约定地点的义务,同时负有对运输过程中旅客的伤亡承担损害赔偿责任的义务,除非伤亡是旅客自身健康原因造成的或者承运人证明伤亡是旅客故意、重大过失造成的。承运人基于运输合同法律关系承担无过错的违约赔偿责任,承运人的免责情形仅限于伤亡是旅客自身健康原因造成的或者承运人证明伤亡是旅客故意、重大过失造成的情形,其他情形包括旅客的一般过失等不能构成承运人可免除或减轻责任的理由。本案中,曹某购票乘坐公交公司运营的公交车,双方形成客运合同关系,公交公司作为承运人,负有将曹某安全送达目的地的合同义务,对运输过程中曹某受伤产生的损失应当承担损害赔偿责任。公交公司可免除责任的情形仅限于曹某受伤系其自身健康原因或其故意、重大过失造成。本案曹某受伤起因于公交公司司机的急刹车行为,非因曹某的自身健康原因或曹某故意为之,故本案关键在于曹某的乘车行为是否构成重大过失。本案中,尽管曹某面朝公交车的行驶方向,双手各拉住过道一侧的吊环的行为非乘坐公交车的通常姿势,但曹某乘车时未被告知不得为此行为,该行为亦未被公交公司明令禁止,且该行为的安全性亦未必低于单手拉吊环的行为。公交车设置吊环的目的即在于通过手的拉握保持身体平衡以保障站立乘客的安全,在公交公司未明文规定,亦未明确告知如何拉握吊环,单手拉还是双手拉的情况下,难以认定曹某的乘车行为具有更大的危险性。其以双手拉握吊环的行为亦不应视为未尽普通人之注意义务,故该行为不构成重大过失。根据《合同法》第三百零二条之规定,公交公司对曹某受伤产生的损失应当承担损害赔偿责任。关于赔偿范围,在法律没有特别规定和当事人没有另行约定的情况下,应按完全赔偿原则,赔偿全部损失,包括直接损失和间接损失。直接损失指财产上的直接减少。间接损失又称所失利益,指失去的可以预期取得的利益。本案中,曹某因受伤产生的医疗费、交通费、营养费、误工费等一审确定的损失合计153 877.75元均属应予赔偿之损失范围。一审判决在未认定曹某之乘车行为构成重大过失的情况下,却依据《合同法》第一百二十条确定由公交公司承担30%的赔偿责任,不符合《合同法》第三百零二条规定之内涵与精神,属适用法律错误,法院依法予以纠正。据此,公交公司应赔偿曹某受伤所致损失153 877.75元。综上,判决如下:一、撤销一审判决;二、公交公司向曹某支付赔偿款153 877.75元。

■ 简要解析

　　本案涉及与有过失规则的适用问题。与有过失规则的侧重点不在于其主观上的可责难性,而在于该过失对损害的发生或扩大产生了多大程度的影响,与有过失与一般意义上的过失也存在性质上的不同。与有过失作为责任构成抗辩中的因果关系抗辩,其应当广泛适用于各种损害赔偿责任①。在合同法上,就债务人的违约与债权人的过失加以衡量,或者扩而及之,就双方当事人的行为和违约损失之间的原因力观察权衡,令他们各自承担相应的责任,最终表现为违约方的责任减轻或免除,体现出对损失后果予以公平分担,为诚实信用原则的当然要求②。适用与有过失规则的法律效果,是减轻违约人损害赔偿责任的范围。至于减轻的幅度,由法院基于具体案件的实际情况进行自由裁量。关于裁量的标准,应综合考虑双方原因力的强弱、双方过失的轻重等因素。

在本案中,曹某是基于客运合同关系来主张权利,故应严格依照《民法典》的有关规定来确定双方的责任承担,同时排除侵权法律关系的法律适用。《民法典》第八百一十一条规定:"承运人应当在约定期限或者合理期限内将旅客、货物安全运输到约定地点。"第八百二十三条规定:"承运人应当对运输过程中旅客的伤亡承担赔偿责任,但是,伤亡是旅客自身健康原因造成的或者承运人证明伤亡是旅客故意、重大过失造成的除外。前款规定适用于按照规定免票、持优待票或者经承运人许可搭乘的无票旅客。"因此在客运合同违约损害赔偿问题上,公交公司应承担无过错的违约赔偿责任,只有当伤亡是旅客自身健康原因造成的或者承运人证明伤亡是旅客故意、重大过失造成时才能减轻或者免除相应的赔偿责任。值得注意的是,本案中曹某"面朝公交车的行驶方向,双手各拉住过道一侧的吊环,身体左右摆动,两臂随身体摆动而屈伸"的行为是构成过失的,因为要将某行为评价为受害人的过失,该行为的危险性应是可以预见到的,且存在着对这种被预见到的危险加以回避的可能性,且曹某的前述行为实际上确实助成了损害的发生③。但是,公交公司并未明令禁止此种以双手拉握吊环的行为,该行为亦难以被视为未尽普通人的注意义务,故曹某的行为属于"轻过失"而非"重大过失"。依据《民法典》第八百二十三条之规定,在客运合同中,只有当旅客的行为构成重大过失时,才存在与有过失规则的适用余地。由于曹某的行为并不属于"重大过失",一审法院酌定公交公司承担30%的赔偿责任缺乏法律依据,二审法院依法应予纠正。本书赞同二审法院的观点。

(三)损益相抵规则

■ 知识点

损益相抵,是指受害人因损害发生的同一赔偿原因获有利益的,应将其获得的利益从所受损害中扣除,以确定损害赔偿范围的规则。我国理论上一般要求只有在利益与违约行为之间具有因果关系时,才可适用损益相抵规则对违约损害赔偿

---

① 尹志强:《论与有过失的属性及适用范围》,《政法论坛》2015年第5期。
② 崔建远:《合同法》(第五版),北京:法律出版社,2010年,第327页。
③ 韩世远:《合同法总论》(第四版),北京:法律出版社,2018年,第802-804页。

范围予以限制。

■ 适用例举

信龙公司、正欣公司买卖合同纠纷案①

2016年4月19日,浙江信龙建设有限公司(以下简称"信龙公司")与绍兴正欣金属物贸有限公司(以下简称"正欣公司")签订《产品购销合同》一份,约定:信龙公司为需方,正欣公司为供方,产品为某规格钢材,金额为100万元,数量、单价和金额以提货单数据为准。螺纹钢执行国家标准(附质保书及结算单)。结算价格:所供钢材的结算价格参照2016年4月19日中午"我的钢铁网"(附件作为合同单价的支付条款)。合同最下方载明合同有效期为自2016年4月19日至2016年12月31日止。双方签订有《合同补充条款》一份,载明:"应需方要求,经过友好协商,合同有效期延长到2017年12月31日为止,其余条款不变。"信龙公司于2016年4月20日向正欣公司银行转账100万元,信龙公司自认已收到正欣公司供应的价款为354 131.52元的钢材。信龙公司于2017年12月21日通过EMS向正欣公司发函一份,内容为尚有货款为645 868.48元的钢筋未发货。因工程进度等原因,信龙公司要求正欣公司于2017年12月25日前将合同约定的剩余钢筋全部送达给信龙公司,否则引起的所有损失由正欣公司承担。信龙公司于2018年1月2日通过EMS向正欣公司寄送合同解除通知书一份,通知内容为:因正欣公司未在2017年12月25日前提供剩余货款的钢材,也未与信龙公司协商,故通知解除上述产品购销合同及补充协议,并要求正欣公司返还645 868.48元的钢材预付款及赔偿因违约造成的损失。该通知书于次日送达正欣公司。其后,信龙公司向法院起诉,请求判决确认双方之间的《产品购销合同》和《合同补充条款》已经解除,并判令正欣公司立即返还信龙公司钢材款、支付相应利益以及赔偿违约损失458 630元。

浙江省绍兴市越城区人民法院经审理认为:双方当事人之间的买卖合同关系合法有效。虽《产品购销合同》未约定正欣公司履行供货义务的期限,根据《中华人民共和国合同法》第六十二条"履行期限不明确的,债务人可以随时履行,债权人也可以随时要求履行,但应当给对方必要的准备时间"的规定,信龙公司可随时要求正欣公司供货。信龙公司在合同签订8个月后向正欣公司催告供货,正欣公司经催告后仍未履行其义务,构成法定解除情形,信龙公司据此要求解除《产品购销合同》及《合同补充条款》,予以支持,并确定合同解除时间为2018年1月3日。信龙公司已按约预付100万元货款,根据信龙公司自认,其仅收到价款为354 131.52元的钢材,故对其要求正欣公司返还剩余货款及支付相应利息损失的

---

① 一审判决书:参见浙江省绍兴市越城区人民法院(2018)浙0602民初565号民事判决书;二审判决书:参见浙江省绍兴市中级人民法院(2018)浙06民终1634号民事判决书。

诉请予以支持。信龙公司还要求正欣公司赔偿因未及时供货给其造成的损失,法院认为,《产品购销合同》及《合同补充条款》并未约定正欣公司供货的履行期限及逾期供货应承担的违约责任,虽购销合同中载明了合同有效期,但合同有效期并非履行期限,故信龙公司要求正欣公司赔偿损失并无合同依据。信龙公司所主张的该项损失为因正欣公司未及时供应钢材,后期钢材价格上涨,故要求正欣公司赔偿钢材价格上涨所形成的差价。但信龙公司并未举证证明双方签订合同时,正欣公司已预见到案涉钢材在将来的价格变动情况。综合上述情形,对信龙公司该项诉请不予支持。综上,判决如下:一、确认《产品购销合同》及《合同补充条款》于2018年1月3日解除;二、正欣公司返还给信龙公司预付款645 868.48元并支付利息损失。

一审宣判后,信龙公司不服一审判决,提起上诉。浙江省绍兴市中级人民法院经审理认为:本案二审中需要审查的是,原判未支持信龙公司一审中提出的要求正欣公司赔偿损失458 630元的诉讼请求是否正确。从信龙公司提出的赔偿损失诉讼请求及所依据的证据、一审庭审中的陈述看,信龙公司主张的是可得利益损失,即信龙公司依约通知正欣公司交货而正欣公司未交货构成违约时,在信龙公司指定交货日期的钢材市场价格与合同约定的市场价格之间的差价损失。根据《产品购销合同》及《合同补充条款》的约定,以及信龙公司要求正欣公司交货而未果的事实,因此而产生的差价损失即为信龙公司的可得利益损失,应予认定。同时,正欣公司系钢材出卖人,作为钢材交易市场主体,其对于钢材在合同有效期内的价格波动可能性应当可以预见,尤其是在《产品购销合同》所附的钢材价格行情中,明确载明了钢材价格的涨跌情形,并且还有对钢材市场价格行情的分析,再加之,双方交易中正欣公司的获利可能性本身即来自钢材市场价格的波动。综合上述分析,正欣公司在签约时即可完全预见违反合同可能造成的损失。原判以可预见规则驳回信龙公司的损失诉请,显属适用法律错误。关于信龙公司主张的可得利益具体数额的确定。根据信龙公司提供的函件和催货清单,其主张当时要求交付的242吨钢材若现实交付,其合同中所余款项尚差零星货款才足以支付该钢材货款,故这一零星款项应予扣减。另外,根据《最高人民法院关于审理买卖合同纠纷案件适用法律问题的解释》第三十一条的规定,守约方因对方违约而获得的利益应从损失赔偿额中扣减,即在计算违约损失时应遵循损益相抵原则。本案中,信龙公司主张的可得利益损失之计算,系以假设正欣公司现实履约为前提,故正欣公司尚未返还款项的占用利息不应重复计算,法院对原判相关判项予以调整。又,信龙公司提出的可得利益计算方法应属转售下的利润损失,故转售环节可能产生的成本因正欣公司违约而无须支出,该部分也应予扣减。综合上述情形,法院酌定正欣公司应赔偿给信龙公司可得利益损失40万元。综上,针对可得利益损失的赔偿问题,二审法院改判正欣公司赔偿信龙公司损失40万元。

■ 简要解析

本案涉及损益相抵规则的适用问题。我国《民法典》并未规定损益相抵规则，但是最高人民法院以司法解释的形式对损益相抵规则做出了规定。例如，《最高人民法院关于当前形势下审理民商事合同纠纷案件若干问题的指导意见》第十条第一句规定："人民法院在计算和认定可得利益损失时，应当综合运用可预见规则、减损规则、损益相抵规则以及过失相抵规则等，从非违约方主张的可得利益赔偿总额中扣除违约方不可预见的损失、非违约方不当扩大的损失、非违约方因违约获得的利益、非违约方亦有过失所造成的损失以及必要的交易成本。"《最高人民法院关于审理买卖合同纠纷案件适用法律问题的解释》第三十一条规定："买卖合同当事人一方因对方违约而获有利益，违约方主张从损失赔偿额中扣除该部分利益的，人民法院应予支持。"损益相抵规则的制度价值在于受害人不能因为违约行为受有双重利益。也就是说，如果受害人因违约行为而受有利益的，不得就此部分再行请求违约损害赔偿。适用损益相抵规则，应当具备以下两个要件：一、受害人受有利益。此处所称"利益"，应当仅指财产利益，不包括精神利益。所谓财产利益，既可以是财产的增加，也可以是损失的避免。财产利益可以是在损害事故发生时就已获得的，也可以是在损失事故消失后获得。二、损害事实与利益之间存在因果关系。对于因果关系的判断，应当先在事实层面上通过相当因果关系排除那些与损害事件没有因果关系的利益。接着，于价值考量层面进一步判断利益有无可扣减性。具体而言，法官须基于公平价值和法规目的等因素，对具有相当性的利益能否扣减进行个案判断①。

在本案中，正欣公司未按照合同约定根据信龙公司的指令交付钢材，应当承担违约责任，赔偿信龙公司因此产生的损失。如果正欣公司在信龙公司的指定的日期交付钢材，则信龙公司完全可以通过转售交付的钢材获得利润（指定交货日期的钢材市场价格与合同约定的市场价格之间的差价），而该部分利润就是本案中的可得利益损失。根据案情，正欣公司作为钢材交易市场主体，其对于钢材在合同有效期内的价格波动可能性应当可以预见，因此其应对信龙公司该部分可得利益损失应予赔偿。根据《最高人民法院关于审理买卖合同纠纷案件适用法律问题的解释》第三十一条的规定，守约方因对方违约而获得的利益应从损失赔偿额中扣减，即在计算违约损失时应遵循损益相抵原则。信龙公司主张的可得利益的计算方法属于实际转售下的利润损失，而利息损失的计算则是以钢材未实际转售为前提，两者不可同时主张，故二审法院对相关判项进行了调整。此外，由于正欣公司的违约行为致使货物并未实际转售，故转售环节可能产生的成本因正欣公司违约而无须支出，应属因信龙公司的违约行为所避免的成本支出损失，根据损益相抵原

---

① 程啸：《损益相抵适用的类型化研究》，载《环球法律评论》2017年第5期。

则,该部分应予扣减。

第五节 支付违约金责任

一、违约金的分类

违约金是指依据当事人的事先约定,在合同债务人不履行合同债务时,向债权人支付的一定数额的金钱。

《民法典》第五百八十五条第一款规定:"当事人可以约定一方违约时应当根据违约情况向对方支付一定数额的违约金,也可以约定因违约产生的损失赔偿额的计算方法。"

（一）约定违约金与法定违约金

知识点

根据违约金的发生原因不同,可将违约金分为约定违约金与法定违约金。约定违约金是指由合同双方当事人在合同中约定的违约金。法定违约金是指法律直接规定的固定数额的违约金。

适用例举

北沙坡村委会与碑林科技园征地补偿费纠纷案[①]

西安高新技术产业开发区东区管理委员会和西安高新技术产业开发区碑林科技产业园(以下统称"碑林科技园")系一套班子,两块牌子。1991年,碑林科技园根据陕西省人民政府和陕西省西安市人民政府以及陕西省西安市碑林区人民政府有关行政文件、批复,以撤村转户的方式征用西安市碑林区北沙坡村村民委员会(以下简称"北沙坡村委会")集体土地,并先期使用了北沙坡村委会土地94.532亩。1997年9月30日,根据北沙坡村委会不愿撤村转户的请求,陕西省西安市碑林区人民政府以碑政发〔1997〕079号批复,对北沙坡村委会已交给碑林科技园使用的土地补办征地手续。1998年4月27日,北沙坡村委会与碑林科技园签订《征地协议》,约定:协议经双方签字盖章生效后,碑林科技园分4次付款。碑林科技园从1998年6月30日起按当年中国人民银行公布的贷款利息开始计算所欠北沙坡村委会款额的利息。碑林科技园不按规定期限向北沙坡村委会付款,每逾期一

---

① 参见最高人民法院(2003)民一终字第40号民事判决书。

天,向北沙坡村委会交纳本合同第六条第一款所规定欠款额的千分之二违约金;北沙坡村委会应做好村民工作,不能影响碑林科技园正常施工和工作,若发生村民闹事或阻挡施工等现象,每发生一天,碑林科技园扣除本合同第六条第一款所规定欠北沙坡村委会款额的千分之二违约金。2002年5月8日,北沙坡村委会诉至陕西省高级人民法院称,《征地协议》签订后,北沙坡村委会按约履行了合同全部义务,而碑林科技园没有全面履行合同义务,给北沙坡村委会造成巨大经济损失。请求判令碑林科技园支付拖欠征地款211.9946万元及其利息81.932元和违约金1 391.427 5万元。

陕西省高级人民法院经审理认为:碑林科技园经陕西省人民政府和陕西省西安市人民政府以及陕西省西安市碑林区人民政府批准,取得征用北沙坡村委会土地的主体资格。碑林科技园虽先期使用北沙坡村委会土地,但双方已于1998年4月27日签订《征地协议》。该《征地协议》除第三条约定违反法律规定,损害国家利益应属无效,既计算利息又计算违约金属重复计算以及违约金计算标准过高应予变更或核减外,其他条款系双方当事人平等协商,并不违反国家法律和行政法规强制性规定,应确认有效。双方已于2001年4月9日对碑林科技园付款情况进行了对账,该对账清单所确认的付款事实予以采信。双方在对账清单中并未对北沙坡村委会前期逾期付款违约金和利息承担进行约定,现碑林科技园已向北沙坡村委会足额支付了征地款,故北沙坡村委会请求碑林科技园继续支付征地款并承担利息和违约金的理由不能成立,本不应支持,但北沙坡村委会起诉后,碑林科技园愿意依照最高人民法院关于逾期付款违约金计算标准承担123.131 1万元违约责任,予以认可。北沙坡村委会请求碑林科技园支付1993年11月16日《征地补偿协议》约定的征地补偿款27.72万元。双方同一日就同一宗土地签订了两份《征地补偿协议》,碑林科技园已按其中一份《征地补偿协议》支付了征地款,北沙坡村委会要求碑林科技园按另一份《征地补偿协议》支付征地款,属同一宗土地的重复补偿,故其请求不予支持。综上,判决如下:一、北沙坡村委会与碑林科技园签订的《征地协议》以及补充协议,除《征地协议》第三条约定无效、约定违约金标准过高应予核减外,其余协议内容合法有效;二、碑林科技园支付北沙坡村委会逾期付款违约金123.131 1万元,逾期加倍支付迟延履行期间的债务利息。

一审宣判后,北沙坡村委会和碑林科技园不服一审判决,提起上诉。最高人民法院经审理认为,双方在合同中约定逾期付款支付利息的同时约定承担违约责任,不违反法律的强制性规定。欠款或逾期付款造成接受款项一方的损失体现为利息的期待利益的丧失。北沙坡村委会没有提供有效证据证明其因碑林科技园逾期付款造成的损失超出同期贷款利息损失。按照双方当事人在《征地协议》中约定日千分之二标准计算违约金数额,无论是北沙坡村委会主张的1 391.427 5万元,还是碑林科技园计算的620余万元,均过分高于按照中国人民银行规定的同期同类贷款利率计算该部分逾期付款的利息51.628 9万元。如何确定过分高于损失的标准,根据《合同法》第一百一十四条的精神,应以约定的违约金数额是否过分高于违约行为所造成的损失为标准。本案中,碑林科技园以双方在合同中约定违约金数额过分高于北沙坡村委会逾期收到征地款所造成的利息损失为由,请求予以调整,符合《合同法》规定的条件。一审法院结合本案实际情况,基于碑林科技园愿意按照最高人民法院关于逾期付款违约金标准分段计算,确定逾期付款违约金具体数额,虽然与利息损失相比数额较高,但介于约定的违约金数额与违约行为造成的损失之间,大大低于约定的违约金数额,这是对双方约定的违约金过分高于违约行为造成的损失所进行的调整,属于人民法院依法裁量的结果,在适用法律上并无不当。在当事人对违约金有约定的情况下,一般应当适用约定违约金,但在当事人提出约定违约金过分高于造成的损失时,人民法院依法有权参照一定的计算标准予以适当调整,不是直接适用法定违约金;北沙坡村委会认为一审法院没有适用约定违约金而适用法定违约金标准应予纠正的主张,理由不成立,不予支持。碑林科技园没有按照《征地协议》约定的付款期限付清征地款,一审法院在认定其存在逾期付款行为需承担违约责任的基础上,基于碑林科技园的请求,针对双方在合同中约定的违约金标准过分高于逾期付款利息损失的实际情况,判令碑林科技园按照中国人民银行公布的同期逾期付款利息标准,向北沙坡村委会支付 123.131 1 万元违约金,是根据当事人请求依法对约定违约金过分高于造成的损失进行调整的行为,并无不妥。综上,判决驳回上诉,维持原判。

简要解析

本案涉及约定违约金与法定违约金的适用问题。支付违约金是违约责任的一种承担方式,此种违约责任只有在当事人有约定的情况下才能适用。违约金只能是一定数额的金钱,且原则上应当是合同一方当事人支付的。违约金以约定违约金为主,法定违约金在我国现行立法中较为少见,主要体现为一些间接性的规定,如《民法典》第六百七十六条规定:"借款人未按照约定的期限返还借款的,应当按照约定或者国家有关规定支付逾期利息。"其中"按照国家有关规定支付逾期利息",指的就是法定违约金。根据 2015 年《最高人民法院关于审理民间借贷案件适用法律若干问题的规定》第二十九条第二款第一项的规定,"既未约定借期内的利率,也未约定逾期利率,出借人主张借款人自逾期还款之日起按照年利率 6% 支付资金占用期间利息的,人民法院应予支持"。在司法解释中,亦有不少关于法定违约金的规定,如《最高人民法院关于审理买卖合同纠纷案件适用法律问题的解释》第二十四条第四款规定:"买卖合同没有约定逾期付款违约金或者该违约金的计算方法,出卖人以买受人违约为由主张赔偿逾期付款损失的,人民法院可以中国人民银行同期同类人民币贷款基准利率为基础,参照逾期罚息利率标准计算。"另外,关于法定违约金与约定违约金的适用关系亦值得探讨。即在合同中既存在当事人的约定违约金又存在适用法定违约金的前提时,如何适用?一般应当优先适用约定违约金,但是在当事人提出约定违约金过分高于违约造成的损失时,人民法院可以依据法律的规定的约定违约金的数额予以酌减,但是此种酌减并非直接适用法定违约金。

在本案中,北沙坡村委会与碑林科技园签订《征地协议》,约定碑林科技园不按规定期限向北沙坡村委会付款,每逾期一天,向北沙坡村委会交纳欠款额的千分之二违约金。《征地协议》签订后,北沙坡村委会按约履行了合同全部义务,而碑林科技园没有全面履行合同义务,应当对因此给北沙坡村委会造成的经济损失予以赔偿。但是双方约定的违约金过分高于按照中国人民银行规定的同期同类贷款利率计算该部分逾期付款的利息。根据《合同法》第一百一十四条规定,约定的违约金过分高于造成的损失的,当事人可以请求人民法院或者仲裁机构予以适当减少。因此,法院基于碑林科技园的请求,针对《征地协议》中约定的日千分之二的违约金标准过分高于逾期付款利息损失的实际情况,判令碑林科技园按照中国人民银行公布的同期逾期付款利息标准支付违约金并无不当。必须指出的是,这并不意味着本案适用的是法定违约金标准,实际上法院参照法定违约金标准对约定违约金过分高于实际损失的部分进行了调整,其实质仍然是约定违约金的司法适用。

(二)惩罚性违约金与赔偿性违约金

■ **知识点**

根据性质的不同,可将违约金分为补偿性违约金与惩罚性违约金。惩罚性违约金,是指根据合同约定和法律规定,由合同违约方支付一笔金钱,作为对违约行为的惩罚。赔偿性违约金是指合同双方当事人预先约定的损失赔偿额,在违约方承担违约金责任之后,就不再承担继续履行合同或赔偿损失的违约责任。

■ **适用例举**

天知公司与康达公司、拉萨丰田公司合资合同纠纷案[①]

拉萨康达汽贸有限责任公司(以下简称"康达公司")、西藏天知进出口贸易有限公司(以下简称"天知公司")与拉萨丰田汽车销售服务有限公司(以下简称"拉萨丰田公司")于2004年6月19日签订了一份《合资合同》。该《合资合同》约定:三方共同出资组建"西藏一汽丰田销售服务有限责任公司(暂定名)",公司注册资本2 000万元,拟设新公司投资总额4 000万元;在与一汽丰田公司签订意向书后的15日内三方资金需到位;有下列行为之一者视为违约,应承担违约责任,违约方须向守约方支付违约金500万元以下的处罚:一、任意一方违反本合同任一条款,

---

① 一审判决书:参见西藏自治区高级人民法院(2006)藏法民二初字第01号民事判决书;二审判决书:参见中华人民共和国最高人民法院(2006)民二终字第201号民事判决书。

均被视为违约;二、三方在合资公司登记后,经双方商定之日起,三方不得单独经营一汽丰田公司车辆销售、维修及保修服务,并将原有已签维修合同单位的一汽丰田公司全系汽车全部转入新公司维修服务;三、股权人任何一方因违反合同及客户档案而造成的一切经济损失,由违约方赔偿;四、由于股权人任何一方过失,造成本合同不能履行或不能完全履行,由过失方承担违约责任。天知公司、康达公司和拉萨丰田公司均在《合资合同》上签字盖章。合同订立后,三方为成立新公司分别进行了以下行为:2004年7月5日,三方向西藏自治区工商局提交了《合资合同》、名称预先申请书、代理委托书、申请承诺书等文件申请注册新公司。新公司名称被核准为:西藏新动力丰田汽车销售服务有限公司(以下简称"新动力公司")。7月23日,三方与四川蜀中会计师事务所签订了《资产评估业务协议书》,以对拉萨丰田公司用于出资的土地使用权进行评估;同日又与西藏华立会计师事务所签订了《验资业务约定书》,约定由该会计师事务所对三方的出资进行验资。首期投资为:康达公司以价值5 203 000元的汽车作为出资,拉萨丰田公司以土地使用权作为出资,天知公司以460万货币作为出资。后因康达公司作为出资的汽车欠缺权属证明及三方未签补充协议等原因,西藏华立会计师事务所未依约在15天内做出验资报告。2004年8月24日,三方召开股东会议,就公司章程等事宜进行协商,并形成《西藏拉萨新动力丰田汽车销售服务有限公司章程》(以下简称"《公司章程》")及《股东会决议》,重新约定新公司总投资额为2 000万元人民币,相关手续须在2004年9月3日前自行过户到新动力公司。后因拉萨丰田公司未在《公司章程》及《股东会决议》上签字,三方共同拟建的新动力公司未能设立。三方与一汽丰田公司签订的《一汽丰田经销商初步认定意向书》也于2005年6月20日被一汽丰田公司解除。同日,一汽丰田公司通知康达公司、天知公司成为一汽丰田公司经销网络的成员。2005年5月8日,天知公司和康达公司向法院提起诉讼,请求依法确认拉萨丰田公司违反约定,并判令其分别向天知公司和康达公司支付违约金499万元,支付赔偿金500万元。同年6月28日,天知公司与康达公司向拉萨丰田公司发出解除《合资合同》的通知。拉萨丰田公司提起反诉,请求判令解除三方的合同,在该合同履行期间产生的费用按各方的出资比例承担。

西藏自治区高级人民法院经审理认为:本案是当事人在公司设立时发生的纠纷,《合资合同》是各股东为公司发起设立而订立的协议,是三方的真实意思表示,其内容也未违反国家法律、法规的规定,属合法有效,应当受法律保护,三方均应当依约履行。但鉴于三方当事人均有解除合同的意愿,2005年6月28日,天知公司和康达公司也根据《合同法》的相关规定向拉萨丰田公司发出解除合同的通知,而且合同已无实际履行的意义,故对拉萨丰田公司提出的解除合同的反诉请求,法院予以支持。关于本案中是否存在违约行为及如何承担违约责任的问题,三方均存在违约。依照《中华人民共和国合同法》第一百二十条的规定:"当事人双方都违反合同的,应当各自承担相应的责任。"本案中导致三方合同目的不能实现的直接原因并非天知公司与康达公司的出资瑕疵,而是由于拉萨丰田公司要求自己单独搞汽车维修的愿望未能实现,因此拒绝在公司章程上签字,也不出资,使三方最初的设想无法实现,应属根本性违约。天知公司与康达公司也存在未按《合资合同》出资的情况,也应当承担相应的违约责任。本案中三方选择了支付违约金的方式,即违约方向守约方支付500万元以下的处罚。此种约定似乎不明确,幅度太大,但这不应该是完全意义上的约定不明,因为在签订合同时当事人为了囊括所有不同程度的违约行为,经过协商才采取了这种具有惩罚性的弹性约定。我国在立法上虽然提倡补偿性违约金,但对惩罚性违约金并无禁止性规定。根据合同自由原则,约定违约金是当事人双方所应当享有的合同自由,明确违约金主要由当事人约定是与我国合同法尊重当事人合同自由的精神一致的,所以人民法院对这种约定应当加以尊重,应当根据案件的具体情况、当事人的违约程度、违约造成的后果以及诚信原则来自由裁量确定究竟支付多少违约金。而本案中天知公司和康达公司各要求拉萨丰田公司承担499万元的违约金,在当事人的约定范围之内,该诉讼请求理应支持,但考虑到天知公司和康达公司也存在未按《合资合同》足额出资和实际损失以及拉萨丰田公司的实际履行能力等情况,酌情裁量拉萨丰田公司向天知公司支付违约金200万元,向康达公司支付180万元。综上,判决如下:一、天知公司、康达公司与拉萨丰田公司签订的《合资合同》有效;二、拉萨丰田公司向天知公司支付违约金200万元,向康达公司支付违约金180万元;三、解除天知公司、康达公司与拉萨丰田公司的《合资合同》;四、驳回天知公司、康达公司和拉萨丰田公司的其他诉讼请求。

　　一审宣判后,天知公司、康达公司和拉萨丰田公司均不服一审判决,提起上诉。最高人民法院经审理认为:一、关于三方当事人是否存在违约问题。依据《合资合同》的出资约定,第一期的投资应为:天知公司以货币出资760万元;康达公司以货币出资620万元;拉萨丰田公司以15亩土地出资407万元,货币出资213万元。在实际履行的过程中,天知公司将460万元打入合资公司账上(期限后又入资39万元到新公司的账户);康达公司也向北京汇购车款5 203 000元作为出资;两公司虽向合资公司履行出资义务,但均未达到《合资合同》约定的数额。然而,拉萨丰田公司既没有履行货币入资的义务,也没有将以土地使用权方式的出资到位。可以认定在《合资合同》签订后,天知公司和康达公司均履行了大部分的出资义务,拉萨丰田公司不履行出资义务,又拒绝在《公司章程》上签字,致使新公司不能注册成立。天知公司和康达公司在出资上的瑕疵,并非拉萨丰田公司拒绝履约的主要理由。导致本案合同履行不能的根本原因是拉萨丰田公司拒绝履行合同造成的。故原审认定天知公司和康达公司存在违约行为,但拉萨丰田公司构成根本违约并无不当。二、对于解除合同所产生的损失赔偿数额的认定。本案的《合资合同》中约定了违约赔偿的最高限额为违约方向守约方赔偿500万元。这是三方对合同违约的预期额的约定。对当事人在合同中自行约定的这一条款,应承认其对各自的约束力。这是合同各方处理私权利的行为。所以原审判决以《合资合同》中约定的违约金数额做基数,按照违约比例计算是有合同依据的。在具体违约数额确定上,判决拉萨丰田公司向天知公司支付违约金200万元,向康达公司支付违约金180万元。上述数额是原审法院依据双方各自的违约比例相互冲减后,又酌情减少数额来认定的,这一数额既高于实际发生的损失,又低于双方约定的最高违约数额,是法院自由裁量权的运用。该数额是公平合理的。综上,判决驳回上诉,维持原判。

简要解析

本案涉及惩罚性违约金的适用问题。对于我国法上违约金的性质,理论上存有争议。本书认为,违约金作为承担违约责任的一种形式,原则上应当以赔偿性违约金为主。理论上一般认为我国《民法典》第五百六十五条规定的违约金就是赔偿性的,但是并不排斥在具体案件中,违约金也可具有一定的惩罚性。《民法典》第一百七十九条亦明确规定:"法律规定惩罚性赔偿的,依照其规定。"另外,合同奉行意思自治,当事人如果自愿约定了具有惩罚性质的违约金,只要该约定不违反法律的强制性规定,也不违背公序良俗,就应当认可此种惩罚性违约金的效力。当然,惩罚性违约金虽由当事人预先设定,但是此种预先设定的违约金数额应当受到公序良俗原则、公平原则等原则的限制,不得超过合理的界限,否则法院不予认可。

在本案中,对于解除合同所产生的损失赔偿数额,当事人双方产生争议:天知公司和康达公司要求拉萨丰田公司按合同赔偿违约金和赔偿损失两部分,而拉萨丰田公司则要求按实际损失各方予以分摊。其争议的实质在于惩罚性违约金的适用以及数额认定。本案的《合资合同》中约定了违约赔偿的最高限额为违约方向守约方赔偿500万元。这是三方对合同违约的预期额的约定。虽具有一定的惩罚性,但却是合同各方处理私权利的行为。我国现行立法对此种惩罚性违约金并未否认,因此法院对其予以承认。另外,本案在具体违约金数额的确定上涉及两个问题:一是违约金的相互抵销。法院认定天知公司和康达公司存在违约行为,但拉萨丰田公司构成根本违约,故依据各自的违约比例进行了冲减。二是惩罚性违约金的酌减。对于惩罚性的违约金而言,其具有威慑当事人以遏制违约行为的价值。而违约本身说明当事人约定的惩罚性违约金事实上对债务人并不具有足够阻遏违约的效力。惩罚性违约金适当与否仍应采事前判断模式,即以合同订立时基于对阻遏债务人违约所需违约成本的合理预估为准,来判断惩罚性违约金的适当性[①]。本案中,法院认为按照违约比例进行冲减后的违约金数额仍然过高,又酌情减少了拉萨丰田公司违约金数额。酌减违约金的最终结果是拉萨丰田公司向天知公司支

---

① 罗昆:《我国违约金司法酌减的限制与排除》,载《法律科学》2016年第2期。

付违约金200万元,向康达公司支付违约金180万元。本书赞同此种看法。

二、违约金的调整

■ 知识点

《民法典》第五百八十五条第二款规定:"约定的违约金低于造成的损失的,人民法院或者仲裁机构可以根据当事人的请求予以增加;约定的违约金过分高于造成的损失的,人民法院或者仲裁机构可以根据当事人的请求予以适当减少。"

■ 适用例举

史某与甘肃皇台、北京皇台互易合同纠纷案①

2002年7月6日,甘肃皇台酿造(集团)有限责任公司(以下简称"甘肃皇台")作为甲方与作为乙方的北京建昊实业公司(以下简称"建昊实业")签订了一份《易货协议》约定:乙方提供以本协议签署时尚未售出的某品种白酒向甲方易取甲方销售的食用酒精及葡萄酒。经甲乙双方共同到乙方仓库清点库存,确定易货白酒价值为6 499 500元人民币。甲方同意按本协议约定为乙方易取等值于该金额的食用酒精及葡萄酒。甲方于本协议签订当日将上述价值的白酒从乙方仓库转至甲方仓库、甲方在白酒转库当日交付全部葡萄酒,食用酒精在2003年12月31日前付清。甲方未能在此期限内交付酒精的,按迟交货价值每日万分之四承担违约金。2002年9月13日至9月20日,北京皇台商贸有限责任公司(以下简称"北京皇台")接收了白酒并向建昊实业出具了收条。其后,甘肃皇台多次向建昊实业(集团)公司发函,称暂缓发货。2005年9月20日,建昊实业(甲方)与史某(乙方)签订了《债权转让协议书》,约定甲方同意将甘肃皇台的价值500万元人民币金额的优质食用酒精及其利息的债权转让给乙方,甲方与甘肃皇台签订的《易货协议》中所享有的权利义务全部转让给乙方。建昊实业向甘肃皇台送达了《债权转让通知书》。但是甘肃皇台与北京皇台均仍未履行《易货合同》约定的交付优质食用酒精的义务。2006年11月21日,史某向甘肃省高级人民法院提起诉讼,请求判令甘肃皇台和北京皇台偿付所欠食用酒精1 111吨(价值人民币4 999 500元),并承担违约责任和损失共计人民币1 100万元整以及承担全部诉讼费用。

甘肃省高级人民法院经审理认为:建昊实业将债权转让史某并通知了债务人甘肃皇台,该转让行为有效。因甘肃皇台未在合同约定的交货时间内交付酒精,造成违约,其应承担违约责任及继续履行合同的义务。史某按照合同约定的酒精数

---

① 一审判决书:参见甘肃省高级人民法院(2007)甘民二初字第01号民事判决书;二审判决书:参见最高人民法院(2007)民二终字第139号民事判决书。

量及价值以及违约责任的承担主张权利,与法有据,法院应予支持。关于北京皇台与本案的关系,因《易货协议》是甘肃皇台和建昊实业双方签订的,北京皇台收货及向建昊实业出具收条的行为只是代甘肃皇台行使权利,且在合同履行过程及往来函件中北京皇台始终未参与,并在债权转让通知中也没有出现北京皇台,足以证明北京皇台不是合同的当事人。综上,判决如下:一、甘肃皇台向史某继续履行易货协议约定的 1 111 吨酒精的供货义务或偿付等价货款人民币 4 999 500 元;二、甘肃皇台向史某支付违约金合计人民币 2 099 790 元;三、驳回史某对北京皇台的诉讼请求。

一审宣判后,甘肃皇台不服一审判决,提起上诉。最高人民法院经审理认为,鉴于甘肃皇台迄今为止仍未交付食用酒精,根据《易货协议》第四条第一款关于"甘肃皇台在 2003 年 12 月 31 日前付清食用酒精"之约定,应当认定甘肃皇台构成违约,并应依约支付违约金。至于约定的违约金是否过高问题,《合同法》第一百一十四条规定的违约金制度已经确定违约金具有"补偿和惩罚"双重性质,《合同法》该条第二款明确规定"约定的违约金过分高于造成损失的,当事人可以请求人民法院或者仲裁机构予以适当减少",据此应当解释为只有在"过分高于造成损失"的情形下方能适当调整违约金,而一般高于的情形并无必要调整。鉴于甘肃皇台在本案中已经构成违约,且存在恶意拖延乃至拒绝履约的嫌疑,加之没有证据能够证明日万分之四的违约金属于过高情形,因此《易货协议》约定的日万分之四的违约金不能被认为过高,甘肃皇台关于其不构成违约不应支付违约金以及违约金过高而应予减少的主张无理,法院予以驳回。综上,判决驳回上诉,维持原判。

■ 简要解析

本案涉及违约金数额的调整问题。违约金由合同当事人事先约定,其虽遵循意思自治,并不要求其数额与损失赔偿额完全一致,但是也并不意味着违约金的数额与实际损失额可以相差过大,因此法律允许人民法院或仲裁机构在违约金数额过分高于或过分低于实际损失额时予以调整。违约金调整,须具备以下要件:一、由当事人提出调整违约金数额的请求。根据《民法典》第五百八十五条第二款的规定,守约方可以请求人民法院和仲裁机构适当增加违约金数额,违约方可以请求人民法院和仲裁机构适当减少违约金数额。但是实践中,违约方请求增加违约金数额或守约方请求减少违约金数额的,法院也不反对。二、当事人约定的违约金数额不适当。只有在当事人约定的违约金数额不适当的时候,才可请求人民法院或者仲裁机构予以调整。所谓不适当,根据《民法典》第五百八十五条第二款的规定,指的是"低于造成的损失的"或者"过分高于造成的损失的",也即判断违约金数额的比较基准是违约行为给守约方造成的实际损失。《合同法解释二》第二十九条规定:"当事人主张约定的违约金过高请求予以适当减少的,人民法院应当以实际损失为基础,兼顾合同的履行情况、当事人的过错程度以及预期利益等综合因素,根据公平原则和诚实信用原则予以衡量,并做出裁决。当事人约定的违约金超过造成损失的百分之三十的,一般可以认定为合同法第一百一十四条第二款规定的'过分高于造成的损失'。"根据该规定,司法实践将"低于"或"过分高于"的幅度界定为百分之三十。三、由人民法院或者仲裁机构裁定违约金数额的调整。无论是违约方还是守约方,都只享有调整违约金数额的请求权,至于是否调整,裁定权在人民法院或仲裁机构。根据《合同法解释二》第二十九条第一款的规定,人民法院应当以实际损失为基础,兼顾合同的履行情况、当事人的过错程度以及预期利益等综合因素,根据公平原则和诚实信用原则予以衡量,并做出裁决。

关于我国合同违约金的调整规则,实践中争议较大,争议焦点主要集中在如何判断当事人约定违约金"低于"或者"过分高于"。虽有《合同法解释二》第二十九条进一步将"低于"或"过分高于"的幅度界定为百分之三十的规定,但是该规定有些僵化。最高人民法院随后又出台《关于当前形势下审理民商事合同纠纷案件若干问题的指导意见》(以下简称《指导意见》),在该《指导意见》的第六条规定:"在当前企业经营状况普遍较为困难的情况下,对于违约金数额过分高于违约造成损失的,应当根据《合同法》规定的诚实信用原则、公平原则,坚持以补偿性为主、以惩罚性为辅的违约金性质,合理调整裁量幅度,切实防止以意思自治为由而完全放任当事人约定过高的违约金。"《指导意见》的第七条进一步规定:"人民法院根据《合同法》第一百一十四条第二款调整过高违约金时,应当根据案件的具体情形,以违约造成的损失为基准,综合衡量合同履行程度、当事人的过错、预期利益、当事人缔约地位强弱、是否适用格式合同或条款等多项因素,根据公平原则和诚实信用原则予以综合权衡,避免简单地采用固定比例等'一刀切'的做法,防止机械司法而可能造成的实质不公平。"

在本案中,依照《易货协议》与《债权转让协议书》的约定:甘肃皇台应当在2003年12月31日前向史某交付食用酒精,如其未能在此期限内交付酒精的,按迟交货价值每日万分之四承担违约金。本案的争议焦点之一在于当事人双方在《易货协议》中约定的"按迟交货价值每日万分之四承担违约金"是否属于"约定的违约金过分高于造成的损失的"。如果按照当事人约定的违约金计算方法,计算所得违约金数额高达210万,显然超过了《合同法解释二》第二十九条进一步将"低于"或"过分高于"所界定的百分之三十的幅度。但是最高人民法院认为,由于"甘肃皇台在本案中已经构成违约,且存在恶意拖延乃至拒绝履约的嫌疑,加之没有证据能够证明日万分之四的违约金属于过高情形,因此《易货协议》约定的日万分之四的违约金不能被认为过高,甘肃皇台关于其不构成违约不应支付违约金以及约定的违约金过高而应予减少的主张无理,法院予以驳回"。该判决实际上是法院灵活运用《合同法解释二》第二十九条以及《指导意见》等相关规定,结合当事人的过错程度等方面,综合对约定违约金标准做出的认定。